HISTOIRE
D'ENTRAIN

DEPUIS LES TEMPS LES PLUS RECULÉS JUSQU'A NOS JOURS,

PAR

J.-F. BAUDIAU,

CURÉ-DOYEN DE CETTE VILLE,

Auteur du MORVAND,

MEMBRE DE LA SOCIÉTÉ NIVERNAISE DES LETTRES, SCIENCES ET ARTS,
ET DE PLUSIEURS AUTRES SOCIÉTÉS SAVANTES,

AVEC DIVERS PLANS ET PLANCHES

Gravés par AMÉDÉE JULLIEN, DARDEL et DUJARDIN.

NEVERS,

IMPRIMERIE FAY. — G. VALLIÈRE, SUCCESSEUR,

Rue du Rempart, 2, et place de la Halle.

1879

HISTOIRE D'ENTRAIN.

COMMUNE D'ENTRAIN
(NIÈVRE)

HISTOIRE
D'ENTRAIN

DEPUIS LES TEMPS LES PLUS RECULÉS JUSQU'A NOS JOURS,

PAR

J.-F. BAUDIAU,

CURÉ-DOYEN DE CETTE VILLE,

Auteur du MORVAND,

MEMBRE DE LA SOCIÉTÉ NIVERNAISE DES LETTRES, SCIENCES ET ARTS,
ET DE PLUSIEURS AUTRES SOCIÉTÉS SAVANTES,

AVEC DIVERS PLANS ET PLANCHES

Gravés par AMÉDÉE JULLIEN, directeur du Musée de Clamecy, et par DARDEL.

NEVERS,

IMPRIMERIE FAY. — G. VALLIÈRE, SUCCESSEUR,
Rue du Rempart, 2, et place de la Halle.

M DCCC LXXIX

HISTOIRE D'ENTRAIN.

AVANT-PROPOS.

Habitants d'Entrain,

C'est pour vous spécialement que nous avons écrit cette histoire. Aussi sommes-nous entré dans des détails qui pourront, aux yeux des savants, des étrangers à cette localité, paraître une superfluité, une superfétation. Pour vous, au contraire, ils auront leur prix, leur intérêt. Rien de ce qui concerne les ancêtres, la famille, ne semble petit, hors d'œuvre.

Les détails, les recherches antiques, nous ne l'ignorons pas, prêtent peu à la majesté, à l'élégance du style. Le crayon rapide et sublime de Bossuet, a dit un auteur, n'a tracé si majestueusement l'histoire ancienne que parce qu'il n'esquissait que les plus grands traits et les condensait dans un cadre étroit. Il serait descendu de quelques degrés, il eût paru moins noble, s'il eût erré dans les détails; si, au lieu d'écrire l'histoire des rois et des siècles, il eût tracé celle des hommes et des années. Combien son éloquence, semblable, par son feu et sa rapidité, au brillant éclair, lorsqu'il peignait la grandeur et la chute des peuples, eût perdu de son éclat, si elle n'avait eu pour objet que l'origine graduelle et le développement physique et moral de ces mêmes peuples !

En outre, lorsque, après deux mille ans de silence, on revient sur le passé et que l'on cherche à constater les positions, les événements d'un pays, l'état d'une ville, sur laquelle ont fondu d'immenses malheurs, quelles difficultés ne doit-on pas s'attendre à trouver, et quel lecteur raisonnable ne sent pas qu'un pareil ouvrage a droit à son indulgence ? Que le crayon de l'écrivain soit en défaut sur des traits que le temps a effacés, sur des modèles qu'il a soustraits aux regards du présent, on n'en accusera que le ravage des siècles. Le public éclairé ne lui saura pas moins gré, s'il a tâché de mettre en ordre tout ce qu'avant lui, on avait recueilli d'intéressant sur le sujet qu'il traite, s'il a enrichi cette collection de quelques titres nouveaux, s'il a fait tous ses efforts pour répandre de la clarté sur des temps obscurs, sur des époques ensevelies dans les ruines du passé, et s'il a franchi un intervalle qui, tout faible qu'il était, ait mis à portée d'en surmonter un plus considérable.

Pour obvier au défaut de pièces authentiques, imprimées ou manuscrites, sur l'origine celtique ou gallique de votre ville, sur son importance gallo-romaine, nous avons interrogé les objets nombreux et antiques tirés de votre sol, où, depuis de longs siècles, ils étaient enfouis. Ce sont, nous le disons avec assurance, de véritables archives, auxquelles il convient d'avoir recours, lorsque l'on veut rapprocher, pour ainsi parler, les deux extrémités du temps, et reproduire, au présent, les preuves du passé le plus reculé. Ces fragments, ces restes, sont de vrais titres de famille pour les descendants de ceux qui, depuis longtemps, ont disparu de la surface du globe.

La terre, les ruines sont, pour l'historien, le plus instructif des livres. Exactes dans l'expression du présent, elles ne sont pas moins vraies sur le passé. La première porte, à Entrain, dans ses couches diverses, des titres qui ne sont point suspects. Les secondes, ou débris sans nombre et de tout genre qui y sont accumulés, nous conduisent, avec sûreté, à la réalité de l'histoire locale. C'est bien là le vrai livre de l'antiquité, de celle d'Entrain, en particulier. Si nos ressources personnelles nous eussent permis de fouiller les entrailles de la terre, ou plutôt ses couches superficielles dans le vaste périmètre de l'antique *Intaranum*, que de richesses historiques, que de documents, du plus haut intérêt, elles nous eussent fournis ! Hélas ! ils sont enfouis pour la plupart; ils sont là qui attendent la main heureuse qui les mette au jour !

Habitants d'Entrain, lorsque, pour la première fois, nous foulâmes, comme prêtre, comme pasteur, le sol de votre commune, que nous parcourûmes les rues de votre petite, mais gracieuse ville, aujourd'hui déshéritée, dépouillée sous le rapport adminis- tratif (1), nous fûmes frappé d'émotion, et nous nous

---

(1) Par la suppression de sa châtellenie, puis du canton.

dîmes : Comment ne s'est-il pas encore trouvé une main amie, qui l'ait tirée de l'ombre de son glorieux passé ?

Dès-lors, c'en fut fait. Notre résolution était prise. Notre bonne volonté, suppléant à notre insuffisance, tâchera de réparer les oublis de la science.

Il en est aujourd'hui de l'histoire d'Entrain comme de celle de la nature, une partie ne peut être étudiée que dans la terre. Elle y gît par lambeaux, il est vrai, mais elle s'y rencontre. Trop souvent les hommes n'ont étudié que les titres écrits qu'ils avaient sous la main, sans presque songer qu'ils foulaient aux pieds d'innombrables et précieux matériaux. Des morceaux de métal rouillé, des fragments de statues mutilées, des restes de pierres sculptées, des cippes brisés ou tronqués... sont des documents indicateurs, des témoins qui parlent un langage muet, mais toutefois bien éloquent. Que n'avons-nous l'œil subtil et exercé des Buffon, des Pallas, des Bailly ? Que de témoignages intéressants nous découvririons dans ce lieu jadis célèbre à tant de titres ! Ils nous diraient qu'ici fut autrefois une cité peuplée, riche, opulente, une capitale de province, aujourd'hui excessivement amoindrie, tandis que d'autres, alors simples bourgades ou même n'existant pas, ont acquis une importance bien supérieure ; car il en est des villes comme de la terre : telle partie qui fut autrefois fertile et bien cultivée, n'est plus actuellement qu'un lieu couvert d'épines et de buissons, tandis qu'un désert ingrat et stérile s'est changé, par la culture et le soin, en un sol fécond et délicieux.

Habitants d'Entrain, pour écrire l'histoire de votre ville, pour redire son antiquité, son ancienne splendeur, son importance d'autrefois, nous avons donc d'abord interrogé les monuments produits par les diverses fouilles opérées dans votre sol, et qui sont malheureusement dispersés aujourd'hui chez vos voisins (1). Ce sont des témoins indigènes, authentiques, incapables de mensonges. Nous avons ensuite consulté plusieurs chroniques locales, les savants *Bulletins de la Société nivernaise des lettres, sciences et arts,* dont nous avons l'honneur d'être membre depuis sa fondation ; les archives de votre église, de votre commune ; celles de l'ancienne châtellenie, de la baronnie de Réveillon, que le possesseur actuel, M. le vicomte d'Hunolstein, a mises si gracieusement à notre disposition ; celles de la préfecture de l'Yonne, que son actif et savant archiviste, M. Quantin, s'est empressé, avec sa bienveillance habituelle, de nous communiquer. Nous n'avons pas négligé, non plus, celles de la capitale, où tant de fois déjà nous avions puisé abondamment pour notre *Histoire du Morvand* (2).

Telles sont les sources nombreuses et sûres d'où nous avons extrait les renseignements précieux qui composent le travail que nous offrons à votre légitime curiosité. Puisse ce fruit de nos veilles répondre à votre attente et vous inspirer un amour sincère du beau, du noble, du célèbre pays qui vous a vus naître, et vous porter à l'honorer toujours par vos vertus

---

(1) Les principaux lieux où ont été transférés les objets antiques trouvés à Entrain, sont : Paris, Saint-Germain-en-Laye, Nevers, Auxerre, Clamecy, Varzy.....

(2) Nous devons beaucoup de reconnaissance à M. le vicomte d'Hunolstein, qui a l'obligeance de les faire fouiller dans l'intérêt de notre œuvre.

civiles et religieuses. Nous l'avons divisé en quatre parties. La première, sorte d'introduction à l'histoire proprement dite, est un coup d'œil général sur la ville et le pays; la seconde présente les principaux faits historiques, réunis et classés selon l'ordre chronologique; la troisième traite de la paroisse, des curés qui l'ont administrée, des faits les concernant, du prieuré de Saint-Nicolas de Réveillon; la quatrième renferme les anciens fiefs et seigneuries, avec leurs antiques possesseurs. Un appendice, venant ensuite, contient les chartes les plus intéressantes. Ce sont des preuves, surtout chères aux archéologues; nous n'avions garde de les négliger. Vous y trouverez aussi un ancien plan de votre ville, quelques lithographies de faux dieux, de statues mutilées, de cippes brisés, de vases, de monnaies antiques, dues au crayon habile d'un de vos compatriotes, M. Amédée Julien, zélé et savant directeur du musée de Clamecy.

BAUDIAU,
Curé d'Entrain.

4 septembre 1878.

On souscrit chez l'auteur, à Entrain, et au bureau du Journal de la Nièvre, *rue du Rempart, 2, à Nevers.*

Nevers, Imp. FAY.

AUTEURS CONSULTÉS

POUR LA COMPOSITION DE CETTE HISTOIRE.

Mgr Crosnier, vicaire général de Nevers : *Histoire des comtes et ducs de Nevers, barons de Donzy.*

L'abbé de Marolles : *Inventaire des titres de Nevers*, publié et annoté par notre savant collègue et ami, M. le comte de Soultrait, auteur de plusieurs ouvrages historiques et héraldiques.

Bulletins de la Société nivernaise des lettres, sciences et arts.

Guy-Coquille, sieur de Romenay : *Histoire du Nivernois.*

André Bergier : *Prise et réduction des villes de Clamecy, Entrain et Donzy.*

Née de La Rochelle : *Mémoires sur le département de la Nièvre*, 3 vol.

Morellet, Barat et Bussière : *le Nivernais.*

Marlière : *Statistique de l'arrrondissement de Clamecy.*

Héron de Villefosse : *Statue colossale d'Apollon assis, trouvée à Entrain.*

Lebeuf : *Histoire de la prise d'Auxerre par les huguenots.*

Le même : *Mémoires concernant l'histoire civile et ecclésiastique d'Auxerre.*

Bulletins de la Société des sciences de l'Yonne.

De Caylus : *Ordonnances synodales du diocèse d'Auxerre*, 1738.

Almanach des ville, bailliage et diocèse d'Auxerre, 1787.

Paultre des Ormes : *Notice historique et géographique sur la bataille de Fontenoy*, 1848.

Challe : *Histoire de l'Auxerrois*, 1878.

Le père Anselme : *Histoire généalogique et chronologique de la maison de France et des grands officiers de la couronne.*

André du Chesne : *Histoire de la maison de Vergy*.
Moréri : *Dictionnaire de la noblesse*.
Touchard-Lafosse : *La Loire historique*.

MANUSCRITS.

Archives de la mairie d'Entrain.
— de la fabrique.
— du château d'Entrain.
— de la Nièvre.
— de l'Yonne.
— du château de Beauvais.
— du château d'Yssard.
— nationales, Paris.
— Mancini-Nivernais.

Nota. — M. l'abbé Boutillier, curé de Coulanges-les-Nevers, et M. Georges Pasquet, de Paris, nous ont fourni divers documents utiles.

AVANT-PROPOS.

Habitants d'Entrain,

C'est pour vous spécialement que nous avons écrit cette histoire. Aussi sommes-nous entré dans des détails qui pourront, aux yeux des savants, des étrangers à cette localité, paraître superflus. Pour vous, au contraire, ils auront certainement leur prix, leur intérêt. Rien de ce qui concerne les ancêtres, la famille, ne doit être indifférent.

Les détails, les recherches antiques, nous ne l'ignorons pas, prêtent peu à la majesté, à l'élégance du style. Le crayon rapide et sublime de Bossuet, a dit un auteur, n'a tracé si majestueusement l'histoire ancienne, que parce qu'il n'esquissait que les plus grands traits et les condensait dans un cadre étroit. Il serait descendu de quelques degrés, il eût paru moins noble, s'il eût erré dans les détails; si, au lieu d'écrire l'histoire des rois et des siècles, il eût tracé celle des hommes et des années. Combien son éloquence, semblable, par son feu et sa rapidité, au brillant éclair, lorsqu'il peignait la grandeur et la chute des peuples, eût perdu de son éclat, si elle n'avait eu pour objet que l'origine graduelle et le développement physique et moral de ces mêmes peuples !

En outre, lorsque, après deux mille ans de silence, on revient sur le passé et que l'on cherche à constater les positions, les événements d'un pays, l'état d'une ville, sur laquelle ont fondu d'immenses malheurs, quelles difficultés ne doit-on pas s'attendre à trouver, et quel lecteur raisonnable ne sent pas qu'un pareil ouvrage a droit à son indulgence ? Si le crayon de l'écrivain était en défaut sur des traits effacés par le temps, sur des modèles qu'il a soustraits aux regards du présent, on n'en accusera que le ravage des siècles. Le public éclairé ne lui saura pas moins gré, s'il a tâché de mettre en ordre tout ce qu'avant lui, on avait recueilli d'intéressant sur le sujet qu'il traite, s'il a enrichi cette collection de quelques titres nouveaux, s'il a fait tous ses efforts pour répandre de la clarté sur des temps obscurs, sur des époques ensevelies dans les ruines du passé, si enfin il a franchi un intervalle qui, tout faible qu'il était, ait mis à portée d'en surmonter un plus considérable.

Pour obvier au défaut de pièces authentiques, imprimées ou manuscrites, sur l'origine celtique ou gallique de votre ville, sur son importance gallo-romaine, nous avons interrogé les objets nombreux et antiques tirés de votre sol, où, depuis de longs siècles, ils étaient enfouis. Ce sont, nous le disons avec assurance, de véritables archives, auxquelles il convient d'avoir recours, lorsque l'on veut rapprocher, pour ainsi parler, les deux extrémités du temps, et reproduire, au présent, les preuves du passé le plus reculé. Ces fragments, ces restes, sont de vrais titres de famille pour les descendants de ceux qui, depuis longtemps, ont disparu de la surface du globe.

La terre, les ruines sont, pour l'historien, le plus instructif des livres. Exactes dans l'expression du présent, elles ne sont pas moins vraies sur le passé. La terre porte, à Entrain, dans ses couches diverses, des titres qui ne sont point suspects. Les ruines, avec les débris sans nombre qui y sont accumulés, nous conduisent, avec sûreté, à la réalité de l'histoire locale. C'est bien là le vrai livre de l'antiquité, de celle d'Entrain, en particulier. Si nos ressources personnelles nous eussent permis de fouiller les entrailles de la terre, ou plutôt ses couches superficielles dans le vaste périmètre de l'antique *Intaranum*, que de richesses historiques, que de documents, du plus haut intérêt, elles nous eussent fournis ! Hélas ! ils sont enfouis pour la plupart; ils sont là, attendant la main heureuse qui les mette au jour !

Habitants d'Entrain, lorsque, pour la première fois, nous foulâmes, comme pasteur, le sol si intéressant de votre commune, que nous parcourûmes les rues de votre petite, mais gracieuse ville, aujourd'hui déshéritée, dépouillée sous le rapport administratif (1), nous fûmes frappé d'émotion et nous nous dîmes : Comment ne s'est-il pas encore trouvé une main amie qui ait tiré de l'ombre son glorieux passé ?

Dès-lors, c'en fut fait. Notre résolution était prise.

---

(1) Par la suppression de sa châtellenie, puis du canton.

Notre bonne volonté, suppléant à notre insuffisance, tâchera de réparer les oublis de la science.

Il en est aujourd'hui de l'histoire d'Entrain comme de celle de la nature, une partie ne peut être étudiée que dans la terre. Elle y gît par lambeaux, il est vrai, mais elle s'y rencontre. Trop souvent les hommes n'ont interrogé que les titres écrits, qu'ils avaient sous la main, sans presque songer qu'ils foulaient aux pieds d'innombrables et précieux matériaux. Des morceaux de métal rouillé, des fragments de statues mutilées, des restes de pierres sculptées, des cippes brisés ou tronqués... sont des documents indicateurs, des témoins qui parlent un langage muet, mais toutefois bien éloquent. Que n'avons-nous l'œil subtil et exercé des Buffon, des Bailly, des Pallas ? Que de témoignages intéressants nous découvririons dans ce lieu jadis célèbre à tant de titres ! Ils nous diraient qu'ici fut autrefois une cité peuplée, riche, opulente, une capitale de province, aujourd'hui excessivement amoindrie, tandis que d'autres, alors simples bourgades, ou même n'existant pas, ont acquis une importance bien supérieure. Il en est des villes comme de la terre : telle partie qui fut autrefois fertile et bien cultivée, n'est plus actuellement qu'un lieu couvert d'épines et de buissons, tandis qu'un désert ingrat et stérile s'est changé, par la culture et le soin, en un sol fécond et délicieux.

Habitants d'Entrain, pour écrire l'histoire de votre ville, pour redire son antiquité, son ancienne splendeur, son importance d'autrefois, nous avons donc interrogé d'abord les monuments produits par les diverses fouilles opérées dans votre sol, et qui sont malheureusement dispersés aujourd'hui chez vos voisins (1). Ce sont des témoins indigènes, authentiques, incapables de mensonges. Nous avons ensuite consulté plusieurs chroniques locales, les savants *Bulletins de la Société nivernaise des lettres, sciences et arts*, dont nous avons l'honneur d'être membre depuis sa fondation ; les archives de votre église, de votre commune ; celles de l'ancienne châtellenie, de la baronnie de Réveillon, que le possesseur actuel, M. le vicomte d'Hunolstein, a mises si gracieusement à notre disposition ; celles de la préfecture de l'Yonne, que son actif et savant archiviste, M. Quantin, s'est empressé, avec sa bienveillance habituelle, de nous communiquer. Nous n'avons pas négligé, non plus, celles de la capitale, où tant de fois déjà nous avions puisé abondamment pour notre *Histoire du Morvand* (2).

Telles sont les sources, aussi sûres que nombreuses, d'où nous avons extrait les renseignements précieux composant le travail que nous offrons à votre légitime curiosité. Puisse ce fruit de nos veilles répondre à votre attente et vous inspirer un amour sincère du beau, du célèbre pays qui vous a vus naître, et vous porter à l'honorer toujours par vos vertus civiles et religieuses. Nous avons divisé cet ouvrage en quatre parties. La première, sorte d'introduction à l'histoire proprement dite, est un coup d'œil général sur la

---

(1) Les principaux lieux où ont été transférés les objets antiques trouvés à Entrain, sont : Paris, Saint-Germain-en-Laye, Nevers, Auxerre, Clamecy, Varzy.....

(2) Nous devons beaucoup de reconnaissance à M. le vicomte d'Hunolstein, qui a l'obligeance de les faire fouiller dans l'intérêt de notre œuvre. Son concours nous a été très utile.

ville et le pays; la seconde présente les principaux faits historiques, réunis et classés selon l'ordre chronologique; la troisième traite de la paroisse, des curés qui l'ont administrée, des faits les concernant, du prieuré de Saint-Nicolas de Réveillon; la quatrième renferme les anciens fiefs et seigneuries, avec leurs antiques possesseurs. Un appendice, venant ensuite, contient les chartes les plus intéressantes. Ce sont des preuves, chères surtout aux archéologues; nous n'avions garde de les négliger. Vous y trouverez aussi deux vues, l'une ancienne et l'autre moderne, de votre ville; un plan ou tableau archéologique, retraçant la position de ses antiques monuments; une carte de la commune; diverses gravures, représentant des statues mutilées de faux dieux, des cippes brisés, des fragments d'architecture, des vases celtiques, des monnaies romaines et carlovingiennes, des bronzes et objets de toilette, de tout genre, dues au crayon habile d'un de vos compatriotes, M. Amédée Jullien, zélé et intelligent directeur du musée de Clamecy.

HISTOIRE D'ENTRAIN.

PREMIÈRE PARTIE.

ENTRAIN A VOL D'OISEAU; SITUATION, IMPORTANCE, RESSORTS, ÉTABLISSEMENTS PUBLICS, PLACES, RUES, FORTIFICATIONS, CROIX, USINES.

I.

Situation, importance, établissements.

A l'extrême limite du département de la Nièvre, le touriste qui s'achemine de Clamecy vers les bords gracieux de la Loire, rencontre, sur sa route, à vingt-trois kilomètres de ce chef-lieu d'arrondissement, une petite ville bien ouverte, propre, élégante : c'est Entrain, *Intaranum*, *Interamnes*. Elle est assise au centre d'une plaine fertile, de quatre lieues de diamètre, entourée, à l'ouest, d'une chaîne, non interrompue, de collines, qui commence à la montagne des Alouettes (1), au nord, et finit au sud. Cette chaîne forme un demi-cercle, à peu près régulier, sur lequel sont

---

(1) Ce nom vient du mot *Alaudæ*, qui était celui d'une légion romaine, cantonnée à son sommet. Quelques-uns disent qu'elle a été appelée ainsi de certains casques antiques, portant pour aigrette une alouette, trouvés au pied de la montagne. Ces deux opinions sont, à peu près, identiques.

bâtis les bourgs de Perreuse (1) et de Bouhy ; ce dernier est connu par le martyre de saint Pélerin, apôtre d'Entrain (2). De l'est au sud, s'étendent de vastes forêts, de sept à huit kilomètres de profondeur, qui, avec cette chaîne de collines, formaient les défenses naturelles du vieil *Intaranum* (3).

La ville occupe une position gracieuse, une ondulation de terrain s'avançant, du nord au sud, entre les ruisseaux de Saint-Cyr et du Trélong, qui se réunissent au bas et forment le Nohain, *Nodanus*, *Noda amnis*. Cette petite rivière coule dans la direction du sud, met en mouvement, sur son parcours, plusieurs usines, reçoit, à Donzy, la Talvane, et se jette dans la Loire, à Cosne, après un cours d'environ trente-six kilomètres. A l'époque gallo-romaine, les bords du Nohain, surtout près d'Entrain, étaient couverts de forges et autres établissements publics.

Intaranum ou Entrain, ville de l'antique république des Sénons, capitale des Cambiovices, fut, sous les Romains, le siége d'un gouvernement, quelques savants disent d'une préfecture (4).

---

(1) Perreuse portait jadis le titre de ville. Il entrait, dans l'antiquité, avec la montagne des Alouettes, le bourg de Bouhy et les vastes forêts de l'est, dans le système de défense du vieil *Intaranum*. Sous la féodalité, il était le siége d'une baronnie, mouvante du duché de Nivernais. Cette seigneurie fut possédée par Jacques Cœur, le fameux argentier du roi Charles VII, par Jacques de Chabannes, plus connu sous le nom de La Palice, par la grande Mademoiselle, princesse de Montpensier, et par L. Lepelletier de Saint-Fargeau.

(2) Bouhy, *Boluinum*, *Boia*, *Baugiacus*, était, comme nous le verrons plus bas, la principale citadelle d'*Intaranum*. Il renfermait ses prisons d'État, dont on retrouve des vestiges dans les substructions de la chapelle Sainte-Anne. Cosme et Bouhy formaient, sous la féodalité, une importante châtellenie, avec bailliage, dans la mouvance du duché de Nivernais.

(3) Ces forêts comprenaient celle de *Frétay*, vulgairement les *usages d'Entrain*; les bois Sourdins, de 291 arpents, partagés, le 9 décembre 1541, entre l'évêque d'Auxerre et Guy, comte de Laval, baron de Donzy, seigneur d'Entrain ; les Bois-l'Évêque, au même évêché; le bois des Lannes, de 394 arpents, dont une branche de la famille de Chégoin prenait le nom ; le bois des Dames, celui de Chenay, aux vénérables religieux de l'abbaye de Notre-Dame des Roches; les Coques-aux-Moines, au prieuré de Saint-Nicolas de Réveillon ; le bois du Four, de 12 arpents, destiné au chauffage du four banal d'Entrain ; les *Dangers-de-Corvol*, ou bois d'usage de cette commune, ceux de Courcelles, de Billy et d'Étais.

(4) Ce peuple, *Cambiovicenses*, cité par la carte de Peutinger, habitait, en effet, entre Nevers et Auxerre. (Voir la note, p. 54.)

Ruinée plusieurs fois par les barbares et les invasions subséquentes, la ville s'amoindrit, avec le temps, et ne fut plus, sous la féodalité, que le siége d'une des trente-deux châtellenies du Nivernais. A la chute de ce régime, on y créa un chef-lieu de canton, que la Constitution dite de l'an VIII supprima. L'antique et célèbre *Intaranum* n'est plus aujourd'hui qu'une simple commune rurale, l'une des douze du canton de Varzy, dont elle occupe l'extrémité occidentale. Sa distance de ce chef-lieu est de dix-huit kilomètres.

La ville d'Entrain comprend, dans ses murs, de 1,500 à 1,600 habitants, et sa banlieue 800, qui occupaient, en 1833, époque de la confection du cadastre, 389 habitations. Son territoire, généralement fertile, produit beaucoup de céréales, tels que blé, orge, avoine... On y comptait autrefois de nombreux clos de vignes, réduits actuellement à deux hectares (1). Les prairies naturelles donnent, en général, de mauvais produits; mais ceux des prairies artificielles, comme la luzerne, le sainfoin, le trèfle..., sont abondants et d'excellente qualité. La superficie totale de la commune est de 5,884 hectares; 2,455 sont couverts par les forêts.

Sous l'ancien régime, la châtellenie d'Entrain relevait de la généralité d'Orléans, du bailliage et siége présidial d'Auxerre, dont elle suivait la *coutume* depuis 1562, du parlement de Paris, de l'élection et du grenier à sel de Clamecy.

Au spirituel, la paroisse, dite de Saint-Sulpice, l'une des plus anciennes du pays, dépendait de l'antique diocèse d'Auxerre et de l'archiprêtré de Puisaye. La cure était à la collation de l'évêque. Annexée, comme simple succursale, par le concordat de 1801, au diocèse de Nevers, elle fut ensuite érigée en cure de deuxième classe, puis en doyenné. Un vicariat y fut établi en 1830.

On trouve, à Entrain, une communauté religieuse, composée de cinq sœurs de la congrégation de la *Charité et Instruction chrétienne de Nevers*, qui tiennent un pensionnat de jeunes filles, une salle d'asile, et visitent les malades, à domicile.

Outre le pensionnat de *la Providence*, il existe en cette ville une école communale de filles, une de garçons et une institution libre

---

(1) Les Foulletières, les bords du Trélong, les terres de Villotte étaient en vignes. Les communes limitrophes, Menestreau, Bouhy, Perreuse..., produisent du vin de bonne qualité.

de jeunes gens. Une autre école communale mixte est établie au Château-du-Bois, à quatre kilomètres, au nord-est.

Il y avait, au dernier siècle, un petit collège, dont le souvenir revit dans le nom de la rue qui descend de la place du Marché au lieu des *Salles*, où se trouvait l'établissement public (1).

Une gendarmerie à cheval, composée d'un brigadier et de quatre hommes, a été créée dans cette ville, en 1852. Elle a sous sa surveillance les communes de Ciez et de Menestreau. On y trouve aussi un bureau de perception, duquel dépend la commune de Corvol-l'Orgueilleux; un bureau de poste, desservant celle de Sainpuys, et un service télégraphique, correspondant à la ligne de Corvol; il a été établi en 1877.

Le service sanitaire est fait par trois médecins, deux vétérinaires et un pharmacien. Le commerce, entretenu par douze foires, bien fréquentées, et un marché, tous les mercredis, est assez actif. Il y existe aussi une louée de domestiques, le 24 juin, une autre à la Saint-Martin, et une troisième au Château-du-Bois, le dimanche qui précède le 16 du même mois.

Il n'y avait autrefois à Entrain que deux foires, qui étaient franches; c'étaient celles du 17 janvier et du premier lundi de Carême; mais des lettres-patentes du roi, données au mois de septembre 1781, en établirent quatre nouvelles. On y vendait, dit un manuscrit de 1770, des *bestiaux de toute espèce, excepté des moutons*. Il porte encore qu'il n'y avait aucun commerce dans le pays, et que *chacun y faisoit valoir son bien;* que le journalier gagnait six ou sept sous par jour, en hiver, avec sa nourriture, et dix dans la moisson; qu'il n'y avait qu'un seul boucher, détaillant *une bête aumaille* seulement, chaque semaine (2). On y *ramassoit*, poursuit l'auteur, *peu de froment, mais du méteil, du seigle, de l'orge et de l'avoine* (3).

---

(1) Raphaël Mourisset était *recteur du collège*, en 1635; Jean Bardolat, bachelier en philosophie, en 1640; Claude Lecauchois, en 1658; Isidore Thiau, en 1662; Prieur, en 1689; Louis Marchand, en 1705; Denis Lable, *recteur des écoles d'Entrain*, en 1747; Charles Picard, en 1775; Pierre-Marie Robineau, en 1789; Nicolas Ronat, en 1793; Léonard-Marie Laproye, chef d'institution, en 1843.

(2) Le journalier gagne aujourd'hui de deux à trois francs par jour. Il y a quatre bouchers.

(3) Ces céréales ont fait place au froment, qu'on y récolte abondamment, au moyen du marnage des terres.

Le pays, dit-il encore, était marécageux et insalubre, à cause des nombreux étangs qui entretenaient l'humidité, et il appelait, de tous ses vœux, leur dessèchement. Cette heureuse opération, qui eut lieu à la fin du dernier siècle, a modifié ce triste état de choses. Les fièvres intermittentes, alors fort communes, ont disparu ; le terme moyen de la vie s'est élevé ; on y trouve beaucoup d'octogénaires.

La ville se divise en quatre quartiers : Entrain proprement dit, au centre ; la Contrariée, au nord (1) ; les Jons, au nord-est, et les Salles, au sud.

Les Jons formaient une dépendance de l'ancienne paroisse de Saint-Cyr-les-Entrain, dont les limites ne s'arrêtaient qu'aux murs de la ville (2).

Le quartier des Salles, le plus considérable après la ville proprement dite, s'appelait jadis le Faubourg. Son nom vient d'une antique habitation qu'occupait, en 1512, noble Jean d'Abont, juge de la châtellenie, et, au dernier siècle, le collége.

En 1765, par suite de l'édit du roi sur la réorganisation des municipalités, on avait divisé la ville en trois quartiers électoraux. Le premier se composait, à partir de la porte d'Auxerre jusqu'à celle de Saint-Michel, de ce qui se trouvait à droite ; le second, de ce qui était à gauche, et le troisième, du reste.

Il existe, à Entrain, quatre places publiques, dites du Marché, jadis de la Halle, de la Mairie, autrefois Place-aux-Vaches, de Saint-Michel ou de l'Église, enfin de Saint-Cyr. Les rues sont assez jolies, quoique irrégulières (3).

---

(1) Ce nom vulgaire vient d'une ancienne ferme, la seule construction que l'on y remarquait, au commencement de ce siècle.

(2) Ce quartier a pris son nom, selon l'opinion vulgaire, de sa proximité de l'ancien étang du Marais. Nous pensons qu'il vient d'une vieille famille, dont on trouve le nom dans les archives du château. M. François-Auguste Piétresson de Saint-Aubin lui a donné naguère une grande extension, en faisant construire, dans ses terrains, des habitations qu'il cédait ensuite aux familles peu aisées, à des prix fort modérés.

(3) Ce sont la Grande-Rue, celles du Dauphin, d'Orléans, de Saint-Michel, de l'Église, d'Ordon, du Chapeau-Rouge, du Collége, de Bourderousse, des Salles, des Fangeats, du Château, des Jardins. Les anciennes rues Saint-Sulpice, Saint-Cyr, du Châtelet, des Fossés, de l'Hôpital, la Rue-Perdue, ont disparu ou reçu de nouvelles dénominations.

Entrain était autrefois une ville forte, *une place frontière*, comme l'appelle une charte royale du seizième siècle. Une ceinture de murailles, précédée de larges fossés, courant du sud au nord, l'enveloppait de toutes parts et la protégeait contre les attaques du dehors. On en voit encore de notables fragments aux promenades et du côté des prairies, à l'ouest. Ces fortifications lui attirèrent de grands malheurs, d'horribles désastres, dont nous parlerons plus bas.

On pénétrait dans la place par quatre portes, nommées porte Saint-Cyr, porte Saint-Sulpice, porte de la Forge et porte d'Auxerre. Chacune d'elles était flanquée de deux tours et précédée d'un corps-de-garde pour la surveillance publique. Celle dite de la Forge devait son nom à une antique usine métallurgique, établie par les anciens comtes de Nevers, et qu'on alimentait avec du minerai tiré des bois voisins ; de là sont venues les dénominations de Miniers et de Mineray. Cette forge existait encore en 1594. Elle fut remplacée, vers cette époque, par d'autres usines moins considérables, un moulin, un foulon et deux battoirs d'écorces.

Nous verrons plus bas que la ville ayant *été ruinée par les guerres*, on restreignit alors l'enceinte fortifiée, qui s'arrêta près de la halle et du château seigneurial, laissant ainsi, en dehors, tout le quartier des Salles, complétement démoli. On ouvrit dans le nouveau mur, en face de la rue *Saint-Michel*, une porte qui en prit le nom. Ce quartier, après sa reconstruction, qui s'opéra lentement, se nomma naturellement le Faubourg. La porte de la Forge resta comme fortification avancée. Elle formait, avec les étangs, de ce côté, une première ligne défensive, qu'il était facile, au besoin, de fortifier encore.

II.

Édifices publics, savoir : église, presbytère, ancien château, hôtel-Dieu, couvent d'Urbanistes, halle, mairie, vicomté, prêche des huguenots, maison-de-l'amiral.

L'église paroissiale, située dans le centre de la ville, est dédiée à saint Sulpice, archevêque de Bourges. Elle en possède des reliques, ainsi que de saint Pélerin, renfermées dans un beau reliquaire en bronze doré. Autrefois simple annexe d'une ancienne église, dont

PLAN FIGURATIF DE LA VILLE D'ENTRAIN,

A L'ÉPOQUE GALLO-ROMAINE ET AU MOYEN-AGE,

Dessiné d'après les ruines, les chartes et la tradition locale, par Amédée JULLIEN, gravé par DARDEL.

1 Église paroissiale.
2 Petit-Fort ou château.
3 Couvent des Urbanistes.
4 Vicomté (1).
5 Ancien presbytère.
6 Vicariat, presbytère actuel.
7 Maison de l'Amiral.
8 Petit-Réveillon.
9 Les Salles.
10 Maison-du-Fort.
11 Halle.
12 Prêche des huguenots.
13 Four banal.
14 Signe patibulaire.
15 Puits Jean-d'Armes.
16 — des Carmes.
17 — romains.
18 — du vicariat.
19 Enceinte primitive.
20 — restreinte.
21 Porte Saint-Cyr.
22 — d'Auxerre.
23 — Saint-Sulpice.
24 — de la Forge.
25 Grosse Tour-aux-Filles.
26 Tour des Salles.
27 — de la Forge.
28 — des Fossés.
29 — de la Vicomté.
30 — Parmentier.
31 Ancienne église Saint-Sulpice.
32 — église Saint-Cyr.
33 Prieuré de Saint-Nicolas.
34 Ancien château de Réveillon.
35 — château de Miniers.
36 Château de l'Abîme.
37 Polyandres.
38 Voie d'Augustodunum.
39 — d'Autessiodurum.
40 — de Genabum.
41 — d'Avaricum.
42 — du Beuvray et de Noviodunum

43 Enceinte d'Intaranum.
44 Étang Saint-Nicolas.
45 — Saint-Fiacre.
46 Petit-Étang.
47 Étang du Marais.
48 — de Saint-Cyr.
49 — du Trélong.
50 — Neuf ou Grand-Étang.
51 Grand-Réveillon.
52 Petit-Réveillon.
53 Moulin-Rapau.
54 Moulin-Neuf.
55 Ferme du Moulin-Neuf.
56 Le Mineray.
57 Porte Saint-Michel.
58 Fief de Grand-Champ.
59 Forges.
60 Bains romains.
61 Poterie gallo-romaine.
62 Métairie de Miniers (2).
63 Amphithéâtre (3).
64 Petite et Grande-Foulletières, dîmerie de Saint-Louis.
65 Village de Saint-Cyr-les-Entrain.
66 Château de Saint-Cyr.
67 Chemin d'Entrain à Saint-Cyr.
68 — du Chesnoy.
69 — de Sainpuys.
70 — de Perreuse.
71 — de Donzy.
72 — de la Femme-Morte.
73 Fontaine aux Ladres (4).
74 Temple d'Auguste.
75 — d'Apollon.
76 Maladrerie.
77 Aqueduc.
78 Fontaine d'Argent.
79 Moulin Saint-Sulpice.
80 Columbarium.
81 Vestiges d'un temple.
82 Anciens battoirs.

(1) Doit se trouver au nord-est de l'église.
(2) Doit se trouver entre les châteaux de Miniers et de l'Abîme.
(3) Ce signe, destiné à indiquer la position de l'ancien château des comtes, occupe celle de l'amphithéâtre; ce château se trouvait, ainsi que le columbarium (80), de moitié plus rapproché de l'enceinte fortifiée, dans le groupe d'édifices situé entre-deux.
(4) Ce chiffre doit être posé à l'ouest de l'ancienne église, vis-à-vis le n° 41.

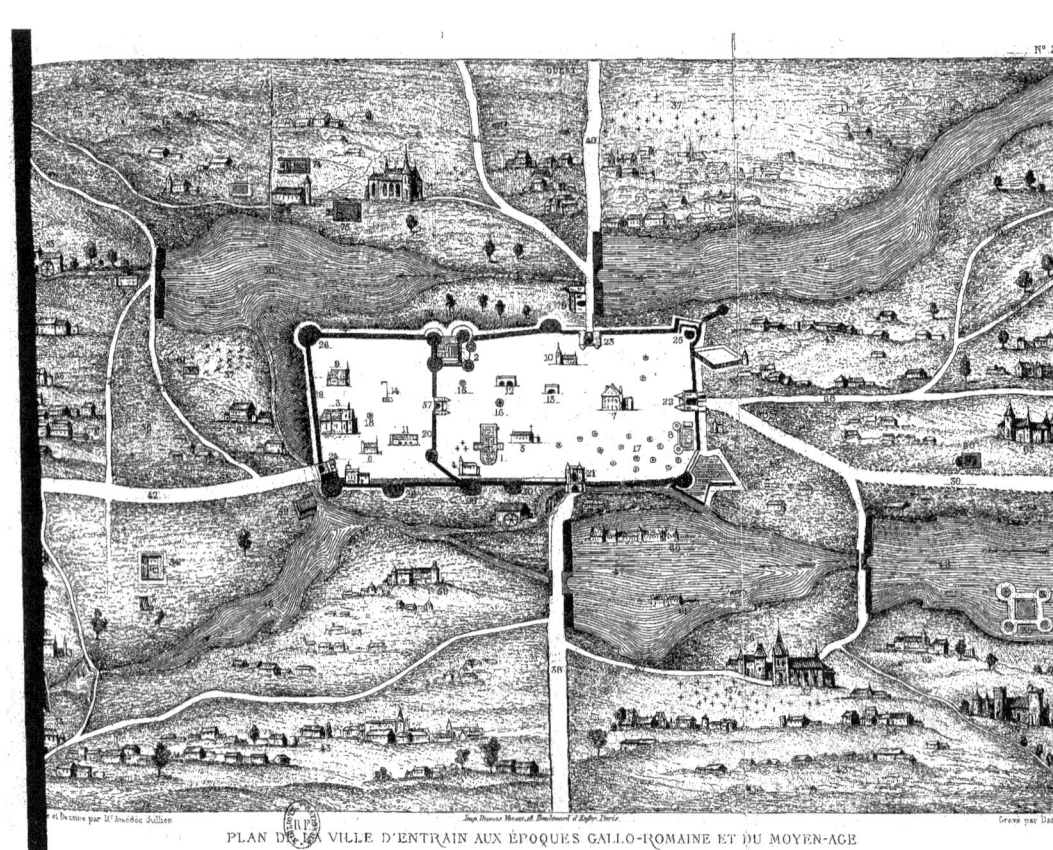

PLAN DE LA VILLE D'ENTRAIN AUX ÉPOQUES GALLO-ROMAINE ET DU MOYEN-AGE

il existait encore d'importantes ruines, près du cimetière, en 1641, elle était alors sous le vocable de Notre-Dame. Cet édifice religieux est loin de faire honneur à la ville. Trop resserré par les constructions qui l'entourent, il sera toujours difficile de lui donner la grandeur qu'exigerait le nombre des fidèles de la paroisse. Son plan est une croix latine, dont chaque partie est de date et de style différents. Ainsi, le chœur est roman et du douzième siècle; le transept et la nef, de même date, furent remaniés et voûtés en 1595 (1); les deux chapelles, qui flanquent le chœur et communiquent avec lui par deux grandes arcades, sont dédiées, celle du sud, à la sainte Vierge: elle date du quinzième siècle; celle du nord, sous le vocable de saint Joseph, fut construite au dix-septième. La tour, avec fronton, porté par deux colonnes cannelées, d'ordre ionique, est de style grec et d'une bonne exécution. La hauteur du sol à la croix, qui la surmonte, est de vingt-sept mètres. Cette tour et l'abside, qui fut, en dernier lieu, le siége d'un prieuré, dit de Saint-Nicolas, datent de la fin du dix-huitième siècle.

Les voûtes, de sept mètres d'élévation, dans la nef, sont encore plus basses dans le chœur et le transept. Un malencontreux remblai, opéré, en 1795, sur le vœu de la municipalité, par un nommé Massue, de Clamecy, a fait disparaître les bases des piliers et a rehaussé le dallage de près d'un mètre. Il contribue beaucoup à l'aspect disgracieux de l'ensemble. Lors de la construction de la tour, on fit disparaître une haute flèche, qui s'élevait sur le transept. On montait sur les combles au moyen d'une tourelle, dont on remarque encore les lucarnes dans les murs du croisillon méridional, avec d'autres vestiges sur les voûtes. La fabrique la fit démolir en 1827, parce qu'elle était devenue inutile.

Dans la paroi sud de la nef, est une pierre gravée, sur laquelle on lit: *Cy-devant gisent honorable homme Jehan Gallyot, en son vivant grenetyer du roy, nostre sire, au grenier à sel de Clamecy, seigneur du Chasnoy, bourgeois d'Entrain, et décéda aux faubourgs de Villeneuve-le-Roy le 10 mars, l'an 1576; et dame Estiennette Duchesne, sa femme, décéda en ce lieu d'Entrain, l'an 1562. Priez Dieu pour eulx.*

---

(1) Ce chiffre se lit sous un arceau du transept. La nef a été grattée en 1878, et quatre grandes fenêtres ont été ouvertes et ornées de vitraux peints.

Les armes de cette famille étaient parlantes. On voit, au-dessous de l'écusson, la mer, représentée par six poissons de fasce; au-dessus, une galiote, voguant à pleines voiles, sous le ciel, figuré par un croissant et une étoile. C'est bien là encore un symbole de la vie humaine.

Tout près est une autre inscription murale, ainsi conçue :

> Le paragon qui voudra de vertu
> Apercevoir, Jehanne d'Abont contemple,
> Et d'amitié non le lien corrompu,
> Par sa bonté est de chascun l'exemple.
> Cy gisante non pas sans grand regret
> De son très-cher et vertueus épous,
> Évidemment est de bonté parfaict,
> Claude Gallyot, home paisible et dous.
> Tant aymé a le Sauveur du monde,
> Ce qu'il a faict par sa bonté céleste,
> Et sa pitié sans macule et immonde,
> Qui ceulx a faict de vertus supernelle
> Reluire en eulx comme au ciel le soleil.
> Inpartissant à très-grande foyson,
> Des biens, dons et grâces du ciel,
> Est plus que tout en grande dévotion.
> Prier debvons quelle à jamais demeure
> Nos inclinant, par sainctes oraisons,
> En paradis, cité très bone et sûre,
> Lieu préparé pour fidelles et bons.

Autour, on lit : *Epitaphe de dame Jeanne d'Abont, femme de m^{re} Cl. Gallyot, s^r du Chasnoy, qui trépassa le 2e janvier 1580.*

Au-dessus, sur une autre pierre gravée, sont encore les armes de la famille Gallyot : toujours une galiote avec ses voiles déployées. En chef, un croissant et une étoile ; en pointe, le monogramme de Claude Gallyot, C et G entrelacés, puis A M de même ; entre les deux, 1586, en chiffres arabes, et deux lions issants pour supports.

Sur le bord : *Claude Gallyot, Marie Archambault, sa feme, ce... fot... te...*

Sur le pilier, à côté, est une troisième inscription portant : *Sy-devant gist Pierre Jobert, afin que morant, il vesquit : véquit comme devant morir : Passant, tu vois ce que je suis : tu scay ce que j'ay esté : Pence de toi, que tu seras.*

En face, sur la paroi du nord, est une grande plaque de marbre blanc, sur laquelle on lit cette inscription, en lettres d'or :

A ELISA ROY, Ctesse DE LARIBOISIÈRE,
PROPRIÉTAIRE DE LA TERRE D'ENTRAINS,
NÉE LE 22 JANVIER 1794, DÉCÉDÉE LE 27 DÉCEMBRE 1851.
FONDATION PERPÉTUELLE D'UNE MESSE QUOTIDIENNE.

L'ancien presbytère, acquis d'Edme Raveau, vers 1670, par le curé Sulpice Bourgoing, était situé près de l'église, au nord. Il consistait en trois chambres basses, une boulangerie, avec grange, écurie, cour et jardin. Dans la reconnaissance qu'il fit, quatre ans plus tard, par-devant les officiers de la châtellenie, il est constaté que chaque curé, à sa prise de possession, devait cinq sous, une fois payés, au duc de Nivernais. Cette maison fut vendue en 1794.

Le presbytère actuel, assis en la rue de la *Croix-d'Or*, jadis de l'*Hôpital*, au sud et un peu trop loin de l'église, se nommait autrefois le *vicariat*, ainsi que le puits, en face, de l'autre côté de la rue, où il a un droit d'usage. C'est là que logeait, en effet, le vicaire de la paroisse. Il fut donné à la fabrique, en 1688, par les anciennes religieuses Urbanistes de la ville, alors réunies à celles des Isles d'Auxerre. Le curé, Pierre Verger, y fit faire d'importantes réparations, en 1777. Une poutre s'étant brisée subitement, en 1824, le jour du Vendredi-Saint, la commune dut y dépenser une somme de 2,000 fr., qui améliora la distribution intérieure. Néanmoins le local n'offrait pas tout le confortable nécessaire. L'abbé Jean-Jacques Vée se chargea de le lui donner. En 1828, il commença par clore de murs le jardin, déblaya le puits romain qui s'y trouve, construisit, en 1845, les bâtiments de la basse-cour, puis enfin les deux pavillons ou prolongements de la maison. Ces améliorations successives en ont fait l'un des plus beaux et des plus commodes presbytères du diocèse. A l'arrivée du nouveau curé, en 1876, la commune y consacra encore une somme de 2,000 fr., avec laquelle on fit des réparations très-opportunes.

Un peu plus bas, de l'autre côté de la rue, se trouvait l'ancien hôtel-Dieu ou hôpital, qui avait alors à sa tête un prêtre, avec le titre de *maître et administrateur*. Cet établissement occupait l'emplacement de la maison Juventy. Toutes les habitations du quartiers des Salles lui payaient des cens et rentes, comme étant de ses appartenances (1). Il possédait, en outre, quatorze arpents de terre dans la proximité de la ville, du côté du Chênoy. Les habitants en firent, en 1638, un abandon général à l'effet d'y fonder un couvent de religieuses Urbanistes, qui y subsista quarante-neuf ans.

L'ancien château des comtes de Nevers ayant été ruiné par les guerres, au quinzième siècle, on lui substitua, en 1455, celui du *Petit-Fort*, dont les restes servent encore d'habitation au régisseur de la nouvelle terre d'Entrain. Ce château, défendu, à l'ouest, par les fortifications de la ville, était protégé, du côté de celle-ci, par une ceinture de murailles, armées de tours, qui le mettait à l'abri d'un coup de main, dans une émeute populaire. Il était lui-même tombé en ruines, en 1780, et ne consistait plus qu'en *un reste de bâtiment*, où logeait le *chef-garde* du duc de Nivernais. Là, se trouvaient aussi l'auditoire de la justice seigneuriale, la prison et les cachots (2). On y construisit, l'année suivante, une chambre pour le geôlier et des étables de cent pieds de long, sur trente-un de large. Ces édifices, avec les murs de clôture, la couverture de la halle, mise à neuf, s'élevèrent à une dépense totale de 7,854 livres 8 sous. Que l'on compare le taux de la main-d'œuvre actuelle avec celui d'alors !

La halle, rebâtie, en 1854, par la commune, en pierres de grand appareil, sur les plans et devis de Louzon, architecte à Clamecy, coûta 24,000 fr., payés au moyen de l'aliénation d'une rente sur l'État. Elle appartenait autrefois au duc de Nivernais, chargé de son entretien (3); mais il percevait, en revanche, deux sous sur chaque marchand y étalant les jours de foire et de marché. Sa fondation date de 1608.

Près de l'église, à l'est, se trouve la mairie ou hôtel de ville, qui a donné son nom à la place triangulaire située en avant. Elle fut acquise en 1790 et rebâtie en 1832.

Derrière cet édifice, dans la rue d'Ordon, vulgairement Dourdon, il existe une vieille maison, d'un aspect misérable,

---

(1) Il lui en était dû également sur plusieurs maisons et héritages de Bouhy, de la Brosse, de Vauyrille, de Forge, de Sainpuys.....

(2) L'auditoire se voyait autrefois près de l'église. Les cachots servent actuellement de cellier. On y remarque encore des signes de leur ancienne destination.

(3) Il était ordinairement de 6 livres par an.

servant de dépôt. Ce triste état de délabrement contraste singulièrement avec sa splendeur d'autrefois. C'était, en effet, le siége d'une antique vicomté, possédée, pendant de longs siècles, par de puissantes familles, dont l'une la vendit au duc de Nivernais, en 1779. Ce manoir confinait lui-même aux murailles de la ville, à l'est, et possédait quelques moyens de défense, comme tours et autres agrès, sur la rue d'Ordon, ainsi nommée d'un de ses anciens possesseurs (1).

Sur la place de l'Église, jadis de Saint-Michel, se voyait un vaste puits, dit *des Carmes*. Il sert actuellement à alimenter une pompe publique. C'était un souvenir toujours subsistant des religieux du Mont-Carmel, derniers administrateurs de l'hôpital d'Entrain.

Près de l'ancienne porte Saint-Michel, il en existe un autre, nommé *puits Jean-d'Armes*. Il rappelle le souvenir d'une vieille famille féodale, qui avait un hôtel dans la ville. Jean d'Armes, écuyer, seigneur du lieu, du Verger, de Forge-sous-Bouhy, possédait, en outre, en 1490, diverses terres et maisons à Entrain. Il les laissa, quelques années plus tard, à Louis, son fils. Valentine d'Armes, sa petite-fille, porta ces biens à Françoise de Chabannes, qui en jouissait en 1672 (2). À cette époque, ceux d'Entrain avaient déjà été acquis par le duc de Nivernais.

En face de la porte occidentale de l'église, s'élève une grande maison, la seule à deux étages à Entrain. Elle date du seizième siècle. On y remarque divers caractères architecturaux de l'époque, avec des écussons effacés. Un long souterrain la faisait, dit-on, communiquer avec la campagne. Nous regrettons de n'avoir pu l'explorer. Les calvinistes y tenaient leur prêche (3).

Près de là, dans la rue des Fangeats, se voyait le four banal,

---

(1) On remarque des restes de sa grandeur passée dans ses antiques souterrains.

(2) Archives du château d'Entrain.

(3) Elle fut vendue, en 1609, par Thomas Gallyot et Étiennette d'Abont, sa femme, avec la métairie de Miniers, aujourd'hui détruite, à noble François du Héron, écuyer, seigneur du lieu et du Parc, près Champignelles, et à François de Bozini. La famille Regnard, qui la posséda ensuite, la transmit, par alliance, à celle de Chégoin. Elle fut acquise, en 1848, par la famille Laproye, qui y tient une institution libre.

où chaque habitant devait porter cuire ses *pâtes et gâteaux*, à peine de la confiscation de la farine, mais en payant le vingtième. Un canton de bois de douze arpents, nommé *Bois-du-Four*, était spécialement affecté à son entretien.

L'édifice le plus remarquable d'Entrain est, sans contredit, la maison dite de l'*Amiral*, située sur la Grande-Rue, à la jonction de la rue d'*Orléans*, jadis de Saint-Sulpice. Elle fut construite, en 1638, par un noble exilé, le duc de Bellegarde, qui fit beaucoup de bien à la ville. On y voyait alors une chapelle, où célébrait son aumônier (1). Près de là, est le *Puits-de-Fer*, qui servait à l'usage de la maison.

III.

Cimetière, polyandres, croix, usines, étangs, voies romaines, routes et chemins.

Non loin de la ville, à l'ouest, on rencontre le cimetière paroissial, dit de Saint-Sulpice, en souvenir d'une ancienne église, dédiée à ce saint archevêque de Bourges, justement surnommé le Pieux. Il fut clos de murs en 1687 (2).

L'édifice sacré fut bâti, selon l'opinion commune, sur les ruines d'un temple d'Apollon. Il fut ruiné lui-même, à plusieurs reprises, par les incursions et les guerres, en dernier lieu, par les Anglais. Cette église servait encore au culte en 1520. Vingt ans plus tard, elle était complétement abandonnée. Les derniers débris furent enlevés, en 1641, pour former la clôture du nouveau couvent d'Entrain. L'abandon définitif de cet édifice paroissial fut amené par la disparition successive et complète de toutes les habitations environnantes.

A l'époque gallo-romaine, on voyait, en ce lieu, un quartier

---

(1) Tout le quartier, de ce côté, depuis la rue d'Orléans jusqu'à la promenade, formait les dépendances de ce logis. La *maison de l'Amiral* passa, plus tard, à la famille Duvergey, dont un membre est actuellement président de chambre à la cour d'appel de Caen. M. Auguste Carré, le nouvel acquéreur, l'a fait réparer avec goût et intelligence.

(2) Voir page 168.

considérable du vieil *Intaranum*. Sous la féodalité, il y existait un fief nommé Saint-Sulpice.

Au cimetière paroissial est contigu celui du château d'Entrain, établi en 1875. Deux membres de la noble famille d'Hunolstein y dorment du sommeil de paix, en attendant la résurrection générale. En fondant les murs, on découvrit une statue colossale d'Apollon, déposée actuellement au musée de Saint-Germain-en-Laye.

A peu de distance du cimetière catholique, près du four à tuiles, se trouvait naguère celui des calvinistes d'Entrain, encore dit des huguenots, au dix-septième siècle. Sous l'ère gallo-romaine, il existait, en cet endroit, un vaste polyandre, attesté par la découverte de nombreux monuments funèbres, dont nous parlerons plus bas. Au sud de la ville, de l'autre côté du ruisseau, les fouilles mettent au jour des débris de tombeaux, en grand nombre; mais c'est à Saint-Cyr surtout qu'abonde cette sorte de monuments.

Aux quatre points cardinaux de la ville, à quelques cents mètres de distance, sont des croix, où la paroisse se rend processionnellement, à diverses époques de l'année. Celle du sud, érigée, en 1849, à la jonction des routes de Varzy et de Donzy, sous le titre de *Notre-Dame de Bon-Secours*, est due à la piété des fidèles de la paroisse. C'est un ex-voto rappelant le choléra.

Celle de l'ouest, posée à l'angle formé par les routes de Cosne et de Saint-Amand, date de 1874; elle fut le fruit d'une souscription; on la nomme croix *Saint-Pèlerin*. Ce monument pieux remplaça une autre croix en fer que la confection de la route, en 1839, força de transférer plus loin, à l'angle d'un champ, près du fourneau à tuiles, où elle se voit encore. Elle est appelée croix de *Saint-François*, en souvenir de François Chabin, qui l'avait fait exécuter, en 1827, lors du grand jubilé.

La troisième, celle du nord, s'élève en un lieu nommé autrefois *Croix-Loret*, et actuellement *Saute-au-Collet*. Près de là, était une promenade, avec de gros arbres, que la municipalité fit arracher, en 1790. Cette croix, dite de *Saint-Nicolas*, rappelle la piété de Nicolas de Chégoin; il la fit planter la même année que la précédente, pour remplacer celle que brisèrent des impies de bas étage, en 1793.

La dernière, dite des *Quatre-Vents*, du lieu de sa situation, se voit à l'est, à la jonction de la route de Clamecy et de l'ancien chemin de Varzy. Elle fut érigée, l'année du grand jubilé, par

Pierre Grandjean et André Tartarin, beaux-frères, sous l'invocation des saints apôtres Pierre et André, leurs patrons.

Au sud d'Entrain, sur le ruisseau de *Saint-Cyr*, grossi de celui de *Saint-Nicolas*, formant ensemble la principale source du Nohain, est un moulin à eau, de création récente. Il est le seul dans la commune, qui en comptait jadis cinq, savoir : le Moulin-Neuf, autrefois *Rapau*, ceux de la Forge, de Saint-Cyr, de Saint-Sulpice et de Chanteraine (1).

Ils étaient mis en mouvement par cinq étangs, entourant la ville, presque de toutes parts, et couvrant un espace d'environ quatre cents arpents. Deux surtout, celui de Saint-Cyr et l'Étang-Neuf ou Grand-Étang, étaient considérables. Le premier contenait cinquante-six hectares et pouvait nourrir quatorze mille poissons. Le second était de cinquante.

Ces étangs existaient dès le douzième siècle. Il en est fait mention dans un acte de 1214. Au milieu de celui de Saint-Cyr se trouvait une antique forteresse, nommée, au quatorzième siècle, *la Mothe-du-Marois*, et, plus tard, *château de l'Abîme*. Ce nom vulgaire lui venait d'un gour profond, d'où jaillit une belle source, jadis plus abondante, et qui rendait la pêche fort difficile. Sur la chaussée passait un chemin, par lequel le Chesnoy et les autres hameaux

---

(1) Les quatre premiers dépendaient de la châtellenie. Le cinquième appartenait au seigneur de Réveillon. Le moulin de Saint-Cyr, bâti sous la chaussée de l'étang du Marais, *le chemin de Clamecy entre deux*, était mû par le déchargeoir de cet étang, qui coulait sous les murs de la ville et que l'on passait, en face de la rue des *Fossés*, sur un *pont dormant*.

Le moulin de la Forge, situé près de la porte de ce nom, au sud, était mis en mouvement par l'eau du Petit-Étang. Il remplaça, avons-nous dit, une usine métallurgique. Ces deux moulins avaient été abandonnés par le duc de Nevers, le 18 octobre 1578, à Jean Poillot pour une rente annuelle de dix livres, en argent, et de cent vingt boisseaux de mouture. La veuve de Sulpice Léger et François Gauthier, son beau-frère, les rétrocédèrent au seigneur, en 1706, pour 2,400 livres.

Le moulin de Saint-Sulpice, que l'on voyait sous la chaussée de l'étang du Trélong, près de la porte de son nom, fut engagé par le duc, le 23 mars 1575, à Pierre Lyron, pour une rente de vingt-cinq livres tournois et six deniers. Le prince, méditant déjà peut-être le dessèchement des étangs, en obtint, le 19 janvier 1701, la rétrocession de noble Michel Frémy, juge de la châtellenie, pour une rente de cent vingt-cinq livres, qu'il remboursa, le 20 août 1720.

voisins se rendaient à l'église paroissiale de Saint-Cyr. A ce vieux manoir était attaché un droit de dîmes, dit de *Saint-Louis*.

Il y avait autrefois, à Entrain, plusieurs tanneries, possédées par des familles honorables, comme les Parmentier, les Piétresson de Saint-Aubin, les de Chégoin, les Lesguillon. Il n'en n'existe plus qu'une seule, en tête de la prairie de Saint-Sulpice, à l'ouest.

L'antique *Intaranum* communiquait, ainsi qu'il sera dit plus bas, avec toutes les cités gallo-romaines, par cinq grandes voies, qui furent rompues avec le temps. L'auteur du manuscrit, cité plus haut, disait, en 1770, qu'il n'y avait pas de grandes routes, mais qu'elles seraient faciles à établir, parce que le pays était peu accidenté, et que leur entretien ne serait pas dispendieux, la pierre se trouvant partout sur place.

Ce vœu a été réalisé. De belles routes rayonnent autour d'Entrain et le mettent en communication facile avec toutes les villes et bourgades des environs. La plus ancienne, celle de Clamecy à Neuvy, ne date que de 1839. Celle de Varzy à Toucy fut autorisée la même année, et celle de Donzy à Coulanges en 1845. Une autre, suivant le tracé d'une voie romaine, se dirige, par Ciez, vers Cosne. Sur la route de Clamecy s'embranchent les chemins du Château-du-Bois et de Corvol-l'Orgueilleux.

DEUXIÈME PARTIE.

ENTRAIN SOUS L'ÈRE CELTIQUE, SON NOM, SON ORIGINE, SON IMPORTANCE.

I.

Nom d'Entrain.

Tous les auteurs, anciens ou modernes, s'accordent à demander l'étymologie ou signification du nom d'Entrain à sa situation, au moyen-âge, entre des étangs qui, disent-ils, l'enveloppaient de toutes parts. Ce nom, d'après eux, n'est que la traduction syncopée des termes latins *Inter amnes*, qu'il leur avait plu d'adopter (1). Guy Coquille, vieil historien nivernais, s'exprime ainsi : « Entrain, petite ville assise en bon lieu et territoire fertile
» en bleds. Lez icelle ville, sont belles eaues d'étangs, et de la
» plupart desdites eaues les sources sont en dedans desdits étangs,
» desquels elle est presque toute environnée, et croy qu'elle ait
» pris son nom *ad instar* d'une ville d'Italie, au territoire
» d'Ombrie, nommée Interamna, *inter amnes*, et les noms se
» ressemblent assez (2). »

Le savant abbé Lebœuf, dans son histoire de la *Prise d'Auxerre*, dit qu'Entrain devrait s'ecrire *Entre-Ains*, c'est-à-dire entre les eaux, parce que son nom vient de sa situation entre plusieurs étangs, dont les eaux peuvent former de petites rivières, d'où *Interamnes* (3). L'auteur de la *Loire historique, pittoresque et*

---

(1) *Interamnis, Interanum, Antranum, Iateramis, Interamnum, Interranum*, Entrain, Entrains.
(2) *Histoire du Nivernois*, p. 366.
(3) *Prise d'Auxerre*, p. 333.

biographique (1), Jean Née de La Rochelle (2), l'*Album du Nivernais* (3), Mlle E. Chevalier (4), M. Marlière (5), affirment qu'il a été ainsi nommé à cause des *eaux courantes, dont la ville est entourée de toutes parts.*

Il est probable que nous eussions partagé cette erreur, si nous avions écrit à une autre époque ; car, jusqu'à la fin du dernier siècle, Entrain fut, en effet, entouré de cinq étangs, dont deux surtout étaient considérables, comme nous l'avons vu plus haut. Mais l'heureuse découverte d'une inscription géographique, en caractères romains, de la belle époque, trouvée, vers 1840, dans les fouilles, à Saint-Jean-le-Grand, d'Autun (6), est venue, fort à propos, consacrer le nom et l'étymologie d'Entrain. Elle porte que d'*Autessiodurum*, ou d'Auxerre, à *Intaranum*, ou Entrain, en passant par *Odouna*, Ouane, petit bourg situé sur la voie romaine, qui reliait ces deux villes antiques, il y a vingt lieues gauloises. Celles-ci donnaient environ douze lieues françaises, distance exacte entre ces deux points. Cette précieuse inscription se résume ainsi : *Ab Autessioduro Intaranum abest millibus passuum viginti.* Le nom d'Entrain y est répété jusqu'à trois fois (7). Il n'y a plus de doute possible ; *Intaranum* est évidemment le nom gallo-romain de la petite ville qui nous occupe. Cette dénomination, bien antérieure aux étangs, qui n'avaient été établis qu'au

---

(1) Tome III, p. 262, par Touchard-Lafosse.
(2) *Mémoires sur le département de la Nièvre*, tome II, p. 142.
(3) Tome II, p. 98.
(4) *Guide pittoresque dans le Nivernais.*
(5) *Statistique de l'arrondissement de Clamecy*, p. 222.
(6) On la conserve précieusement au musée de cette vieille capitale des Gaules. (Voir, aux pièces justificatives, la lettre de M. Devoucoux.)
(7) Voici l'inscription telle que la représente le fragment de marbre :

AVTESSIODVRO
VI SIDVO AB. M. P. XX.
AVTESSIODVRO
II. INTARANVM AB. M. P. XX.
AVTESSIODVRO
SIC
ODOVNA.
INTARANV.
XX. INTARA...

douzième siècle et dont le sol fut autrefois occupé par des constructions, celui de l'étang du Marais, en particulier, signifie tout simplement un lieu, une ville consacrée à Jupiter. Car, en retranchant du mot *Intaranum* la préposition *in*, et la terminaison latine *um*, on a Taran, le nom précisément sous lequel les Gaulois adoraient le Jupiter des Grecs et des Romains. Taran ou *Taranis*, en Bas-Breton et en Gallois, veut dire tonner. Entrain était donc la ville de Jupiter tonnant (1).

Si nous rapprochons de cette interprétation la légende de saint Pélerin, premier évêque d'Auxerre et apôtre d'Entrain, où il trouva une mort glorieuse, la chose paraîtra, aux yeux de tous, de la dernière évidence.

Nous lisons, en effet, dans la vie de ce pieux et zélé prélat, qu'Entrain était renommé par le culte public rendu, en ses murs, à Jupiter, dont les fêtes attiraient, plusieurs fois l'année, un grand concours de peuple; qu'un temple fameux avait été élevé, à grands frais, dans cette ville, par un noble et riche citoyen du pays, nommé Aulercus ou Aolercus, prêtre de cette fausse divinité, et que c'est contre l'immense concours, attiré par son inauguration, que vint se heurter saint Pélerin. Ainsi, le nom et l'étymologie d'Entrain, dont nous retranchons, à bon droit, la finale S, nous paraissent clairement et irrésistiblement établis (2).

Son antiquité n'est pas moins certaine. Tous les auteurs sérieux s'accordent à lui attribuer une origine celtique. Deux villes seulement de la Nivernie, Nevers et Decize, peuvent rivaliser avec Entrain sous ce rapport. Au nord-est de la ville, dans les prairies que couvraient jadis les eaux de l'étang de Saint-Cyr, on remarque une motte célèbre, vulgairement appelée *le Château-de-l'Abîme*. Ce nom lui vient d'un gour profond, que remplissent les eaux du Nohain, et où la tradition populaire porte qu'une église s'engouffra autrefois; on entend encore, dit-on, les cloches sonner, au moment des offices, dans les grandes solennités. Là aussi se serait passé un drame horrible, mais imaginaire : un comte de Nevers, Raoul, aurait précipité son épouse infidèle, Iseult, du haut d'une tour, au

---

(1) Voir, aux pièces justificatives, la lettre de M. Devoucoux.

(2) Tous les titres publics, judiciaires ou notariés, jusqu'au commencement de ce siècle, portent Entrain et non Entrains, comme on l'écrit actuellement.

fond du sombre abîme, *où un long cri se perdit*. Son nom féodal, son véritable nom, était *la Mothe-du-Marois*. Des fouilles, assez récentes, pratiquées dans ces vieilles ruines, ont mis au jour des preuves certaines d'une origine celtique. On y a recueilli une hache de pierre, un croissant, des médailles portant, à l'avers, une tête de vergobret, assez grossièrement dessinée, et, sur le revers, un cheval, des serpents, un oiseau et divers autres emblèmes des anciens peuples de la Gaule (1). Une de ces médailles, entre autres, présentait une branche nue de chêne, figurant les forêts à l'époque où le gui sacré tombait sous la serpette d'or des anciens druides.

Une tradition locale, aussi constante qu'universelle, faisait d'Entrain une ville importante longtemps avant l'occupation romaine. On a découvert et l'on rencontre encore, chaque jour, en fouillant le sol, des médailles ou monnaies gauloises, romaines, grecques, égyptiennes et divers autres objets celtiques, qui viennent confirmer cette opinion.

On voyait naguère dans le cabinet archéologique, ou petit musée, de feu Hippolyte Regnault (2), une multitude de statuettes, dont la plupart se rattachaient au culte oriental; de petites idoles à quatre bras, les unes à tête d'onagre, les autres à tête d'éléphant; des fragments d'armes bizarres, de vases grossiers en terre noire et rouge; des monnaies et des médailles sans nombre, remontant à la plus haute antiquité.

Parmi ces objets si précieux des temps anciens, on remarquait

---

(1) Les richesses des premiers hommes, des Celtes, entre autres, ne consistant que dans le bétail, ils chargèrent leur or et leur argent de l'empreinte des animaux. Cet esprit avait présidé à la fabrication des premières monnaies gauloises, sur lesquelles le cheval et le porc étaient représentés, parce que ces animaux faisaient la richesse la plus apparente du sol. De plus, le cheval était honoré chez les Phéniciens, leurs instituteurs, avec lesquels ils étaient en grandes relations de commerce. Le porc abondait chez les Éduens. (Voir *le Morvand*, tome 1er, p. 580 et 613.)

(2) Ce vénérable vieillard, mort le 13 mai 1876, à l'âge de quatre-vingt-trois ans, recueillit, avec une religieuse persévérance, et non sans frais, pendant plus de quarante ans, tous les objets antiques découverts à Entrain et dans les environs. Ce petit musée, si intéressant pour le pays, dont il racontait le passé et la gloire, a été transféré, en 1877, par son fils, à Paris. Il est regrettable que la ville n'ait pas su conserver, dans ses murs, au moyen de quelques sacrifices, un trésor si précieux pour son histoire.

surtout le sicle d'argent des Hébreux, d'une conservation parfaite, avec les exergues hébraïques : *Montagne de Sion*, *Jérusalem la sainte* (1) ; de petits bronzes, types de Syracuse, avec une tête de femme, et, au revers, un quadrige ; un grand bronze, module de Ptolémée, roi d'Égypte ; un autre de Lysimaque, successeur d'Alexandre ; puis le même type, en argent ; un bronze de Philippe de Macédoine, belle tête, avec un guerrier à cheval, au revers ; un autre d'Athènes, portant la figure de Thémistocle, et, au revers, l'offrande d'un sacrifice ; une médaille de Thèbes, timbrée d'un bouclier et d'une amphore ; une splendide agate ovoïde, gravée en l'honneur d'Hérodote, avec une figure et une inscription dédicatoire....

Tous ces monuments antiques rappellent l'origine celtique ou gallique d'Entrain et corroborent puissamment la tradition locale qui n'a jamais varié à ce sujet.

Leur présence à Entrain ne rappelle-t-elle pas, en effet, ces émigrations étonnantes des anciens peuples de la Gaule, des Sénons, en particulier, dont *Intaranum* était une dépendance ? Nous les voyons, ces hommes primitifs, sortir de leurs forêts, en foule compacte, se répandre, comme un torrent, sur l'Europe et l'Asie, inonder successivement la Grande-Bretagne, l'Espagne, la Germanie, l'Italie, la Sicile, l'Illyrie, la Grèce, la Thrace, la Macédoine, l'Égypte, la Bithynie, la Phrygie, en un mot, toute l'Asie-Mineure, donner leur nom à certaines contrées, comme la Galatie, la Celtibérie ; fonder des villes, comme Sienne, *Seno-Gallia*, qui nous rappelle particulièrement la présence des Sénons, par conséquent des Intaranes.

Qui ne connaît les expéditions guerrières de la jeunesse des Sénons, des Éduens, des Bituriges, des Arvernes, des Séquanes, des Bellovaques, sous la conduite de Bellovèse et de Sigovèse, neveux d'Ambigat, le prince le plus puissant qui ait dominé sur les Bituriges ? Personne n'ignore, non plus, cette autre excursion des Sénons qui, unis aux Éduens et aux Lingons, quittèrent, l'an de

---

(1) Les Juifs n'eurent d'abord que cette légende et un symbole agreste, comme une gerbe ou une branche d'olivier. Les Gaulois gravaient, comme nous venons de le voir, un cheval ou un porc sur leurs monnaies ; les Grecs et les Romains, la figure de leurs maîtres.

Rome 364, les plages gauloises pour fondre, sous le commandement de Brennus, sur l'Italie; ils livrèrent un combat meurtrier aux Romains sur les bords de l'*Allia*, et marchèrent droit à Rome, qu'ils prirent et brûlèrent.

L'histoire est remplie des conquêtes rapides et brillantes des Celtes. Elle nous raconte la puissance de leurs colonies, le génie impétueux, le courage indomptable de ces émigrants. Toutes les nations de l'ancien monde subirent successivement la force de leurs armes. Deux fois, les Gaulois des bords de la Seine et de la Loire pénétrèrent jusqu'au cœur de l'Asie et imposèrent leurs volontés à ces contrées lointaines. La plupart des trônes de l'Orient, ébranlés sous les coups de leur puissance, devinrent leurs tributaires. Les traces de leur dialecte, que l'on retrouve dans les diverses régions de notre hémisphère, attestent leur séjour et leur domination (1).

Justin nous apprend, en outre, que la fidélité des Gaulois était proverbiale parmi les peuples de l'ancien monde, surtout en Asie, tellement qu'aucun des princes de ces contrées ne se serait cru en sûreté sur son trône, s'il n'avait été protégé par une garde celtique. C'étaient les Suisses de l'époque.

Rien d'étonnant donc de les voir, lorsque l'âge, la fatigue, les infirmités ou l'amour de la patrie les ramenaient dans leur foyers, rapporter avec eux les objets précieux que le sort des armes avait fait tomber entre leurs mains, les monnaies que la victoire ou la solde de leurs services leur avait procurées; en un mot, des souvenirs de leurs lointaines pérégrinations. N'est-ce pas ainsi que nos vieux Intaranes nous ont transmis ces médailles, ces monnaies étrangères et autres objets antiques, qui servent à prouver, avec certitude, l'origine celtique de leur ville et à démontrer son importance d'autrefois (2)?

Comment expliquer autrement cette prodigieuse quantité d'objets

---

(1) La Celtibérie, la Galice, en Espagne, la Gaule cisalpine, en Italie, le pays de Galles, en Angleterre, la Bohême, la Bavière, en Allemagne, la Galatie, en Asie, et tant d'autres contrées, marquées de leur nom, nous redisent leur séjour ou leur domination. N'ont-ils pas laissé des vestiges de leur dialecte en quelques autres, comme en Phrygie et ailleurs? Le nom de Welches, que les Anglais donnent aux Gallois, est l'ancien nom des Celtes.

(2) Société nivernaise, *Bulletin*, seconde série, tome V, 1871.

antiques trouvés, et que l'on découvre encore, chaque jour, à Entrain? D'où pourraient, en effet, venir cette pièce d'argent d'Alexandre, fils de Pyrrhus, roi d'Epire; ce sicle des Hébreux, si rare et si bien conservé; ce magnifique médaillon d'agate, gravé en l'honneur d'Hérodote; ces médailles ou monnaies, si bien frappées, de Lysimaque, de Thémistocle, de Ptolémée; cette multitude de statuettes, de petites idoles, se rattachant au culte, aux religions de l'Orient? Nous savons que les anciens Intaranes entretenaient un commerce fort actif avec les Phocéens de Marseille et avec les Phéniciens; mais ce trafic ne suffit pas pour expliquer la présence de tant d'objets divers dans leur ville. Du reste, quelle qu'en soit la cause, l'origine celtique d'Entrain et son antique importance n'en ressortent pas moins, avec une complète évidence. C'est sentiment de la Société nivernaise tout entière; il doit opérer la conviction. « Les objets trouvés à Entrain, dit-elle, et » dans les environs, pourraient composer un musée gallo-romain, » assez complet. Les médailles, les statuettes, les cippes, les frag- » ments considérables de membres d'architecture, un *columbarium*, » tout rappelle une ville considérable (1). » Les voies romaines, partant de Bibracte et du Beuvray et se rendant en ce lieu, annoncent son importance et son état florissant.

II.

Entrain à l'époque gallo-romaine, sa splendeur, ses établissements publics, ses voies de communication.

Nous n'avons rien à ajouter aux appréciations, aux détails que nous venons de donner. L'histoire d'Entrain, pendant l'ère celtique ou gallique, est, comme celle de tant d'autres villes, pleine d'obscurité. Des ténèbres impénétrables la voilent aux yeux les plus perspicaces, et n'était ce qu'il a plu à César de nous en dire dans ses *Commentaires*, l'état, les mœurs, les usages de nos pères, jusqu'à la conquête romaine, nous seraient, à peu près, complètement inconnus. Les Gaulois étaient des peuples chasseurs, habiles surtout à la poursuite de l'uroch, du bison et de l'élan, qui

---

(1) Société nivernaise, *Bulletin*, tome V, année 1871.

peuplaient leurs vastes forêts. Ils célébraient, comme nos enfants de saint Hubert, en l'honneur de leur illustre patron, des fêtes joyeuses et splendides en faveur de Diane, prétendue déesse de la chasse (1). Ces hommes de la nature étaient non moins guerriers, belliqueux, d'un courage ardent, indomptable. Ce courage, cette ardeur dans les combats provenaient surtout de leur caractère véhément, du sentiment intime de leurs forces physiques, vraiment extraordinaires. Ils méprisaient les armes défensives du corps, comme la cuirasse et le bouclier; ils combattaient quelquefois tout nus. Ils n'observaient aucune discipline. De là vinrent un grand nombre de défaites, qu'ils eussent pu changer en victoires. La vigueur et la chaleur de leurs combats contre les Romains, sont démontrées par la multitude des morts restés sur le champ de bataille, dans chaque action importante.

A défaut de cette discipline militaire, qui faisait la force des Romains, et des armes défensives, qu'ils méprisaient, ils ressemblaient, dans leurs attaques contre les légions, à des bêtes féroces, qui s'élancent contre un mur épais, et s'y brisent. Mais lorsque la discipline eut subordonné leur courage à l'ordre, et que leurs corps robustes furent revêtus de l'armure romaine, ils formèrent les meilleures troupes de l'empire, et devinrent la terreur des ennemis de Rome, comme à Cannes, à Pharsale, au siége d'Amide (2). Mais, nullement soucieux de transmettre à la postérité leurs exploits militaires et autres faits heureux ou malheureux, ils négligeaient complétement l'écriture. L'histoire leur importait peu. Les druides eux-mêmes, les maîtres et les docteurs de la nation, ne se servaient pas de l'écriture; tout se faisait par initiation; leurs dogmes n'étaient confiés qu'à la mémoire de leurs adeptes. Cet usage avait passé dans les mœurs nationales.

Il n'en est pas de même sous l'ère gallo-romaine; la tradition est plus riche, plus accentuée; les monuments sont plus nombreux, plus positifs, les historiens plus explicites. Or, la tradition rapporte qu'Entrain était alors, sinon une cité de premier ordre, du moins

---

(1) Ils avaient des chiens couchants, appelés *veltragi*, et des chiens courants ou bassets, qu'ils nommaient *segusii*, parce qu'ils les tiraient du pays de Lyon.

(2) *Histoire de France avant Clovis*, p. 63.

une grande et importante ville. Elle raconte qu'elle s'étendait, plus ou moins, dans les diverses directions, loin de son périmètre actuel.

Il y a de l'exagération et du vrai dans ces rapports. Qu'*Intaranum* couvrît un grand espace de terrain, de l'est à l'ouest, et du sud au nord, le fait est certain. Comme autour de toutes les grandes villes, il y eut des habitations échelonnées sur les cinq voies publiques qui aboutissaient à ses murs; mais que Bouhy, par exemple, fût, à proprement parler, un de ses faubourgs, nous ne le pensons pas. Une preuve, qui nous paraît le démontrer suffisamment, c'est que la voie romaine d'Entrain à Orléans, n'atteignait pas même ce bourg, qu'elle laissait à deux kilomètres, à l'est, pour se porter sur Cosme, près duquel se trouvaient les prisons publiques, ces cachots sombres et humides, où fut renfermé saint Pèlerin, après son arrestation. Nous en avons remarqué des restes dans les substructions de la chapelle Sainte-Anne, qui couronne les hauteurs.

Toutefois, il est certain que Bouhy était une dépendance d'*Intaranum*. Là était le principal poste militaire, ou autrement la citadelle de la ville. La légende de saint Pèlerin nous apprend, en effet, que l'illustre prélat eut la tête tranchée par un soldat de ce poste. Nous en trouvons, en outre, un témoignage irréfragable dans la découverte d'un autel votif, érigé en ce lieu, au dieu de la guerre, à Mars, SACRUM *Marti Boluinno*. Un fragment de pierre, que des fouilles mirent au jour, en 1853, portait que le monument avait été consacré à cette fausse divinité par un religieux décurion, Caïus Domitius Virrillis, pour sa conservation, celle de Julius Thallus Virillianus, son fils, et d'Avitilla, fille d'Avitus, son épouse (1). Il se trouve actuellement au musée lapidaire de la porte

---

(1) Voici cette inscription :

AVG . SACRUM
MARTI BOLV
INNO E DVNA
C . DOMIT . VIR
ILLIS DECVRIO PRO
SALVT . SVA ET IVL.
THALLI VIRILLI
ANI FILI ET AVI
TILLAE AVIT . FIL.
VXORIS . V . S . L . M.

Boluinnum è Duna est bien Bouhy-la-Montagne ou le Tertre. On sait que

du Croux, à Nevers. Un autre fragment, découvert en cette même localité, annonçait qu'un autre officier du poste, Lucius Gabinus, avait élevé un pareil monument en l'honneur de ce prétendu dieu des combats (1). Ainsi, ce lieu élevé et fortifié protégeait la ville, à l'ouest, comme le camp de la montagne des Alouettes, au nord.

Si le vieil *Intaranum* ne s'étendait pas, d'une manière continue, jusqu'à Bouhy, du moins, il est certain qu'il couvrait un espace considérable de terrain. A partir de la Fontaine-aux-Ladres (2), du côté de Ciez, jusqu'au sommet de la hauteur de Saint-Cyr, à l'est, et du ruisseau qui coule sous la ville, au sud, jusqu'au moulin à vent, au nord, sur une étendue d'environ deux kilomètres, dans chaque direction, le sol, de couleur de cendres, porte des marques évidentes de constructions. De son côté, la pioche du terrassier met, à chaque instant, au jour, des débris de toutes sortes. Ce sont des fondements ou soubassements d'édifices antiques, de palais splendides (3), des couches superposées de cendres et de charbon, témoins incontestés de plusieurs destructions successives, des bases,

---

dunum, en celtique, signifie lieu élevé, montagne. Le nom et le souvenir de cet officier romain, si dévot à Mars, revivent dans le nom d'un hameau voisin, Vauvrille, *Vallis Virillis*, et à Entrain, dans les anciens noms des Huets et des Berthiers, pages 209 et 210.

(1) La seconde inscription était ainsi conçue :

MARTI BOLVI
NNO L. GABIN
VS SEVERVS
DONVM DEDIT.

(2) Le mot *Ladres* est un abrégé de malades. Il rappelle que là se trouvait autrefois un établissement, comme il y en avait, au moyen-âge, aux portes de toutes les villes de France, une maladrerie, une léproserie, où l'on reléguait les malheureux atteints de la lèpre, alors fort commune, par suite des croisades.

(3) « J'ai vu, raconte J.-J. Vée, curé d'Entrain, qui s'occupait d'archéologie, » j'ai vu dans l'étang du Marais, non loin de la chaussée sur laquelle passe » la route de Clamecy, des débris considérables de grosses colonnes, des » chapiteaux, se rapportant à ces colonnes, de style grec, des socles énormes, » paraissant avoir appartenu au même édifice, mais à un édifice grandiose, » tel que l'on en remarquait dans les cités fréquentées par les Romains. »

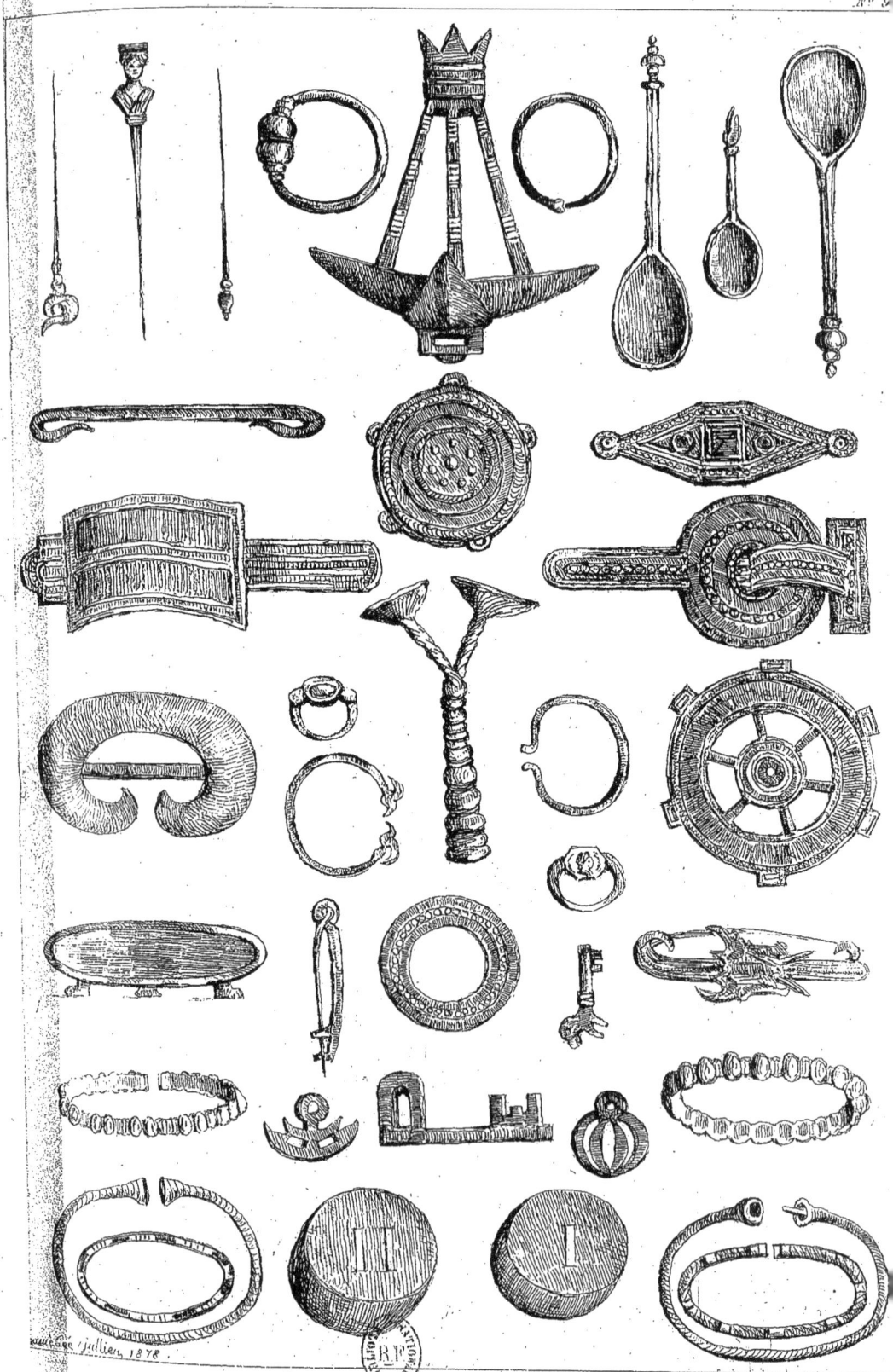

Bronzes Gallo-Romains. Entrain (Nièvre.)

Monuments funéraires et Fragments d'architecture. Entrain. (Nièvre.)

Sculptures Gallo-Romaines. Entrain (Nièvre.)

des fûts et des chapiteaux de colonnes, de grande dimension (1), des cippes et monuments funéraires, en grand nombre (2), des tombeaux ou sarcophages à tous les abords de la ville (3), des fragments de vases, à vernis noir, de toutes formes (4), de lampes de terre cuite, noire et blanche (5), d'armes de tout genre (6), des monnaies

---

(1) On en découvrit, en 1830, plusieurs dans l'ancien étang du Marais. Ils paraissaient, dit-on, avoir appartenu à un établissement thermal. Ne serait-ce pas, en effet, les restes des bains ou Eaux-de-Ségesta, *aquæ Segeste*, dont parle la carte de Peutinger, que les auteurs de l'*Album du Nivernais* et divers autres écrivains placent à Entrain? On découvrit aussi à Jussy, au sud de la ville, vers la même époque, des restes de conduits ou aqueducs, de baignoires, de statues, de vases... qui indiqueraient l'existence, en ce lieu, d'un pareil établissement.

(2) Sur l'ouverture du four à tuiles, à l'ouest, au bord de la route de Bouhy, on lit cette inscription brisée : SABINA ATTIANI FIL. V. S. Dans le cabinet Regnault, provenant de ce lieu : 1° IANVARIA D. M. CO. COI, c'est-à-dire *Januaria Diis manibus...* 2° D. M. AMORI... *Diis manibus...* avec le buste d'un jeune homme. Au-dessous : TRYCHI. 3° BORVIAS CARIGENI F... 4° I. O. M. *Jovi optimo maximo*. 5° D. M. AMORI... *Diis manibus...* Une femme tenant une patère; les mêmes se voient dans la basse-cour du château. 6° I. O. M. IALLVS COM. V. P. D. CIEFFA. Dans la cour de feu M. Goulard, sur la porte de l'écurie, même provenance : D. M. CACILIONIS CATIANI FIL... *Diis manibus Cacilionis Catiani filius.....*

(3) Il était d'usage, chez les peuples de l'antiquité, de déposer les sarcophages près des voies publiques, surtout aux abords des villes. De là, ces nombreux tombeaux découverts au sud, à l'ouest, et surtout à l'est d'Entrain. En rectifiant la route du Château-du-Bois, en 1877, à Saint-Cyr, on mit au jour un nombre considérable de sarcophages, dont plusieurs étaient superposés. Quelques-uns contenaient jusqu'à trois squelettes. L'archéologue peut en contempler les débris au bord du chemin, aussi bien que les parties restant encore engagées sous les terres, et se montrant contiguës sur un espace de douze à quinze mètres.

(4) Portant : 1° I. B. I. B. E. ; 2° C. ANO; 3° CALPURNIO ; 4° OBOBES; 5° MATVRV.; 6° LICIN.; 7° DIVICATVS; 8° MERCVRIO. A..; 9° PATRICIVS; 10° POTITVS; 11° CORNVTVS; 12° VXOPILLI...; 13° DECMANI.; 14° CORNERTI.

(5) Ces lampes présentaient les inscriptions suivantes : 1° FORTIS, avec une figure d'enfant; 2° MVNTREP... avec une figurine, terre cuite blanche; 3° IOHAVV..., au-dessous, une chouette; 4° SVLPICINI, en relief, une déesse tenant deux enfants sur ses bras; 5° PISTILLVS, une autre déesse, portant un seul enfant. Un cachet d'oculiste romain, avec ces mots: L. TERENTIVS PATERNVS.

(6) On en voyait un bon nombre dans le cabinet Regnault, transféré récemment à Paris.

de tout module (1), des médailles, sans nombre, des consuls et empereurs romains (2), des statuettes et statues de pierre et de bronze (3), des puits presque innombrables, puisque chaque maison en possède un, quelquefois deux (4), un colombarium ou tombeau de famille (5), des moulins à bras...

La *Revue archéologique*, de Paris, rapporte que l'on trouva, dans l'étang du Marais, une inscription, surmontée d'un aigle, où on lisait, en caractères romains : I. O. M. SACRVM, et conclut que là existait un temple dédié à Jupiter. Au mois de septem-

---

(1) En creusant les fondations de la halle, reconstruite en 1854, on trouva plus de cinquante moules de monnaies, que les curieux peuvent visiter au musée de Clamecy. A l'Exposition de 1867, le vicomte d'Amécourt avait une vitrine d'antiquités fort remarquables, entre autres sept pièces de monnaies carlovingiennes, frappées, sans aucun doute, à Entrain ; puisqu'elles portaient l'inscription : ANTRANO. Ces ateliers monétaires prouvent que la ville devait avoir encore une certaine importance au huitième siècle.

(2) On en rencontre partout : aux musées de Paris, de Nevers, de Varzy, de Clamecy, et chez divers particuliers... On lisait sur un bon nombre, trouvées lors de la confection de la route de Clamecy à Neuvy : *Claudius, imperator Nero, Cæsar Aug., Galba, Vespasianus, Trajanus, Adrianus, Commodus, Diocletianus, Constantinus, Gratianus, Mamianus.....*

(3) En 1854, on découvrit dans la cour d'une maison, près de la porte Saint-Cyr, une statuette en pierre représentant Pluton, avec Cerbère, le chien à trois têtes, gardien des enfers. Elle fut vendue 50 fr. à un archéologue de Paris. Cette fausse divinité avait donc son culte parmi les Intaranes. Dans plusieurs maisons d'Entrain, entre autres chez M. Ragon, savant professeur à la faculté de Poitiers, on voit des statuettes de Jupiter, d'Apollon, de Mercure, d'Hercule et de dieux lares, toutes découvertes dans la ville. Le cabinet Regnault surtout en offrait une belle collection.

(4) Il suffit de les déblayer pour avoir une eau limpide et abondante. Ils ont, sur les puits modernes, l'avantage de ne jamais tarir, parce que, creusés avant l'établissement des étangs, on allait chercher les sources beaucoup plus profondément.

(5) Le colombarium, ainsi nommé de sa forme, assez semblable à celle de nos colombiers, était un tombeau de famille portant, à son pourtour, des cases pratiquées pour y déposer les urnes cinéraires de ses divers membres. Celui d'Entrain, découvert par M. Ravary, en 1855, dans son jardin des Jons, était voisin du palais du gouverneur romain d'*Intaranum*. Nous pensons qu'il pût appartenir à ces fonctionnaires païens. Dans l'intérieur, on trouva une dizaine de statuettes, en terre cuite : deux de Lucine, allaitant des enfants, et dont la fabrication rappelait l'époque gallo-romaine ; une de Vénus..... Tout auprès du colombarium gisaient le squelette d'un guerrier de forte stature, et celui de son cheval, avec une armure complète.

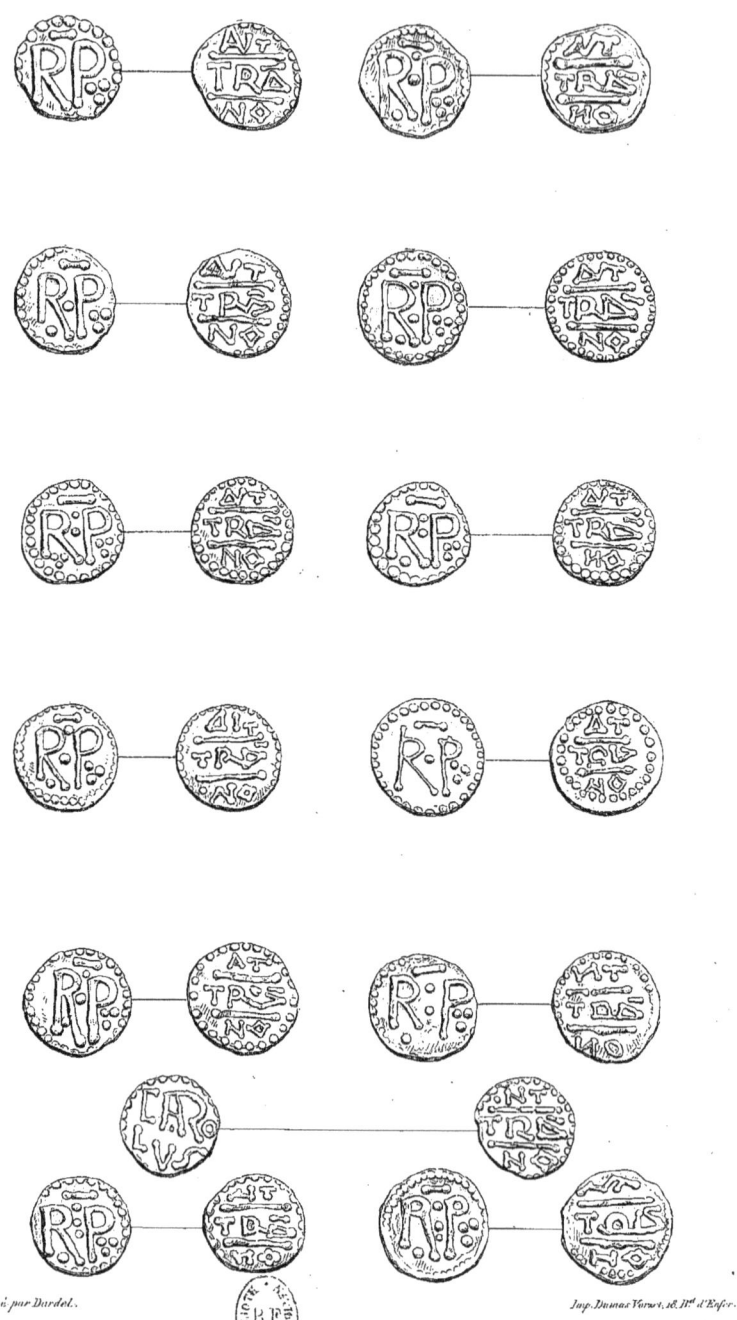

MONNAIES D'ARGENT DU RÈGNE DE PEPIN LE BREF ET DE CHARLEMAGNE

STATUE COLOSSALE D'APOLLON ASSIS
trouvée à Entrain
Hauteur 2^{m}50^c

bre 1875, on mit au jour, en creusant les fondations des murs du cimetière du château, contigu à celui de la paroisse, au bord de la prairie, une statue colossale d'Apollon, en pierre blanche, paraissant provenir des carrières de Chevigny. Elle était enfouie à quatre ou cinq mètres de profondeur, la face en dessous, dans le marais, où elle aura été précipitée par les chrétiens, lorsque la foi évangélique devint dominante dans la contrée. Sa dimension était de trois mètres. Le dieu, représenté assis sur un trône, à dossier élevé, tenait une lyre, à neuf cordes, et avait un carquois sur les épaules (1). Il portait une large entaille au cou.

On croit qu'en ce lieu dut s'élever aussi un temple en l'honneur de cette fausse divinité, l'une des principales vénérées à Entrain, et peut-être, après Jupiter, le dieu protecteur de toute la contrée. Il est probable que l'ancienne église Saint-Sulpice remplaça cet édicule païen ; du moins, c'est ce que fait présumer sa qualité d'église matrice, ou de première église élevée, dans le pays, à la gloire du Dieu de l'Évangile.

Toutes les découvertes, dont nous venons de parler, et celles d'un vaste amphithéâtre, citées par l'abbé Lebeuf, le savant historien d'Auxerre, prouvent qu'*Intaranum* possédait, comme toutes les grandes cités de l'époque, ces monuments superbes dont les Romains se plaisaient à orner les capitales des provinces (2). La légende de saint Pélerin nous confirme dans cette opinion.

---

(1) Le manteau ne couvrait que la partie inférieure du corps, laissant la poitrine et la jambe droite à nu. La lyre, posée sur la cuisse gauche, venait s'appuyer, de ce côté, sur un des bras du trône, tandis que la main gauche, passée négligemment au milieu des cordes de l'instrument, recouvrait, en retombant, le haut des cordes. On voyait un griffon, sculpté sur le pied de la lyre. Le bras droit reposait sur l'autre montant du trône. Derrière l'épaule droite, on aperçoit le carquois, retenu par une large banderolle, passant sur la poitrine. L'abondante chevelure du dieu retombait, en longues mèches, sur ses épaules ; c'était bien le dieu *intonsus*. La tête, comme toujours, à cette époque, était imberbe et efféminée ; mais la poitrine montrait plus de virilité. Les pieds, qui ne furent pas retrouvés d'abord, devaient reposer sur un *scabellum*. Cette superbe statue a été transférée au musée de Saint-Germain-en-Laye. C'est ainsi que le pays a été dépouillé successivement de tous les monuments de son passé. Nous nous en consolons par la pensée qu'ils seront plus soigneusement conservés.

(2) L'abbé Lebeuf, auteur grave et savant, rapporte avoir observé des restes d'un amphithéâtre du côté de Bouhy ; la tradition dit du côté du

Les Intaranes étaient fort religieux ; car ils ne bornaient pas leur culte à Jupiter, à Apollon, à Pluton. Une plaque votive, trouvée, en 1872, dans un jardin du quartier des Jons, prouve que le dieu Borvon, que l'on croyait présider aux établissements publics de bains ou thermes, y avait aussi ses autels, comme à Bourbon-Lancy, comme à Bourbonne-les-Bains. L'inscription, gravée au burin et conservée dans la maison Goulard, porte : AVG. SACRVM DEO BORVONI, c'est-à-dire consacrée au dieu Borvon (1).

Elle était soigneusement enveloppée dans une toile métallique, qui l'avait préservée de toute altération. A côté, on découvrit deux statuettes de dieux lares et un autel païen. Ce dépôt fut, sans doute, confié à la terre par quelque gentil, encore attaché, de cœur, aux vieilles superstitions, alors que le christianisme était devenu dominant.

Tous les écrivains, qui ont parlé d'Entrain, s'accordent à le regarder comme une ville célèbre et importante, à l'époque gallo-romaine. La légende de saint Pélerin, apôtre du pays, martyrisé au plus tard en 304, dit qu'il était alors le siége d'une préfecture romaine, dont le titulaire prenait fastueusement la qualification de préfet de César, et quelquefois de César d'Entrain tout court. Ces délégués des empereurs appartenaient ordinairement aux premières

---

Chénoy. D'après le *Bulletin de la Société nivernaise*, année 1852, p. 43, un aqueduc, dont on désigne la direction, amenait les eaux de la fontaine de Saint-Pélerin, du hameau de la Vallotte, commune de Dampierre, à Entrain.

(1) Sept inscriptions pareilles ont été découvertes à Bourbon-Lancy et à Bourbonne-les-Bains. Leur nom vient évidemment de cette fausse divinité.

Quelques archéologues pensent que Borvon pourrait bien être le même que Apollon ; parce que, disent-ils, ces deux noms se trouvent souvent unis : DEO APOLLINI BORVONI. On sait, d'ailleurs, qu'Apollon était invoqué comme protecteur de l'art médical :

Huc ades, et teneræ morbos expelle puellæ ;
Huc ades, intonsâ, Phœbe, superbe comâ.

Voici cette inscription intégrale :

AVG. SACRVM BORVONI
ET CANDIDO ÆRARI
SVB CVRA LEONIS EMARCIANI.
EX VOTO P. ÆRARI DONA.

familles patriciennes, et leur puissance, égale à celle des rois, s'environnait d'un luxe dont la terre, partout où cette magnificence a brillé, recèle encore des preuves (1).

L'historien Lebeuf, dans sa *Prise d'Auxerre*, s'exprime ainsi : « Il paraît que la ville d'Entrain a été autrefois fort considérable. » Il appuie ce sentiment sur les vestiges d'antiquités qu'on trouve en terre, comme sont les médailles, les restes d'édifices, de pavés anciens.....

L'auteur de la *Loire historique, pittoresque et biographique* dit : « Entrain, qui n'est plus que la deuxième ville du canton de
» Varzy, paraît avoir été, sous la domination romaine, l'une des
» cités importantes de la Gaule. Cinq voies romaines aboutissent
» à la ville; il y a des vestiges de monuments splendides (2). »
Il cite, entre autres, le temple de Jupiter, ceux d'Auguste, qu'il place au lieu appelé *la Maladrerie*, d'Apollon... (3). « Des édifices
» consacrés au paganisme romain, ajoute-t-il, il reste, sans doute,
» dans la terre, des fondations assez considérables pour en faire
» apprécier l'étendue; mais, à la surface du sol, on ne voit plus
» à Entrain, qu'un pan de murailles ayant incontestablement le
» caractère romain. On y a découvert les cippes funéraires, ornés
» de riches sculptures et d'inscriptions malheureusement frustes,
» un grand nombre de médailles gauloises, romaines, et même
» grecques; une multitude d'objets antiques, mille témoignages
» enfin qui ne permettent pas de douter qu'une grande cité n'ait
» fleuri sur cet emplacement. »

« L'espace nous manque, poursuit-il, pour décrire ce que les
» siècles avaient enfoui, à Entrain, de statuettes, d'un beau style,
» de poteries élégantes, de colliers, de bagues, de fibules, d'agrafes
» et d'autres objets de toilette, mêlés à des fragments de mosaïque
» et de délicates sculptures. En un mot, tout concourt à prouver
» que là, sur un espace étendu, une civilisation parvenue à cet

---

(1) *La Loire historique, géographique*, tome III, p. 362.
(2) *Ibid.*
(3) Une pierre, trouvée en 1830, portait un aigle de grande dimension, avec cette légende: AUG . SACRUM I . O . M . IVL . EXA MEB . V . S . L . M ., c'est-à-dire: *Augusto sacrum et jovi optimo Maximo Julius Meb... votum solvit libens merito.*

» apogée toujours voisin de son déclin, avait accumulé les super-
» fluités et même les témoignages de sa corruption (1) ».

Cinq voies romaines, dont il reste encore de nombreux vestiges aux environs de la ville, prouvent évidemment son importance antique. Il était peu de cités qui eussent alors un pareil avantage. Aussi les étrangers y affluaient-ils, et son commerce, entretenu encore par les concours périodiques des populations du voisinage à ses temples, était très-florissant. Clamecy, Cosne, Donzy, Varzy, aujourd'hui supérieurs à Entrain par leur population et leur situation administrative, n'existaient pas encore, ou seulement à l'état d'humbles bourgades, qu'il figurait au nombre des grandes villes de la Gaule. On ne comprend pas comment des gouvernements, soi-disant justes et équitables, ont pu laisser dans l'ombre une telle localité. La Constitution de l'an VIII, en retirant à Entrain le titre de canton, créé en 1790, a commis une injustice flagrante. L'administration ecclésiastique, en l'érigeant en doyenné, a réparé, autant qu'il était en son pouvoir, ce coupable oubli (2).

La première de ces voies romaines sortait de la ville par la porte de la Forge, au sud, se dirigeait par les Grandes-Herbes, Nanvigne, aujourd'hui Menou, Champlemy, Saint-Révérien, Château-Chinon, et la mettait en communication directe avec Bibracte, la vieille capitale de la Celtique, la sœur et l'émule de Rome : *Soror et emula Romæ*.

La seconde partait de la porte Saint-Cyr, prenait la direction de Clamecy, qu'elle laissait à gauche, arrivait à Lormes, Ouroux, Planchez, Anost, puis encore à *Augustodunum* ou Autun. La troisième, sortant par la porte d'Auxerre, se dirigeait directement au sommet de la montagne des Alouettes, descendait ensuite sur Ouanne, et de là courait sur le vieil *Autessiodurum*, ou Auxerre, et sur Sens (3).

La quatrième partant de la porte Saint-Sulpice, à l'ouest, se bifurquait aussitôt, et se portait, d'un côté, par Cosme, Saint-

---

(1) *La Loire historique*, tome III, p. 362, par P. Touchard-Lafosse.

(2) Malheureusement une décision épiscopale, promulgée *le 4 septembre* 1878, a supprimé ce doyenné. Notre époque est féconde en événements.

(3) On en voit de beaux fragments au sommet de cette montagne, d'où l'on jouit d'une vue délicieuse sur tous les alentours.

DEUXIÈME PARTIE.

Amand, sur le vieux *Genabum*, ou Orléans ; de l'autre, par Ciez, Cosne, et arrivait à l'antique *Avaricum Biturigum*, ou Bourges (1).

La chute de l'empire romain, au cinquième siècle, ayant déplacé les relations administratives, et l'invasion des barbares ruiné la plupart des villes, ces antiques voies furent rompues, puis abandonnées. Entrain, comme tant d'autres cités, n'eut plus que des chemins étroits, tortueux, presque impraticables, jusqu'en 1830, époque où fut inauguré l'heureux système des routes actuelles (2).

---

(1) Nous ne parlons de ces portes, qui alors n'existaient pas, que pour indiquer les points de la ville d'où elles partaient.

(2) Ces antiques voies, que leur solidité rend presque indestructibles, et dont nous retrouvons, çà et là, après deux mille ans d'existence, des fragments remarquables, se composaient de trois couches de pierres superposées. La première, appelée par les Romains *stratum*, *statumen*, d'où *via strata*, était formée de grosses pierres, larges et plates, couvrant le sol et servant de sous-trait aux deux autres. Ces pierres étaient posées, à peu près, comme des tuiles sur un bâtiment, c'est-à-dire qu'elles se croisaient quelque peu. Cette couche avait huit ou dix pouces d'épaisseur.

La seconde, nommée *nucleus*, ou noyau, était une agrégation de pierres moyennes, de toute forme et de diverses grosseurs, ramassées dans les champs et jetées pêle-mêle sur la voie, au tombereau, puis nivelées avec la pelle, ou la pioche, souvent posées debout. Elle avait environ douze ou quinze pouces de profondeur.

La troisième couche, dite *pavimentum*, consistait en pierres dégrossies au marteau, et représentait assez exactement le pavé de nos cours et écuries. Son épaisseur était de sept à huit pouces. La largeur de l'encaissement avait communément quinze à vingt pieds, ou six à sept mètres. Des pierres, posées sur champ, formaient, aux deux bords, un encadrement d'un aspect gracieux à l'œil. Ces rebords ou bordages se nommaient *margines*. Ils empêchaient l'écartement. Leur hauteur était de deux à trois pouces, ou sept à huit centimètres. L'ensemble présentait une surface arrondie, pour l'écoulement des eaux pluviales, et formait, au-dessus du sol, une élévation, une chaussée, *agger*, qui leur fit donner souvent ce nom ; telles sont les *chaussées de Brunehaut*, *les chemins levés*.

Les voies de communication ont eu, selon nous, trois âges ou phases principales. A l'époque gallo-romaine, c'étaient des *viæ*, d'où l'expression de *viator*, ou voyageur, est venue. Sous la féodalité, ou le moyen-âge, c'étaient simplement des chemins, sans système d'établissement, ni d'entretien. Ce mot, formé, en basse latinité, de *caminare*, marcher, cheminer, exprimait bien le genre de transport du temps ; on allait seulement à pied ou à cheval. De nos jours, ce sont des routes. Ce nom, venant originairement de *rota*, roue, nous dit assez l'usage des voitures, aujourd'hui si général.

III.

Le pays est évangélisé ; le prêtre Vibius ; saint Pélerin à Entrain ; il est arrêté, garrotté, emprisonné à Bouhy, puis martyrisé ; paroisse, destruction de la ville.

Une ville de l'importance d'Entrain, à laquelle des hommes judicieux et expérimentés ont attribué, sur l'inspection de son ancien périmètre, une population de quarante mille âmes, que d'autres ont même portée plus haut, devait naturellement fixer, de bonne heure, les regards des ouvriers évangéliques. Aussi voyons-nous un saint prêtre, nommé Vibius, prêcher la foi, à Entrain, au milieu du troisième siècle, et y recevoir, pour prix de sa charité, la couronne du martyre. Une pierre, trouvée au seizième, portait cette remarquable inscription latine : *Vibius hic vivus effossus est, quia prædicavit*, c'est-à-dire : « Vibius fut enterré » vif, ici, parce qu'il avait prêché. » On pense qu'il était d'une illustre naissance et qu'il appartenait à la famille consulaire de ce nom (1).

Quelque temps après, un vertueux prélat, qu'Auxerre regarde comme son premier évêque, saint Pélerin, envoyé de Rome par le pape Sixte II, pour gouverner ce nouveau diocèse, n'eut pas plutôt mis ordre aux affaires les plus pressantes de son église, qu'il tourna ses regards d'apôtre vers Entrain, comme étant la ville la plus importante après le chef-lieu. Il y prêcha la foi, à diverses reprises, disent, avec raison, d'anciens auteurs (2), et y fit un certain nombre de conversions ; mais le plus grand nombre des Intaranes persistant dans la pratique des superstitions idolâtriques, il saisit le jour où l'on consacrait à Jupiter un fameux temple, élevé à grands frais,

---

(1) *Bulletin de la Société nivernaise des lettres, sciences et arts*, année 1871, p. 126.

(2) Il n'est pas supposable, en effet, que saint Pélerin, qui dut prendre possession de son siége vers le milieu du troisième siècle (257), soit resté, vu le zèle ardent qui distinguait les premiers chrétiens, jusqu'en 304, qui fut l'époque approximative de son martyre, sans venir à Entrain, alors dévoué au paganisme. Sa conscience d'évêque lui aurait-elle permis de laisser dormir ainsi, à douze lieues de son évêché, une si nombreuse population dans les ténèbres de l'idolâtrie ? Ceci ne souffre pas de contradiction.

par un noble et riche citoyen, nommé Aulercus (1), et parut intrépidement devant la foule des païens de la ville et des environs, accourus, en grand nombre, pour cette sacrilége cérémonie. Là, d'une voix forte et vibrante, avec l'autorité d'un apôtre, d'un évêque, il s'écrie : « C'est Jésus-Christ, le rédempteur du monde, » qu'il convient d'adorer, et non les dieux de pierre et d'argile. » Puis il s'efforce de démontrer à ces peuples quel est leur triste et coupable aveuglement, de prodiguer leur encens à de stupides divinités, qui ont des yeux et ne voient point, des oreilles et n'entendent point. Il leur dit que le seul Dieu, digne de leurs adorations, est celui qui règne dans les cieux, le Créateur de l'univers; que Jupiter et toutes les prétendues divinités de cette espèce, ne sont rien et ne méritent aucun respect.

A ces paroles, un sourd murmure court dans la foule. Les prêtres païens, Aulercus à leur tête, en profitent pour soulever l'assemblée et la lancer, comme un ouragan, contre le charitable pontife, contre le pieux apôtre du Christ. « Mort au blasphéma- » teur, » s'écrie une foule échevelée.

Pélerin saisi, terrassé, couvert de boue, est arraché, avec peine, des mains de ces furieux par les soldats romains, et conduit au gouverneur. Celui-ci le fit transférer dans les prisons publiques, situées sur les hauteurs, à l'ouest de Bouhy, et renfermer dans un sombre et humide cachot (2). Nous en avons remarqué quelques vestiges dans les substructions de la chapelle Saint-Anne, bâtie sur leur emplacement.

Une tradition locale, constante, encore bien accentuée aujourd'hui, porte qu'un certain nombre de païens exaltés, s'obstinant à suivre le pieux captif, pendant qu'on le conduisait en prison, lui jetaient de la boue. Chose extraordinaire, merveilleuse ! leurs descendants sont restés stigmatisés, marqués, les uns d'une tache de boue dans la paume de la main, les autres de traces de liens, imprimés autour du corps. Bien des fois on nous a nommé ces familles ainsi atteintes des marques d'une tache originelle. Nous n'avons pas eu l'occasion de la constater par nous-même; mais un

---

(1) Quelques auteurs disent qu'il était prêtre de Jupiter.
(2) Lebeuf, *Mémoires*, tome Ier, p. 4 et suiv.; la *Loire historique*, tome III, p. 362 et suiv. *Bulletin de la Société nivernaise*, 1871, seconde série, tome V, p. 131.

homme grave, sérieux, très-digne de foi, le docteur Nicolas-Hervé de Chégoin, l'une des célébrités médicales de Paris et originaire d'Entrain, nous a assuré avoir vu, de ses yeux, plusieurs fois, des personnes portant ces stigmates originels. A Entrain, où la foi chrétienne n'est pas exagérée, on croit communément à leur existence. Cela n'a rien de déshonorant pour ces vieilles familles, pas même pour leurs ancêtres, qui défendaient alors leur religion, fausse, sans doute, mais qu'ils croyaient véritable. Néanmoins nous nous abstiendrons de les nommer, pour ne pas les signaler à la curiosité publique.

Pendant les jours de sa dure captivité, Pélerin ne cessa de prêcher la religion du vrai Dieu à ses gardiens et à ceux que la curiosité amenait auprès de son cachot. Le moment de son interrogatoire arrivé, le saint évêque parut, avec intrépidité et courage, devant le juge ou préfet d'Entrain. Celui-ci voulut le gagner par de fallacieuses promesses, auxquelles il ajouta bientôt de terribles menaces. Tout fut inutile. « Vos honneurs, répondit le courageux vieillard, » sont la perte de l'âme, et les présents que vous pensez faire, sont » de perpétuels supplices. Pour moi, j'invoque Jésus-Christ, le » rédempteur de tous ; je ne crains point de le confesser jusqu'à » la mort, et je n'aurai jamais rien à redouter, en me fiant dans la » promesse d'un si grand roi. » C'est ainsi que parlent tous les auteurs, qui ont écrit les actes du martyre de ce grand apôtre de l'Évangile.

Condamné à mort, il fut livré à une escouade de soldats pour le conduire à Bouhy, sur le lieu des exécutions publiques. Mais comme, accablé par l'âge et les souffrances, il tombait à tout instant, un de ces cruels satellites, excité par ses barbares compagnons, lui trancha la tête, avec son épée, dans l'endroit même où est bâtie l'église paroissiale. C'était le 16 mai. Pélerin était de la noble famille des Savelli de Rome (1).

---

(1) Une tradition ancienne, répandue à Bouhy, porte que le pieux apôtre s'enfuit d'Entrain et vint se cacher dans un tronc d'arbre, près de la source qui porte son nom. Ce serait là qu'il aurait été découvert, à cause du sifflement d'un serpent, et saisi. Depuis ce temps, dit-on, on n'a pas vu de serpents à Bouhy, et les gens des campagnes voisines viennent ramasser, dans l'église, de la poussière, qu'ils répandent ensuite autour de leurs habitations, comme un préservatif efficace contre ces reptiles.

On n'est pas d'accord sur l'époque précise de son glorieux martyre. Quelques-uns prétendent, d'après le *Gesta pontificum autessiodorensium*, que ce fut dans l'année du consulat d'Émilianus et de Bassus, sous les empereurs Gallien et Valérien, c'est-à-dire en 259. D'autres lui assignent l'an 285. Mais l'opinion la plus commune est qu'il arriva en 304 de notre ère vulgaire. Quoi qu'il en soit, son corps, relevé par quelques chrétiens, fut enterré dans l'endroit même qui fut arrosé de son sang, puis transporté, plus tard, dans l'église de Saint-Denis, près Paris, où il était autrefois en grande vénération. La tête seule, demeurée dans son tombeau, sous l'autel de l'église paroissiale, fut découverte le 23 novembre 1645, et reconnue solennellement par Charles de Caylus, évêque d'Auxerre, le 1er mai 1715, en présence d'une foule immense de fidèles, accourus de tous les points du diocèse (1). C'est pour perpétuer ce fait qu'une procession religieuse a lieu, chaque année, ce jour-là. L'église d'Entrain a l'avantage de posséder une parcelle de ce chef vénéré et une autre de saint Sulpice-le-Pieux, son patron. Celle-ci fut obtenue de Rome, en 1828, par l'entremise du duc de Damas, ambassadeur. Elle remplace la relique que les habitants avaient obtenue, au dix-septième siècle, de l'archevêché de Bourges, ainsi que le constate la note ci-contre (2), et que des mains sacrilèges détruisirent, en 1793.

Le sang de saint Pélerin fut une semence féconde de chrétiens. Moins d'un siècle après son glorieux martyre, Entrain avait brûlé ou renversé les simulacres de ses dieux et professait tout entier

---

(1) On dressa procès-verbal du tout, et, après des recherches faites sous le pontificat de trois évêques, et s'être assuré que, dans aucun endroit du monde catholique, on n'a possédé ni cru posséder le chef du saint, l'évêque, à la prière des fidèles de Bouhy, d'Entrain et autres, fit enchâsser la tête, et permit de l'exposer à la vénération publique.

(2) « Monseigneur l'illustrissime et révérendissime évêque d'Auxerre :
» supplient humblement les curé, fabriciens et habitants d'Antrain, disant
» qu'ayant toujours eu une dévotion très-particulière pour saint Sulpice,
» patron de leur église, ils ont fait rechercher quelques-unes des reliques de
» son corps. En effet, Mgr l'archevêque de Bourges a eu la bonté de leur en
» faire délivrer, après avoir esté tirées de l'abbaye de Saint-Sulpice dudit
» Bourges, lesquelles ont esté ensuite apportées audit lieu d'Antrain, et nou-
» vellement messire François Frappier, prestre, chapelain des dames
» religieuses dudit Antrain, les a apportées en cette ville pour estre présentées

la foi chrétienne. Au sixième siècle, il formait une des trente-sept paroisses du diocèse d'Auxerre, à la collation de l'évêque, qui l'annexa, plus tard, à l'archiprêtré de Puisaye.

En 578, saint Aunaire, dans un synode, composé de sept abbés, de trente-quatre prêtres et trois diacres, formant, sans doute, tout son clergé, ordonna des prières publiques pour conjurer les maux de la patrie, et assigna, à chaque paroisse, un jour particulier, dans ce but. Ces supplications devant durer tout le mois de janvier, le 26 échut à Entrain avec *ses dépendances*. Cette dernière expression indique que, outre l'église paroissiale de Saint-Sulpice, il y existait certaines annexes, comme Notre-Dame, Saint-Nicolas et Saint-Cyr. Saint Tétrice lui fixa, vers l'an 700, la première semaine des calendes de septembre, pour faire, à son tour, les offices de la cathédrale (1).

Mais à quelle époque cette grande et florissante cité d'Entrain, dont nous avons constaté l'importance, fut-elle saccagée, complétement ruinée? Quels furent les barbares qui, fondant sur elle comme un ouragan dévastateur, la culbutèrent, avec ses monuments, de fond en comble? C'est ce qu'il sera toujours difficile d'établir d'une manière authentique et certaine. Car dans ces temps désastreux, où nous voyons les Goths, les Visigoths, les Suèves, les Alains, les Vandales, les Huns, puis les Sarrasins, les Normands... rouler sur la patrie comme des torrents de feu, les archives, les bibliothèques publiques disparurent, avec les villes. Ainsi, les heureux produits de la science et des arts périrent, avec la fortune et le bonheur des peuples, et une sorte de nuit sociale succèda à la brillante civilisation romaine.

L'opinion commune est que, dans ces temps malheureux, Entrain

---

» à Vostre Grandeur, avec les actes qui en font foy, afin qu'il luy plaise
» approuver lesdites reliques, pour estre exposées à la vénération des fidèles,
» et en donner auxdits supplians les actes nécessaires, et ce faict, commettre
» tel personne qu'elle jugera à propos pour en faire la translation et expo-
» sition dans ladite église, et du tout dresser procès-verbal. Et ils seront
» plus particulièrement obligés de prier Dieu pour la prospérité de Votre
» Grandeur. »

(1) Les autres paroisses, alors existantes et aujourd'hui comprises dans le diocèse de Nevers, étaient Cosne, Donzy, Varzy, Saint-Amand, Alligny, Arquian, Bargis, Bouhy, Champlemy, Chasnay, Colmery, Neuvy, Sully et Tracy.

fut ruiné jusqu'à trois fois. « Tout porte à croire, dit un auteur (1),
» que cette ville fut dévastée par des barbares de diverses origines. »
Comment aurait-elle pu, en effet, échapper aux malheurs du reste
de la patrie, alors que cinq grandes voies y aboutissaient, et que son
état florissant la signalait à la rapacité et à la fureur des barbares ?
Les Vandales, au cinquième siècle, la bouleversèrent, à ce que l'on
croit, de fond en comble, et alors disparurent, pour ne plus se
relever, les quartiers importants de Saint-Cyr et de Saint-Sulpice,
à l'est et à l'ouest. Le centre, ou la ville proprement dite, s'était
rebâti de manière à former encore, au septième siècle, dit l'auteur
de *la Loire historique,* une ville importante (2). Les Sarrasins, appelés
par Moronte, gouverneur de Marseille, et favorisés par les discordes
des princes français, se répandirent dans la Bourgogne, brûlèrent
Autun en 731, et, passant, de là, dans le Nivernais et l'Auxerrois,
pillèrent et saccagèrent tout sur leur passage. Entrain ne dut pas
échapper au malheur public et fut, une seconde fois, nivelé avec le
sol (3). Il se releva encore, mais toujours plus faible, plus misérable. La plupart de ses habitants avaient péri ; ceux qui avaient
survécu devaient être dans le plus complet dénûment.

Ils avaient néanmoins reconstruit pauvrement leurs foyers
démolis, lorsque, au neuvième siècle, les Normands, imitant leurs
barbares devanciers, parcoururent l'Auxerrois, le Donziais et le
Nivernais, en laissant, derrière eux, une longue traînée de feu et
de sang.

Entrain aura subi, sans doute, le sort commun et vu cette troisième destruction que proclame la tradition (4). Il fut complétement
dévasté, dit l'auteur cité plus haut, pendant les *invasions nor-
mandes.* Après tant de malheurs, il n'est pas étonnant qu'au
moyen-âge, la ville ne comptât plus que six ou sept cents habitants.
C'est ce que constatent diverses chroniques de l'époque.

Tous ces désastres successifs, attestés par l'histoire et la tradition,

---

(1) *La Loire historique,* tome III.
(2) Nous avons vu qu'au huitième siècle, il y existait un atelier monétaire,
ce qui vient à l'appui de cette opinion.
(3) *Almanach de la ville, bailliage et diocèse d'Auxerre,* année 1787.
(4) *Almanach de la ville, bailliage et diocèse d'Auxerre,* année 1787.
L'auteur prétend qu'Entrain eut encore beaucoup à souffrir des Anglais,
en 1359.

sont confirmés, chaque jour, par les fouilles opérées soit à l'intérieur de la ville actuelle, soit aux alentours. On découvre partout des couches superposées de cendres, de charbon, mêlées de toutes sortes de débris, qui démontrent, aux moins clairvoyants, le genre de sinistre qui présida, chaque fois, à sa destruction : le feu, l'incendie.

L'élément destructeur dut opérer une ruine d'autant plus complète, que les habitations privées étaient, presque toutes, construites en bois, selon l'usage du temps, et les rues fort serrées et très-étroites. Ces couches, superposées et espacées entre elles, prouvent que les habitants, pressés de réédifier leurs tristes foyers, ne prenaient pas le temps de déblayer le terrain, et reconstruisaient sur les décombres, à peine nivelés. Ce genre de construction, où le bois tenait une si large place, nous explique aussi l'absence, à Entrain, de ces monceaux de pierres que l'on croirait devoir trouver sur l'emplacement d'une grande ville ruinée. Mais n'en est-il pas de même à Alise, à Autun, l'ancienne et immense Bibracte, que César proclamait lui-même une ville très-grande et très-opulente (1), par conséquent, une ville de quelques centaines de mille habitants ? Or, dans son antique et vaste périmètre, se trouvent des jardins, des terres cultivées, mais nuls décombres, aucuns monceaux de débris.

IV.

Fortifications d'Entrain, impôt de courtepinte, capitaines-gouverneurs, Pépin, duc d'Aquitaine, bataille de Fontenoy.

Toutes les invasions, tous les désastres dont nous venons de parler, furent l'arrêt de mort, ou plutôt le signal de la destruction

---

(1) *Et quod a Bibracte, oppido Æduorum longe maximo et copiosissimo, non amplius passuum XVIII aberat... (Commentar. de bello gallico*, XXIII, p. 17.)

Nous avons visité plusieurs fois le sommet célèbre du Beuvray. Nous avons vu les fouilles importantes qui s'y font, depuis plusieurs années, sous la direction de notre savant collègue, M. Gabriel Bulliot, président de la Société éduenne d'archéologie. Nous y avons remarqué les vestiges d'une grande et forte ville ; des substructions énormes de fortifications, d'édifices antiques et considérables ; mais toujours peu de débris, peu de matériaux, à la surface du sol.

des voies romaines, créées avec tant de peine et de travaux. Chaque ville, chaque bourg ou village, s'empressa de rompre ces antiques chemins, auxquels il attribuait ses malheurs, afin d'empêcher, à l'avenir, les incursions des barbares et le retour des maux infinis qu'elles traînaient après elles. De là, ces interruptions brusques que l'on remarque, çà et là, dans ces voies presque indestructibles, à côté de tronçons parfaitement conservés. De là aussi, ces murailles, hautes et épaisses, ces ceintures de fossés, larges et profonds, dont les grandes villes durent s'entourer. Le code théodosien, de la fin du quatrième siècle, enjoint, en effet, aux corps constitués et aux habitants des cités de restaurer les anciennes murailles, ou d'en construire de nouvelles. L'empereur Honorius ordonna, en 397, de renverser les temples du paganisme et d'en employer les matériaux à leur édification. Aussi, lorsqu'on démolit les vieilles fortifications de plusieurs villes importantes, comme Sens, Beauvais, Noyon, Tours, Bordeaux..., pour agrandir leur enceinte, trouva-t-on, dans leurs fondations, d'innombrables débris de ce genre. « Ces murs, dit le savant abbé Lebeuf, n'étaient fondés que sur » des tronçons d'autels et de statues, que l'on avait fait entrer indif-» féremment dans l'ouvrage. » Ces découvertes établissent, d'une manière certaine, l'époque de leur construction. On dut travailler d'autant plus activement et plus généralement à ces clôtures, qu'une ordonnance de 412 prescrivait de forcer tous les citoyens, sans distinction, ni privilége, d'y concourir par l'achat et le transport des matériaux.

Une ville de l'importance d'Entrain ne dut pas être négligée. Aussi tous les auteurs sont-ils d'accord pour attribuer une haute antiquité à ses vieux murs. Guy Coquille dit qu'elle fut *fortifiée de grande ancienneté*. François Ier, dans ses lettres du 13 février 1532, dit également qu'*Entrain est une ville close et fermée d'ancienneté*. Des écrivains sérieux pensent que ces murailles, comme celles d'Auxerre, dataient de l'épiscopat de saint Amâtre (1). Toutefois, la plupart des historiens du Nivernais les donnent, sans appuyer leur sentiment d'aucunes preuves, comme étant l'œuvre des anciens comtes de Nevers. Nous partageons l'opinion des premiers.

---

(1) CHALLE, *Histoire de l'Auxerrois*, 1878. — Saint Amatre occupa le siége épiscopal d'Auxerre de 386 à 418.

Les fragments que l'on remarque, à l'ouest, le long des prairies, ont évidemment le caractère romain. Les fondements d'une tour et les substructions, que l'on voit, à fleur de terre, au lieu où se trouvait l'ancienne porte de la Forge, ne laissent aucun doute à cet égard. Ils présentent une solidité à toute épreuve, une dureté pareille à celle du roc le plus compacte.

« La légende veut que la partie, fermant la langue de terre,
» sise entre les étangs du Marais et du Trélong, et séparant les
» boulevards, ou promenades, du jardin Ragon, soit aussi romaine,
» mais c'est douteux (1) ».

Nous sommes de cet avis, bien que ces murailles, les mieux conservées, soient d'une grande épaisseur et offrent aussi une solidité remarquable. Car, comme chacun peut s'en convaincre, la maçonnerie est plus négligée. C'est une reconstruction datant du moyen-âge.

Entre l'ancienne porte Saint-Cyr et la mairie, il existe d'autres fragments de murs et de tours, de même époque, et n'offrant qu'un caractère féodal.

L'enceinte formait primitivement un carré long, courant, comme il a été dit, du sud au nord, et flanqué de douze ou quinze tours (2). On y pénétrait par quatre portes, précédées de ponts-levis, servant à franchir la ceinture de fossés qui l'enveloppait. L'ancienne rue des Fossés rappelait le souvenir de ces derniers. A chacune des portes, on avait établi un corps-de-garde, pour la surveillance des étrangers.

Nous avons vu que, au quinzième siècle, l'enceinte primitive, par suite de la destruction de la ville, fut réduite du tiers, au moins, et s'arrêta près de la halle. Ces murs étaient entretenus, en bon état, par un octroi ou impôt de courtepinte, dit *appétissement*, sur le vin qui se débitait, en détail, dans la ville et le faubourg. Ce droit se percevait, en vertu de lettres-patentes du roi, accordées

---

(1) M. Ruby, architecte à Clamecy, manuscrit.

(2) Les murs, partant de la porte de la Forge, traversaient le jardin du presbytère et autres, et joignaient la ligne encore subsistante, derrière la mairie.

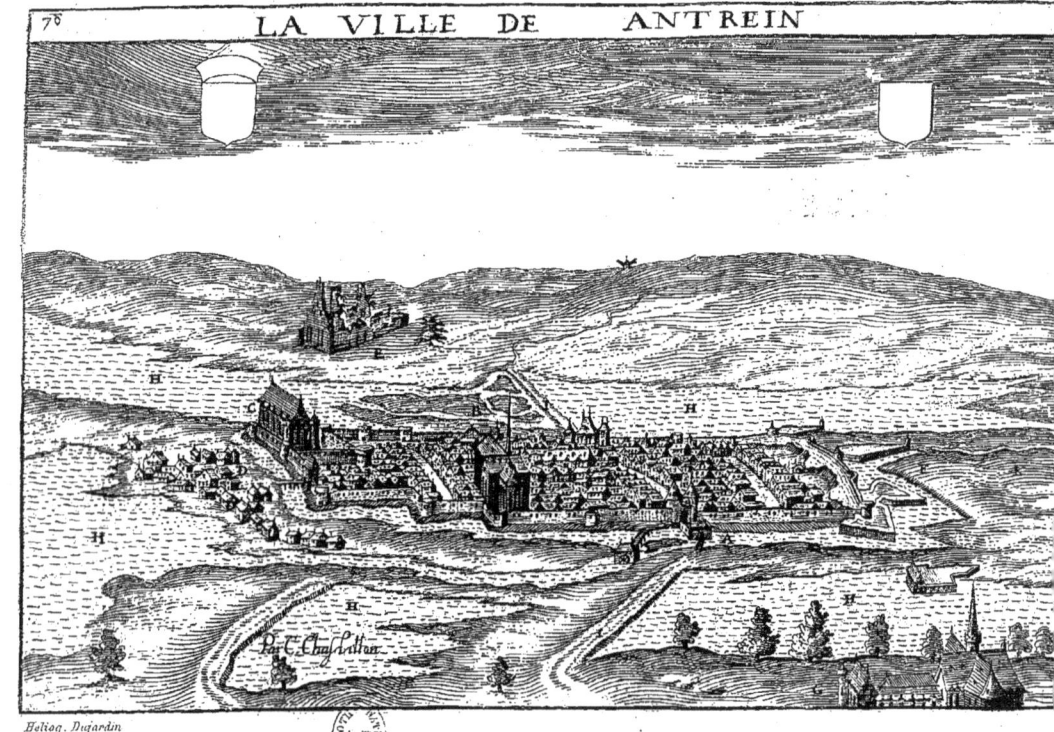

FAC-SIMILE DE LA GRAVURE DE CHASTILLON EN 1636

tous les quatre, puis tous les six ans, sur la supplique des habitants. Il se trouve un bon nombre de ces pièces dans le cabinet des archives, à la mairie.

La plus ancienne, qui nous soit tombée sous la main, fut accordée par Charles VIII, en 1483. Le prince y fait mention de plusieurs autres concessions semblables, faites par les rois, ses prédécesseurs. Louis XII, dans celle qu'il donna, à Bourges, le 20 octobre 1506, s'exprime ainsi : « Louis, par la grâce de Dieu, roy de France, à
» tous ceulx qui ces présentes verront, salut : Reçu avons humble
» supplication de nos bien-amés les manans et habitans de la ville
» d'Entrain, en la baronnie de Donzy, contenant que le vingt-
» quatriesme jour de may mil quatre cent quatre-vingt-dix-neuf,
» pour entretenir ladicte ville, qui est ville frontière, en bonnes et
» suffisantes fortifications, à ce qu'elle ne puisse par aulcuns nos
» ennemis et adversaires estre surprinse, par nous auxdicts
» supplians fust octroyé et permis prendre et lever par eulx le droit
» d'appétissement sur le vin, qui serait vendu en ladicte ville,
» faulxbourgs et dépendances... »

Par ces considérations, il autorise, pour quatre ans, l'impôt demandé, et parle de lettres-patentes accordées précédemment par son *très-chier fresre et cousin*, *le roy Charles sixiesme*, *décédé*, *que Dieu absoilve !*

Cet octroi produisait annuellement huit cents livres tournois, ou environ, ainsi que le constate l'adjudication faite à Louis-Joseph Bessin, en l'élection de Clamecy, le 10 janvier 1775.

Entrain, comme place forte, eut toujours une petite garnison, à la tête de laquelle se trouvait un capitaine avec le titre de gouverneur. Germain de Chambenoist, écuyer, en était capitaine-gouverneur, en 1589, et noble Steph de Bozini, *écuyer de la petite écurie du roy*, seigneur du Gué, du Coudray, du Galon et de Beauregard-lès-Entrain, en 1592. Seize ans plus tard, ce dernier, étant très-âgé et alors retiré au bourg de Moutiers-en-Puisaye, se rappela d'Entrain et fonda, d'accord avec *damoiselle* Edmée Desleau, son épouse, chaque dimanche, à sept heures du matin, dans l'église Notre-Dame d'Entrain, la *messe couptée* (1), et y choisit sa sépulture. Il légua, pour cette messe et un service

---

(1) Messe annoncée au son de la cloche, comme la paroissiale.

solennel d'anniversaire, pour le remède de son âme et de celle de sa bonne Edmée, une rente de quinze bichets de *bled-méteil*, qu'il assit et hypothéqua sur les bâtiments et héritages de son fief de Beauregard. Mais si le curé d'Entrain, est-il dit, *estoit deffaillant à satisfaire à ce que dessus, par une année, icelle expirée, il sera forclox de ladite rente, laquelle sera distribuée à l'hospital des Quinze-Vingts, à Paris*. Là, devaient alors s'exécuter les devoirs de la fondation (1).

Il eut pour successeur, dans le gouvernement d'Entrain, noble Antoine du Perron, écuyer, seigneur, en partie, de Miniers et de Saint-Cyr, capitaine de cinquante chevau-légers et d'une compagnie de pontonniers (2). Ce dernier se disait, en 1607, gouverneur et capitaine des ville, château, faulxbourgs et dépendances d'Entrain. Jean de Montfort, vicomte de Clamecy, seigneur d'Armes, de Quincy et de Bouhy, remplissait cette charge dix ans plus tard. C'était, en 1624, un officier nommé Claude de Laigle.

Entrain se trouvant sur la grande voie de communication entre la Neustrie et l'Aquitaine, dit un auteur, était un lieu de passage très-fréquenté, dans les temps anciens. Les armées, allant d'un pays à l'autre, le traversaient fréquemment. C'est ainsi qu'en 841, Pépin, duc d'Aquitaine, à la tête des troupes qu'il amenait au secours de Lothaire, son oncle, en guerre avec Charles-le-Chauve et Louis de Bavière, ses frères, après avoir passé la Loire, du côté de Pouilly, traversa Entrain, au bruit des fanfares, et alla camper à l'ouest de la ville. C'était le vendredi 24 juin.

Son arrivée fut le signal de cette fameuse bataille, dite de Fontenoy, bataille fratricide, où cent mille Français, dit-on, furent égorgés par leurs frères, pour la querelle de leurs princes. Elle se donna le lendemain, à la pointe du jour, et fut horrible. « Jamais on n'avait vu, dit l'historien Nithard, l'un des chefs et
» acteurs, un pareil massacre. L'acharnement estoit tel, que les
» liens du sang sembloient ne plus exister. Le fresre frappoit son
» fresre, et les droits sacrés de la piété filiale estoient méconnus.
» Les champs et les forests estoient couverts de sang françois ;
» les marois estoient devenus des mares de sang (3). »

---

(1) Voir le testament à la fin du volume.

(2) Il était petit-fils de Marie de Mhung, dite de La Ferté, dame des mêmes lieux et de Boisjardin. (*Voir l'article de Miniers ci-après.*)

(3) *Bulletin de la Société nivernaise*, tome II, p. 397.

Charles et Louis avaient posé leur camp à Thury, *Vicus Tauriacus* (1). Lothaire aurait réuni ses troupes entre Fontaines et Fontenoy. Le matin de la bataille, les deux premiers divisèrent leurs forces en trois corps, dont l'un couvrait la hauteur du Deffend; l'autre fut posté au bois des Briottes, *Brittas*, et le troisième à Solmé, *Solennat*.

On en vint donc aux mains dès le grand matin, et à midi tout était fini. « Le choc fut espouvantable, poursuit le général historien;
» de part et d'autre on fist des prodiges de valeur; mais Louis,
» soutenu par nostre comte Guérin, qui commandoit les Proven-
» ceaux et les Toulousains, mit Lothaire en fuite. Cependant
» Charles attaquoit, vers *Fagit*, l'autre aisle de l'armée ennemie,
» qu'il mit aussi en déroute.
» Le troisiesme corps en vint aux mains avec l'aisle commandée
» par Adélard, qui se battit avec courage; mais grâce aux renforts
» que j'amenay et à la protection du Ciel, la victoire fust à nous,
» et les troupes de Lothaire furent complétement défaites. »

Jusqu'à nos jours, le lieu précis de cet immense fait d'armes, de cette vaste hécatombe humaine, de ce véritable abattoir d'hommes, était resté en litige parmi les savants. La plupart des chroniqueurs, l'abbé Lebeuf à leur tête, l'avaient placé à la montagne des Alouettes, dans la belle plaine qui s'étend au sud-est, du côté d'Étais. Quelques écrivains, comme Paradin, dans son livre *De Antiquo statu Burgundiæ*, ont fait donner cette bataille célèbre à Fontenay, près Chablis. Mais la Société des sciences de l'Yonne a fixé les incertitudes par un obélisque ou colonne commémorative, élevée sur le plateau dominant le village de Fontenoy-en-Puisaye, au nord. On lit sur la face tournée vers le chemin : *Prælium ad Fontanetum* XXV *junii* D.CCC.XLI. « Ici fut livrée,
» le 25 juin 841, la bataille de Fontenoy, entre les enfants de
» Louis-le-Débonnaire. La victoire de Charles-le-Chauve sépara la
» France de l'empire d'Occident et fonda l'indépendance de la
» nationalité française. »

Le soubassement porte cette légende : « Érigée en 1860, sous les
» auspices de la Société des sciences de l'Yonne, par les soins du

---

(1) Le sommet du *Roichat*, selon l'opinion vulgaire, en consacrerait le souvenir, car ce nom ne serait autre chose qu'une abréviation de roi Charles.

» baron du Havelt, et selon le vœu de son beau-père, le baron
» Chaillou des Barres, l'un des fondateurs et le premier président
» de la Société. »

Celle-ci, après un examen approfondi du pays, des noms de lieux et des circonstances cités par Nithard, s'est prononcée pour Fontenoy-en-Puisaye comme étant le champ de bataille témoin de l'épouvantable affaire de 841. Elle a vu le *Rivulus Burgundionum* de l'historien dans le petit ruisseau qui coule à Fontenoy, *Brittas* dans le bois des Briottes, Solennat dans le hameau de Solmé, Fagit dans celui des Foucards, enfin le *verticem montis* dans le plateau du Deffend, où s'élève l'obélisque.

Elle apporte encore à l'appui de son sentiment divers autres noms de lieux, comme l'Étang-de-la-Guerre, la Fosse-aux-Gens-d'Armes, le Champ-du-Malheur... Nous avons visité ces deux champs de bataille. Nous demeurons convaincu que la montagne des Alouettes et la magnifique plaine adjacente, situées à dix ou douze kilomètres à l'est de Fontenoy, auraient présenté un champ bien plus convenable à une action de ce genre et au déploiement de forces aussi nombreuses que celles qui durent se trouver en ligne en ce jour néfaste. Là aussi se rencontrent des noms de lieux comme ceux rapportés par Nithard. En outre, le *verticem montis*, dont il parle, conviendrait certes mieux au sommet de la montagne des Alouettes qu'au plateau du Deffend. Cependant, nous souscrivons volontiers au jugement de la Société scientifique de l'Yonne. Car, si l'affaire avait eu lieu, selon le sentiment de l'abbé Lebeuf, à la montagne des Alouettes, le général n'eût pas manqué de la nommer bataille d'*Intaranum*, au lieu de *Fontanetum*, localité beaucoup moins importante et surtout bien plus éloignée. Cette raison nous paraît déterminante.

V.

Entrain sous la féodalité; il perd sa prépondérance; barons de Donzy.

Les discordes civiles qui, dans ces temps malheureux, divisèrent la patrie, et les guerres que la France eut à soutenir, furent une source de calamités nationales et engendrèrent le gouvernement connu sous le nom de féodalité. Tous les officiers, placés à la tête des divisions et des subdivisions du territoire, profitant de l'affaiblissement de l'autorité royale, regardèrent la contrée soumise à leur surveillance comme leur bien propre, s'y perpétuèrent et la transmirent à leurs descendants, à titre d'héritage. Comme ils continuèrent d'observer, entre eux, la hiérarchie de leurs grades respectifs, de là vinrent les ducs, les comtes des provinces et des villes, les barons des campagnes. Il en fut d'Entrain et de ses dépendances comme du reste de la France; le premier seigneur ne fut autre, sans doute, que le gouverneur du pays. Et comme la juridiction des anciens chefs civils comprenait l'antique région des Cambiovices, c'est-à-dire Entrain, Donzy, Val-de-Bargis, Cosne, Saint-Verain-des-Bois, Saint-Amand, Saint-Sauveur, Étais, Druye, Billy, Corvol-l'Orgueilleux et leurs dépendances, qui formèrent le pays connu, plus tard, sous le nom de Donziais, il s'en constitua le maître, sous le titre de baron (1).

Mais comment Entrain perdit-il sa prépondérance primitive, sa qualité de chef-lieu ou de capitale d'une ancienne tribu gallo-romaine? La chose nous paraît fort simple et facile à établir. Entrain était une place forte; mais elle n'offrait pas un asile assez sûr pour un maître absolu, de date récente, qui avait à se tenir en garde, non-seulement contre les ennemis du dehors, mais encore plus contre des citoyens libres, qu'il se proposait d'asservir à sa toute-puissance. Il possédait, à la vérité, comme nous dirons plus bas, un château fortifié aux portes de la ville; mais bâti dans la plaine, ce séjour ne lui parut pas présenter toutes les garanties nécessaires de sûreté personnelle. En conséquence, il fixa sa résidence à Donzy, dont la forteresse occupait une position inexpugnable pour le temps (2). Ainsi fut déplacé, croyons-nous, le siège du gouvernement et des affaires publiques du pays. De cette manière, Entrain perdit peu à peu sa prépondérance administrative et fut supplanté par Donzy dans sa qualité de capitale de la contrée, qui

---

(1) Voir la note, page suivante.
(2) Nous avons visité, tout récemment, le plateau qu'occupait le château baronnial. Cette vue nous a confirmé dans nos appréciations. La position n'était abordable que par une langue de terre, du côté de l'est; mais cette langue, excessivement étroite, était coupée alors par un large fossé, que l'on traversait sur un pont-levis, et défendue, en outre, par des ouvrages avancés et par de fortes murailles.

prit bientôt le nom de Donziais. Tel Paris, qui était, sous l'ère celtique, une cité de peu d'importance, acquit, par le séjour des rois, le titre de capitale, et laissa bientôt les autres villes loin derrière lui. Autun, au contraire, ayant perdu son titre de capitale de la Gaule Celtique, est tombé graduellement du premier rang des villes au troisième.

Au dixième siècle, le pays des Cambiovices (1), sous le nom de Donziais, *Donziacensis pagus*, formait une petite province autonome, indépendante, gouvernée avec autorité, par une noble et puissante famille, dont une descendante, que nous ne connaissons que sous le nom de Mahaut, épousa Geoffroy de Semur, auquel elle la transmit. Ce seigneur prit dès-lors le titre de baron de Donzy, seigneur d'Entrain... M. Challe, dans son *Histoire de l'Auxerrois* (2), prétend qu'il reçut cette baronnie de Hugues de Chalon, évêque d'Auxerre, son oncle. Ce sentiment nous semble contredire l'histoire du temps. Quoi qu'il en soit, le baron de Donzy laissa trois fils, Eudes, Hervé et Savaric. Celui-ci s'unit à Élisabeth de Vergy, et fut la souche de l'illustre maison de ce nom. Geoffroy II, fils du premier, d'autres disent du second, ne jouit pas longtemps des domaines de ses pères; il mourut en 1077, encore jeune. Alors ses grandes possessions, savoir: Donzy, Entrain, Cosne, Gien..., passèrent à Hervé Ier, son parent, seigneur de Châtel-Censoir, de Saint-Aignan, en Berry, et comte de Châlons.

Geoffroy III, fils de Hervé, baron de Donzy, seigneur d'Entrain..., s'empara, vers 1095, de la terre épiscopale de Varzy. Excommunié pour ce fait audacieux, il s'empressa de la restituer à son légitime possesseur, et les censures furent levées. Mais bientôt,

---

(1) Quelques géographes placent le pays des Cambiovices du côté de Limoges, et appuient leur sentiment sur le nom de la petite ville de Chambon; mais ce nom est porté par d'autres localités; il ne suffit pas pour opérer la conviction et justifier ce qu'ils avancent, en contradiction avec la carte de Peutinger. Il n'est pas nécessaire que le nom d'un peuple et celui de sa capitale s'identifient. La capitale des Héduens se nommait *Bibracte*, celle des Bituriges *Avaricum*. Une antique inscription, trouvée à Entrain, portait CAMBIO... Lebeuf, dans son *Histoire de la prise d'Auxerre*, p. 234, *aux notes*, parle d'une pareille inscription, où il reconnaît le nom des *Cambiovicenses* de la carte de Peutinger. Ce point d'histoire nous paraît donc acquis à la science.

(2) 1878, p. 102.

DEUXIÈME PARTIE.

dégoûté des choses du monde, désireux de pourvoir au salut de son âme, il abandonna ses domaines à Hervé II, son frère puîné, et se fit moine à Saint-Caradeuc. Celui-ci s'intitula dès-lors baron de Donzy, seigneur d'Entrain, de Cosne, de Gien, de Châtel-Censoir...; il mourut en 1158, laissant ses vastes domaines à Geoffroy IV, son fils aîné (1). Ce dernier épousa une noble et riche héritière, Mahaut Goëth, issue d'une ancienne et puissante maison, dont le nom était uni à celui du Perche, son pays (2). Elle lui apporta les terres et baronnies d'Alluye, de Montmirail, d'Authon, de Brou, de Bazoches..., qui le rendirent lui-même un des plus puissants princes de son temps (3). Aussi André Duchesne nous apprend que *les plus grands rois* de l'Europe désiraient marier leurs fils à l'héritière de cette maison (4).

De cette union naquirent plusieurs enfants : Hervé III, comte de Gien ; Gauthier, mort célibataire ; Adélaïde, mariée à Étienne de Sancerre... Hervé III laissa, à son tour, Guillaume de Donzy, dit Goëth, du nom de son aïeule, tué en 1191, au siége de Saint-Jean-d'Acre; Philippe, Hervé IV, qui possédèrent successivement le Donziais et la seigneurie d'Entrain (5)...

Ce dernier fut, sans contredit, le plus illustre des nobles barons, ses prédécesseurs, et celui qui a laissé le plus de souvenirs dans la seigneurie d'Entrain. Il fut riche et puissant en biens. « Toutes les terres des maisons de Donzy et de Goëth, dit » Duchesne, furent réunies en la personne de Hervé par le décez, » sans lignée, de ses fresres, tant aisnez que puisnez. Au moyen » de quoy, poursuit-il, il se rendit plus célèbre et renommé que » aulcuns de ses prédécesseurs, et parvint à une dignité plus émi-» nente et relevée (6). »

Nous le voyons, dès le temps où il ne possédait encore que des fiefs secondaires, entrer en relation avec les grands seigneurs de

---

(1) Il eut, en outre, une fille, Agnès de Donzy, mariée à Sulpice d'Amboise, dont vint Élisabeth, qui s'unit à André Ier, baron d'Alluye.
(2) Le Perche-Goëth, ou Petit-Perche, fait partie aujourd'hui des arrondissements de Châteaudun et de Nogent-le-Rotrou (Eure-et-Loir).
(3) Ces seigneuries se trouvent entre les deux villes ci-dessus.
(4) *Histoire de la maison de Vergy*, p. 404.
(5) *Bulletin de la Société nivernaise*, 1871, p. 75; tome V, p. 495.
(6) *Histoire de Vergy*, p. 404.

l'époque, même avec les rois Louis VII et Philippe-Auguste. Cinq ans après son avénement, en 1199, il fit la guerre à Pierre de Courtenay, comte de Nevers, pour la châtellenie de Gien, que ce dernier prétendait lui appartenir, en vertu d'un traité passé, en 1194, avec Philippe de Donzy, frère d'Hervé. La bataille se livra près de Saint-Laurent-l'Abbaye, le 3 août. Le comte de Nevers, à la tête d'une bande de routiers, que les chroniques du temps appellent *cottereaux* (1), fut vaincu, fait prisonnier et renfermé dans la forteresse baronniale de Donzy; il n'en sortit qu'en donnant Mahaut, sa fille unique, en mariage au vainqueur, et tout le Nivernais pour dot.

Aussitôt après la glorieuse victoire, qui lui avait livré son puissant voisin, Hervé de Donzy courut à Paris, auprès du roi, dont il sut si bien capter la bienveillance, qu'il en obtint la ratification complète de ses vœux : « Le roy, écrivait-il de cette capitale, au
» mois d'octobre, nous donne, pour espouse, la fille de Pierre,
» comte de Nevers, avec le comté, à condition toutefois que Pierre
» aura, sa vie durant, les terres que le roy luy assignera prochai-
» nement, lesquelles, après sa mort, feront retour à nous, à nostre
» espouse et à nos enfans (2). »

Le mariage ne put avoir lieu de suite, vu l'âge peu avancé de Mahaut; mais Hervé n'en prit pas moins immédiatement possession du comté de Nevers. Ainsi, à partir de 1199, le Donziais et le Nivernais, réunis, ne formèrent plus qu'une seule et même province, gouvernée souverainement par les comtes de Nevers, dont Hervé de Donzy continua la descendance (3).

Le nouveau comte était un homme courageux et chevaleresque. Il fit toutes les guerres de son temps. On le voit, par exemple, en 1209, à la croisade contre les Albigeois; cinq ans plus tard, à la bataille de Bouvines; en 1218, il combattait vaillamment, à Damiette, contre les Turcs. Il avait le renom d'un homme de guerre habile et expérimenté, dit un auteur moderne; mais son

---

(1) C'étaient des hordes indisciplinées, accoutumées au pillage et à la rapine. Elles étaient plus redoutables aux paisibles habitants des campagnes que l'ennemi lui-même. Elles ruinèrent l'église abbatiale de Saint-Sauveur et celle de Saint-Étienne, qui en dépendait.
(2) *Bulletin de la Société nivernaise*, tome V, p. 105.
(3) *Ibid.*

caractère est signalé sous de fâcheux aspects par plusieurs chroniqueurs (1).

Hervé, sans être un homme pieux, avait des idées religieuses et le respect des choses sacrées. Il se montra bienveillant envers l'Église, en fondant plusieurs monastères, tels que ceux de Lespau, près Donzy, de Bellary et des Roches, et fit du bien à diverses autres maisons régulières.

Le premier fut établi, vers 1209, dans sa maison de Latrèche, à Bagneaux, nom qu'il porta d'abord, mais il prit bientôt celui de Lespau (2). Hervé y appela des religieux du Val-des-Choux et les dota généreusement (3). Il leur donna, en 1214, le fief, en toute justice, du Mineray, le moulin Rapau, assis sous l'Étang-Neuf, la dîme des anguilles de cet étang, des droits d'usage dans les bois de Frétay, une rente de douze muids de blé sur ses fours banaux d'Entrain, une de vingt muids de vin, à Clamecy... La fondation de ce monastère fut confirmée ou approuvée par une bulle du pape Innocent III, en date du mois de mars 1212. Cette maison fonda bientôt le prieuré de Saint-Nicolas de Réveillon, dont nous parlerons plus bas.

Quelques écrivains ont avancé que Hervé avait fait ces diverses fondations en vertu d'une clause ou condition insérée dans la dispense accordée par le Pape pour la revalidation de son mariage, nul pour cause de parenté, au quatrième degré. D'autres ont prétendu, sans preuves, comme les précédents, que c'était un témoignage de sa reconnaissance pour la bienveillance du Pontife à son égard, dans ses démêlés avec les moines de Vézelay. Pourquoi n'y pas voir simplement un gage de foi et de religion ?

Sa mort, *enveloppée de mystère*, disent les chroniqueurs, arriva,

---

(1) *Histoire de l'Auxerrois*, p. 210.

(2) *De Balneolis, de Espallo*. Les ruines de la magnifique église de Lespau, de style ogival, du treizième siècle, sont dignes de fixer l'attention de l'archéologue. L'édifice sacré n'avait pas moins de soixante-cinq mètres de long, sur trente-huit de large, dans le transept, et dix dans la grande nef.

(3) Le Val-des-Choux, *Vallis Caulium*, grand prieuré, autrefois chef d'ordre, était situé dans la commune de Villers-le-Duc, au nord-est de Châtillon-sur-Seine (Côte-d'Or). Il avait été fondé, en 1188, par Hugues III, duc de Bourgogne, ou par Eudes III, vers 1193. Ordre de Saint-Benoît, il était mélangé des constitutions de Cîteaux et des observances des Chartreux. Trente prieurés en dépendaient.

le 21 janvier 1222, au château de Saint-Aignan, près de Bourges. On prétend qu'il fut lâchement empoisonné. Ce prince chevaleresque, généreux, ce guerrier ardent, intrépide, méritait une fin plus digne, plus conforme à son caractère et aux actes de toute sa vie. Il eut deux enfants : un fils, mort jeune, et une fille, Mathilde, mariée, deux ans auparavant, à Guy de Chastillon, issu d'une maison citée par Courcelles « comme l'une des plus nobles et des » plus illustres entre les plus grandes maisons de l'Europe (1). »

Quoi qu'il en soit, l'abbé de Pontigny, accompagné de six autres abbés de son ordre et de beaucoup de religieux, vint prendre le corps de l'illustre défunt à Saint-Aignan et le conduisit, en grande pompe, dans son abbaye, où Hervé avait choisi sa sépulture. Ce prince aimait le séjour d'Entrain, où il venait, de temps en temps, se reposer des fatigues de la guerre et de l'embarras des choses du monde. Aussi, au lit de mort, sa pensée se porta de ce côté, et il voulut que Mahaut, après son décès, y fît construire une chapelle, et qu'elle la dotât d'une rente de quinze livres, afin d'y entretenir un chapelain, ce qu'elle exécuta, comme nous le verrons plus bas, en l'année 1226.

Entrain était donc tombé, comme le reste de la France, dans le domaine féodal. Toutefois, la ville, ainsi que quelques autres cités gallo-romaines, ne perdit point, croyons-nous, au milieu des événements politiques et des invasions qui bouleversèrent la

---

(1) Du mariage de Guy et d'Agnès de Donzy naquirent Gaucher de Chastillon, l'un des héros de la bataille de la Massoure, où il combattit sous les yeux du roi saint Louis; Yolande, qui porta le comté de Nevers, en mariage, à Archambaut de Bourbon, et Hugues, qui continua la descendance de sa maison, que l'on trouve, dès le neuvième siècle, à chaque page de notre histoire.

La maison de Chastillon (sur Marne) a eu l'honneur de contracter quatorze alliances avec celle de France. Elle avait donné, en 1171, deux reines, l'une à la Hongrie et l'autre à la Sicile. Eudes de Chastillon, l'un de ses membres, occupa, sous le nom d'Urbain II, le trône pontifical, de 1088 à 1099. Cette illustre maison a fourni un connétable, deux amiraux à nos flottes, un grand-chancelier de nos rois, deux grands-maîtres de France, plusieurs ambassadeurs, un bon nombre de prélats, remarquables par leur savoir et leurs vertus, et un saint, dans la personne de Charles de Chastillon, comte de Blois, duc de Bretagne. Cette noble race s'éteignit, en 1840, dans la personne de Amable-Émilie de Chastillon, duchesse d'Uzès. (André DU CHESNE, *Généalogie de Châtillon*.)

patrie, la liberté d'administrer elle-même ses affaires intérieures, comme elle l'avait fait sous les empereurs de Rome, c'est-à-dire qu'elle ne fut jamais complétement asservie (1). Toujours on voit les habitants, sous le titre de bourgeois d'Entrain, ce qui équivaut à hommes libres, gérer eux-mêmes les affaires de leur communauté, choisir, à l'élection, leurs échevins ou les personnes qu'ils jugeaient les plus dignes de la confiance publique, les plus capables de soutenir les intérêts communs. Cela est constaté par une foule de documents graves, sérieux. Il suffit d'indiquer ce fait historique que tout démontre. Nous ne nous arrêterons donc pas à en donner les preuves : les faits parlent.

Or, jusqu'ici, toutes nos recherches, pour découvrir une charte ou fragment de charte d'affranchissement, ont été inutiles. On connaît la date où Nevers, Auxerre, Clamecy, Cosne, Donzy, Varzy...., furent manumis; mais Entrain, non (2). Nous sommes donc autorisé à émettre l'opinion fondée que la ville conserva ses franchises municipales, même dans le temps du plus grand despotisme féodal; en un mot, qu'Entrain était un municipe romain, qui avait traversé et survécu à tous les événements politiques, privilége qu'il a partagé avec quelques autres cités antiques.

Entrain, avec ses dépendances, fut annexé, comme il a été dit, en 1199, avec le reste du Donziais, à la province de Nivernais, dont il ne fut distrait que momentanément, en 1491, et passa sous l'autorité des comtes de Nevers qui furent ses seigneurs directs, jusqu'à la complète abolition du régime féodal, en 1790.

Ces princes y possédaient un château-fort, dont le titre de châtellenie consacre le souvenir; ils aimaient à y séjourner, de temps à autre, à cause de la beauté du pays et de la douceur du climat. C'est dans ce château, en effet, que Mahaut de Courtenay, veuve de Hervé de Donzy, signa, en 1252, la charte qui approuvait

---

(1) Les Romains, maîtres des Gaules, conservèrent presque partout l'ancienne administration, et laissèrent les villes se gouverner intérieurement par des magistrats, que les habitants choisissaient librement. Les intérêts politiques seuls étaient transportés à Rome et ne pouvaient être traités que dans ses murs. Ainsi, le culte, les cérémonies et les fêtes religieuses, l'administration des biens et des revenus du municipe, la tenue des foires et des marchés, étaient l'objet de l'administration municipale.

(2) Nevers fut affranchi en 1231; Auxerre, en 1188 et 1223; Clamecy, en 1213; Donzy, en 1198; Varzy, en 1202; Saint-Verain-des-Bois, en 1259.....

l'établissement des Cordeliers, à Nevers; c'est à Entrain que le comte Charles de Bourgogne porta, le 2 août 1455, l'ordonnance qui autorisait ses secrétaires à signer les pièces concernant ses finances. Nous avons vu que la comtesse Mahaut, alors remariée à Guy de Forest, y bâtit, en 1226, une chapelle en exécution du vœu de son premier mari mourant (1).

Les seigneurs d'Entrain, nul doute possible donc, y possédaient un château, plus ou moins somptueux. Mais où se trouvait-il? Ce n'était certainement pas celui du *Petit-Fort*, puisque ce n'est qu'en 1455 que le comte Charles de Bourgogne l'acquit, avec ses dépendances, situées dans les châtellenies d'Entrain et de Druyes, de noble Jean du Mesnil-Symon, seigneur du Maupas, pour trois cents écus d'or. Il était situé, croyons-nous, en dehors de la ville, au lieu vulgairement dit *le Trou-de-l'Hôpitau*. C'est une position charmante. Le mot *trou* comporte l'idée de fossés, comme ceux dont il dut être entouré, et on y remarque encore, malgré le soc de la charrue, qui y a passé et repassé maintes fois, des mouvements de terrains, ou restes de fossés, assez sensibles (2). La chapelle, bâtie par la comtesse Mahaut, en vertu du vœu d'Hervé de Donzy, son premier mari, ne serait-ce pas celle qu'on y voyait autrefois, et dont il existait des ruines, en 1674 (3). Là devait se trouver le palais des gouverneurs romains d'*Intaranum*. On y a découvert jadis, en effet, des débris de marbres précieux, des fragments de mosaïque, des restes de colonnes et de chapiteaux, richement sculptés, des statues mutilées, des médailles, tout ce qui constituait, en un mot, une demeure somptueuse, la demeure d'un grand seigneur. Près de là, en outre, existait le *colombarium*, ou tombeau de famille, dont nous avons parlé. Les seigneurs féodaux durent naturellement occuper le palais des gouverneurs romains, auxquels ils avaient

---

(1) LEBEUF, *Histoire de la prise d'Auxerre*.

(2) Un peu plus au nord, près du moulin à vent, on remarque des vestiges d'une vaste construction circulaire. Là, se trouvait l'amphithéâtre dont parle Lebeuf, et qu'il place, à tort, du côté de Bouhy. La tradition, plus juste, a toujours indiqué la direction du Chesnoy. Le savant historien s'était déjà trompé en mettant l'ancienne église de Saint-Sulpice du côté de Réveillon. L'erreur est facile, lorsqu'on n'écrit pas sur les lieux.

(3) Reconnaissance faite par les habitants d'Entrain des droits seigneuriaux, en 1674.

succédé. La construction de la chapelle, telle que la décrit l'abbé Lebeuf, est une preuve indirecte du fait que nous avançons. Aucun document ne parle de chapelle existant au Petit-Fort; le plan de la ville, levé en 1640, n'en indique pas; c'est ce qui porta, sans doute, le savant historien d'Auxerre à avancer que la chapelle de 1226 était l'église paroissiale. Or, ce sentiment est insoutenable: d'abord, parce que l'édifice sacré, le chœur surtout, ainsi que l'atteste le style même, est d'un siècle, au moins, plus ancien; en second lieu, parce que le temps qu'il assigne à sa construction, aurait été insuffisant. Il dit, en effet, que Mahaut et Guy de Forest, son second mari, bâtirent *ensemble* cette chapelle, et il place son achèvement trois mois seulement après la célébration de leur mariage! Ce laps de temps aurait pu suffire, à la rigueur, pour l'édification d'un édicule, comme une chapelle, mais non pour une église, telle que celle dont il s'agit. Cela est évident (1). Le château d'Entrain ayant été ruiné, avec la ville, en 1427, et les comtes de Nevers, ne voulant point le rebâtir, donnèrent l'emplacement et ses dépendances aux frères hospitaliers de Villemoizon, d'où ces héritages furent nommés *Terres-de-l'Hôpital*, comme tous ceux de l'ordre, et vulgairement *Trou-de-l'Hôpitau* (2).

Il est probable qu'Entrain, possédé par les comtes de Nevers depuis l'union du Donziais à la province, c'est-à-dire depuis 1199, aura été une des premières châtellenies érigées par ces princes, qui lui soumirent, comme mouvances, quarante-cinq fiefs et seigneuries (3). Sa haute, moyenne et basse justice, comprenant toute la paroisse et celle de Sainpuys, à l'exception de quelques fiefs, s'exerçait par un juge ordinaire, qui prenait souvent le titre

---

(1) Mahaut donna, en 1227, la collation de la chapelle à l'évêque d'Auxerre, pour l'exercer après sa mort seulement.

(2) Archives nationales, liasse de la commenderie d'Auxerre et de Villemoizon.

(3) C'étaient, dans la commune actuelle d'Entrain : la vicomté, le Petit-Fort, le Chesnoy, la Bretonnière, la Roussille, le Château-du-Bois, Miniers, Saint-Cyr, Réveillon, Grandchamp, le Mineray, Bois-Martin, les Berthiers, Chesnoy-le-Pré, Villotte, Châtres, Ratilly, Breau, Apis, Beauregard, Ferrières, le Colombier, la Brosse, la Breulle, Vauvrille, Champinier, Verrières-les-Entrain, le Meix, le Crot, Sainpuys, les Barres-les-Entrain, les Bordes, Minerottes, le Buisson, Noire-Espinay, Boisjardin, Jussy, les Lannes, Forges, la Baume, dîmes de Saint-Louis...

de bailli, et par un juge-lieutenant. Leur juridiction s'étendait à tous les cas, jusqu'à la peine capitale inclusivement. Il existait sur la place publique, un signe patibulaire pour la punition des criminels. On remarquait aussi, à Entrain, une maîtrise particulière des Eaux et Forêts, avec gruerie, pour les délits forestiers. Les appels se portèrent d'abord à la pairie de Donzy, puis au bailliage royal d'Auxerre. On y trouvait des praticiens et avocats, un procureur fiscal, un procureur du fait commun, un greffier, un contrôleur, un receveur des deniers du roi, un notaire royal, un notaire au duché, plusieurs sergents ou huissiers (1)...

Le duc de Nivernais, seigneur d'Entrain, avait le droit de tabellionage, de sceau authentique aux contrats, de scel pour les sentences judiciaires, de confiscation domaniale, de péage aux portes de la ville et sur les chaussées des étangs (2), de cens sur toutes les maisons de la ville, d'un bichet d'avoine par feu, pour l'usage dans les forêts, payable à la Saint-André, de four banal (3)...

Hervé de Donzy avait accordé, afin de se procurer de l'argent pour ses expéditions militaires, et souvent lointaines, des rentes en céréales sur ses greniers d'Entrain. C'était la banque du temps. Le vendredi 12 juin 1276, Broin de Mannay, écuyer, vendit au comte Robert de Flandre, moyennant quinze livres parisis, une rente de huit setiers de froment et deux bichets d'avoine, mesure d'Entrain, sur les greniers de la ville, laquelle rente il tenait d'Isabelle, sa femme, comme nièce et héritière d'Ithier Marquis (4).

---

(1) GUY-COQUILLE, *Histoire du Nivernais*, p. 371.

(2) Ce droit avait été supprimé au dernier siècle.

(3) Chaque habitant était tenu d'y faire cuire *ses pains, gasteaux et tout ce qui estoit du métier de pastissier et de boulanger*, et payait le vingtième pain ou gâteau. Le fermier devait chauffer ce four au moins trois fois par semaine, et payer un garçon boulanger pour la manutention. Cent ménages, sur cent trente-un, étaient sujets à ce four banal, produisant annuellement environ deux cents livres. Le reste dépendait de la vicomté.

(4) *Omnibus presentes litteras inspecturis, officialis curie Varziensis... Dictus Bruinus de Manaio vendidit, concessit et quictavit... nobili viro Domino comiti Nivernensi et ejus heredibus, pro quindecim libris parisiensibus..., octo sextarios bladi et duo bichetos avene, ad mensuram de Interamne, quos habebat annui redditus, et percipere et habere consueverat, annuatim, infra festum beati Remigii et quidem in horreis de emptoribus de Interamne*

L'année suivante, Jean de Veaulce, chevalier, seigneur de Réveillon, et Jeanne de La Borde, son épouse, lui cédèrent, pour deux cents livres tournois, une autre rente de vingt livres, qu'il leur devait sur sa châtellenie d'Étais. Quinze ans plus tard, Perrinet, dit Marquis d'Entrain, lui abandonna, à son tour, du consentement de Gillette, sa femme, une troisième rente de huit setiers de froment et de deux bichets d'avoine, qu'il tenait de lui en fief, pour trente livres *de forts-nivernais*. Pierre Belin, gendre d'Ambrume, et Amainarde, sa femme, lui vendirent aussi une pareille rente, à prendre sur les greniers d'Entrain, moyennant une somme de quinze livres tournois. Jean de Boisseau, écuyer, abandonna, à son tour, l'année suivante, une rente de cinq setiers d'avoine pour une somme de vingt livres tournois (1).

On voit que si Hervé de Donzy n'avait pas craint de grever sa seigneurie d'Entrain, ses descendants tenaient, au contraire, à l'affranchir de toutes charges. Les grains, dont il s'agit, provenaient, sans doute, du rendement des grandes dîmes de la paroisse, dont ces princes levaient les cinq huitièmes, et des rentes dues pour le droit d'usage dans les forêts.

VI.

Fondation du prieuré de Saint-Nicolas de Réveillon, legs pieux, bataille des royalistes et des Bourguignons, destruction de la ville, le comte de Nevers à Entrain, lettres-patentes du roi, incendie général.

A cette époque fut fondé l'antique prieuré de Saint-Nicolas de Réveillon, que l'on remarquait à l'entrée des forêts, au sud-est

---

et quos bone memorie Herveus, quondam comes Nivernensis, olim dederat defuncto Itherio Marquis, avunculo defuncte Isabelis, olim uxoris venditoris predicti. De blado vendito desaisivit se dictus Bruinus venditor, coram dicto jurato, dictum emptorem, per traditionem presentium, saisiens...

(1) Archives du château d'Entrain. — *Johannes dictus de Boisseau, domicellus, recognovit publice se vendidisse et venditionis nomine, nunc et in perpetuum quictavisse, sine spe reverlendi, nobilissimo Domino Roberto, comiti Nivernensi et suis heredibus, quinque sextarios avene, ad mensuram de Interamnis, quos, anno quolibet, jure hereditario, percipiebat et habebat dictus Johannes in horreis domini comitis Nivernensis, in Interamnis.*

d'Entrain. Cette maison conventuelle fut très-probablement la première fille du monastère de Lespau, ordre du Val-des-Choux, puisqu'elle existait déjà en 1250, et que ce dernier ne datait alors que de trente ans environ. C'était une jolie solitude que celle de Saint-Nicolas. Les moines s'entendaient dans le choix des lieux où ils plantaient leurs tentes. Il s'y faisait un grand concours de fidèles aux deux fêtes du saint, en mai et décembre. La source limpide et abondante de Saint-Fiacre jouissait d'une grande réputation pour sa vertu curative. Le monastère levait un huitième des dîmes de la paroisse et payait, en conséquence, une part de la portion congrue du curé, tandis que le comte de Nevers, le seigneur des Granges, près Sully-la-Tour, et celui de Corbelin devaient le reste. Toutefois, cet antique prieuré et le petit village de Saint-Nicolas, bâti auprès, étaient une dépendance de la paroisse de Saint-Cyr, qui pressait si fort celle de Saint-Sulpice d'Entrain, qu'elle prenait toutes les dépendances de la ville en dehors des murailles, depuis la porte Saint-Cyr, jusqu'à la vallée du Trélong. Ainsi, les quartiers des Jons et de la Contrariée, avec tous les hameaux situés au-delà, dépendaient de cette église rurale. Mais n'anticipons pas sur l'article que nous destinons à chacun de ces antiques établissements chrétiens, et poursuivons notre récit.

Dans ces temps, déjà si éloignés de nous, à Entrain et dans sa banlieue, vivaient une foule de nobles et pieux seigneurs, qui rivalisaient de zèle pour les œuvres religieuses. En 1202, Effredus ou Geoffroy de Vosne, chevalier, donne à Dieu et à Notre-Dame des Roches, trente sous de rente sur son four d'Entrain, mouvant en fief de Regnault de Donzy, dit d'Alluye, *de Aloya*, pour entretenir, jour et nuit, dans l'église, une lampe ardente et pour fonder son anniversaire. Il fit cette donation du consentement d'Aremburge, son épouse, et de tous ses enfants (1). Douze ans plus tard, Hervé de Donzy donnait au prieuré de Lespau, qu'il venait de fonder, huit muids de blé, à prendre, chaque année, sur ses greniers d'Entrain. Mais il échangea bientôt, comme il a été dit, cette rente contre le moulin Rapau et ses dépendances, avec la dîme de la pêche des anguilles de son Grand-Étang, situé au-dessus. Il ajouta,

---

(1) *Titres de Nevers*, p. 261.

peu de temps après, à ces dons, celui de son fief du Mineray, avec justice haute, moyenne et basse, que le monastère conserva jusqu'en 1577, époque où le prieur commandataire, J. Bornement, prêtre, chanoine de Notre-Dame de Paris, le vendit à Nicolas Bolacre, seigneur de Réveillon.

En 1217, noble Jean de Veaulce, écuyer, d'une famille originaire de Nevers, et Jeanne de La Borde, sa femme, firent foi et hommage au comte de Nevers, pour leurs biens d'Entrain et une rente de vingt livres sur la châtellenie.

Guillaume de Réveillon, seigneur du lieu, fit, en 1275, aveu pour ses fiefs d'Apis et de Villotte. Cinq ans plus tard, Guyot du Chesnoy, seigneur de ce hameau, où il possédait une maison-forte, donna reconnaissance pour son bois de Noire-Espinay, qui en était voisin. Jean d'Ordon, dont une rue d'Entrain rappelle le nom, beau-frère de Guyot, se disait aussi seigneur du Chesnoy, et en fit hommage, ainsi que de la vicomté, en 1291. Cinq ans après, Regnault et Jean du Bois, seigneurs de ce hameau, qui, de leur château et de leur nom, s'appelle le Château-du-Bois, bâtirent une chapelle dans un champ voisin, qui en conserve encore le souvenir (1). En ce temps-là, l'ancien château de Miniers, dont on remarque d'importantes ruines dans le bois de ce nom, appartenait à une illustre famille que nous voyons figurer, avec honneur, parmi la chevalerie.

En 1296, Guillaume, Jeannot et Seguin de Miniers, chevaliers, seigneurs du lieu, de La Motte, sise en l'étang du *Marois* (2), et de Saint-Cyr-les-Entrain, paraissent, avec les précédents, à une montre ou revue de la noblesse, à Nevers.

Quatre ans plus tard, noble Hugues d'Entrain, chevalier, seigneur de Corbelin, donna une rente de vingt livres, somme considérable pour le temps, assise sur sa terre, à l'église Sainte-Eugénie de Varzy, afin de fonder un anniversaire pour le remède de son âme et de celles de ses ancêtres (3). Renaud de Miniers, chevalier, fils de Guillaume, vendit au comte tous ses droits dans

---

(1) *Titres de Nevers*, p. 503.
(2) Aujourd'hui le château de l'Abîme.
(3) Pierre d'Entrain, vicaire dans l'église de Bourges, fils de Guillaume, crieur de *Donzy*, vendit cette charge, en 1294, au comte Louis Ier de Flandre.

les bois de Frétay, de Montribault et de Boismetey, et fit du bien à l'église de Saint-Cyr, sa paroisse. Jeanne de Saint-Verain, dame de Noire-Espinay, fut aussi bienfaisante envers les établissements religieux de son temps.

Tandis que ces vertueux seigneurs se montraient bons et bienveillants envers la religion et l'humanité, Louis Ier de Flandre, leur suzerain, s'attirait une triste célébrité par les vexations et les violences de tout genre qu'il exerçait autour de lui (1). A peine majeur, il quitte la maison paternelle et vient s'établir dans sa province, qu'il traite despotiquement. Ses déportements le firent citer devant la Chambre des pairs ; mais au lieu d'obéir aux ordres du roi, il se sauva en Flandre, où il fut arrêté, en 1311, et enfermé dans les prisons de Bruges. Philippe-le-Bel fit saisir ses châtellenies d'Entrain, de Billy, de Corvol-l'Orgueilleux et de Saint-Sauveur-en-Puisaye. Ce prince étant mort en ces circonstances, Alphonse d'Espagne, *son chier et amé cousin*, fit si bien auprès du nouveau monarque, Louis-le-Hutin, qu'il obtint, en 1316, sa réconciliation et la levée de la saisie, avec son élargissement. Aussi, en reconnaissance de ces bons procédés, le comte lui assigna une rente de mille livres, en forme de fief, sur ces châtellenies, dont le donataire lui fit foi et hommage, en 1325.

Deux ans après, Entrain et Corvol, dit le *Bulletin de la Société nivernaise* (2), furent attaqués et pris. Nous ne savons par qui, ni comment. Il nous apprend aussi que les Anglais et les Navarrois ravagèrent, en 1365, l'Auxerrois, le Donziais et le Nivernais ; que même ils reparurent encore, onze ans plus tard, dans le Donziais, en commettant toujours les mêmes dégâts ; mais nous ignorons ce qu'Entrain eut à souffrir dans ces malheureuses circonstances. Il est à présumer qu'il n'échappa point au pillage, s'il fut assez heureux pour ne pas subir la ruine et l'incendie.

L'année suivante, une noble dame, Hugues de Châteauneuf, veuve de Guillaume II de Miniers, reconnut, tant en son nom qu'en celui d'Anne, sa fille, tenir en fief de Marguerite de Flandre, comtesse de Nevers, à cause de sa baronnie de Donzy, *la forteresse de la Mothe, séant en l'estang du Marois d'Entrain, les grands foussés*

---

(1) *Titres de Nevers,* p. 503.
(2) Année 1871, p. 92.

d'entour ladicte Mothe, les chaussées d'environ, les petits foussés et les doves, avec la justice et la seigneurie accoustumée (1). La même année, Jean Boussard fit aveu pour les tierces de Vauvrille, en la paroisse Saint-Sulpice d'Entrain, et Jean d'Arcy, chevalier, pour une partie des dîmes.

Louis III de Mâle, comte de Nevers, ayant marié sa fille, Marguerite, à Philippe-le-Hardi, duc de Bourgogne, en 1369, lui donna les comtés de Nevers, de Rethel et la baronnie de Donzy en dot. Entrain, avec le reste de la province, se trouva donc sous la puissance de ces grands vassaux de la couronne qui, plus d'une fois, levèrent l'étendard de la révolte contre le roi, leur suzerain. Le quinzième siècle, dès son début, nous en fournit une preuve.

Jean-sans-Peur, fils de Philippe, ayant fait assassiner, le 23 novembre 1407, le duc d'Orléans, fut tué, à son tour, par Tanneguy du Châtel, son ennemi, sur le pont de Montereau, le 10 septembre 1419. Philippe-le-Bon, son fils et son successeur, jura de venger sa mort d'une manière exemplaire. Pour arriver à cette fin, il résolut de s'unir aux ennemis de la France. Il s'aboucha donc avec Henri V, roi d'Angleterre, et fit avec lui un traité indigne d'un prince français. C'était le 21 mars 1420. Ce traité honteux, extrêmement funeste à la patrie, excluait le Dauphin du trône de ses aïeux et transférait la couronne à un prince étranger. Cependant il fut signé par un père en délire, ratifié par une mère dénaturée et par un conseil aveugle.

A la mort du monarque, en novembre 1422, Charles VII, que ses ennemis nommaient, par dérision, *le roi de Bourges*, en appela à Dieu et à son épée, et se mit en devoir de revendiquer ses droits, avec un petit nombre de sujets demeurés fidèles. Il s'ensuivit une guerre qui ne dura pas moins de vingt ans. Tout le monde connaît la part vraiment merveilleuse qu'y prit l'incomparable vierge de Domrémy, la pieuse Jeanne d'Arc.

Comme Philippe-le-Bon, par son mariage avec Bonne d'Artois, veuve du comte de Nevers, était devenu le tuteur légal de ses enfants, Charles et Jean de Bourgogne, le Nivernais et le Donziais furent, comme forcément, entraînés dans le parti du prince Anglais, que soutenait le duc. Cette circonstance attira sur le pays le fléau

---

(1) MAROLLES, *Titres de Nevers*.

de la guerre, dont Entrain et Donzy eurent particulièrement à souffrir. Le premier fut ruiné, démoli, et le second brûlé.

En effet, les capitaines Ferrier et Decoux, qui soutenaient la cause du Dauphin, s'avancèrent, en 1426, sur Entrain, attaquèrent la place avec vigueur et la forcèrent à capituler. Josserand, bâtard de Crux, qui en était gouverneur pour le duc de Bourgogne, consentit à la leur remettre, moyennant un acte de décharge et cent livres, payées comptant (1). Mais l'année suivante, Claude de Beauvoir, sire de Chastellux, maréchal de France, qui combattait sous les étendards de Philippe-le-Bon, son suzerain, dans l'intérêt du roi d'Angleterre, et Guy de Bar, dit le Beau, bailli d'Auxois, vinrent, à la tête de nombreux bataillons, pour la reprendre.

Comme ils s'avançaient par la vallée du Nohain, la petite troupe du roi sortit d'Entrain et marcha vaillamment à leur rencontre. Le choc des deux armées eut lieu près de Nérondes, au sud de la ville. Il fut terrible, si l'on s'en rapporte aux nombreux fragments d'armes, à la quantité d'ossements humains, mêlés à des débris de chevaux, découverts en cet endroit (2).

L'armée royale, vivement pressée, après des pertes considérables, se retira dans la place, où elle fut bientôt assiégée par les troupes bourguignonnes.

Elle se défendit avec un courage et un acharnement dignes de la cause qu'elle défendait. Mais ici, comme il arrive souvent, le droit succomba sous la force. La ville fut prise d'assaut et presque totalement ruinée. Le quartier des Salles, en particulier, fut culbuté de fond en comble, tellement que l'on crut, en relevant les murailles, devoir le retrancher de la place. Aussi lorsque, avec le temps, il se rebâtit, il ne se nomma plus que le Faubourg. C'est qu'en effet, il se trouvait hors de la nouvelle enceinte, qui s'arrêta, comme il a été dit, à la halle et au Petit-Fort. Nous voyons, au commencement du seizième siècle, le prêtre administrateur de l'hôtel-Dieu céder, à titre de cens, divers emplacements d'habitations ruinées et non encore réédifiées.

Le roi, pour encourager les habitants à rebâtir leurs maisons,

---

(1) *La Loire historique,* par Touchard-Lafosse, 1851. — *Titres de Nevers,* p. 82. — *Histoire de l'Auxerrois,* p. 373.
(2) Société Nivernaise, *Bulletin.* — Archives du château d'Entrain.

ruinées par les guerres, dit une vieille charte, leur fit, à diverses reprises, certaines remises de deniers, et Charles de Bourgogne, comte de Nevers, seigneur d'Entrain, leur céda, dans le même but, pendant dix-neuf ans, la moitié des sommes dues à *cause des festaiges et usaiges* dans les forêts. Ce prince promit, en outre, de leur faire, pendant dix-neuf autres années, à partir du jour où leurs habitations seraient rebâties, remise de toute l'avoine qui lui était due pour les mêmes *festaiges* (1).

Charles vint plusieurs fois, dans ces circonstances malheureuses, à Entrain, et toujours sa présence fut, pour les habitants, un puissant encouragement à restaurer leurs tristes foyers. Son propre château avait subi le sort commun ; il avait été complétement ruiné. Le comte préféra, au lieu de le reconstruire, acheter le Petit-Fort, que lui vendit, en 1455, ainsi qu'il a été dit, noble Jean du Mesnil-Symon, chevalier, seigneur de Maupas, et dont les dépendances s'étendaient sur les châtellenies d'Entrain et de Druye. Il acquit encore, l'année suivante, de Durand Chasserat, prieur de Lespau, un huitième des dîmes de la paroisse.

Entrain touchait à un moment terrible, qui demanderait d'autres sacrifices, de bien lourdes dépenses. Un vaste incendie, arrivé *par fortune générale de feu*, c'est-à-dire par cas fortuit, réduisit la ville en cendres, dans la première moitié de l'année 1512. L'hôtel-Dieu fut complétement détruit, au point qu'il fallut le reconstruire en entier. Rien ne fut sauvé.

La première preuve de ce terrible événement nous est fournie par le prêtre administrateur de cette maison de charité. Voici comment il s'exprime dans le *mémoire* dressé par lui et concernant les dépenses faites à cette occasion.

« C'est le compte que rend Jehan Quarré, prestre, administra-
» teur perpétuel de l'hostel-Dieu d'Entrain, des receptes et mises
» par luy faictes, tant de deniers que aultres fruictz d'iceluy hostel-
» Dieu, depuis le unziesme jour d'aoust mil cinq cent et douze.
» Premiesrement, ledict administrateur se seroit présenté par-

---

(1) Archives du château d'Entrain. Lettre de *vidimus* du pénultième jour de juin 1452, signée Gasté. Ce mot *festaiges*, de *fastigium*, désigne les bois de charpente auxquels les habitants avaient droit.

» devant hault et puissant prince, monseigneur d'Orval, gouver-
» neur de Champaigne, luy estant audict lieu d'Entrain, luy
» auroit présenté requeste, affin de faire quelque aulmosne audict
» hostel-Dieu, à sa dévotion; lequel considérant que les bastimens,
» ensemble tous les meubles d'icelluy hostel-Dieu avoient péritz
» et bruslez par l'inconvesniant de fortune de feu, advenue audict
» hostel-Dieu, auroit baillé et faict donner, par son aulmosnier
» audict administrateur, la somme de cent solz tornois. »

Il présenta également une requeste à la duchesse de Brabant, comtesse-douairière de Nevers, qui lui fit *expédier* une pareille somme par Jean Offroy, seigneur de Jussy et châtelain de Druye.

L'administrateur s'adressa aussi à l'évêque d'Auxerre, « auquel
» il auroit exposé ledict inconvénient de feu advenu audict hostel-
» Dieu, et estant meu de charité, luy auroit faict donner lettres
» de placet, en forme voulue pour publier ce pitéable inconvéniant
» et les indulgences contenues en icelluy placet; et pour ce que
» ledict administrateur estoit empesché à réédifier ledict hostel-
» Dieu, auroit affermé et admodié le prouffict et esmolument qui
» pourroit provenir dudict placet, la somme de dix livres tornois
» et sept deniers. »

Le roi, dans ses lettres-patentes de l'année 1514, s'exprime ainsi: « Et soit ainsy que depuis l'octroy d'icelles lettres (1),
» ladicte ville d'Entrain a esté bruslée et grandement endommagée
» par fortune de feu, et sont les ponts d'icelle timbés, et en façon
» que il ne seroit possible refaire, reparer ladicte ville, ne icelle
» fortifier, ne remettre en bon estat, se ils ne avoient encore par
» cy-après ledict droit d'aide... » Le monarque, considérant « la
» fortune de feu advenue à ladicte ville, et les grans frais et
» misère que il leur convient faire à la réparer », leur accorda les lettres-patentes qu'ils sollicitaient (2).

---

(1) Celles de l'année 1511.
(2) Voir aux archives de la ville celles de Charles VIII, datées de Beaugency, 1488; de Louis XII, 1499; *id.*, de Bourges, 1506; *id.*, de Beaugency, 1511; *id.*, d'Abbeville, 1514; de François Ier, 1518; *id.*, de Paris, 1519; *id.*, de Paris, 1522; *id.*, de Saint-Germain-en-Laye, 1526; *id.*, de Paris, 1532;... de Henri III, Paris, 1581; *id.*, de Paris, 1588; de Louis XIII, au camp devant Montauban, 1621; *id.*, au camp devant La Rochelle, 1628.

Un bail à cens consenti par le curé d'Entrain, en 1529, porte également que tous les titres précédents avaient péri par *fortune générale de feu arrivée à ladite ville*. Dans une requête, présentée au roi par les habitants, afin d'obtenir l'autorisation de continuer la perception de l'impôt d'appétissement, ils disent que leur ville a été *détruite et bruslée, n'y ayant demouré que l'esglise et l'auditoire*. Quarante-sept ans après, le souvenir de cet affreux désastre n'était pas oublié. Les officiers du duc de Nevers, dans une transaction relative aux bois communaux, agissant au nom du prince, s'expriment ainsi : « Pour favoriser, amplifier et assurer davantage lesdits
» habitans qui, à présent, n'ont et ne peuvent avoir aulcuns titres
» de propriété ou d'usage desdits bois, ains ont esté consumés par
» fortune générale de feu, advenue dans ladite ville d'Entrain,
» lesdits conseillers ont baillé et baillent de nouvel, autant que
» besoing est et sera, par mondit seigneur, auxdits habitans,
» les bois par cy-devant appelés les bois d'Entrain, ainsi que ils
» consistent et se comportent... (1) »

L'événement désastreux qui anéantit la ville et dévora toute la fortune publique, sans que l'on pût rien sauver, est donc authentiquement constaté. Les termes *fortune de feu*, si souvent répétés dans les contrats subséquents, prouvent qu'il fut l'effet d'un cas fortuit, peut-être d'une imprudence, et non d'une force majeure (2).

Nous venons de voir que Jean d'Albret, seigneur du lieu, sire d'Orval, comte de Dreux, était baron de Donzy et possesseur de la châtellenie d'Entrain, en 1512. C'est que, en effet, le Donziais et ses dépendances avaient été séparés du Nivernais, en 1491, et étaient passés en la puissance de ce prince par suite de son mariage avec Charlotte de Bourgogne, fille de Jean, duc de Brabant et comte de Nevers (3). Charlotte, issue de cette union, ayant épousé Odet de Foix, ce noble personnage s'intitulait, en 1520, comte de Foix, de Comminges, vicomte de Lautrec, baron de Donzy, seigneur d'Entrain, grand-sénéchal et gouverneur, pour le roi, des pays et

---

(1) M. Ruby, dans ses notes manuscrites, dit qu'Entrain fut brûlé quatre fois dans le même siècle. Nous croyons que les divers documents sont relatifs au même incendie. Du moins nous n'avons rien trouvé qui constate le contraire.
(2) Voir aux pièces justificatives.
(3) *Bulletin de la Société nivernaise*, tome V, page 200, année 1872.

duchés de Guyenne. Il ne jouit pas longtemps de ces avantages temporels; car il était mort en 1534, époque où nous voyons Menault de Martory, évêque de Couserans, recevoir, en vertu d'un mandement du roi, foi et hommage des vassaux de la baronnie de Donzy et autres, au nom de ses pupilles, Gaston, Henri, François et Claude ou Claudine de Foix (1). Celle-ci ayant épousé successivement Guy, comte de Laval, et Charles de Luxembourg, leur porta Entrain et tout le Donziais.

Le comte de Laval fit, le 9 novembre 1541, le partage des bois Sourdins, avec Pierre de Mareul, évêque de Lavaur, administrateur, *de par le roi*, du spirituel et du temporel du diocèse d'Auxerre (2). Le titulaire, François de Dinteville, ayant été enveloppé dans la disgrâce de Gaucher, son frère, seigneur de Vanley, s'était retiré, avec lui, depuis deux ans, en Italie (3). Le prince donna, le 21 novembre 1544, à Jean Gallyot, seigneur du Chesnoy, bourgeois d'Entrain, à titre de cens, soixante-douze arpents de bois nommés Noire-Epinay, situés dans le voisinage de son fief, et tenant au *chemin levé* d'Auxerre (4).

Guy de Laval mourut peu de temps après; car sa veuve, Claude de Foix, se remaria, en 1545, à Charles de Luxembourg. Cette princesse succomba elle-même, quatre ans plus tard, sans postérité. Alors Entrain et tout le Donziais furent, de nouveau, réunis au Nivernais, que le roi François Ier avait érigé, en 1538, en duché-pairie, en faveur de François de Clèves, son filleul.

Le 6 janvier 1552, le monarque envoya, par une ordonnance datée de Châteaubriant, le seigneur de Saint-André, à la tête d'une compagnie de cinquante lances, tenir garnison à Entrain et en quelques autres places du voisinage.

---

(1) Marolles, *Titres de Nevers*.
(2) Archives du château d'Entrain.
(3) Lebeuf, *Mémoires*, tome II, p. 124.
(4) Chemin *levé* était le nom donné vulgairement aux voies romaines, à cause de leurs chaussées ou élévations au-dessus du sol. Le bail dont il s'agit, fut consenti moyennant quinze livres tournois, par arpent, une rente de soixante-douze bichets de blé, et un denier de cens. La comtesse de Foix ratifia ce marché, le 18 février de l'année suivante. Noire-Epinay est nommé, depuis cette époque, *Bois-Gallyot*. L'épitaphe du concessionnaire se voit dans l'église paroissiale.

VII.

Les huguenots s'emparent d'Entrain; il est repris par les catholiques; les calvinistes s'en emparent de nouveau; leurs excès, incendie du prieuré de Saint-Nicolas; Louis de Gonzagues, bois communaux.

Nous voici arrivés à une époque de tragiques événements, d'épouvantables excès. Luther, ce moine impudique, apostat, avait commencé, en 1517, à dogmatiser en Allemagne. Bientôt ses monstrueuses erreurs pénétrèrent en France, jusqu'à Entrain, et y portèrent des fruits de malédiction. Un médecin de cette ville et sa femme, imbus, dès 1538, des impiétés prêchées par les novateurs, proféraient publiquement des *blasphèmes hérétiques, exécrables contre Dieu et la glorieuse Vierge*, ce qui les fit traduire à la justice criminelle d'Auxerre, où ils furent condamnés et exécutés.

Leur nombre s'étant accru, les partisans de la nouvelle hérésie ne gardent plus de bornes. Ils s'attroupent audacieusement, attaquent avec fureur l'antique religion de leurs pères, pillent, brûlent les églises, profanent et détruisent les objets les plus vénérés du culte catholique. Partout où ils passent, ils marchent à la lueur des incendies et les pieds dans le sang.

Écoutons les auteurs du *Nivernais* racontant, d'après Lebeuf, leurs horribles excès dans le voisinage, à La Charité :

« Aigris par six ans de prétendues souffrances, les calvinistes
» indiquent aux lansquenets (1) les maisons à piller, les victimes
» à frapper. Ils pillent et frappent eux-mêmes. Les catholiques
» abandonnent leurs maisons au pillage et ne cherchent qu'à sauver
» leur vie. Ils se cachent dans les greniers, sur les toits, dans les
» caves, pour éviter la mort; quelques-uns se réfugient dans
» l'asile même de la mort, dans les tombeaux. Inutiles retraites !
» Les lansquenets pénètrent partout, fouillent, furettent partout !
» Sans distinction d'âge, ni de sexe, les catholiques sont pendus,
» passés au fil de l'épée, ou précipités par les fenêtres, du haut des

---

(1) Soldats allemands au service des chefs protestants.

» maisons. Attachés, par douzaine, à de longues perches, ils sont
» jetés dans la Loire, et ceux qui reviennent sur l'eau, sont impi-
» toyablement arquebusés. Nulle pitié, nulle foi ! Un nommé
» Coquelin s'est réfugié dans le grenier d'un huguenot, son ami ;
» il s'y croit en sûreté. Des pas montent : c'est son hôte, qui
» l'attache à une gouttière, puis coupe la corde et le précipite ainsi
» sur le pavé. A l'égard des prêtres et des religieux, le fanatisme
» met en œuvre des supplices d'un raffinement de cruauté inouïe.
» Heureux ceux qui tombèrent massacrés par le glaive ! Quelques-
» uns furent écorchés vifs. D'autres, traînés dans un lieu appelé le
» Petit-Pré, furent, comme à Vézelay, enterrés jusqu'aux épaules,
» et leurs têtes servirent de but à un jeu horrible. Lassée de ce
» féroce amusement, la soldatesque effrénée brise la tête des
» malheureuse victimes à coups de pierres ou d'arquebuses... La
» Charité, pendant trois jours, offrit un affreux spectacle ! Ce
» n'étaient partout que cris, que lamentations, que gémissements,
» que râles de mourants. Les maisons étaient tristes, lugubres,
» ensanglantées, les rues jonchées de cadavres (1) ! »

En 1562, le capitaine Blosset, seigneur de Fleury, et le sieur de Blannay, à la tête d'une troupe de religionnaires, vinrent attaquer la ville d'Entrain et s'en rendirent maîtres. Ils pillèrent et dévastèrent l'église, les maisons des principaux habitants, égorgèrent un bon nombre de personnes, et proscrivirent le culte catholique avec une telle fureur, que, pendant trois ans entiers, il ne parut aucun prêtre dans la ville.

Il serait trop long de raconter toutes les vexations, tous les outrages, toutes les cruautés, que les fidèles eurent à souffrir de la part de ces sectaires exaltés par leurs succès et poussés surtout par une haine profonde contre tout ce qui rappelait l'ancienne religion.

Un certain nombre d'habitants, pour se soustraire aux tourments, à la mort, firent profession publique de calvinisme. D'autres s'échappèrent, à la faveur du trouble, et s'enfuirent de la ville.

A quelque temps de là, les catholiques de la province formèrent le projet de reprendre Entrain, et le sire de Châtillon-en-Bazois, à

---

(1) *Le Nivernais*, tome II, p. 35. — LEBEUF, *Prise d'Auxerre*, p. 223 et suiv.

la tête des garnisons de Nevers, de Cosne, de Bourges, de Gien et d'Auxerre, s'avança de ce côté. Mais il changea bientôt de dessein, et alla attaquer la ville de La Charité, où un huguenot exalté, le capitaine Bois, s'était renfermé avec sa troupe. On fit des efforts pour le déloger, mais on ne put y parvenir (1).

Les calvinistes d'Entrain, à la nouvelle du siége de La Charité par l'armée catholique, sortirent de la ville, avec la foule des réformés, chassés d'Auxerre, et qui s'y étaient réfugiés, pour se porter au secours de la place menacée. Mais ils furent repoussés avec pertes, et durent rentrer assez piteusement à Entrain, où ils continuèrent à exercer leur fureur, jusqu'à ce que le capitaine Girard de Chevenon vînt les en expulser.

Il parut sous les murs de la ville avec une petite armée de catholiques courageux et déterminés à tous les sacrifices, pour l'arracher des mains des sectaires. On remarquait, parmi eux, cent arquebusiers équipés par les échevins de Nevers, aux frais de leur cité. Comme il serrait la place de près, les religionnaires prirent peur et s'enfuirent, le 11 juin 1563. Il ne resta à Entrain que les vieillards, les femmes et les enfants, qui durent, à leur tour, faire profession de catholicisme. Mais cette conversion ne parut rien moins que sincère, et l'on crut, non sans raison, devoir s'en défier. Les catholiques prirent alors, raconte l'historien de la *Prise d'Auxerre* (2), une triste résolution, celle d'exterminer tous les huguenots ou personnes légitimement soupçonnées d'attachement à la secte, dont ils avaient eu tant à souffrir. C'était une terrible et coupable représaille; mais ils avaient vu de si horribles profanations, ils avaient éprouvé tant d'outrages, tant de maux, que le souvenir semblait légitimer leur triste détermination!

« Ils envoyèrent, dit le ministre Théodore de Bèze, dans ce
» but, au commencement de décembre 1563, le prêtre Étienne
» Blondel, à Auxerre, pour prendre des ordres, et choisirent la
» veille de Noël pour l'exécution de cette petite Saint-Barthélemy.
» Mais, poursuit l'auteur calviniste, le capitaine Louis de
» Blosset, seigneur de Fleury, arriva fort à propos, le 12, et il

---

(1) LEBEUF, *Histoire de la prise d'Auxerre*, p. 218 et 219.
(2) Il parle d'après le ministre Théodore de Bèze, dans son *Histoire ecclésiastique*.

» prit si bien ses mesures, qu'il parvint à s'introduire dans la ville
» d'Entrain avec sa compagnie (1). » Voici comment il s'y prit :

Lorsqu'il ne fut plus qu'à une portée de mousquet, il fit cacher sa troupe et envoya en avant son lieutenant et son trompette. Ces deux officiers, à pied et enveloppés dans leurs manteaux, agirent si adroitement que, se tenant près de la porte Saint-Michel, à l'ouverture d'un guichet, ils se précipitèrent dans la place, où ils furent suivis aussitôt par cinq des leurs, qui se tenaient cachés dans les maisons les plus rapprochées du faubourg, et arrachèrent les clés au portier. Comme ils n'aperçurent ni guet, ni corps-de-garde, ils donnèrent habilement le signal, et toute la troupe accourut, rapide comme l'éclair. Les catholiques furent si épouvantés, ajoute l'historien calviniste, que quelques-uns se jetèrent par-dessus les murailles, d'autres se cachèrent comme ils purent, bon nombre demandèrent miséricorde. Les soldats huguenots saisirent plusieurs habitants, qu'ils retinrent prisonniers. Dans l'interrogatoire qu'ils leur firent subir, ils connurent le projet, vrai ou supposé, d'extermination résolue pour la veille de Noël. C'en fut assez pour légitimer, à leurs yeux, les plus cruelles exécutions. Ils saisirent Étienne Blondel, qu'ils reconnurent ou feignirent de reconnaître comme l'auteur du complot, et qui, dit le chroniqueur huguenot, avoua généreusement le fait. Condamné à mort, les forcenés le pendirent à l'une des portes de la ville, et s'escrimèrent sur lui, comme sur une cible, à coups d'arquebuses. Ils en firent autant à un malheureux sergent, surnommé le *Dangereux*. L'hérésie, dit l'historien Lebeuf, prit de là occasion de se fortifier et de s'enraciner davantage à Entrain, qui devint son boulevard (2).

Un capitaine catholique, sorti de Franche-Comté, et nommé de Trouan, se proposa d'arracher la ville des mains de ces terribles sectaires ; mais il n'y réussit point. Après avoir perdu la plupart de ses hommes, il fut tué lui-même par l'un des chefs des hérétiques, le capitaine de Blannay (3).

Les huguenots d'Entrain établirent un cimetière particulier pour

---

(1) Lebeuf, *Histoire de la prise d'Auxerre*, p. 235.

(2) *Ibid.*, p. 236.

(3) *Ibid.*, p. 237. — De Thou, p. 125. — Blannay est le nom d'un ancien fief de la châtellenie de Montceaux-le-Comte.

eux, au bord de la route de Bouhy, près du fourneau à tuiles. L'emplacement se nommait encore, au commencement du siècle dernier, comme il a été dit, la *Chaume-des-Huguenots*.

Ils laissèrent dans la place, en qualité de gouverneur et pour la conserver au parti, un capitaine nommé Beaumont, avec un certain nombre de soldats, et retournèrent à La Charité, d'où ils étaient partis. Entrain devint, dès-lors, le rendez-vous de tous les huguenots des environs. Les uns rentraient quand les autres sortaient. La ville fournissait des hommes pour tous les coups de main (1).

Un parti armé courait sans cesse la campagne. Il poussa, en 1583, jusqu'à Bar-sur-Seine, qu'il prit sur les catholiques, le 26 janvier, bien qu'il ne se composât alors que de quarante ou cinquante cavaliers. Cela démontre beaucoup d'audace.

Dans le cours de la même année, dit l'auteur de la *Loire historique*, la garnison d'Entrain ayant, dans une excursion, rencontré, près de Donzy, le duc de Nevers, Louis de Gonzagues, avec une escorte d'environ cinquante hommes, elle eut l'audace de le charger, malgré les intentions pacifiques et conciliantes de ce prince. Gonzagues se mit en défense et repoussa les assaillants, mais il eut le genou fracturé d'un coup d'arquebuse.

« Le duc n'oublia point cet outrage d'une ville qui lui devait
» obéissance. A la paix, il ordonna que ses fortifications fussent
» rasées et ne lui donna plus, dans les actes publics, que le nom de
» bourg. » Lebeuf va plus loin ; il dit que le prince lui défendit positivement de prendre, à l'avenir, le titre de ville ; mais qu'informé, quelque temps après, que les catholiques n'avaient eu aucune part à cette félonie, il leva la défense, et permit aux bourgeois de rétablir leurs murailles (2).

Le 17 avril 1566, Charles IX, en se rendant de La Charité au château de Pesselières (3), près Sougères, s'arrêta à Entrain pour prendre son repas. Il apprit alors, avec un vif sentiment de tristesse que, depuis plus de trois ans, il n'avait paru aucun prêtre dans la ville, tant la cruauté des calvinistes avait jeté l'effroi dans les esprits, et qu'il ne s'y faisait aucun exercice du culte ! Sensible,

---

(1) *Histoire de la prise d'Auxerre*, p. 237. — Bèze, p. 283.
(2) *Ibid.*, p. 238. — *Mémoires* du P. Viole.
(3) Il n'en reste plus rien.

comme un père, aux malheurs de ses enfants, le monarque ordonna que des mesures fussent prises sur-le-champ, afin de faire cesser ce misérable état de choses. Néanmoins, si l'on en croit J. Touchard-Lafosse, le royal bon vouloir serait demeuré, encore quelque temps, sans exécution.

L'antique prieuré de Saint-Nicolas de Réveillon, voisin d'Entrain, n'échappa pas à leur fureur. Ils y mirent le feu en 1568, et le culbutèrent de fond en comble. Cependant les seigneurs de Réveillon, qui achetèrent, quelques années après, une partie de ses dépendances, firent réparer, *par zèle de religion*, le chœur de l'ancienne église, et y établirent une petite chapelle, où l'on célébrait la messe aux deux fêtes patronales du monastère (1).

En 1570, tous les chefs du parti calviniste s'assemblèrent en synode à Entrain, et deux ans plus tard, les reformés de la ville envoyèrent des députés à celui qui se tint à Sancerre. Les habitants se rangèrent, sous la minorité de Louis XIII, dans le parti des *mécontents*. François de La Grange d'Arquien, dit le maréchal de Montigny, après avoir réduit, le 10 mars 1617, la place de Clamecy, s'avança avec son armée jusque sous les murs d'Entrain et en forma le siége. « Il avoit eu advis que la garnison, qui
» tenoit bon dans le fort d'Entrein, faisoit mine de vouloir coura-
» geusement se deffendre contre toutes sortes d'efforts. Cela le fit
» résoudre à y conduire le canon du roy. Avant de l'appliquer
» contre les murailles de la place, il les fit semondre de se rendre.
» Eux, résolus de se bien deffendre ou de mourir là-dedans, firent
» réponse que ils ne se rendroyent point, ou que le courage leur
» manqueroit auparavant; ce que voyant ledit sieur de Montigny
» y fit appliquer le canon du roy, surprit la place de vive force et
» contraignit la garnison de se rendre, sans effusion de sang. Luy
» ayant donné licence, congé et permission de sortir, la vie sauve,
» le reste qui estoit dedans fust mis au pillage et discrétion des
» soldats (2). » De là, cet homme de guerre se porta sur Nevers, et mourut, en septembre de la même année, à l'âge de soixante-trois ans.

---

(1) Archives du château d'Entrain.
(2) Bibliothèque nationale. *Prise et réduction de la ville et place de Clamecy...* Lyon, André Bergier, L. 336, A. 962.

En octobre 1685, Louis XIV, ayant révoqué l'édit de Nantes, Entrain se soumit à la volonté royale, et dès-lors c'en fut fait du calvinisme dans ses murs. Les quelques familles dissidentes qui s'y trouvaient, professèrent franchement le catholicisme, et l'on ne parla plus de la réforme (1). Il était bien temps. Elle avait fait tant de mal, causé tant de désastreuses divisions !

Pendant que les sectaires bouleversaient Entrain et tout le Nivernais, l'excellent seigneur du pays, le duc Ludovic de Gonzagues, prince de Mantoue, et sa noble, sa pieuse épouse, s'efforçaient d'honorer la religion de leurs pères et de secourir l'humanité souffrante dans leurs nombreuses possessions de France et d'Italie. Le 5 novembre 1573 et le 14 février 1588, ils firent une fondation considérable, que le pape Sixte-Quint ne dédaigna pas de confirmer par une bulle expresse : celle de doter soixante filles pauvres, à perpétuité. La charte qu'ils souscrivirent en ce but fait le plus grand honneur à leur piété.

Voici comment ces deux époux chrétiens s'expriment :

« Ludovico de Gonzagues, duc de Nivernois et de Rethelois,
» prince de Mantoue, pair de France, gouverneur et lieutenant-
» général, pour Sa Majesté, en son dit duché de Nivernois et en la
» province de Picardie, et Henriette de Clèves, duchesse et princesse
» desdits lieux, son épouse, de lui autorisée en cette partie...

» Désirans reconnaître, en toute humilité, les grands et singu-
» liers bénéfices qu'ils ont reçeus de la grâce et bonté de Dieu, en
» infinies sortes et manières ; mesme en ce qu'il luy a pleu les
» retenir et conserver au sein de son Esglise, en ces temps si
» turbulens, pleins d'hérésies, divisions et impiétez, et leur donner
» postérité et lignée, laquelle, comme ils espèrent, reconnaistra,
» de race en race, à l'avenir, telles grâces et bienfaits ; considérant...
» que la charité la plus parfaite et agréable à Dieu, est celle de
» laquelle non-seulement le corps, mais aussi l'esprit et l'âme se
» ressentent ; ce qui se trouve à l'endroit des pauvres filles,
» lesquelles n'ayans aucuns moïens, se peuvent oublier et
» abandonner à vice ; et... que le mariage retient leur âme et

---

(1) La *Loire historique*, tome III, p. 362 et suiv. — LEBEUF, *Histoire de la prise d'Auxerre*, p. 217, 233, 237 et 238.

» esprit... en plus grand repos envers Dieu, garde de tomber en
» péché, peuple de lignée légitime la postérité, et fait qu'avec
» moïens honestes, elles passent le cours de ceste caduque et fragile
» vie... »

Pour ces causes, ils dotèrent neuf filles pauvres, chaque année, dans le Donziais, dont une *en la ville*, *chastellenie d'Entrain et paroisse d'icelle* (1). En vertu de cette fondation, on élisait tous les ans, le mardi de Pâques, une fille pauvre, mais honnête et vertueuse, qui recevait, lors de son mariage, cinquante livres, somme importante à cette époque. Si, à la Pentecôte, elle n'avait pas trouvé un parti convenable, le fermier ou le procureur fiscal gardait la dot et la lui remettait, en temps opportun, avec les intérêts. La fille ainsi *ausmônée*, à Entrain, en 1742, fut Marguerite Lécole (2).

Avant le bouleversement religieux opéré en France par le calvinisme, on ne dressait aucun registre de catholicité, c'est-à-dire des baptêmes, mariages et sépultures. Tout le monde professait la même religion : le catholicisme. Mais, par suite du mélange des fidèles et des hérétiques, il fallut bien tenir un état de ceux qui, persévérant dans la foi de leurs pères, en suivaient les pieuses pratiques et se conformaient à ses rites. Les registres les plus anciens, que l'on trouve à la mairie, remontent à l'an 1576. Ils furent commencés par Simon Perrot, qui exerça, plusieurs années, sous le simple titre de vicaire ; il ne prit celui de curé qu'en 1583.

Les actes de baptêmes, les seuls tenus d'abord, étaient rédigés en langue vulgaire; mais Grégoire Lecoustour, qui succéda à Simon Perrot, en 1588, employa, cinq ans plus tard, la langue latine. Il fut imité par Mathieu Lestourneau et J. Marmagne (3). Nous ne

---

(1) Louis de Gonzagues mourut en 1595.

(2) Ce fut en 1743, Anne Vannier ; en 1744, Marie-Anne Guiblin ; en 1745, Madeleine Collot; en 1756, Anne Bourgoing.

(3) Voici le premier acte latin : *Decimo sexto kalendas julii, anno Domini milles° quing° nonag° tertio, in eadem sede sacra divæ Mariæ Intramnæ, baptisatus fuit Johannes, filius honorabilis viri Claudii Gallyot et honestæ mulieris Annæ, ejus uxoris. Patrini honorabiles viri et magistri Franciscus Girardot et Joannes Boiscourgeon. Matrina honesta mulier Maria Née.*

comprenons pas cette bizarrerie, si ce n'est peut-être pour faire une vaine ostentation de science. Les *mortuailles* ou actes de décès ne commencèrent à être tenus que sous le curé Jean-Baptiste Bardolat, en 1633, et ceux des mariages encore plus tard. Nous avons remarqué, dans ces actes, que c'était un usage constant de donner deux parrains, *fide jussores*, à un garçon, et une seule marraine. Pour une fille, c'était le contraire. On observe deux marraines et un seul parrain. Au lieu de *baptisatus*, on employait souvent ces mots : *spiritualiter lavatus* ou *lotus*. Longtemps la mère ne fut désignée que par son prénom.

De temps immémorial, les habitants d'Entrain possédaient des droits d'usage dans treize cents arpents de bois, dépendants de la châtellenie, et appelés forêt de Frétay, vulgairement les *Usages d'Entrain*. On pense que ces droits, pour lesquels ils payaient, chaque année, à la Saint-André, un denier de cens et une rente d'un bichet d'avoine, par feu, leur furent concédés par Hervé de Donzy, leur seigneur. L'incendie de 1512 ayant dévoré toutes les archives de la ville, les titres de concession périrent avec le reste.

Ces droits donnèrent lieu, dans la suite, à de grandes contestations avec ses successeurs, notamment avec le duc François de Clèves. Les débats judiciaires se terminèrent, le 11 janvier 1561, par une transaction amiable, par laquelle le prince leur permettait, au moyen d'une somme unique de 5,500 livres, de prendre tous les arbres *cheus et abattus par les vents*, sans contestation de leurs anciens droits, mais en continuant, toutefois, de payer le denier de cens et la rente d'avoine. Ces arbres, dont la forêt était encombrée, avaient été déracinés par un épouvantable ouragan, qui avait eu lieu au mois de novembre précédent (1).

Le 15 juin, vingt-un ans plus tard, il intervint un arrêt de la Table de marbre du palais, à Paris, qui adjugeait aux habitants de la ville, du faubourg et de Réveillon, le tiers de ces bois, en toute propriété, sans préjudice cependant de la rente ordinaire, et avec défense expresse, sous peine de confiscation et autre punition, de prendre ni enlever du bois de la portion du seigneur.

« Tout vu et considéré, porte cet arrêt, lesdits juges ont déclaré
» et déclarent les manans et habitans de la ville et fauxbourgs

---

(1) Archives de la mairie et du château.

» d'Entrain seulement usagers en la contrée de bois anciennement
» appelés les bois de Frétay, et vulgairement les *Usages d'Entrain*...
» Ont lesdits juges ordonné et ordonnent qu'yceulx habitans,
» pour tous les droits par eulx prétendus..., tant en ce qui sera
» trouvé planté en nature de bois, qu'en terres vaines et vagues,
» friches et pâtureau, qui n'est réduit en labour, il sera baillé et
» délivré la tierce partie du total, de quelque nature, essence et
» qualité qui seront trouvées esdits lieux, tout d'une pièce, à
» prendre au lieu le plus près et proche de la ville... Ladite
» tierce partie sera séparée, divisée d'avec les deux autres tiers, par
» bornes apparentes et fossés plantés d'épines, si faire se peut. A
» cette fin, sera fait arpentage et mesurage desdits lieux par mesu-
» reurs et arpenteurs-jurés, dont seront convenues ensemble les
» parties, et seront nommés quatre bons et notables personnages
» pour faire ledit partage, assignation et assiette de bornes, par-
» devant l'exécuteur du présent arrêt...

» De leur tierce partie seront tenus, iceulx habitans, de garder
» et réserver, en nature de bois de haulte futaye, telle part et
» portion, au lieu et endroit plus commodes, ainsy qu'il sera avisé
» par ledit exécuteur, sur ce ouys lesdits habitans, tant pour la
» paisson, glandée et pâturage de leurs bestiaux, que entretenement,
» de ladite ville et des faulxbourgs, à l'avenir, et le surplus sera
» mis et réglé en taillis et coupes ordinaires, de dix ans en dix ans,
» par égales portions, suivantes et consécutives... Ladite tierce
» partie, à eulx adjugée, leur sera baillée et délivrée pour par eulx
» en jouir, en tout droit et plein usage, selon la forme... y prendre
» et avoir, par marque et montre des officiers de la grurie..., bois
» pour bâtir, réparer et entretenir les maisons de ladite ville et
» faulxbours, après visitation préalablement faite des choses qu'il
» conviendra réparer et entretenir par gens à ce cognoissans...
» Ledit bois sera tenu se couper et enlever envers un mois après la
» marque et délivrance, et icelluy employé, dans l'an ensuivant, à
» l'ouvrage pour lequel il aura esté ordonné. Et quant au bois
» provenant desdits taillis et coupes ordinaires, il sera baillé et
» distribué à chacun des habitans usagers pour leur usage, leur
» chauffage et autres leurs nécessités esdites maisons, selon la
» quantité et règlement qui sera avisé par eux, par-devant
» l'exécuteur, en présence des officiers et procureurs de la châtelle-
» nie, sans qu'aucun d'eux puisse en vendre, bailler ou transporter

» aux autres non usagers, pour quelque cause et occasion que ce
» soit, à peine d'amende et de la privation dudit droit pour son
» regard...

» Pourront aussi iceux habitans de ladite ville et fauxbourgs
» d'Entrain mettre paître, pâturer et pacager leurs bestes... cheva-
» lines et autres, excepté chèvres et brebis, et paissonner leurs
» porcs en ladite tierce partie, fors et excepté dans les jeunes taillis,
» qui n'auront pas atteint l'âge de sept ans, et qui n'auront pas été
» déclarés défensables... Ne pourront lesdits habitans, ni aucun
» d'eux, faire couper aucun arbre... sinon par la forme et l'ordon-
» nance..., sur peine de l'amende, à raison du pied de tour, et de
» restitution du bois, dommages et intérêts, pour la première fois,
» du double pour la seconde, et de privation de droit pour la
» maison dont ledit délinquant sera propriétaire, pour la troi-
» sième... Font lesdits juges inhibitions et deffences auxdits
» habitans de mettre aucune chèvre, ny brebis es lieux qui sont
» plantés de bois, sur peine de confiscation d'icelles bestes et
» amende arbitraire. Ne pourront lesdits habitans, tant en général
» et collectif que particulièrement, faire essarter et défricher, ou
» autrement changer et innover la forme et qualité desdits lieux
» plantés en bois, ains seront tenus les conserver, garder, de jouir
» et user desdits droits, comme bons pères de famille, modéré-
» ment, sans excès ni abus..., de payer et continuer, par chacun
» d'iceux, ledit denier et bichet d'avoyne et autres charges et rede-
» vances... En laquelle tierce partie adjugée à iceux habitans,
» lesdits sieur et dame duc et duchesse de Nivernois, leurs hoirs et
» ayant-cause, ne pourront plus avoir, prendre ou prétendre aucun
» droit, part ou portion, en quelque sorte et manière que ce soit,
» sinon la propriété, justice, seigneurie, amendes, forfaitures,
» confiscations et droit de chasse.

» Et quant aux deux tierces parties du total..., elles seront et
» demeureront auxdits sieurs duc et duchesse de Nivernois franches,
» quittes et déchargées de tous droits d'usage, chauffage, pacage,
» pâturage, paisson, glandées et autres droits et servitudes quel-
» conques, prétendus par lesdits habitants, pour en jouir et disposer,
» eux et leurs hoirs, en pleine propriété et comme de leur propre
» chose, avec deffense auxdits habitans et aultres d'y aller ou
» envoyer usager, prendre aucun bois, mettre leurs bestiaux, ou
» autrement exploiter, en aucunes sortes, ny manières que ce soit...

» Et quant aux droits de pâturage, prétendus par iceux habi-
» tans... en un pâtureau estant au-dessous des étangs appartenant
» auxdits sieurs, lesdits juges les en ont déboutés et déboutent, les
» ont condamnés et condamnent au tiers des dépens.....
» Quant aux droits d'usage prétendus esdits bois de Frétay,
» autrement les *usages d'Entrain*,... par les habitans des hameaux de
» Mineray et des Moulins-Neufs, ensemble ceux prétendus par le
» nommé Gueuble, lesdits juges les en ont déboutés et déboutent,
» avec deffences d'y aller usager, prendre ou faire prendre aucun
» bois, de quelque qualité ou espèce que ce soit, mettre, ou faire
» mettre aucuns bestiaux..., sur peine d'amende et de la confisca-
» tion de leurs bestiaux et harnais...
» Et sur la requête du procureur général des eaux et forêts,
» ayant esgard à la grand ruine et diminution des bois du pays
» par le moyen des bouchures..., lesdits juges ont fait et font très-
» expresses inhibitions et deffenses auxdits habitans de plus boucher
» leurs héritages avec bois de chêne ou hêtre vert, ni autre bois
» vert, ains seulement de bois de saulx, marsaulx, genets, geniè-
» vres, houlx, ronces et épines, sur peine de punition corporelle
» et confiscation dudit bois... »

Le mesurage prescrit de ces forêts, fait par Hector et Guillaume Ferrard, arpenteurs-jurés au bailliage de Senlis, donna un total de 1,301 arpents et 4 perches. En conséquence, il fut délivré aux habitants d'Entrain 333 arpents de ces bois.

Ce jugement fut rendu, d'après la jurisprudence de l'époque, par une haute-cour de justice spécialement instituée pour régler les cas semblables, et dont les arrêts ont eu, jusqu'à nos jours, force de loi. Il était basé sur une loi de l'Etat, qui attribuait, en pareil cas, les deux tiers aux propriétaires fonciers et le troisième aux usagers. Pour l'apprécier, il ne faut pas perdre de vue que les habitants, comme tous les autres usagers, ne jouissaient de ces bois qu'à titre d'usufruitiers, la nue propriété demeurant au seigneur. Or, l'arrêt les rendant possesseurs incommutables de la partie à eux attribuée, c'était un avantage réel aux yeux de tout homme non prévenu. Si nous avions quelque chose à blâmer, ce serait la clause qui les soumettait aux volontés, voire même aux caprices des officiers de la châtellenie pour la coupe de ces bois, pour le pacage et les autres exercices de leurs droits. Quand nous disons *les caprices*, nous n'exagérons pas. Nous les verrons bientôt ces officiers, au mépris du droit le mieux établi, tenter d'enlever l'exercice de la justice au seigneur de Réveillon, s'emparer des stalles de l'église et faire acte d'autorité dans le lieu saint, plaider, au nom du duc de Nivernais, contre les curés et les vicaires de la paroisse, cherchant à les priver d'une minime portion congrue, due bien légitimement. C'est ainsi que le zèle outré, intempestif, de ces serviteurs compromettait l'honneur de leur maître ; car tout cela se faisait au nom du seigneur.

Cinq ans après, en 1587, mourut Louis de Gonzagues, l'un des meilleurs princes qui aient possédé le Nivernais, le Donziois et la châtellenie d'Entrain. Sa vertueuse épouse, Henriette de Clèves, le suivit bientôt dans la tombe. Charles, leur fils et leur héritier, ayant fait d'énormes dépenses à l'occasion de son mariage avec Catherine de Lorraine, fille du duc ne Mayenne, se vit dans la triste nécessité d'engager, pour les couvrir, une partie de ses domaines. Le 21 janvier 1604, il vendit, avec faculté de réméré, les châtellenies d'Entrain, de Corvol-l'Orgueilleux, de Billy, d'Étais, de Druyes, de Château-Neuf, de Saint-Vrain-des-Bois, les seigneuries de Cosme et de Bouhy, à Antoine de Thiboutot, chevalier, seigneur de Ligny-Godard, capitaine de cinquante hommes d'armes et gouverneur, pour le roi, du duché de Saint-Fargeau et pays de Puisaye. Dès-lors, toutes les sentences judiciaires, tous les actes des notaires des lieux dénommés se firent en son nom. Mais deux ans plus tard, le 1er avril, la duchesse de Nivernais, au nom de son noble époux, commit Pierre Linaige, trésorier et receveur de leur maison, pour en faire le retrait des mains de l'engagiste. Le prix du rachat fut réglé à 62,400 livres de principal ; mais on ne put s'entendre sur les loyaux coûts. On nomma donc trois arbitres : Louis de Chazelles, Jacques de Montholon et David Bouclier qui, par sentence du 11 avril 1606, les réglèrent à la somme de 333 livres. Le 21 du même mois, Entrain rentrait, au grand applaudissement des habitants, dans la possession et la puissance de ses anciens maîtres (1).

Le 8 octobre 1608, le duc de Nevers, voulant favoriser le com-

---

(1) Archives du château.

merce de la ville d'Entrain et aussi pourvoir à ses propres intérêts, conçut le projet de construire une halle *au lieu et endroit le plus profitable à son revenu et plus commode pour l'utilité publique*. Mais, pour parvenir à la réalisation de ses désirs, il fallait trouver les *deniers* nécessaires. Alors Mathurin Le Maire, juge ordinaire d'Entrain, se présenta devant *Son Altesse et lui proposa et fit entendre* que, s'il lui plaisait lui *faire bail et délaissement* de quatre-vingts arpents de terre *au lieu et canton* de Noire-Espinoy, délaissés par les détenteurs, et de neuf autres, que lui avait cédés Claude Gallyot, il ferait bâtir la halle à ses frais.

Cette proposition ayant été favorablement accueillie et tenue *pour agréable* par le duc, le marché fut conclu le 8 novembre suivant et la halle édifiée (1).

A cette époque, la vicomté d'Entrain appartenait à une noble famille, celle de Saint-Phalle. Eustache, seigneur de Cudot et autres lieux, la tenait, selon toute vraisemblance, de Mathilde de Blondeau, son épouse.

En 1619, Edme de Larue, *fermier et accenseur* de la châtellenie, fit une fondation pieuse dans l'église *Notre-Dame-Saint-Sulpice* d'Entrain. Il légua, à la fabrique, une rente perpétuelle de cinq livres tournois, assise sur son domaine et maison-fort du Chênoy, pour faire chanter, à perpétuité, une messe de *Requiem*, le lendemain de l'Annonciation et de l'Assomption, pour le remède de son âme et *l'obtention et jouissance* d'une chapelle, dans l'église, pour lui et sa famille. Cette fondation fut acceptée par le curé et les principaux paroissiens réunis, à condition que la chapelle resterait toujours libre pour l'exercice du culte (2).

---

(1) Voir la charte à la fin du volume.
(2) Archives de la fabrique et de la mairie.
Plusieurs familles, comme celles de Larue, de Lapierre, de Lamaison, de Lachasse... portaient la particule *de*, sans prétendre, pour cela, à la noblesse. C'étaient des familles bourgeoises, s'intitulant, dans les actes publics, marchands, *mercatores*. Cette qualification les distinguait de la noblesse, à laquelle tout commerce, tout trafic était interdit, sous peine de dérogeance, c'est-à-dire de la perte de son titre même de noblesse.

VIII.

Famille Duchesne ; le duc Roger de Bellegarde, grand écuyer du roi, pair de France, gouverneur de Bourgogne, à Entrain ; il y tient une petite cour ; religieuses Urbanistes.

Au commencement du dix-septième siècle, vivait à Entrain une honnête et vertueuse famille, dont quelques membres exercèrent des fonctions publiques, qui conféraient la noblesse personnelle. Plusieurs entrèrent dans l'état ecclésiastique et furent des sujets distingués par leur science et leurs vertus. Elle se nommait Duchesne ou Duchaigne. Bertrand, d'abord professeur de théologie, était curé de Notre-Dame de La Charité, en 1623. Il a laissé divers traités dogmatiques et des ouvrages de piété. Denis, chanoine de Beauvais, fonda, dans l'église d'Entrain, le 10 avril 1624, trois messes hautes et quatre saluts annuels pour une rente de cinq livres tournois. Jean, chanoine de la cathédrale d'Auxerre, mourut à Entrain, sa ville natale, en 1658. Il voulut être inhumé dans la chapelle de Notre-Dame de l'église Saint-Sulpice, et légua, à cet effet, deux cents livres tournois à la fabrique. La moitié de cette somme était destinée à fortifier la fondation précédente ; le reste devait être employé à l'achat d'ornements (1). Denis, contrôleur au grenier à sel de Clamecy, laissa un fils, François Duchesne, sieur du Colombier (2), et une fille, Catherine, mariée à noble

---

(1) Archives de la fabrique.

(2) Ce petit fief se trouvait aux portes de la ville, dans le parc du château, près de la route de Clamecy. On découvrit, à côté de la grille, en octobre 1865, un outillage complet de maréchal, comme tenailles, limes, ciseaux..., profondément rongés par la rouille. Tout auprès, on mit au jour deux vases, dont l'un, en bronze, contenait 460 pièces de monnaie ; l'autre, en terre et recouvert d'une plaque de bronze, en renfermait 270. Ces pièces, à l'effigie des empereurs et des consuls romains, étaient, pour la plupart, bien conservées.

Cette partie du parc était, à l'époque gallo-romaine, couverte d'habitations. On y remarquait, entre autres, un grand édifice, peut-être un temple de Mercure, dont l'existence est attestée par d'énormes soubassements, des bases de colonnes, et une statue de cette fausse divinité, découverts dans ces derniers temps.

Adrien Maignan, sieur de Montconsole, qui reconnurent, en 1692, la fondation précédente.

Entrain prit, en 1635, un air de grandeur, une allure toute aristocratique, avec l'aisance qui accompagne la fortune. Les événements politiques avaient amené, dans ses murs, un grand personnage de la cour, Roger de Saint-Lary, duc de Bellegarde, grand écuyer de France, pair du royaume et gouverneur de Bourgogne (1). Si le noble duc eut à se plaindre de sa disgrâce, Entrain n'eut qu'à s'en féliciter.

La première fois que la chronique locale parle de lui, c'est pour nous apprendre qu'en 1635 il tint sur les fonts du baptême, avec Catherine de Lorraine, duchesse de Nivernais, à Clamecy, le fils de Jacques de Piles, seigneur de Champ-Simon, président en l'élection, qui, de son nom, s'appela Roger (2).

Le duc de Bellegarde possédait, à Entrain, tout le quartier avoisinant la maison qu'il fit construire, en 1638, celle dite de l'*Amiral*, où il tint une petite cour. Celle-ci se composait de plusieurs célébrités de l'époque, qui, de gré ou de force, partagèrent son exil. On remarquait dans sa suite Marie-Anne de Bellegarde, sa nièce, avec laquelle il tint aussi sur les fonts du baptême, en 1641, la fille de Louis Raffin, juge de la châtellenie ; Jean-Antoine de Pardaillan, seigneur de Gondrin, marquis de Montespan, maître

---

(1) « Roger de Saint-Lary, duc de Bellegarde, grand écuyer..., chevalier
» des ordres du roy, dit le P. Anselme, gagna les bonnes grâces de Henri III,
» qui le fit maître de sa garde-robe, puis premier gentilhomme de sa cham-
» bre et grand écuyer, après la mort du duc d'Elbeuf.

» Le roy Henri IV... lui continua, ajoute-t-il, la même affection... et lui
» donna la lieutenance-générale des pays de Bourgogne et de Bresse... Il se
» signala au combat d'Arques, au siége de Dreux, défendit vaillamment
» Quillebeuf et se trouva à tous les faits d'armes importants de cette
époque.

» Le roy Louis XIII lui confia à son tour le gouvernement de Bourgogne
» et le fit duc de Bellegarde, pair de France, en 1619... » Le siége du nouveau duché-pairie était la petite ville de Seurre, à laquelle le monarque donna le nom de Bellegarde.

(2) Piles est un ancien fief de la commune de Couloutre, au sud-ouest de ce village. Jean de Piles, d'Entrain, se rendit caution, en 1421, pour Jean d'Avigneau, son gendre, concernant une rente due au comte de Nevers.

de la garde-robe du roi, lieutenant de sa maîtrise et gruerie (1) ; Jean-Henri de La Salle, seigneur de Carricler, écuyer de la grande écurie du roi ; François de Guibert de Chanteraine, son conseiller, aide-de-camp de ses armées, capitaine des gardes du comte de Salins, colonel-général de la cavalerie royale de France (2) ; Louis de Mallac, écuyer, seigneur de Palais ; nobles Edme et Paul Fabre, l'un officier de la reine-mère, l'autre son chef de bouche ; Gabriel de Saulx, écuyer de l'écurie du duc ; Mathieu de Bondy, son chef d'office, capitaine d'Entrain ; Aimé de Gaignières, Edme de Gannillet, écuyers, ses secrétaires ; Ferdinand Bidault et Jacques Alaire, ses officiers d'ordonnance ; Guy de Rabutin, abbé de Crussy, général de l'ordre du *grand val* des Choux, prieur de Cessy et de Soignes ; le père Bondis, cordelier, son aumônier ; noble Antoine Pandevant, officier de bouche du roi ; Louis Jullien, son conseiller, chevalier du guet ; noble Jean Bénard, son apothicaire...

Parmi les seigneurs des environs, se disant *gentilshommes de la suite du duc de Bellegarde*, on voyait François de Blanchefort, chevalier, sire d'Asnois, seigneur du Château-du-Bois ; Roger de Rochefort-Pluvault, marquis de La Boulaye ; Hubert de La Rivière, baron du lieu, seigneur de Couloutre et de Jussy ; Guillaume, Pierre et Roger de Grandry, sieurs de Ferrières, de Chovance et de Chesnoy-le-Pré (3) ; Antoine du Roux, baron de Réveillon ; Marc de Labussière, seigneur de Miniers et de Saint-Cyr ; Jacques de Meun dit de La Ferté, seigneur de Boisjardin, et divers autres. Les allées et les venues de ces gentilshommes, avec leurs équipages, donnaient à Entrain une vie animée, un ton aristocratique envié par les villes voisines, et qui dura huit ans. Il tomba malheureusement, pour la fortune publique, avec le départ du duc, en 1643, époque où il lui fut permis de reparaître à la cour, le cardinal-ministre étant mort le 4 décembre de l'année précédente.

---

(1) Il était fils d'Antoine-Armand de Pardaillan, seigneur de Gondrin, marquis d'Antin, de Montespan..., et de Paule de Saint-Lary de Bellegarde, sœur du duc. Son mariage avec sa cousine germaine, Marie-Anne de Bellegarde, le rendit possesseur unique de tous les grands biens de cette maison.

(2) Il acquit, en 1648, du duc de Mantoue, les terres de Bouhy et de Sainpuys.

(3) Cette famille était originaire du Morvand. Son nom se prononce Grand-Ry.

Pendant son séjour à Entrain, cet illustre seigneur obtint l'établissement, dans la ville, d'une communauté de religieuses de l'ordre de Saint-François et de Sainte-Claire, dites Urbanistes, à cause qu'elles suivaient les institutions mitigées par le pape Urbain IV. Les habitants lui abandonnèrent, à cet effet, l'hôtel-Dieu, avec ses revenus et ses dépendances, et les supérieurs de l'ordre lui envoyèrent la mère Madeleine Rebours, abbesse du couvent de Saint-Marcel-lès-Paris, avec quelques religieuses, pour commencer l'établissement (1). Il sollicita l'assentiment et la ratification des duchesses de Nivernais, dames d'Entrain, des lettres approbatives de l'autorité diocésaine, enfin des lettres-patentes du roi, reconnaissant légalement la nouvelle communauté (2).

Au reste, écoutons le procès-verbal constatant ces choses : « L'an
» mil six cent trente-huit, Mgr de Bellegarde, duc, pair et grand
» écuyer de France, demeurant en la ville d'Entrain, diocèse
» d'Auxerre, porté d'une grande piété, souhaita d'y faire un éta-
» blissement de religieuses de l'ordre de Saint-François et de
» Sainte-Claire pour y vaquer incessamment aux louanges de
» Dieu ; ce que ayant exposé aux habitans de ladicte ville, ils s'y
» portèrent sy volontiers, qu'ils offrirent à Sa Grandeur la chapelle
» de Saint-Antoine, abbé, avec l'hospital ou maison-Dieu, ses
» appartenances et dépendances, tant du dedans que dehors la
» ville. Ce que ce seigneur ayant eu fort agréable, Louis Raffin,
» juge principal, l'eschevin et les habitans, après avoir fait l'assem-
» blée de ville nécessaire en telle occasion, délivrèrent tous les
» actes de leur déguerpissement au révérend père Bondis, Corde-
» lier, son aumosnier, portant pour quelle raison et à quelles
» conditions ils faisaient ce délaissement.

» Ensuite ledit duc envoya son aumosnier cy-dessus, à Paris,
» vers mesdames les princesses-duchesses de Nevers, pour avoir
» leur consentement d'establir ce monastère en leur ville et chas-
» tellenie d'Entrain, ce à quoy lesdictes dames consentirent
» affectueusement, et donnèrent leurs lettres en forme, scélées de

---

(1) Son frère était président de la chambre du conseil du roi, à Paris. Il aida les religieuses de ses deniers. Ce nom s'écrivait Rebours, Le Rebours et de Rebours.
(2) Voir aux pièces justificatives.

» leur grand sceau, contenans tous les privilèges desquels lesdictes
» princesses rendaient les religieuses de ce lieu jouissantes, comme
» les habitans.

» Et pour obliger davantage ce seigneur en un dessein si pieux,
» elles escrivirent, conjointement avec luy, aux révérends pères
» Cordeliers de la province de France, assemblés à Soissons, pour
» la célébration de leur chapitre, à ce qu'il leur plût agréer ce
» dessein et commettre, pour cet effet, révérende mère sœur
» Magdeleine Le Rebours, lors abbesse des Cordelières de Saint-
» Marcel, à Paris, et la vénérable mère sœur Hurault, pour
» l'assister, en qualité de première discrette, ce qui fut exécuté sur
» l'heure; et le révérend père provincial, M. Capton, et tous les
» pères du définitoire ayant authentiquement signé leurs obé-
» diences, qu'elles ne purent accomplir qu'environ cinq mois
» après, n'estant arrivées à Entrain que sur la fin d'octobre de
» ladicte année mil six cent trente-huit.

» La maison qui estoit destinée pour le monastère, n'estant
» encore toute accommodée, la croix n'y fust plantée que le jour
» de Saint-Alexis 1639, par messire Amyot, grand-vicaire, doyen
» et official d'Auxerre, le siége épiscopal vacant, lequel introduisit
» ladicte abbesse et autres religieuses, en présence de Mgr le duc
» de Bellegarde, quantité de noblesse et beaucoup d'ecclésiastiques,
» suivis du peuple du pays, lesquels y estoient tous arrivez proces-
» sionnellement, passans par le milieu de ladicte ville.

» Le duc donna au monastère, pour commencer, la somme de
» quatre cens livres, et les ornemens de sa chapelle, consistans en
» un haut et bas ornement d'autel, de damas cramoisy, rouge, la
» chassuble, le corporallier et oreillers, avec le pavillon de velours
» raz semblable, tout passementé d'or, et le voile de calice en
» broderie.

» En mesme temps, il eut la bonté de donner la coupe, pour une
» fois, de six arpens de bois, promettant auxdictes abbesse et
» religieuses de les fonder, avec le temps, ce qu'il luy réitéra
» (à l'abbesse), au mois de may 1646, estant alors à Paris, l'assu-
» rant qu'il retourneroit faire sa demeure, Dieu aydant, à Antrain,
» l'automne suivante, par advis de ses médecins; bonne volonté
» qui n'a point eu son effet, la mort l'ayant surpris en son âge
» octogénaire, dans le mois de juillet précédant, au grand préju-
» dice d'iceluy couvent et regret inconsolable des religieuses, qui

» sont restées sans autre appuy, sur la terre, que la divine Provi-
» dence (1).

» Elles sont très-obligées à prier Dieu pour le repos de son âme,
» attendu que cet établissement n'a esté accordé qu'à son respect
» et en faveur de sa piété... (2) »

Les religieuses, arrivées à Entrain, au mois d'octobre suivant, et leur maison *n'estant pas encore tout accommodée*, s'établirent dans l'hôtel du *Petit-Réveillon, proche la porte d'Auxerre*, que Loup d'Angully, écuyer, sieur de Truchien, et Edmée Desleau, son épouse, auparavant femme de Steph de Bozini, leur avaient cédé pour un an.

Le dimanche 7 juillet 1639, Edme Amyot, prêtre, docteur en théologie, chanoine-doyen de la cathédrale d'Auxerre, grand vicaire et official général, le siége vacant, se rendit à Entrain,

---

(1) Ce grand homme mourut, à Paris, le 13 juillet 1646, âgé de quatre-vingt-trois ans et sept mois. Son cœur fut déposé dans l'église Saint-Louis; son corps, transporté à Dijon, fut inhumé dans celle des Jésuites.

Le duc de Bellegarde mourut de *la pierre*. Il fut soigné par un médecin en renom, le docteur Dujon, conseiller du roi et trésorier de sa cavalerie légère. Sur le désir du noble malade, le médecin fit imprimer un discours ou traité, latin-français, de sa maladie, qu'il termine ainsi : « C'est pourquoi,
» Monseigneur le grand soleil de la cour, l'Astre salutaire de la Bourgogne,
» autant admiré et chéri d'un chascun, que bénéfique, courtois et facile à
» tout le monde, doibt, en faveur de ces remèdes choisis, sans crainte de
» rechute, ny de l'avenir, jouir de son bonheur, donner du temps à sa conva-
» lescence. Car nous tenons, selon Hippocrate, qu'un homme se porte bien,
» qu'il est en repos en tant que les humeurs symbolisent ensemble. C'est
» pourquoy il faut donner garde de rien ébranler légèrement. Voilà,
» Monseigneur, le discours qu'il vous a pleust, hier, me commender d'escrire,
» que je vous prie de recevoir avec la mesme naïveté et fidélité qu'il est
» escrit. » (Bibliothèque rue de Richelieu.)

(2) On célébrait, tous les ans, son obit dans le monastère. Il se composait d'une messe haute de *Requiem, avec vigiles basses*, au chœur. On faisait de même pour le P. Bondis, décédé le 15 juillet 1661. « Le mesme se doibt
» faire, par justice et reconnaissance, pour le R. P. Bondis..., son aulmos-
» nier, attendu que, l'espace de six années que ledit duc a presque toujours
» résidé à Entrain, ce bon père n'a cessé de travailler, du corps et de l'esprit,
» pour l'establissement, avec un zèle et une bonté incroyables, estant le
» directeur de toutes les affaires du couvent de Nostre-Dame des Anges, où
» mesme il a exercé la charge de confesseur pendant deux ans, et y a donné
» une chasuble en velours bleu. » (Archives de l'Yonne.)

accompagné de Germain de Lafaye, chanoine et promoteur de l'officialité. « Là, étant dans l'*hospice et oratoire* de sœur Madeleine
» Rebours, dame abbesse nommée pour l'établissement d'un
» monastère de religieuses Urbanistes, ordre de Sainte-Claire, où,
» environ les dix heures, nous avons célébré la sainte messe et,
» en icelle, fait entendre à ladite dame abbesse que de l'autorité
» de l'Esglise, nous luy donnons pouvoir d'establir un monas-
» tère... en cette ville d'Entrain, sous le nom de Nostre-Dame des
» Anges, au lieu où nous désignerions leur habitation ; et en
» attendant que la demeure y fust propre pour la recepvoir et
» loger, elle et ses religieuses, luy avons donné pouvoir de demeu-
» rer audit hospice, où nous l'avons trouvée, et permis d'y donner
» l'habit et voile aux filles propres pour estre novices, à la charge
» d'y garder estroite closture, suivant les institutions canoniques,
» à la charge aussy de prendre nouvelle institution de Mgr l'évesque
» d'Auxerre, lorsqu'il aura pris possession de son évesché, et
» qu'elle ne pourra, ou aultre pour elle....., recepvoir aulcune
» novice à profession, jusqu'à ce qu'elle ayt un particulier establis-
» sement, par bref dud. évesque, portant confirmation de notre
» permission ; et encore luy avons faict entendre plusieurs aultres
» choses... sur le subject dud. establissement en forme d'exhorta-
» tion, à laquelle ont assisté Mgr le duc de Bellegarde, plusieurs
» seigneurs et gentilshommes, et aultres personnes de toutes con-
» ditions, tant dudit Entrain que du voisinage. »

A trois heures du soir, le grand vicaire, *assisté du clergé de l'esglise parochiale*, et autres ecclésiastiques des *bourgs circonvoisins*, suivi de l'abbesse, des *religieuses et filles*, du duc de Bellegarde, des seigneurs et gentilshommes, du juge et des autres officiers de la châtellenie, et d'une *grande affluence* de peuple, se rendit processionnellement, en traversant toute la ville, à la *Grande-Maison*, située près de la porte de la Forge (1).

Arrivé devant la grande porte de cette habitation, il bénit une

---

(1) Elle avait été achetée, le 9 octobre 1638, au prix de 450 livres, en principal, et 45 de *pot de vins et épingles*, de Jean Gallyot, procureur fiscal, et de Marguerite Gaillard, son épouse, par noble Louis Raffin, avocat en Parlement, juge d'Entrain, au nom des religieuses, en vertu d'une procuration.

croix préparée à cet effet, l'adora, la fit adorer par les religieuses, et la planta au-dessus.

« Après quoy, poursuit le grand vicaire, nous sommes entrés
» dans l'enclos, où nous avons trouvé une autre croix, plantée du
» soir d'auparavant, lieu propre pour le cimetiesre, que nous avons
» bény selon les formes accoustumées; de là, sommes retournés
» processionnellement, comme dessus, en chantant les litanies de
» la Vierge..., jusqu'en la maison et hospice desdites religieuses, qui
» y sont entrées pour y demeurer et garder closture, jusqu'à ce que
» le logement soit édifié dans la Grande-Maison, pour y estre
» transférées par nous..... »

Les murs de cette étroite clôture, que devaient garder les religieuses, furent formés avec les débris des anciennes églises de Saint-Sulpice et de Saint-Nicolas de Réveillon, ainsi qu'il est constaté par le procès-verbal dressé par le même vicaire général, le 3 avril 1641.

Sur la demande de ces matériaux, faite par les religieuses, il se rendit de nouveau à Entrain, à l'effet de procéder à une enquête de *commodo* ou *incommodo*. Il nomma donc, pour la visite des ruines et constater leur état, Louis Thoulet, procureur, Samuel Liger, marchand ; et pour prud'hommes Léonard Gaudon, Jean Delavergne, tailleurs de pierre; Etienne Boileau et Guillaume Pinon, charpentiers, qui prêtèrent serment entre ses mains.

Ces hommes partirent aussitôt pour l'exécution de leur commission. Le lendemain, à dix heures du matin, ils se présentèrent de nouveau devant le vicaire général, qui dressa le procès-verbal suivant : « Lesdits prud'hommes nous ont rapporté concordamment
» avoir veu diligemment les lieux et quilz ont trouvé l'un et l'autre
» en ruines, sans vitres, portes, ni fenestrages de menuiserie, sans
» aucune couverture, ni charpente, sauf que pour le regard du
» prieuré, il y a une couverture extante, de la longueur de quelques
» pas, avec une charpenterie dressée au-dessous de ladite couver-
» ture, et sur une petite chapelle voûtée, dite de Saint-Fiacre,
» partie de lad. charpente disjointe et disloquée, partie gastée par
» vétusté et injure du temps, n'y ayant, au surplus, audit prieuré,
» que les simples murs, y compris deux pignons, réservé à l'entrée
» principale, de la longueur de trois toises, à laquelle rien n'a este
» oncque aperçu d'eslevé ; réservé aussi un pan *cablé* depuis trente
» ou quarante ans, en ça, portant huit toises de long et six de

» large, qui estoit à l'égal d'un autre pan de murailles opposé,
» joignant à ladite entrée; soubz laquelle réserve et exception, ledit
» prieuré, de mémoire d'homme, a toujours esté veu au mesme
» point qu'il est, dans l'enclos duquel se sont trouvés des ronces
» et des espines et deux arbres fruictiers, de l'âge de cinquante ans
» ou environ; partie desdits murs fendus en deux endroits,
» notamment l'un d'iceux, qui est du costé du village de Saint-
» Nicolas, contenant quelques trois toises de hauteur et ne pouvant
» plus subsister. »

Voilà l'état des ruines du prieuré. Voici maintenant quel était celui de l'antique église de Saint-Sulpice : « Et quand à ladite
» esglise Saint-Sulpice, aussi ruinée de temps immémorial, le mur
» qui estoit au bout de ladite esglise, fermant le chœur, du costé
» d'Entrain, est démoli de toute ancienneté, de manière qu'il n'y a
» simplement que deux murs, avec une petite tour, à demy ruinée
» de bas en haut, et deux pignons, l'un assis à l'entrée de la place
» du chœur, qui est fendu et gasté par le vice de la matière et les
» eaux pluvialles, et sur le point de choir. L'estat desdits lieux, à
» la visite qui en fust par nous faicte, le jour d'hier, nous est paru
» tel et dans les mesmes circonstances rapportées par lesdits
» experts... »

Après avoir constaté l'état des deux vieilles églises, Edme Amyot passe à celui de l'hôtel-Dieu ou hôpital, qui est plein d'intérêt. Il continue ainsi : « Ce faict, lesditz Louis Thoulet et Samuel Liger
» interrogez et diligemment examinez, par nous, sur ce qui reste
» du mandement, par serment reçu d'eux et réitéré de nouveau,
» ont secrettement et séparément l'un de l'autre déposé ce qui
» s'ensuit :

» Samuel Liger, âgé de quarante-six ans ou environ, a dict que
» le revenu de l'hospital d'Entrain consiste seulement en douze ou
» treize livres de cens et rentes, et quatorze arpentz de terres labou-
» rables, qui peuvent fournir, les frais de labourage et semence
» pris, environ quinze bichets de grain par an, par moityé, bon
» bled et françois, le bichet valant, par années communes, vingtz
» solz. De faict, pendant le temps de messire Grasset, l'un des
» derniers administrateurs dudict hospital, ils n'ont esté accensez
» qu'au prix de dix livres tournois. De sorte que ledict revenu,
» ayant égard à ce qui en dépend et profictz qui peuvent revenir du
» droit de cens, ne peut valloir plus de trente livres, dont les habi-

» tans dudict lieu ont eu subject de disposer, comme ils ont faict,
» au profit desdites dames religieuses, nouvellement establies dans
» leur ville, considéré qu'elles se sont chargées de faire dire une
» messe, chacun vendredy, dans la chapelle dudict hospital, et que
» ceste aumosne, dans l'année, à raison de deux fois par semaine,
» s'eslève plus que ne peut monter ledict revenu. Jointz les incom-
» moditez survenues dans ledict hospital, soit de meurtre, à deux
» fois, incendies prépareez, soit assembleez qui y ont esté faictes, à
» diverses fois, par gens vagabonds et incognus, à mauvaises fins,
» pour commettre des volz, nommément à luy cognus, noctur-
» nement en la maison de desfunct Claude Millain, puis huit ou
» neuf ans, en ça, à raison de quoy ledict hospital n'estoit plus
» tant accessible, ny ouvert aux passans. Et a esté meilleur, plus
» utile et pieux auxd. habitanz d'entendre et prononcer l'establis-
» sement dud. monastère, par le délaissement desd. hospital et
» dépendances, et principalement eu esgard que led. revenu n'a
» oncque esté appliqué, ny consenty au proffict des pauvres, mais
» délaissé aux administrateurs dud. hospital, obligez de dire la
» messe susmentionnée, lesquelz ne pouvoient estre retenus, sinon
» bien peu de temps, à raison de la modicité dud. revenu, en quoy
» lesdits habitanz estoient incommodez. Et lecture faicte au dépo-
» sant de sa déposition, il y a persisté, sans vouloir augmenter ny
» diminuer.

« » Louis Thoulet, procureur, aagé de trente-quatre ans, a déposé
» que la retraite de l'hospital de cette ville d'Entrain a attiré plu-
» sieurs fois des gens de mauvaise vie, qui se sont assemblez pour
» piller et voler, comme, en effet, il y a huit à neuf ans, que, après
» s'estre ainsy ramassez et jointz, ils furent nuictamment et en
» grand nombre, dans l'hostel de feu Claude Millain, assis à une
» lieue de cette ville, qui fust par eux forcé et volé. Ordinairement
» ils seroient entrez en débatz, et, à deux fois, meurtres auroient esté
» commis, entre eulx, au dedans dudit hospital. D'autres fois, ils
» auroient laissé le feu dans les pailles, d'où pouvoient suivre des
» embrasemens et incendies, ce qui auroit donné cause de tenir ledict
» hospital fermé aux allanz et venanz. Et s'estant l'occasion offerte
» de l'establissement du monastère de Nostre-Dame-des-Anges, les
» habitanz ont baillé led. hospital, appartenances et dépendances,
» aux religieuses dud. monastère... » Le reste de la déposition
est identique à la précédente.

Les habitants, dans une seconde assemblée, tenue le 19 juillet 1638, et où se trouvait la plus saine partie d'entre eux, avaient déjà affirmé *lesditz accidens de meurtres, feu et assemblées illicites*, et constaté qu'à ce sujet, l'hôpital *estoit tenu fermé aux allans et venans*.

Le 4 octobre 1641, le vicaire général, délégué par le nouvel évêque, Pierre de Broc, se rendit une troisième fois à Entrain, et donna, au nom du prélat, l'institution canonique définitive aux religieuses. Il établit Madeleine Rebours abbesse du monastère de *Notre-Dame-des-Anges*, ordre de Saint-François et de Sainte-Claire, *pour iceluy régir et gouverner* suivant la règle du pape Urbain IV, et lui donna, ainsi qu'aux abbesses qui lui succéderaient, *le pouvoir et puissance* de recevoir à l'habit et au voile de novice, puis à la profession, des *filles de bonne naissance, de mœurs* et de piété propres à l'institut; mais à condition qu'elles demeureraient *à toujours soubz la juridiction dudit évesque et de ses successeurs; qu'elles recoureroient en cour de Rome pour estre dispensées de la supériorité et juridiction des ministres généraux et provinciaux de l'ordre desdits Mineurs, par bulles expresses de Sa Sainteté; qu'elles seroient obligez mettre ez mains de mondit seigneur, dans deux ans.*

Le roi, étant à Narbonne, donna, à son tour, au mois d'avril de l'année suivante, ses lettres-patentes (1), où il déclare qu'il amortit tous les biens, présents et à venir, du monastère, les exempte de redevances quelconques envers lui et ses successeurs, et les prend, ainsi que les personnes des religieuses, sous sa protection et sauvegarde.

Madeleine Rebours, la première abbesse, était une femme supérieure, issue d'une bonne maison; son frère était président du

---

(1) « Scavoir faisons que de tout temps, et notamment depuis la guerre,
» nous aurions eu une particulière dévotion à la sainte Vierge, mère de
» nostre Sauveur, dont ayant ressenty les effets dans nos plus pressantes et
» importantes affaires contre les ennemis de cet Estat....., désirant favoriser
» le pieux dessein des habitants de nostre ville d'Entrain et augmenter les
» prières qui se font à la sainte Vierge, pour la conservation de cet Estat et
» de nos personnes, avons permis et octroyé de nostre grâce spéciale, pleyne
» puissance et authorité royales, permettons et octroyons, par ces présentes,
» signées de nostre main, l'érection, fondation et establissement du monas-
» tère... en la ville d'Entrain, soubz le titre de Nostre-Dame-des-Anges..... »

conseil du roi. Le nouveau monastère prospéra, au temporel comme au spirituel, sous son active et intelligente direction. Elle augmenta les rentes de l'ancien hôtel-Dieu, qui lui avait été concédé, acquit diverses propriétés, savoir : les trois quarts des deux métairies du Petit-Breau, ou Ratilly, le 10 novembre 1639, de Léon Girard, avocat à Auxerre, et de Michel Delyé, son beau-frère ; le domaine de Forges, l'année suivante, de Pélerin de Chézian, curé de Bouhy, pour une somme de treize cents livres ; puis la métairie de la Marquise, le 27 avril 1647, de la famille Pic, d'Entrain, pour mille livres. Elle mourut ou se retira en 1651 ; car nous voyons alors sœur Louise Poulet administrer, comme prieure, le monastère. L'état prospère de la maison cessa sous la mère Michelle de Troussebois, qui lui succéda, comme abbesse, la même année, ainsi que nous le dirons plus bas.

IX.

Sulpice Bourgoing, curé d'Entrain ; il achète un presbytère, délimite les dîmes avec le curé de Bouhy ; garnisons de la ville, leurs vexations, leurs pillages.

Entrain eut l'avantage de voir, en 1642, un enfant du pays, Sulpice Bourgoing, prendre l'administration de la paroisse. C'était un homme intelligent, actif et zélé. Il avait été d'abord maître et administrateur de l'hôtel-Dieu, puis curé de Sainte-Colombe-en-Puisaye et chanoine de Saint-Caradeu, de Donzy. Immédiatement après sa prise de possession, il conçut et exécuta le projet de bâtir, dans le cimetière, une chapelle, qui rappelât le souvenir de l'ancienne église de Saint-Sulpice. Il la dédia au saint patron de la paroisse, aussi le sien, et en fit la bénédiction solennelle, le dimanche 28 mai de l'année suivante, en présence du père Bondis, aumônier du duc de Bellegarde, confesseur des religieuses ; de Charles Berger, sous-diacre, et de tous les habitants de la paroisse.

Depuis l'abandon de l'ancienne église, les curés d'Entrain avaient logé dans des maisons de louage. Lui-même, à défaut de presbytère, occupait l'habitation paternelle, où il eut, dit-il, l'honneur de recevoir, le dimanche 11 juin 1673, l'illustrissime et révérendissime Nicolas Colbert, évêque d'Auxerre; le marquis de Pignole, seigneur du Château-du-Bois et de Saint-Cyr, avec la dame son épouse; mais il acquit alors, d'Edme Raveau, une maison située près de l'église, et dont nous avons parlé.

Dans le procès-verbal dressé à l'occasion de cette visite pastorale, on lit qu'un grand nombre de fidèles reçurent la communion des mains du pontife; que la paroisse renfermait alors 580 communiants, ayant tous rempli le devoir pascal; qu'on ne trouvait, à Entrain, ni hérétiques, ni pécheurs publics ou scandaleux, ni superstitieux. Néanmoins, il y est rapporté que diverses personnes cueillaient, le jour de la Saint-Jean, avant le soleil levé, des herbes dont on jonchait les rues pour la procession du Saint-Sacrement; qu'ensuite les fidèles les ramassaient, puis les brûlaient et faisaient passer les brebis au travers de la fumée, afin de les préserver de la contagion.

On voit encore, par cette pièce, qu'il existait, dans l'église paroissiale, deux confréries, l'une du *Très-Saint-Corps-de-Dieu* et l'autre du *Saint-Rosaire*, dont chaque membre payait annuellement un quarteron de cire et deux sous par mois; que, chaque année, la paroisse se rendait en procession générale, par suite d'un vœu public, à Saint-Verain-des-Bois, et que 191 habitants payaient la dîme (1).

Il délimita, le 2 août 1670, avec François Liger, curé de Bouhy, les terres soumises à leur décimation respective. Cinq ans plus tard, il intenta, pour sa portion congrue, un procès à Nicolas Desprez, prieur de Lespau, et à Claude de Morel, titulaire de Saint-Nicolas de Réveillon, dont il fit saisir les dîmes. En 1677, il

---

(1) L'abbé Sulpice Bourgoing, l'un des curés les plus distingués d'Entrain, a laissé, dans les registres de catholicité, déposés actuellement à la mairie, diverses notes utiles, entre autres une où il rapporte les noms des prêtres qui, comme enfants du pays, chantèrent, de 1639 à 1650, leur première messe dans l'église Saint-Sulpice. Les voici : Sulpice Bourgoing, Jean Guignebert, Jean Berger, Charles Berger, cousins; Mathieu Bourgoing, Jean Duchesne, chanoine d'Auxerre; Edme Guignebert, curé de Saint-Cyr-les-Entrain; Jean Bardolat, curé de Courcelles; Jean Chabert, Étienne Guibert, Philippe Fabre, Henri Collot. Douze prêtres en onze ans! Quelle heureuse fécondité alors; mais quelle triste stérilité de nos jours! Temps bénits, qu'êtes-vous devenus ! *O tempora, o mores !*

appela également en justice Philippe-Julien Mazarini-Mancini, duc de Nivernais, Jérôme de La Chasseigne, seigneur des Granges, et Louis de Meun de La Ferté, sire de Villers-le-Sec (1), qui furent contraints judiciairement de lui abandonner les dîmes du Chalumeau, de Châtres et de Ferrières, avec un supplément de 27 livres.

Le milieu du dix-septième siècle fut fatal à la ville d'Entrain. Le vénérable curé dont nous venons de parler, nous apprend par un registre, intitulé : *Liber Ridentium et Flentium*, ou Livre des Riants et des Pleurants, qu'il vint, le 24 décembre 1646, dans la ville, pour y tenir garnison, une compagnie de gens à cheval, sous le commandement d'un capitaine allemand, nommé L'Hermite, qui fut cause de sa *ruine totale*. « Le lieu demeura, dit-il, presque
» désert à ce sujet ; parce qu'ils ne se contentoient pas de vivre
» dissolument chez leurs hostes, mais les rançonnoient durement.
» Outre cela, le reste du peuple contribuoit, par jour, 45 livres;
» qui tournoient au proffit de ce capitaine. Cette contribution
» journalière a tellement appauvri le lieu, déjà chargé de
» 7,300 livres de taille, que je ne crois pas qu'il puisse jamais
» se relever d'une telle perte. » Ces pillards quittèrent enfin la ville pour se rendre à Étais, qu'ils n'auront, supposait-il, pas mieux traité qu'Entrain.

Leur départ ne débarrassa pas la ville pour longtemps. « Le
» matin du dernier jour de décembre de l'année 1647, est entrée
» en garnison, en ceste ville, une compagnie de cavallerie de
» cinquante maîtres, dont le chef étoit le marquis de La Garen-
» tière, lequel avoit un pernicieux dessein de traiter très-rigoureu-
» sement les habitans. Chez les manœuvres et simples artisans, il
» faisoit loger ses soldats et chevaux, lesquels vivoient dissolument
» et faisoient payer des rançons exorbitantes, jusqu'à nostre pauvre
» *malautru de sonneur*, qui a le soin d'inhumer les corps. Les
» soldats lui ont tiré une somme de 21 livres, en argent, outre la
» nourriture ordinaire, sans considérer sa charge et sa pauvreté.
» Et sur les autres habitans et bourgeois, qu'ils sentoient ou esti-
» moient avoir un peu plus de bien et de commodités, ils exigeoient

---

(1) Ce nom s'est écrit de Mehun, de Mhung et de Meun.

» des contributions excessives, de sorte que chacun commençoit à
» crier miséricorde et, non sans raison, prenoit-on l'épouvante.
» Mais de cejourd'hui, deuxième janvier 1648, ce capitaine ayant
» effrayé le peuple si fort qu'on ne savoit plus où on en estoit, fit
» entendre aux habitans que s'ils lui vouloient fournir, tous les
» ans, jusqu'à la somme de 500 livres, il les préserveroit entiesre-
» ment de garnisons, étapes et passées de gens de guerre, que
» même il les feroit diminuer de tailles. Outre cette somme de
» 500 livres. par chacun an, il leur demanda qu'on eût à lui four-
» nir 2,000 livres pour l'achat d'une maison qu'il désiroit avoir en
» ce lieu, ce que les habitans lui accordèrent facilement, vu les
» mauvais traitemens et l'extrême nécessité dans laquelle ils
» estoient réduits. En outre des sommes susdites, ils lui donnèrent
» encore comptant la somme de 800 livres, tant pour les rendre
» quittes des contributions précédentes, que pour faire lever la
» garnison et obtenir la décharge, à ses frais, tellement que l'assem-
» blée fut tenue par-devant moi, curé, soussigné, et s'obligea soli-
» dairement, tant à payer les 500 livres de rente, pourvu qu'il
» exécutât ses belles promesses, qu'à l'achat de la maison, dans
» laquelle il feroit élection en cette ville, et non ailleurs, et qu'on
» lui payeroit les 2,000 livres en deux ans. Voilà la belle affaire
» comme elle s'est passée et ce que nous avons eu pour estrennes
» au commencement de l'année 1648. Dieu veuille que tout soit
» pour le mieux et puisse bien réussir à l'avenir ! Ladite compagnie
» ne délogea qu'en ce jeudi 10 janvier, pour aller à Chasteau-Chinon,
» où elle se promettoit de faire ses petites affaires ; mais la ville
» estant bien plus peuplée que la nostre, les habitans sauront
» empescher les désordres. »

Trois jours avant le départ de la compagnie, deux soldats sortirent pour aller fourrager au Petit-Réveillon, village actuellement détruit. Là, se trouvait un homme vif et hardi ; son nom était Poupy. Il prend son arquebuse, la lâche dans le corps de l'un d'eux, appelé Rémy Kécelin, et l'étend à terre. L'autre, tirant son épée, en décharge un coup sur la tête de Poupy, qui prend la fuite. Kécelin, frappé à mort, *traîna néanmoins et pâlit* douze jours entiers. Le 19 janvier le curé l'accompagnait à sa dernière demeure.

Cependant les gens d'Entrain ne mettaient pas beaucoup de zèle à payer les 2,000 fr. promis. Le capitaine de La Garentière

réclamait avec force menaces, et il était homme à exécuter ce qu'il annonçait. « On vint me trouver et supplier, dit l'abbé Bourgoing,
» d'amolir et exciter, à mon prosne, lesdits habitans à ce qu'ils
» eussent à faire promptement cette somme, tellement qu'après
» avoir fait le narré d'une lettre dudit de La Garentière, je les
» exhortai en cette sorte :

« Vous devez tous, en général, prendre garde à cette affaire et
» tascher de faire cet argent au plus tost, si ne voulez estre persécutés
» de garnisons, comme vous avez déjà esté par ci-devant; vous
» savez ce que l'aune en vaut. Voilà pourquoy, ayant passé par ce
» malheur, vous devez vous empresser de l'esviter, de crainte qu'il
» ne vous arrive encore pis qu'auparavant. Ce seigneur ne vous
» a point manqué jusqu'à présent, aussi lui devez-vous tenir vostre
» parole, et le contenter le plus tost que vous pourrez, afin qu'il
» reconnoisse, par là, vos bonnes volontés, et que cela l'oblige, de
» sa part, à vous toujours maintenir et protéger. J'advoüe que
» telles contributions vous incommodent et que d'ailleurs vous
» avez déjà assez de nécessitez en vos ménages. Mais puisque ce
» sont misères du temps, il les faut passer comme vous pourrez,
» afin d'esviter un plus grand mal, et peut-estre une ruine totale,
» sans parler encore de mille autres accidens, incommodités et
» inconvéniens, et outre qu'on n'est pas maître seulement dans sa
» maison. Travaillez-y donc diligemment et n'attendez pas qu'on
» vous tienne : car alors il ne seroit plus temps de crier au levrier;
» mais puisque c'est une chose qu'il faut faire, faites-la prompte-
» ment, afin de contenter ledit seigneur, qui d'ailleurs n'attend
» que vos intentions et volontés pour, selon icelles, vous bien ou
» mal traiter. »

La promesse d'être libérés des garnisons, faite aux habitants d'Entrain par le capitaine de La Garentière, n'eut pas un effet de longue durée. Le 10 avril de la même année, le roi adressait aux échevins la lettre suivante, datée de Saint-Germain-en-Laye :

« Chers et bien-amés, envoyant à Entrain la compagnie de
» chevau-légers de la garde de la reine-régente, nostre honorée
» dame et mère, pour y demeurer jusqu'à nouvel ordre, nous vous
» faisons cette lettre, par l'avis de la reine-régente, nostre dame
» et mère; nous vous mandons et enjoignons très-expressément de
» la recevoir et loger, et de fournir aux présens effectifs les vivres

» nécessaires, suivant notre règlement du quartier d'hiver; sy n'y
» faites faute, car tel est nostre plaisir. »

De son côté, le comte Roger de Bussy-Rabutin leur écrivait de Paris, le 20 du même mois : « Nous, Roger de Rabutin, comte
» de Bussy, lieutenant-général, pour le roy, au gouvernement de
» Nivernois et Donziois... ordonnons aux eschevins et habitans de
» la ville d'Entrain de recevoir et loger la compagnie de chevau-
» légers de la garde de la reyne pour y demeurer jusqu'à nouvel
» ordre, et de leur fournir les vivres nécessaires, suivant le règle-
» ment de Sa Majesté. En foy de quoy nous avons signé la pré-
» sente attache de nostre main et scellée du sceau de nos armes. »

En effet, cette compagnie entra bientôt à Entrain. Elle se composait de quinze cavaliers-maîtres, non de cinquante, ainsi que le bruit en avait couru. Le maréchal-des-logis étant arrivé pour *marquer et disposer* les logements, la population, effrayée des maux endurés de la part des précédentes garnisons, entra en pourparlers, afin d'obtenir une décharge dans le nombre présumé des hommes de celle-ci. Toutefois, on fit traîner en longueur la conclusion du traité, parce qu'on avait envoyé, secrètement et en toute hâte, un messager au marquis de La Garentière pour le prier d'exécuter sa promesse. Mais il « escrivit qu'il ne pourvoit
» apporter aucun remesde à nostre mal, dit l'abbé Bourgoing, et
» trouva, pour excuses, que toutes les villes et bourgs du Nivernois
» n'en estoient aucunement exempts. Par ainsy nous demeurasmes
» le c... et tant d'argent distribué audit de La Garentière fut
» perdu et dissipé. »

Il fallut bien se déterminer à traiter avec les nouveaux exploiteurs. On convint donc de payer 700 livres, et quinze jours après l'arrivée des cavaliers, on en envoya dix à Bitry. Mais jusque-là, on dut payer, par jour, quinze écus, qui furent réduits, après leur départ, à cinq, ce qui faisait 3 livres pour le cavalier, le cheval et le valet. Au bout de dix-neuf jours, ces cinq hommes déguerpirent, pour se rendre à Montenoison.

« Je croyois, poursuit notre chroniqueur, qu'en voulant décrire
» les misères de cette pauvre ville d'Entrain, cela prendroit bientôt
» fin et qu'il ne seroit besoin, par ci-après, de brouiller du papier
» pour faire savoir quantité d'histoires véritables à ceux qui vien-

» droient après nous; mais si je les voulois toutes décrire, je crois
» qu'une coudée de papier n'y suffiroit pas.

» Vers la Toussaint, étant menacés, de toutes parts, de garnisons,
» et ne sachant à quel saint nous voüer pour nous en exempter,
» heureusement ou autrement, nous nous adressâmes et nous
» nous engageâmes sous la protection d'un nommé M. de Brancas,
» seigneur de La Motte, près Donzy. Il ne dédaigna pas, quoiqu'il
» eût renom d'estre puissant en biens et en autorité, d'accepter de
» ce pauvre lieu la somme de 900 livres tournois, sous promesse
» qu'il l'exempteroit de garnisons. Ce fut avec bien de la peine et
» non sans s'incommoder beaucoup, que l'on put réunir cette
» somme. Et outre cela, pour nous encore davantage rétressir,
» il nous a laissé un soldat huguenot, pendant deux mois entiers,
» auquel on payoit 3 livres 5 sols par jour. »

Les habitants d'Entrain, se reposant sur le traité fait avec le sieur de Brancas, vivaient sans inquiétude, lorsque partit de Paris un ordre ainsi conçu : « Sa Majesté, par l'avis de la reysne-régente, sa mère,
» ordonne à la compagnie des gardes de M. le duc de Mercœur de
» déloger du quartier où elle est, pour aller, aussitôt le présent
» ordre reçu, à Entrain, d'y séjourner pendant huit jours, et d'en
» partir, aussitôt qu'ils seront expirés, pour aller en Catalogne,
» suivant la route que Sa Majesté a fait expédier, et de vivre
» partout en si bonne discipline, que Sa Majesté n'en puisse rece-
» voir de plainte. » C'était le 15 janvier 1650.

Le 21 du même mois, il arriva, en effet, dans la ville d'Entrain, une compagnie de cinquante cavaliers-maîtres des gardes du duc de Mercœur, qui outrepassèrent les violences des précédentes garnisons, *crucifiant et garrotant* les gens du peuple, et mettant tous les laboureurs à de fortes contributions. Ils vécurent à discrétion chez leurs hôtes; ils pillèrent la basse-cour du curé de Saint-Cyr, et se portèrent, dans cette paroisse, aux mêmes excès qu'à Entrain.

La veille de la Saint-Martin de la même année, quatre compagnies du régiment de Persan approchaient d'Entrain, où elles se proposaient de séjourner. Mais les habitants composèrent avec les chefs, leur payèrent 300 livres, non compris une dépense de quarante-cinq que ces gens firent au *Lion-d'Or*, qu'ils soldèrent. De cette manière, la troupe n'entra pas en ville, mais elle se répandit dans la banlieue, qu'elle pilla, même Réveillon, appartenant, est-il dit, au commandeur de La Rivière, alors à Paris.

Ce fléau n'était pas le dernier pour Entrain. Le 5 janvier 1651, il y entra deux compagnies d'infanterie du régiment de Navarre, commandées par les capitaines de Beaurepaire et de La Berge, ayant sous leurs ordres deux lieutenants : Pasquot et Lalevée. Elles y restèrent jusqu'au 1er mai. Les habitants n'étaient tenus qu'à fournir le logement et les ustensiles nécessaires pour la cuisine. Mais les soldats, non contents de leur pain de munition, se répandaient sur les chemins, épiaient les marchands, surtout les jours de marché, et les rançonnaient durement. *Bien hupé*, dit le chroniqueur, *qui pouvoit leur échapper*. Aussi ne paraissait-il presque plus personne sur la place. « Toutes ces misères, poursuit-
» il, seroient incroyables, si elles n'estoient rapportées par un
» homme qui ne doit ni mentir, ni broder. »

« Je crois, continue-t-il, que je serai obligé d'appeler ce pauvre
» Entrain le repaire, le refuge de tous les maux et adversités. Le
» 11 may, une compagnie de gens à cheval, appartenant au régi-
» ment de Vendosme, au nombre de quarante maistres, au moins,
» ayant à sa teste un capitaine nommé Chambord, se présenta
» aux portes de la ville. Cette fois on leur en refusa l'entrée,
» sous prétexte que leur ordre estoit faux, attendu qu'il datoit
» de deux mois, et qu'alors il y avoit déjà une garnison dans
» la place.

» La troupe alla loger alors dans la campagne, qu'elle ruina. Les
» soldats mettoient leurs chevaux dans les bleds et tuoient les
» aumailles et moutons, à leur convenance, pour les manger.
» Plusieurs fois ils tentèrent d'entrer en ville ; mais ils ne le
» purent, parce qu'on faisoit bonne garde, le jour et la nuit. Les
» transes d'une surprise agitoient les esprits, qui n'eurent de calme
» que le mardi 23, qu'ils délogèrent enfin. »

Du 3 au 5 novembre, il passa, presque sous les murs d'Entrain, une armée du roi, composée de dix à douze mille hommes ; elle allait dans la Guyenne pour s'opposer aux desseins du prince de Condé, chef du parti de la Fronde. Un fourrier de cette troupe, heureusement pour les habitants, traversa la ville, dix à douze jours auparavant. On traita avec lui pour une somme de 1,000 livres, et l'on prévint ainsi de grandes pertes, car ces troupes *ravagèrent tout sur leur passage*. Elles emmenaient les bestiaux, après avoir rançonné les propriétaires, et emportaient même le mobilier à leur convenance. Les campagnards s'étaient enfuis dans les bois (1).

Au mois d'avril 1652, le prince de Condé, étant revenu de Guyenne, déguisé en courrier, se mit à la tête de l'armée réunie dans le Gâtinais par les ducs de Nemours et de Beaufort, ses partisans, et profitant de l'audace que son arrivée soudaine et imprévue inspirait aux soldats, il attaqua, près de Gien, le maréchal d'Hocquincourt, général de l'armée royale. Il lui enleva plusieurs quartiers, et l'eût entièrement défait, si Turenne ne fût venu à son secours. Mais battu à Bléneau, malgré les plus énergiques efforts, il éprouva de grandes pertes. Six cents reîtres ou Allemands réformés, qu'il avait appelés à son service, se répandirent, par suite de la déroute de son armée, dans les campagnes d'alentour et y causèrent les plus grands dégâts. Saint-Amand et Lainsech furent pillés et brûlés. Bouhy, Sainpuys, le Mée et diverses autres localités furent saccagés. *Tous les pays crioient miséricorde des desgats qu'ils faisoient.* Ces misérables ne s'éloignèrent que lorsque l'armée, qui les poursuivait, parut devant Saint-Fargeau. Tout le monde, dans l'épouvante, fuyait devant eux. Un grand nombre de familles des environs se réfugièrent à Entrain, dont les habitants, nuit et jour, sur leurs murailles, étaient décidés à se bien défendre. Les portes de la ville étaient fermées, les ponts-levis dressés, et il n'était permis à personne d'en sortir, pas même pour conduire les morts au cimetière. Le 18 avril, en effet, il mourut un enfant, Mathieu Poupy, âgé de trois ans; on l'inhuma, par crainte d'une surprise, sous le chapiteau de l'église (2).

---

(1) L'abbé Bourgoing, *Liber Ridentium et Flentium.*
(2) *Registres de catholicité*, archives de la mairie d'Entrain. On lit dans celles du château de Beauvais : « Il apert que le seize avril dernier, des
» gens de guerre, au nombre de quatre à cinq cens, estant audit Linsecq,
» ont pillés, vollés brûlés et incendiés l'esglise, les maisons seigneurialles,
» le presbytère et toutes les maisons des habitans, sans y rien laisser que
» les murailles; et mesme que l'ardeur du feu avoit pénétré dans une cache,
» à deux ou trois pieds sous terre, où Pierre Rimbault, notaire, avoit enterré
» ses minutes et les avoit brulées toutes. » (Procès-verbal de Pierre Frappier, du 13 mai 1652.)

Entrain n'en avait pas fini avec les exactions et les contributions de tout genre. Le comte de Bussy-Rabutin, ce gouverneur du Nivernais, dont il a été parlé, devait l'exploiter à son tour. Sa conduite envers les habitants fut si odieuse, que l'abbé Bourgoing en parle avec une sorte d'horreur. « Au lieu, dit-il, de protéger et
» de mettre à couvert le peuple soumis à son maudit gouverne-
» ment, tout le premier, ce lion enragé et furieux le veut dissiper
» et mettre en proie. Chaque bicoque, ville ou bourgade passe
» par les mains de ce tyran, sous le fer des oppressions de ce
» vaurien. Il faut pourtant trouver de l'argent pour contenter et
» assouvir ce larron. Notre pauvre ville d'Entrain, déjà si oppres-
» sée par des calamités et des ruines, et encore tout fraîchement
» affligée par la somme de 600 livres qu'elle luy a payée, saura
» qu'en penser et dire. Il luy faisoit espérer qu'il la maintiendroit
» et la sauveroit des gens de guerre ; néanmoins, au préjudice de
» ces promesses, toutes remplies de fallaces et tromperies, il l'a
» trahie, ni plus ni moins qu'un Judas fit de son bon Maître (1).

» Usant donc d'une trahison abominable, il envoie cent cin-
» quante maîtres à nos portes, avec tout plein d'autres satellites,
» dont les doigts se ployent déjà pour se mettre bien en devoir de
» nous tous piller, pour détenir nos maisons et nous réduire au
» sac. Toute la pauvre ville va au-devant d'eux. On demanda à ces
» pillards, dont le chef était un huguenot, Noë Beauvais, duquel
» ledit de Bussy se servoit d'ordinaire en tels brigandages et
» voleries, ce qu'ils demandent, ce qu'ils veulent, quelles sont
» leurs intentions. Ils répondent qu'ils ont ordre, pour dix jours,
» de faire leur assemblée en ce lieu. Et, en effet, ils font apparoir
» un écrit daté du mois de février dernier, ce qui fit voir claire-
» ment la fourbe et malice dudit gouverneur, qui vouloit de cette
» pauvre ville faire comme d'un pré, la faucher deux ou trois
» fois l'année. Ils disent qu'on prenne garde et qu'on fasse paction
» avec eux, qu'autrement, s'ils entrent, ils ruineront entièrement
» le lieu.

» La disposition où ils se mettoient d'exécuter leurs exécrables
» paroles obligea les pauvres habitants, assez peureux naturelle-

---

(1) Ce langage acerbe montre le cœur d'un père exaspéré des maux de ses enfants. Qui pourrait le blâmer ?

» ment et étourdis des brigandages passés, à faire composition
» avec eux à la somme de 1,700 livres tournois. Cet accommo-
» dement se fist le 3e avril 1652, et le 12e de may suivant, il toucha
» 1,200 livres, que les habitants empruntèrent d'un particulier des
» champs, en s'obligeant tous solidairement au païement de cette
» somme et aux intérêts, tout aussi longuement qu'ils seroient en
» debet.

» Quant à la somme qui restoit, il s'en fit payer avec une voie si
» extraordinaire, que le diable auroit de la peine à en controuver
» une plus pernicieuse et méchante. Dans le commencement de
» juillet suivant, il envoya..., dans les villages de la paroisse,
» cinquante hommes de pied, qui y firent grand ravage..... jusqu'à
» ce que les pauvres villageois, lassés de se voir tourmentés et
» persécutés, se fussent efforcés à faire la somme restante. »

Le 6 septembre et les jours suivants, Entrain fut traversé par une armée d'environ six mille hommes, infanterie et cavalerie, qui s'en retournait de Montrond. Les habitants, pour éviter tout désordre, donnèrent au chef, nommé Baradas, une somme de 400 livres qu'ils empruntèrent et qui fut dépensée dans les tavernes. Cette précaution les préserva de beaucoup de voies de fait (1).

A cette époque, il semble qu'Entrain devait tomber continuellement de Charybde en Scylla. Le 16 février 1653, une compagnie de cavalerie, du régiment de Beauvau, vint y tenir garnison, et y resta jusqu'au 8 juin. Elle n'était, au commencement, que de quinze maîtres, non compris les valets, sous le commandement d'un nommé des Valours, qu'il aurait été plus juste, dit notre chroniqueur, d'appeler *des Voleurs*. Mais bientôt un capitaine dit de Montigny, *grand rodomont, grand blasphémateur*, amena, sous prétexte de compléter la compagnie, quinze à vingt soldats. Ils étaient presque tous enfants de Nevers; mais, quoique compatriotes, ils ne furent pas meilleurs envers les gens d'Entrain, auxquels ils coûtèrent 5,700 livres en argent, sans parler des exactions de tout genre. Ces hommes se répandaient dans les communes voisines et rentraient en amenant avec eux foin, paille, grains de toute espèce, veaux, moutons, volailles..... Comment en aurait-il été autrement,

---

(1) L'abbé BOURGOING, *Registres de catholicité.*

quand le capitaine lui-même se livrait, sans vergogne, à toutes sortes de larcins (1)?

Dans le cours de leurs déprédations, neuf ou dix cavaliers se présentèrent au Petit-Réveillon, chez le nommé Poupy, déjà connu par un tragique événement. C'était un homme violent, *dangereux*, qui ne voulait entendre à aucune composition. Il s'ensuivit une rixe, puis un combat à mort. Poupy, appuyé par son frère, qui tomba bientôt inanimé, se défendit avec rage. Il tua deux chevaux et blessa les deux hommes qui les montaient. Il se retira enfin épuisé, couvert de blessures. Les soldats, furieux, prirent le corps de Cadet Poupy, le mutilèrent et le pendirent à un arbre.

Ils rencontrèrent, dans une excursion, entre Labuxière et Montargis, des marchands ambulants, qu'ils dévalisèrent complétement. Ils emportèrent une grande quantité de pièces de toile, de velours, de soie, de taffetas et beaucoup d'argent. On disait, dans le public, que ce vol pouvait bien s'élever à une somme de dix mille écus, qui vaudraient aujourd'hui peut-être trois cents mille francs (2). Quelle triste époque que celle où tant de désordres, tant de vols, tant de brigandages restaient presque toujours impunis! Le misérable des Valours était un bel homme, d'un esprit cultivé. Il parvint, malgré la répugnance que sa conduite désordonnée et les horribles méfaits de sa troupe devaient naturellement inspirer, à s'introduire dans quelques familles honorables, où il mit le trouble et la division. Ces pages sont lugubres; il est temps de passer à d'autres faits.

X.

Legs et fondations pieuses; la boîte des trépassés; le Nivernais est vendu au cardinal Mazarin; reconnaissance des droits seigneuriaux; le monastère de Notre-Dame-des-Anges va tomber; procès de l'ordre de Mont-Carmel et des habitants avec les religieuses.

Le dix-septième siècle se signala par une foule de fondations pieuses; aussi contrastera-t-il toujours avantageusement avec le

---

(1) L'abbé BOURGOING, *Registres de catholicité*.
(2) *Ibid.*

suivant, qui les détruisit toutes. Outre les legs, dont nous avons parlé plus haut, nous en rapporterons encore quelques-uns qui démontreront les sentiments chrétiens de l'époque.

Jean Delaunay, bourgeois de Paris, originaire d'Entrain, n'oublia, à son lit de mort, ni son intérêt spirituel, ni son pays natal (1). L'esprit patriotique, comme le dévouement, est naturel au vrai chrétien ! Le 30 octobre 1650, il légua, à l'église qui l'avait vu naître et où il avait été régénéré par le baptême, une somme de 300 livres, pour faire *dire et chanter*, chaque année, à perpétuité, un service pour le remède de son âme, et un *Libera* tous les dimanches, à l'issue de la messe paroissiale. Cet argent, avec 150 livres ajoutées par la fabrique, servit à acheter une *chapelle complète d'ornemens* (2).

Cinq ans plus tard, noble Guillaume de Grandry, écuyer, seigneur de Ferrières, donna, à son tour, 150 livres à la fabrique, pour des prières et le droit d'être inhumé dans la chapelle *Saint-Jean*, où sa famille avait coutume de *prendre séance* (3).

Le 22 novembre 1676, noble Antoine du Roux, baron de Réveillon, après s'être assuré les suffrages de l'Église, légua une rente de 6 livres tournois pour avoir la faculté de faire poser un banc, pour lui, sa famille et ses héritiers, devant l'autel de la chapelle *Saint-Hubert, nouvellement construite* (4), au côté droit et à l'entrée, où il pourra, ainsi que sa famille, être inhumé. Il y fut déposé, en effet, peu de temps après (5).

Les familles Berger, Liger, Mathias, Raffin... ont laissé des tes-

---

(1) La branche, qui resta au pays, s'appela, dans la suite, par syncope, Daunay.

(2) Archives de la fabrique.

(3) Le croisillon sud du transept.

(4) Aujourd'hui de Saint-Joseph.

(5) Les principaux habitants, réunis pour l'acceptation de ces diverses fondations, sous la présidence de Sulpice Bourgoing, curé de la paroisse, étaient : noble Louis Raffin, juge ; de La Rue, échevin ; de Grandpierre, médecin ; Parmentier, Liger, Rousset, Collot, Fabre, Lescorchois, recteur des écoles ; Leroy, Rigault, Pic, Raveau, Patteau, Cornu, Reuillard, Guibert, de Grandry, Dupin, Rousset, Sadier. Toutes ces familles, à l'exception de trois, ont disparu.

taments rappelant leur bienfaisance et leurs sentiments profondément chrétiens.

Dans ces temps où l'on voyait tant de désordres, mais aussi tant de foi et de vertus, la piété envers les défunts, à Entrain, mérite une honorable mention. Les morts ne cessaient pas, pour ainsi dire, de faire partie de la famille ; du moins, leur souvenir était toujours présent à la mémoire des survivants. On avait constitué un procureur spécial pour prendre soin de leurs intérêts. Cet élu des familles recueillait, avec zèle, les offrandes en pain et vin qui se faisaient, chaque dimanche, les vendait, à l'enchère, au sortir de l'office, et en déposait le produit, avec les autres dons, dans un coffre-fort, appelé la *boîte des trépassés*. Le fruit de ces aumônes servait à faire offrir le saint sacrifice de la messe et autres prières, pour le soulagement des âmes du purgatoire. Pierre Jobert (1), procureur des trépassés, en 1554, fit valoir leurs intérêts par-devant Jean d'Abont, juge ordinaire d'Entrain, et Simon Bardolat appela, par-devant Mathurin Lemaire, le 8 août 1614, Simon Jaillard, assez peu délicat pour prendre *le pain des morts et l'appliquer où bon lui sembloit* (2).

Nous voici arrivé au moment où la châtellenie d'Entrain, le duché de Nivernais et Donziais vont changer de maîtres. Le duc Charles II de Gonzague était criblé de dettes, *redevable de notables sommes de deniers envers plusieurs créanciers*, qui avaient fait saisir toutes ses terres de France. Il avait formé opposition, à plusieurs reprises ; mais voyant enfin leur obstination et l'impossibilité, où il se trouvait, de les satisfaire, il se détermina à vendre son duché de Nivernais. L'acte d'aliénation, qui en transporta la propriété, sans retenue, ni réserves, moyennant une somme de dix-huit cent mille livres, à Jules cardinal Mazarini, duc de Mayenne, pair de France, fut passé, le 11 juillet 1659, en l'étude de Guillaume Le Roux et François Fouyn, notaires au Châtelet de Paris. Le marché conclu, au nom du cardinal, par Jean-Baptiste Colbert, baron de Seignelay, intendant de sa maison, fut ratifié par lui, le 8 septembre suivant. La vicomté d'Entrain appartenait alors à Hubert ou Imbert de Grivel, marquis de Pesselières,

---

(1) Nous avons rapporté son épitaphe, page 14
(2) Archives de la fabrique.

seigneur de Sougères, de La Sauvin et de Paroy, qui lui en fit foi et hommage (1).

Le 8 juin 1674, Joseph de Lisle, avocat à la cour, commissaire et conseiller en la Chambre des comptes de Nevers pour très-haut et puissant seigneur Philippe-Julien Mazarini-Mancini, duc de Nivernais et Donziais, pair de France, commandeur des ordres du roi, gouverneur et lieutenant-général du ressort et enclave de Saint-Pierre-le-Moûtier, conseiller de Sa Majesté, en tous ses conseils d'État (2), vint à Entrain pour recevoir les déclarations des habitants concernant les droits de la châtellenie, dont on voulait renouveler le terrier. Il fit, en conséquence, assigner, par Jean Jolivet, huissier ducal, Edme Raveau, échevin de la ville, et tous les habitants à *comparoir* par-devant lui, en l'auditoire, où il se trouva, à *l'heure de deux après midi*. Il était assisté de Louis Raffin, avocat, juge ordinaire d'Entrain, lieutenant particulier de la maîtrise et gruerie; de Pierre Grosjean, sieur de Villaines, lieutenant, et de Louis Rousset, procureur fiscal. Les sujets de la châtellenie reconnurent alors tous les droits seigneuriaux, rapportés plus haut, et amplement détaillés aux pièces justificatives. On constata, avec un soin minutieux, les limites de la justice, et l'on dressa du tout un procès-verbal pour servir à la confection du nouveau terrier (3).

---

(1) Le marquisat de Pesselières se trouvait dans la commune de Sougères; il ne reste plus rien du beau château de cette seigneurie, où Charles IX séjourna, en avril 1566. Il occupait une hauteur, à un kilomètre, au nord-est du village. La Sauvin dépend d'Étais, et Paroy d'Oisy.

(2) Il avait succédé à son oncle, le cardinal Mazarin, en 1661.

(3) Voici les noms des habitants d'Entrain, non compris les sujets de la vicomté, qui firent reconnaissance : Sulpice Bourgoing, curé; Edme Raveau, échevin; Louis Raffin, juge; Pierre Grosjean, sieur de Villaines, lieutenant; Louis Rousset, procureur fiscal; Jean Jolivet, sergent; Thomas Camus, procureur; Louis de Grandpierre, médecin; Jérôme Collot, praticien; Pierre Rigault, Louis de Larue, Jean Lecomte, Léon Tolère, Nicolas Robin, Jean Grandjean, Jean Lanchard, François Berger, Jean Trouvé, praticien; Nicolas Guillier, Edme Naulin, François Cornu, Jean Gaboury, Jules Desruées, Jean Guignebert, Jean Moulyot, Louis Jaillard, Louis Siffard, Jean Maignan, Jean Bureau, Jean Naulin, Jean Mouceau, Edme Bellan, Jean Muteau, Jean Liger, Louis Lemaire, Jacques Plouquet, Jean Desjours, Félix Cornu, Pierre Regnard, Félix Majeux, Edme Naulin, le jeune, Louis Frossard, Claude

Cependant le monastère de Notre-Dame-des-Anges, que nous avons vu commencer sous d'heureux auspices, n'avait pas encore un demi-siècle d'existence, que déjà il s'affaissait comme un vieillard sous le poids des ans et des infirmités. L'abbesse Madeleine Rebours avait construit la maison, bâti une belle chapelle, formé la clôture, établi un temporel confortable ; tout semblait sourire au nouvel établissement, lorsque la mort ou un changement vint tout paralyser, tout arrêter (1). La mère Michelle de Troussebois, qui lui succéda, gouverna la maison pendant dix-sept ans et ne fit rien. La sœur Catherine Andras de Serre, nommée après elle, était

---

Bardolat, Antoine Chabert, Philippe Pourcher, Marin Riguelet, Simon Thomas, Louis Charlin, Michel Mathias, le jeune, François Moulyot, Pierre Gandré, Claude Perreau, Michel Mathias, l'aîné, Jean Vannier, Jacques Sellier, Jean Grandjean, le jeune, Nicolas Tartarin, François Majoux, Philibert Pasquette, Jacques Boisseau, Jacques Pouillon, Romain Collard, Verain Mathias, François Berger, le jeune, Jean Jolivet, le jeune, Gilbert Loret, Edme Magny, Pierre Trouvé, Jean Gallyot, J. Gaboury, le jeune, Jean Guignebert, Edme-Verain Maréchal, Paul Fabre, Hugues Jolivet, Jean Mercier, Nicolas Billault, Jean Lecomte, Guillaume Huique, Louis et Jean Besse, Denis Duchesne, Jacques-Philippe Montré, Pierre Rigault, Michel Frémy, François Bougé, Claude Lescorchois, Edme Michel, Charles Gandré, Jérôme Collot, Laurent Boulu, Verain Rousset, Loup Regnard, Antoine Raveau, Edme Gilbert, Romain Maignan, Claude Bonichon, Claude Picq, Joachim Chauveau, Claude Jouneau, Roger Arnoult, Denis Jullien, Jean Chevau, notaire royal; Pierre Leclerc, Louis Rousset, le jeune, Georges Reuillard, Edme Raveau, Laurent Reuillard, Jean Pynon, François Godard, Edme Creuillon, Louis Coupechou, Jean Taupin, Jean Boiscourjon, Jean Thomas, Claude Loison, Léonard Lorin, Louis Barbier, François Bougé, le jeune, Pierre Riguelet, Louis Charlin, Jean Gaboury, Sulpice Parmentier, Jacques Deseaux, Nicolas Jannot.

(1) Les principaux bienfaiteurs de la maison furent, outre le duc de Bellegarde, le père Bondis, son aumônier, Alexandre Rebours, frère de l'abbesse, président et conseiller d'État, qui, *par dévotion et en sa faveur*, donna 6,000 livres et fit obtenir 300 livres d'amende de la Cour des aides. Il mourut le 21 octobre 1652. On faisait, chaque année, son obit, composé d'une *messe haute* de *Requiem*, et de *Vigiles basses*, à neuf leçons. Messire Charlot, chanoine d'Auxerre, leur neveu, lequel, pour répondre aux *pieux desseins de l'abbesse, sa tante*, légua 1,300 livres. Il décéda au mois d'avril 1646. On célébrait pour lui, annuellement, une messe haute de *Requiem* et un *Libera* à la fin. En 1663, un gentilhomme, qui voulut garder l'anonyme, fit don de 300 livres, à condition que l'abbesse et les religieuses auraient *grand soin de prier Dieu persévéramment* pour le repos de son âme. (Archives de l'Yonne.)

issue, comme ses devancières, d'une grande et noble famille; elle avait de la vertu; mais c'était une femme molle, sans énergie. Tout prit, sous son administration, un caractère de faiblesse, de langueur, qui mena rapidement le monastère à sa ruine. Les habitants, mécontents, revendiquèrent la concession de l'hôtel-Dieu et de ses revenus, faite trente ans auparavant.

En effet, le 20 mars 1668, Jean Grandjean, sergent de la châtellenie, se présenta au parloir du couvent, et ajourna, à la requête de Louis Rousset, procureur fiscal, et d'Edme Leclerc, échevin de la ville et communauté d'Entrain, Françoise Andras de Serre, abbesse du monastère, et ses religieuses, au samedi suivant, à dix heures du matin, par-devant le juge d'Entrain ou son lieutenant, « pour déclarer en vertu de quoy elles jouissent des cens, rentes et
» des quatorze arpens de terres, situées au finage de la maison-
» fort du Chesnoy, appartenantes à l'hospital, cy-devant fondé par
» les habitants; rapporter et communiquer les titres, si aulcuns
» elles ont, à faulte de quoy faire, ayant esgard que lesdits droits et
» titres ont appartenu, de tout temps, audit hospital, dont le revenu
» a esté converti en aulmosnes et charités par l'administration ;
» voir dire qu'elles se désisteront et départiront de l'indue jouis-
» sance desdits droits et terres, au profit des habitans de cette
» communauté, avec restitution des fruictz et levées, selon le
» rapport de prud'hommes, dont les partyes conviendront ou qui
» seront pris d'office... »

Le procès fut poursuivi en la *Chambre royale*, à Paris, par le vicaire général, les commandeurs et chevaliers de l'ordre de Notre-Dame du Mont-Carmel et de Saint-Lazare de Jérusalem. Les habitants d'Entrain, par délibération publique du dimanche 13 janvier 1675, déclarèrent y prendre part.

L'arrêt, rendu le 28 mai suivant, condamna les religieuses à se démettre et dessaisir des biens et revenus de l'hôpital en faveur de l'ordre; mais il les maintint dans la possession et jouissance, *comme par le passé, des bastimens, esglise, chapelle, lieux réguliers, et autres logemens, jardin, closture, soit que les bastimens et closture fissent partye des bastimens anciens dud. hospital, soit qu'ils eussent esté faits sur le fonds d'iceluy.* Ce même arrêt leur attribua, en outre, la moitié des fonds et revenus de l'hôpital, libres de toutes charges, à condition de faire acquitter les services religieux dont il était tenu avant ou depuis leur établissement.

DEUXIÈME PARTIE. 115

Quant à l'*hospitalité*, pour laquelle la maison de charité avait été spécialement fondée par les habitants, elle devait être *exercée*, à l'avenir, *conformément à la déclaration du roi*, de l'année précédante, par les Carmes (1). Ces religieux l'exercèrent, sans doute, dans la maison qui forme l'angle de la Grande-Rue et de la rue des Fangeats. On voit dans le pignon de cette habitation, à caractère monumental, une ancienne baie cintrée, qui dut servir à un oratoire intérieur. Le puits, dit *des Carmes*, qui en était voisin, en fournit une autre preuve.

Le monastère de Notre-Dame-des-Anges était dans un véritable état de détresse. Les rentes s'acquittaient mal ; les parents des postulantes promettaient des dots, qu'ils ne payaient pas, ou seulement à demi, comme Ludovic de Chevigny ; les élèves ne soldaient guère mieux le prix de leur pension (2). De cette manière, les revenus étaient tombés à un taux excessivement bas, 300 fr. environ, toutes charges acquittées. Les religieuses, alors au nombre de quatre seulement, trois professes et une sœur tourière, avaient peine à vivre ; souvent elles ne pouvaient avoir ni aumônier, ni servante, et les bâtiments étaient en délabre (3).

Le roi, informé de cet état de gêne, leur fit défense, en 1678, de recevoir des novices, surtout à profession. En effet, le 13 juin de cette année, Michel Frémy, juge ordinaire de la châtellenie, se rendit au monastère, et là, « les dames abbesse et religieuses de la
» maison et couvent d'Entrain, assemblez à la grille du parloir,
» comparut, en sa personne, maistre Pierre Poulet, prestre, doc-
» teur en Sorbonne, directeur du séminaire du diocèse d'Auxerre,
» lequel exhiba certaine lettre, adressante auxdites dames supé-
» rieure et religieuses, et scellée du petit cachet aux armes du roy ». Elle était ainsi conçue : « Chères et bien-amées, nous avons esté
» informé que depuis le décedz du feus évesque d'Auxerre, vous

---

(1) Voir la sentence de la chambre aux pièces justificatives.

(2) Il s'agit de Chevigny, près Decize. Ce seigneur avait promis, lors de l'entrée en religion de sa fille, Marguerite de Chevigny, une dot de 1,700 livres. Il en paya, vaille que vaille, 700. Dix ans après, il devait encore intérêts et principal. La famille de Lange redevait plusieurs années de la pension de ses filles.

(3) Heureusement pour elles, les Clarisses quêteuses de Decize et de Gien venaient souvent à leur secours.

» estant prévalues de la vacance du siége, vous auriez obtenu la
» permission de recevoir cinq novices, qui sont présentement en
» votre couvent, et que vous prétendés leur faire faire profession,
» au premier jour, sans la participation et agrément dudict abbé
» Colbert, par nous nommé audict evesché. Et comme cela seroit
» contrevenir à nostre intention, nous vous avons voulu faire ceste
» lettre pour vous deffendre très-expressément, ainsy que nous
» faisons, de recevoir à la profession lesdictes cinq novices, ny
» d'autres dans la suite, sans le consentement et agrément dudict
» futur evesque, et sans qu'il ait pris connaissance de l'estat de
» vostre couvent, et à ce ne faites faulte, sur peine de nullité
» desdites réceptions et de désobéissance. Car tel est nostre plaisir.
» Donné au camp de Vetteere, le vingt-septiesme jour de may
» 1678. »

Cette lecture entendue, les religieuses répondirent qu'elles se soumettaient entièrement aux ordres de Sa Majesté et n'iraient jamais à l'encontre. Sur ce, le juge leur remit, en présence de Barthélemi Regnard, leur directeur, et de Louis Rousset, procureur fiscal, la lettre du roi, et se retira.

Le 10 septembre 1685, l'évêque d'Auxerre, André Colbert, vint à Entrain et alla loger chez l'avocat Regnard. Le lendemain, il se rendit, accompagné de son secrétaire, de Pierre Millelot, curé de la paroisse, et de diverses autres personnes, au monastère de Notre-Dame-des-Anges, pour en faire la visite. L'aumônier était alors David de Dieppe, prêtre du diocèse de Rouen, que les religieuses avaient engagé pour trois ans, moyennant un traitement annuel de 70 livres, plus la nourriture, le logement et le chauffage. Il demeurait alors dans une maison, *de l'autre côté de la rue*, c'est-à-dire au presbytère actuel.

Cet ecclésiastique les ayant quittées dans le cours de l'année suivante, elles se trouvèrent destituées des secours spirituels comme des biens temporels. Alors elles adressèrent à l'évêque Colbert, au mois de décembre 1686, une requête, qui dépeint leur triste dénûment; elle était ainsi conçue : « Monseigneur, supplient hum-
» blement sœur Françoise de Serre, Claude Taboué, dite des
» Anges ; Anne Griveau, dite de Saint-Joseph ; Charlotte Foultier,
» dite de Saint-Charles, supérieure, religieuses du chœur et
» converse du monastère de Notre-Dame-des-Anges d'Entrain, de
» l'ordre de Saint-François et de Sainte-Claire, dites Urbanistes

» mitigées, disant que leur monastère a esté establi sous vostre
» authorité et votre jurisdiction en mil six cent trente-huict ; qu'à
» cet effet, elles ont obtenu une bulle d'Innocent dixiesme, le
» sixiesme fevrier mil six cent quarante-huit, par laquelle elles
» sont soustraites à la jurisdiction des supérieurs de leur ordre,
» ainsy qu'elles vous ont dict, lorsqu'elles ont eu l'honneur de
» recevoir votre visite épiscopalle ; que leur monastère n'est com-
» posé que des suppliantes, toutes d'un aage très-avancé ; car la
» sœur de Serre, dite Pacifique, supérieure, est aagée de soixante-
» quatre ans; ladicte sœur Taboué, de soixante-quinze; ladicte
» sœur Griveau, de cinquante-neuf, et ladicte sœur Foultier,
» converse, aussi de cinquante-neuf ans; que leur revenu est de
» si peu de conséquence, qu'elles ne peuvent avoir aucune servante
» pour les servir, à un aage si avancé ; que leurs bastiments sont
» en très-mauvais estat, qu'ils ne sont pas propres pour la régu-
» larité, comme Votre Grandeur a pu le voir lors de sa visite ;
» qu'elles n'ont pas les facultés pour subsister, bien loin de pouvoir
» les réparer et les rendre réguliers, ce qui faict qu'elles souffrent.
» Mais leurs besoins spirituels sont encore plus grands et plus
» considérables, puisque depuis un grand nombre d'années, elles
» ont esté presque sans prestres, sans messes, sans confesseurs,
» n'ayant pas de quoy en entretenir un ordinairement, et mesme
» depuis cinq ou six semaines, que le sieur de Dieppe les a quittées,
» elles n'ont point ouy la messe que deux ou trois fois, et par
» occasion de prestres qui se sont présentés. Ainsy, elles sont
» abandonnées et sans aucun secours spirituel, ce qui faict qu'elles
» ont recours à Votre Grandeur pour, par elle, y estre pourvu.

» Ce considéré, Monseigneur, lesdites sœurs vous supplient
» humblement de vouloir les faire transférer dans tel monastère de
» religieuses que vous aurez agréable, pour y vivre et y passer
» leurs jours selon la profession religieuse, en faisant unir et incor-
» porer leurs biens, meubles et immeubles, au monastère où elles
» seront transférées et unies, et vous les obligerez à prier Dieu
» pour la santé et la prospérité de Votre Grandeur. »

L'évêque ne pouvait pas rester indifférent à des plaintes si légitimes, du moins en apparence. D'ailleurs, il connaissait l'état des
choses par lui-même, puisqu'il avait visité, quelque temps auparavant, cet établissement religieux, qui n'en avait guère que le
titre, les sœurs ne suivant plus la règle de leur ordre. Le 13 mai

1687, après avoir rempli toutes les formalités et procédures canoniques, exigées par le droit, il porta une ordonnance qui les incorporait et unissait, elles et leurs biens, au monastère des Isles, situé dans sa ville épiscopale, dont la supérieure était Hélène Colbert, sa parente.

Ce décret ou ordonnance se termine ainsi : « Tout considéré, » ayant égard à la requeste desd. religieuses d'Entrain et aux » procès-verbaux de l'estat de leur monastère, nous leur avons » assigné et assignons, pour lieu de retraite, l'abbaye et couvent de » Notre-Dame-des-Isles d'Auxerre, n'ayant dans nostre diocèse » aucun couvent de l'ordre et congrégation, dont sont lesd. reli- » gieuses, et à cette fin, nous leur avons permis et permettons de » sortir de leur dit couvent d'Entrain et aller aud. monastère des » Isles, pour y vivre selon leur profession régulière, comme pen- » sionnaires, et sans y estre aggrégées. Et afin qu'elles n'y soient » point à charge et subvenir à leurs besoins et nécessitez, nourri- » ture et entretien, nous avons uni et incorporé, unissons et » incorporons tous les biens dudit monastère d'Entrain au monas- » tère de ladite abbaye des Isles... »

Le roi donna, au mois de février de l'année suivante, ses lettres-patentes confirmatives, et c'en fut fait du monastère de Notre-Dame-des-Anges à Entrain.

Les habitants, réunis comme d'ordinaire, au son du tambour, le 6 janvier, avaient délibéré unanimement de s'opposer à la *translation et union* des religieuses et avaient nommé, pour suivre l'affaire, l'échevin Étienne Pajot, qui se rendit aussitôt à Auxerre. Mais jugeant, sur les lieux, que *l'opposition était douteuse*, il revint, et réunissant de nouveau les habitants, il leur exposa le résultat de son voyage. On résolut alors de s'en tenir là et de demander l'établissement d'un vicariat. Jusque-là, les fonctions vicariales avaient été remplies par l'aumônier du couvent, et précédemment par le prêtre, *maître et administrateur* de l'hôtel-Dieu.

Ils s'adressèrent donc à l'évêque, lui exposèrent que leur *ville estoit une de celles qui avoient qualité pour cette faveur; attendu qu'il y avoit plusieurs foires par an et un marché, chascun mercredi de la semaine, que la paroisse se composoit de dix-sept hameaux, distans depuis un quart de lieue jusqu'à une lieue, et de plus de cinq cents communiants.*

L'évêque, faisant droit à leur requête, délégua Nicolas Marpon, prêtre, docteur en théologie, vice-gérent et juge ordinaire de l'officialité, pour procéder, sur les lieux, à une enquête *d'utilité et incommodité*. Il vint à Entrain le 18 avril, et reçut la déposition de Gabriel Hollut, curé de Notre-Dame de Perroy ; de Claude Foulley, curé de Couloutre-la-Rivière ; de François Garnier, curé de Menestreau ; d'Edme Guignebert, curé de Saint-Cyr ; de Michel Roy, curé de Sainpuys, et de plusieurs personnes séculières ; tous confirmèrent la vérité des motifs allégués par les habitants. Alors le prélat porta, le 6 mai, l'ordonnance qui suit :

« Veu par nous, André Colbert, évesque d'Auxerre... la requeste
» à nous présentée par les habitans de la ville et paroisse d'Entrain,
» tendante à ce qu'il nous plust ordonner l'establissement d'un
» vicaire audit Entrain ; les raisons de leur requeste estant que
» ladite paroisse est composée de dix-sept ou dix-huit hameaux
» écartés les uns des autres d'une lieue et demi-lieue ; qu'elle a
» quatre à cinq lieues de tour, que le nombre des communians est
» de six cents ou environ, et que le curé ne peut pas la desservir
» seul... ; veu le procès-verbal de jurande des tesmoins, du jour
» dix-huitiesme avril, fait par le sieur Nicolas Marpon, l'enqueste
» et information par luy faite le mesme jour, à la requeste desdits
» habitans, les conclusions de nostre promoteur de cejourd'huy :
» Tout considéré, nous ordonnons que dans ladite ville et paroisse
» il y aura un vicaire establly pour la desservir, avec le curé, aux
» frais de qui il appartiendra... »

En conséquence, le prêtre Jean Tollard fut envoyé à Entrain en qualité de vicaire. Le 20 mai, les habitants, réunis, au son du tambour, par-devant Michel Frémy, juge de la châtellenie, considérant que la portion congrue de 150 livres, attribuée par l'ordonnance de Sa Majesté, n'était pas suffisante pour son entretien, lui votèrent unanimement un secours annuel de 120 livres, qui serait formé par les 30 livres payables, par l'échevin de la ville et le procureur fabricien, au prédicateur de l'Avent et du Carême. Le reste fut imposé sur les paroissiens.

Le 14 juin 1688, l'abbesse des Isles, d'accord avec ses religieuses et celles d'Entrain, abandonna aux habitants de la ville *la petite maison, ses aisances et appartenances, la chapelle avec le chœur des religieuses, l'appartement du parloir, où estoit logé le vicaire, le jardin derrière, à prendre jusqu'au coin du cimetière et tirer, à droite ligne, du même coin jusqu'à l'allée des arbres* (1).

Le lendemain, toutes ces religieuses, capitulairement assemblées, au son de la cloche, *à la manière accoutumée, pour leurs affaires de communauté*, au parloir, vendirent la maison conventuelle, avec les dépendances, comprises dans l'enclos des murs, les métairies de la Marquise et de Forges, leur moitié des quatorze arpents de terre indivis avec l'hôpital ou *Messieurs de l'ordre du Mont-Carmel*, à Georges du Hautbois, écuyer, sieur de La Roulliardière, demeurant à Entrain. Cette vente, non compris les charges seigneuriales envers le baron de La Rivière, le seigneur de Bouhy, et une rente de soixante-quatre bichets de froment, méteil et avoine, due à la famille Liron, sur la première de ces deux métairies, fut de 3,000 livres. L'acquéreur étant mort quelques années après, François Langlais, sieur du Marais, au nom de Marguerite du Hautbois, sa femme, et Edme Maignan, sieur du Colombier, au nom de Marie du Hautbois, sa pupille, vendirent ces immeubles, le 11 septembre 1696, à noble Michel Frémy, juge-lieutenant d'Entrain, pour 10,000 livres. Celui-ci acquit encore, le 13 mars, deux ans après, la rente de quinze bichets de grains, léguée en 1608 par Steph de Bozini, qui l'avait assise, comme il a été dit, sur son fief de Beauregard, aujourd'hui les Brenots, et non les Bernots, selon l'expression vulgaire, pour 400 livres (2). C'était tout ce qui restait des rentes du monastère de Notre-Dame-des-Anges.

XI.

Suppression du droit de péage ; épizootie ; loup enragé ; assassinat ; Cécile Parmentier ; Pierre Chevau, curé ; affaire des stalles ; réunion du titre du prieuré de Saint-Nicolas à l'église paroissiale.

Au commencement du dernier siècle, il s'éleva entre le duc de Nivernais, Philippe-Jules-François Mancini, qui avait succédé à son père, en 1707, et les habitants d'Entrain, une grave contes-

---

(1) Archives de l'Yonne.
(2) *Ibid.*

tation relativement au droit de péage sur les bêtes de somme et les chariots traversant la seigneurie. Après de longs débats devant les tribunaux ordinaires, où le duc établissait son droit par la reconnaissance faite devant Joseph de L'Isle, commissaire délégué par la Chambre des comptes de Nevers, en 1674, et par les clauses de divers baux de la châtellenie, notamment des années 1625 et 1721, l'affaire arriva au Conseil d'Etat (1). Le roi y siégeant, le 1er décembre 1739, rendit un arrêt qui déboutait le duc de son prétendu droit de péage. Il était ainsi conçu : « Le roy, estant
» en son Conseil d'Estat, conformément à l'avis des sieurs
» commissaires..., a supprimé et supprime le droit de péage,
» prétendu par le sieur duc de Nevers, dans la seigneurie d'En-
» train ; luy faict... très-expresses inhibitions et défense d'en
» continuer la perception, à l'avenir..., à peine, contre luy,
» de restitution des sommes qui auroient esté exigées, d'une
» amende arbitraire, au proffit de Sa Majesté, et contre les
» fermiers ou receveurs, d'estre poursuivis comme concussion-
» naires, et punis comme tels, suivant la rigueur des ordon-
» nances. » Cet arrêt fut signifié immédiatement au duc, et dès-lors il ne fut plus parlé de péage à Entrain. Le public fut ainsi soulagé d'un droit plus ennuyeux qu'onéreux ; car, d'après le compte-rendu du fermier, du 28 juillet 1625, il n'avait produit, dans l'espace de six ans, que cent vingt livres.

Cet acte et divers autres du même genre nous montrent l'esprit de liberté qui animait nos rois, et combien l'affranchissement du peuple leur tenait au cœur. La révolution de 1789 ne fut qu'un ouragan qui précipita, en bouleversant la patrie, un résultat que la monarchie aurait obtenu pacifiquement.

Le 23 mai 1731, tous les habitants d'Entrain, possédant des maisons ou autres propriétés, à titre de cens, durent se présenter de nouveau devant un commissaire ducal, et faire une reconnaissance authentique pour ces immeubles. Ils y parurent au nombre de cent trente-deux pères ou mères de famille, non compris

---

(1) Un arrêt interlocutoire, du 13 mars 1736, avait ordonné que, dans un mois, il justifierait d'une possession non interrompue depuis 1569 jusqu'à ce jour.

les sujets de la vicomté. Parmi eux on remarque, avec une sorte d'étonnement, une grande quantité de femmes veuves.

Quelques années plus tard, en 1747, une terrible épizootie fondit sur l'espèce bovine et la détruisit presque tout entière, en France. Les *mémoires* du temps rapportent que, sur cent bêtes, c'est à peine si elle en épargnait deux. Elle commença à Entrain, le 8 septembre, et disparut le 9 octobre. Cet espace de trente-un jours suffit pour enlever les neuf dixièmes du bétail. Les deux années suivantes, on n'en vit presque pas aux foires. Les hommes de l'art furent non-seulement impuissants contre le mal, mais ils n'en connurent pas même la nature (1).

Le dimanche 21 janvier 1748, un loup enragé, sorti des forêts, mordit horriblement quatre personnes : une jeune fille de Couloutre, nommée Bassot, qui s'en retournait de la messe de Menestreau, et sur la *chaume* du Mineray, un petit pâtre, J. Billard, originaire de Billy, et deux hommes, Edme Delinotte et Nicolas Majeux. Les deux premières victimes moururent le samedi suivant, après avoir annoncé d'avance le jour de ce fatal dénoûment. La bête furieuse, s'étant dirigée du côté de Réveillon, fut tuée derrière l'ancien château (2).

L'année d'après, le soir de la fête de saint Sulpice, une malheureuse marchande, une colporteuse étrangère, fut lâchement assassinée sur le chemin du Chesnoy, entre la Croix-Loret et ce hameau. On trouva sur elle un chapelet, ce qui permit de l'inhumer catholiquement.

Le 29 août 1749, toute la paroisse d'Entrain accompagnait à sa dernière demeure la dépouille mortelle d'Eugénie-Cécile Parmentier, décédée, la veille, en grande réputation de sainteté. Elle appartenait, par sa mère, à la famille de Chégoin. La maladie fut longue et douloureuse. Dieu se plaît souvent à éprouver les âmes qui lui sont dévouées et à les purifier comme des vases précieux. Elle succomba à un épuisement, causé par ses veilles, ses prières continuelles et ses grandes austérités. Véritable sœur de charité, elle soigna, avec une affection toute chrétienne, pendant plus de vingt ans, les pauvres, dont elle confectionnait de ses propres mains les

---

(1) Archives de la mairie, *Registres de catholicité*.
(2) *Ibid.*

vêtements et dont elle pansait les plaies. Aussi les vit-on, à ses funérailles, fondre en larmes, pousser de longs gémissements. Ils perdaient leur *bonne mère* (1).

Le 24 juillet 1755, on conduisait encore au cimetière d'Entrain un malheureux habitant de Corvol-l'Orgueilleux, Pierre Suryot, tué d'un coup de tonnerre, comme il regagnait ses foyers, au *bois des Dames*, près du *chêne au Loup* (2).

Le 28 novembre, trois ans plus tard, Entrain perdait son pasteur, Pierre-Nicolas Lefebvre, qui avait administré la paroisse, avec édification, pendant dix-neuf ans. Jean-Pierre Chevau, appelé à le remplacer, était un prêtre recommandable par sa science, son activité et son zèle. Un de ses parents, André Chevau du Coudray, maître-chirurgien, se fixa en même temps dans la ville, où il exerça, de longues années, son art respectable avec succès.

Le nouveau curé eut bientôt à lutter contre les officiers de la châtellenie, bien plus difficiles, plus despotes que le prince qu'ils représentaient. Le lieutenant et le procureur fiscal, saisissant le moment où le curé était absent, se permirent de clore et fermer de clé les six stalles du chœur de l'église. Cet acte d'autorité déplut naturellement à l'abbé Chevau et aux notables de la ville. Aussi portèrent-ils, de concert, leurs plaintes au procureur général du duché, en ces termes : « Monseigneur, les curé, juge, échevin et
» habitans de la ville d'Entrain prennent la liberté de représenter à
» Votre Grandeur que, dans tous les temps, les notables du lieu
» étaient dans une possession non interrompue de se placer, pour
» le service divin, dans six stalles du chœur, principalement desti-
» nées aux officiers de la justice, qui se rend au nom de Mgr le duc
» de Nevers, seigneur d'Entrain, auxquels, ainsi qu'aux notables,
» on n'a jamais disputé cette préséance. Or, les sieurs lieutenant et
» procureur fiscal de cette justice, tenus par état de veiller à la
» conservation de la paix, sont ceux précisément qui la troublent,
» sous les prétextes les plus mal imaginés. Saisissant le temps de
» l'absence du curé, sans en informer les échevins, ni les autres
» habitans, ils ont eu la témérité, de leur propre mouvement, de
» clore et de renfermer de clé ces six stalles, sous le ridicule pré-

---

(1) Archives de la mairie, *Registres de catholicité*.
(2) *Ibid.*

» texte d'en former un banc pour le seigneur d'Entrain, qui n'y
» vient, n'y y réside, sans ordre, de sa part, à ce juge (1).

» Cette révoltante innovation excita beaucoup de bruit dans la
» ville, et le sieur curé fut un des plus scandalisés, à cause de la
» modicité du chœur de son église et de l'injure personnelle à lui
» faite par cette entreprise concertée et effectuée à son insu, et
» même à dessein, en son absence. Il crut devoir en avertir M. le
» Duc, qui voulut bien faire écrire à son procureur fiscal qu'il
» n'entendoit point avoir de difficulté avec ses vassaux et qu'il
» falloit laisser les stalles en leur premier état.

» Cette réponse, *qui valloit un ordre*, ne fut communiquée qu'au
» tumultueux lieutenant et au garde des chasses. Ces trois hommes
» ligués, au lieu de s'y conformer, prétendirent qu'ils avoient été
» autorisés à maintenir cette clôture. En conséquence, le même
» préposé aux chasses a quitté le banc qu'il occupoit dans la nef, au
» nom du seigneur, est venu se placer dans les stalles et a voulu
» expulser plusieurs notables. Ainsi, voilà un garde-chasse établi
» pour en défendre l'accès à tous autres. Cette conduite a causé
» beaucoup de scandale, notamment aux festes de Pasques ; elle a
» empêché le cérémonial usité pour la procession de la Feste-Dieu,
» où le lieutenant a refusé de paroître en robe, suivant l'usage,
» afin de n'estre point chargé de porter le dais, honneur que son
» état lui donne, en l'absence de M. le Bailly.

» M. le Duc, obsédé par eux, et cédant à leur importunité, a fini
» par commettre son procureur général en la Chambre des comptes
» de Nevers, pour examiner cette affaire sur les lieux et la terminer.
» La décision porte que c'est à tort que le lieutenant prétendoit
» s'emparer des stalles, les fermer et en expulser la bourgeoisie.

» Pour éluder cette juste décision, le lieutenant a formé un
» nouveau plan, plus injurieux que le premier, c'est de faire
» enlever les stalles elles-mêmes, pour leur substituer un banc
» proprement dit, qu'il se propose d'occuper, au nom du seigneur,
» avec le procureur fiscal et le préposé des chasses. Il est le moteur
» de toute l'affaire, bien qu'il affecte de n'être pour rien dans cet
» enlèvement.

» C'est, Monseigneur, dans de telles circonstances que le curé,

---

(1) Archives de la fabrique.

» le juge, l'échevin et les habitans d'Entrain réclament la justice
» et l'autorité de Votre Grandeur, la suppliant très-humblement
» de prévenir les scandales que cette conduite despotique pour-
» roit occasionner, scandales plus révoltants encore que ceux
» dont on a lieu de se plaindre, depuis plusieurs mois ; car ils
» pourroient troubler la célébration de nos redoutables mystères,
» et empêcher les curés voisins de se placer décemment dans le
» chœur, lorsqu'ils viennent assister à la fête patronale et à la
» distribution des saintes-huiles, qui se fait dans l'église d'Entrain
» et à laquelle onze curés sont obligés d'assister (1). »

Le bon et zélé curé d'Entrain, méditant d'importantes améliorations pour son église, s'adressa à la cour de Rome et obtint, *en commende décrétée*, le 3 mai 1762, le prieuré de Saint-Nicolas de Réveillon. Deux ans après, en vertu d'une requête du 25 septembre, il fut autorisé par le roi à couper la réserve de haute-futaie de son bénéfice, pour *rebastir, à neuf, la chapelle* complétement ruinée de cet ancien monastère.

Cette coupe, adjugée le 20 janvier 1766, à Jean Frappier des Places, produisit une somme de 8,406 livres. Il put aider, en conséquence, la construction de la tour de son église, dont la première pierre fut posée le 3 novembre suivant ; cet édifice fut terminé dix-huit mois plus tard.

Pendant que la tour s'élevait, Jean-Pierre Chevau en préparait l'ameublement. Il s'adressa à Godiveau, fondeur à Paris, et fit couler deux cloches, qu'il bénit solennellement, le dimanche 31 janvier, en présence de quelques prêtres et de tous ses paroissiens, heureux de ces belles innovations. La cloche actuelle, de douze à treize cents kilogrammes, était la principale des deux.

L'abbé Chevau, encouragé par la sympathie de ses paroissiens, conçut bientôt la pensée de faire attacher le titre du prieuré de Saint-Nicolas de Réveillon à son église paroissiale. Il fut puissamment secondé en ce projet par Louis-François Duvancel, grand-maître des eaux et forêts, au *département de Paris*, et par le

---

(1) Cette pièce est signée : Chevau, curé ; Frémy, Guibert, Dugué, échevin ; Frémy, Melé, Piot, Siméon, Dugué, Faignat, jugé d'Entrain; Bureau, Loison, Chevau, Boulu, Asselineau, Protat.

procureur. Voici la supplique qu'il adressa, à cette fin, à l'évêque d'Auxerre :

« Monseigneur, supplie humblement Jean-Pierre Chevau, curé
» de la ville et paroisse d'Entrain et prieur commendataire de
» Saint-Nicolas de Réveillon, disant que aïant à faire reconstruire,
» à neuf, la chapelle de sondit prieuré, il auroit remis au greffe de
» la maîtrise particulière des eaux et forêts d'Auxerre un devis
» estimatif de la reconstruction de ladite chapelle, approuvé de
» M. Duvancel, grand-maître des eaux et forêts, et auroit, en
» même temps, présenté requeste aux officiers de ladite maîtrise
» d'Auxerre, pour, par eux, estre faite l'adjudication, au rabais,
» des travaux à faire à ladite chapelle de Saint-Nicolas, laquelle
» requeste aïant esté communiquée au procureur du roy en ladite
» maistrise, il se seroit opposé à ce qu'elle fût reconstruite dans
» l'endroit indiqué par le suppliant..., parce que reconstruite ainsy
» au coin d'un bois et loin de toutes maisons, elle pourroit servir
» de retraite aux voleurs et devenir peut-estre un theastre d'infa-
» mies. Sur quoy le suppliant auroit formé le projet de joindre
» cette dite chapelle à l'esglise paroissiale de la ville d'Entrain,
» 1° pour mettre cette chapelle plus en sûreté qu'elle ne le seroit,
» si elle estoit construite sur le terrain du prieuré de Saint-Nicolas;
» 2° pour l'augmentation et décoration de ladite esglise paroissiale
» d'Entrain.

» Et comme l'ancien titre du prieuré de Saint-Nicolas de
» Réveillon est situé dans la paroisse de Saint-Cyr-les-Entrain, le
» suppliant vous demande, Monseigneur, de vouloir bien faire, par
» votre autorité et puissance épiscopales, la translation dudit titre
» dans la paroisse et ville d'Entrain, sans néanmoins que ledit titre
» du prieuré soit uni et identifié avec le titre curial, que le sup-
» pliant possède...

» Et afin qu'il puisse jouir de ses deux titres, lorsqu'ils se trou-
» veront dans la mesme esglise *et sub eodem tecto*, il vous supplie,
» Monseigneur, de luy accorder pour cela toutes les dispenses et
» lettres nécessaires... »

Sur cette requête et les conclusions conformes du promoteur du diocèse, vu le consentement du révérend père Dorothée Jaloutz, grand-prieur de l'ordre du Val-des-Choux, et, en cette qualité, chef d'ordre du prieuré de Saint-Nicolas de Réveillon, donné sous son scel privé et sous celui des armes de son abbaye, le 28 juin ; vu la délibération du bureau d'administration de la ville d'Entrain, du 10 mars 1769; le consentement du duc de Nevers, en date du 2 septembre de l'année suivante ; la délibération des officiers municipaux de la ville, approuvant la reconstruction et incorporation de la chapelle de Saint-Nicolas dans l'église paroissiale, aux conditions exprimées ; l'avis favorable des habitants et communauté de Saint-Cyr, celui des échevins et notables paroissiens d'Entrain, comparants par Symphorien Daunay et Pierre-Paul Leseure, échevins ; celui des fabriciens, représentés par François de Chégoin, l'évêque Jean-Baptiste-Marie Champion de Cicé prononça l'arrêté ou ordonnance qui suit :

« Tout considéré, Nous, faisant droit à la requête susdite, avons
» transféré et transférons, par ces présentes, dès à présent et à
» perpétuité, le titre de prieuré simple et sans conventualité de
» Saint-Nicolas de Réveillon, de l'ordre du Val-des-Choux, fondé
» en l'estendue des limites de la paroisse de Saint-Cyr..., dans
» l'esglise paroissiale de Saint-Sulpice d'Entrain, et décrétans sur
» le consentement des partyes intéressées, avons, en conséquence,
» ordonné et ordonnons... que la chapelle dudit prieuré sera
» reconstruite et réédifiée dans ladite église paroissiale, et décorée
» d'une manière décente et convenable ; le tout aux frais du titu-
» laire actuel dudit prieuré...
» Permettons au sieur Chevau, curé dudit Entrain et prieur
» commendataire dudit prieuré, de posséder l'un et l'autre bénéfice
» sous le mesme toit, le tout sans confusion, union ni suppression
» des titres de ces bénéfices, ni des droits, biens, revenus et
» charges d'iceux, et notamment sans préjudice des droits du grand-
» prieur de l'ordre du Val-des-Choux, comme chef d'ordre dudit
» prieuré, et des nostres ; à charge aussy que les entretien, répara-
» tions et reconstructions de ladite chapelle et de ses dépendances,
» depuis et non compris l'arc-doubleau, sous lequel sera placé le
» grand autel de ladite esglise, seront et demeureront, à perpétuité,
» à la charge des prieurs... »

En conséquence du décret précédant et du consentement des échevins et du procureur-fabricien, Jean-Pierre Chevau s'adressa à François Buron, architecte-juré à Paris, qui vint à Entrain, en 1771, et dressa les plan et devis du pauvre édifice, qui forme l'abside actuelle de l'église. L'adjudication des travaux eut lieu, le 28 juillet de l'année suivante, au *palais royal* d'Auxerre, et fut délivrée à Jean Albespeyre, entrepreneur de bâtiments en cette ville, moyennant 4,510 livres. Seize mois après, le dimanche 6 décembre, le curé d'Entrain, entouré de la foule de ses paroissiens, faisait la bénédiction solennelle de la nouvelle chapelle de Saint-Nicolas ou abside. Ce n'était guère la peine de faire venir de Paris un prétendu artiste pour construire un aussi misérable édicule.

Le dimanche 12 novembre 1775, le curé d'Entrain convoqua, au prône de la messe paroissiale, les principaux habitants, qui se réunirent au banc-d'œuvre, à l'issue des vêpres (1), et arrêtèrent, à l'unanimité, que Michel Pougny, procureur-fabricien, d'accord avec lui, pourrait faire toutes les réparations urgentes à l'église et à la chapelle du cimetière, exigerait de nouvelles reconnaissances pour les rentes dues à la fabrique et ferait payer dix sous, par place, dans les bancs fermés et cinq dans les autres.

Une seconde assemblée, du 4 février de l'année suivante, reconnut que le *soleil de l'église étant fort petit et très-antique, les deux paires de burettes d'argent très-minces, les deux chandeliers d'argent, portés par les enfants de chœur, brisés*, il était convenable de les remplacer. Elle autorisa, en conséquence, le curé et le procureur-fabricien à changer le tout et à acheter *un soleil neuf, de la nouvelle mode, le plus propre et le plus honnête qu'il seroit possible, une paire de chandeliers neufs et une paire de burettes, avec leur sous-coupe,*

---

(1) L'assemblée se composait, outre le curé, de Michel Pougny, procureur-fabricien ; de Louis Frémy, procureur fiscal ; François Simien, ancien procureur-fabricien ; Jacques-Joseph de Lachasse, avocat, lieutenant d'Entrain ; Jean-Pierre Chevau du Coudray, chirurgien ; René Thomas, huissier royal ; René Chauvot, médecin ; Sulpice Parmentier, François Piétresson de Saint-Aubin, bourgeois ; Étienne Ruban, Michel Danjean, Jean Guibert, Étienne Ragon et Nicolas Boulu, échevins ; Alexis de Larue, Blaise Loison, André Lesguillon, Michel Cestre, Symphorien Daunay, Denis Thomas, Antoine Darnault, Nicolas Guibert, Mathurin Thomas, Charles Bougué, Jean Gillet, Symphorien Charlin, Claude Barbou, Edme Lejoux, Jean Guyot, François Violette, Joseph Guibert.

le tout d'argent. En même temps, elle vota des remercîments à *Mme la duchesse de Nivernois*, qui venait de *faire présent à l'église d'une croix processionnelle.*

L'abbé Chevau, qui avait montré tant de zèle pour l'agrandissement et l'ornementation de son église, quitta la paroisse d'Entrain, la même année, sans que nous sachions le motif, pour prendre la direction de celle de Saint-Privé, près Bléneau, où il mourut en 1782. Il fut remplacé le 10 octobre par Pierre Verger, natif de Pouilly-sur-Loire, qui administra Entrain pendant quarante-un ans.

Un mois après son installation, le nouveau curé convoqua aussi ses principaux paroissiens, qui se réunirent sous la présidence de Jacques-Joseph-Edme-Adrien de La Chasse, juge-lieutenant de la châtellenie. Il fut décidé, à l'unanimité, que les bancs de l'église seraient refaits, à neuf, et on en confia l'exécution à Etienne Dugué, menuisier de la ville. Le 2 novembre 1777, l'entrepreneur ayant achevé son œuvre, on fit, d'*une voie unanime*, la réception officielle de ces bancs, au nombre de cinquante-cinq. Ce sont, en grande partie, ceux que l'on voit encore dans l'église. La dépense fut soldée par divers remboursements de rentes faits par messire Le Carruyer de Beauvais et les dames Bernard et Billacois. Le dimanche suivant 9, on les divisa en quatre classes et on les afferma à l'enchère publique. L'inventaire du mobilier de l'église, établi la même année, montre qu'elle était assez bien fournie (1).

La vicomté d'Entrain, quoique peu importante en elle-même, jouissait d'une notable considération dans la hiérarchie féodale. Aussi fut-elle toujours possédée par de nobles et puissantes familles. Nous la voyons aux mains des maisons du Chesnoy, d'Ordon, de Damas, des Grains, de Saint-Phalle, de Grivel, Perrinet du Peseau et Andrault de Langeron. Charles-Claude marquis de Langeron l'échangea, tant au nom de Marie-Louise Perrinet du Peseau, sa femme, que de Pierre et Marie-Louise, ses beau-frère et belle-

---

(1) Ce mobilier se composait d'un *très-beau et grand soleil neuf*, un *très-beau ciboire*, un *très-beau calice*, un autre moyen, deux vases aux saintes-huiles, une custode, un encensoir avec sa navette, deux chandeliers, une paire de burettes, le tout en argent...., quinze chasubles, quatre tuniques et dalmatiques, quinze chapes....

sœur, le 27 mars 1779, avec le fief de Saint-Maurice de Corvol, au duc de Nevers, contre une rente en argent, due sur le fief de la Rue-du-Bois, à Courson, et l'extinction de ce fief (1).

A cette époque, il s'éleva une contestation entre le duc de Nivernais et les habitants, concernant le droit de pêche dans la rivière de Nohain prétendu par ces derniers. Le 26 juin, les gardes seigneuriaux ayant déclaré un procès-verbal à plusieurs d'entre eux, pris en flagrant délit de pêche, la communauté tout entière se réunit en assemblée. Là, il fut arrêté, d'un commun accord, qu'on en appellerait aux sentiments généreux du duc, afin d'éviter un dispendieux procès. On rédigea donc, séance tenante, la supplique suivante, qu'on lui adressa dans son hôtel, à Paris :

« Monseigneur, supplient humblement les habitans de vostre
» ville d'Entrain, disant que, conformément à la reconnaissance
» des droits généraux de Votre Excellence, ils ont la propriété de
» la rivière de Noaïn, dans toute l'étendue de votre justice d'En-
» train; qu'il y est dit qu'elle a seulement la faculté d'y faire
» pescher, et que malgré cette propriété et une possession immé-
» moriale, il a esté déclaré à plusieurs d'entre eux, le 26 juin
» dernier, par vos gardes, procès-verbal. Comme cet acte est contre
» leurs droits, le lendemain 27, il a esté convoqué une assemblée
» pour savoir à quoy se déterminer.

» Par cet acte il a esté arrêté, d'unanime voix, qu'avant de
» faire valoir leurs droits en justice, il seroit exposé à Vostre
» Excellence, dans la confiance que les supplians ont en sa justice,
» et persuadés qu'elle ne les troubleroit pas dans la possession
» immémoriale qu'ils ont de pescher en leur riviere, qu'elle ne
» voudra point poursuivre sur le procès-verbal ou qu'elle daignera
» les instruire si elle entend en suivre l'exécution. Ils ne cesseront
» leurs prières pour la conservation de Votre Excellence. »

Le 7 août, le duc leur répondit : « J'ai reçu, Messieurs, la lettre
» que vous avez pris la peine de m'escrire relativement à la pesche

---

(1) Le Peseau est un ancien château-fort, situé sur la rive gauche de la Loire, près de Cosne.

» dans la rivière de Noaïn, que vous prétendez vous appartenir.
» J'aurois désiré que vous eussiez ajouté à vostre lettre les titres sur
» lesquels vous establissez votre prétendue propriété.

» Vous n'ignorez pas que les rivières non navigables appartien-
» nent de droit au seigneur haut-justicier, à moins qu'il n'y ait
» titres contraires. Si vous avez de quoi justifier l'exception, ayez la
» complaisance de me le communiquer, et ne doutez pas que je ne
» sois très-empressé à vous rendre toute la justice que vous avez
» droit d'attendre. »

Le 1er septembre, les habitants écrivirent collectivement au prince : « Monseigneur, le seul titre que nous ayons est entre vos
» mains. C'est le procès-verbal de déclaration des droits généraux
» de votre chastellenie, du 8 juin 1674, dont nous joignons ici un
» extrait. Nous osons espérer que, à la vue de ce titre, suivi d'une
» possession non interrompue jusqu'à l'époque du procès-verbal du
» 26 juin dernier, Votre Excellence voudra bien nous conserver
» l'exercice du droit que nous réclamons. » Cette lettre était signée par l'échevin Boulu, au nom de toute la communauté.

Le duc lui écrivit de Paris, le 6 octobre : « Avant de répondre,
» Monsieur, à votre lettre du 1er septembre, j'ai fait rechercher,
» dans ma Chambre des comptes de Nevers, tous les anciens
» terriers de la chastellenie d'Entrain, afin d'y puiser quelques
» éclaircissements relatifs au prétendu droit de pêche que la ville
» pense avoir, concurremment avec moi, dans la rivière de Noaïn.
» Vous savez, Monsieur, que, de droit, les rivières non navigables
» appartiennent au seigneur haut-justicier, et que les habitants des
» villes ou villages n'y peuvent rien prétendre, à moins qu'ils n'en
» aient des concessions. Si donc la ville d'Entrain prétend avoir un
» droit dans la rivière qui m'appartient, il faut qu'elle m'en
» apporte le titre : c'est à la ville à faire les preuves à cet égard.

» Le procès-verbal des droits généraux, passé au terrier de 1674,
» ne me paroît point un titre suffisant pour opérer cette preuve. Il
» contient bien, de la part des habitans, une déclaration qu'ils ont
» le droit de pêcher, aussi bien que le seigneur ; mais cette décla-
» ration n'est appuyée sur aucun titre, et elle est contredite par le
» procès même.

» Elle doit faire d'autant moins d'effet, que le procès-verbal,
» passé pendant le cours de la substitution du duché de Nivernois,
» se trouve en contradiction avec le précédent terrier d'Entrain,

» passé en 1537, lequel ne contient pas la moindre mention du
» prétendu droit de pêche des habitans. Vous voyés, Monsieur,
» que la ville d'Entrain est absolument sans titre et que cependant
» elle ne pourroit rien prétendre dans la rivière, qu'en vertu d'un
» titre particulier.

» A l'égard de la possession que vous invoqués, j'ignore de
» quelle espèce elle est; mais vous n'ignorés pas vous, Messieur,
» qu'en supposant que la ville d'Entrain eût un droit de pêche
» bien établi, elle ne pourroit et n'auroit pu l'exercer que confor-
» mément à l'ordre de 1689, et qu'aux termes des articles 17 et 18
» du titre 25. Il auroit fallu, pour qu'elle pût acquérir possession,
» que son droit de pêche fût affirmé par adjudication à deux adju-
» dicataires au plus, étant expressément défendu à chaque habitant,
» en particulier, de pêcher, encore que la communauté en eût le
» droit. Si donc les faits de possession, que vous articulés, ne sont
» que des actes de pêche faits par des particuliers, ils seront consi-
» dérés, non comme des titres, mais comme des contraventions
» à l'ordre, et ne pourront jamais prouver, en faveur de la ville,
» une possession utile, qui puisse suppléer au défaut de titres. Je
» ne pense pas que la ville ait jamais adjugé ce prétendu droit de
» pêche et l'ait fait exercer d'une manière légale. D'où je conclus
» que vous êtes légalement sans titres et sans possession, et que je
» ne puis me dispenser de faire suivre le procès-verbal du 26 juin,
» dressé par mon garde contre les particuliers qui ont pêché, au
» préjudice de mon droit et des deffenses faites, par la raison que
» l'on pourroit induire de mon silence un acquiescement à la pré-
» tention de la ville qui, je vous l'avoue, ne me paroît nullement
» fondée. »

Nous ne savons quel fut le résultat de ce débat. Il est probable que les habitants ne poussèrent pas plus loin leurs prétentions.

Entrain était, comme il a été dit plus haut, entouré presque de tous les côtés par de grands étangs, dont quatre surtout étaient considérables. Cette situation exceptionnelle lui donnait l'air d'un navire au milieu des flots. Ce n'est pas sans raison que les auteurs du moyen-âge l'appelaient *Interamnes*, c'est-à-dire entre les eaux ou rivières. De cette masse liquide, à certaines époques de l'année, surtout lorsque le niveau des eaux avait baissé, il s'échappait des miasmes nuisibles à la salubrité. La santé publique en souffrait. Les fièvres intermittentes sévissaient fréquemment,

et la population élevait des plaintes légitimes. Ce motif et les représentations d'un homme honorable, M. Levermé, qui fit entrevoir au duc que des prairies lui seraient avantageuses, au point de vue pécuniaire, le déterminèrent à en entreprendre le desséchement. Il consentit, le 22 décembre 1779, par-devant Cordier, notaire, à Paris, à Gabriel-Pierre Sallé, docteur en médecine, à Donzy, et à Catherine Chambrun, sa femme, un bail de la châtellenie pour dix-huit ans, et dont l'article 3 est ainsi conçu : « Le présent bail n'a été consenti pour le cours desdites
» dix-huit années, qu'à la charge, par les preneurs, de dessécher
» les étangs du Marais, de Saint-Cyr et du Treslong, de manière
» qu'à l'expiration dudit bail, la moitié, au moins, du terrain
» desdits étangs soit en nature de prairie, et le surplus en terres
» labourables ; à l'effet de quoi seront tenus lesdits preneurs de
» niveler le terrain et de combler les gours et bas-fonds, qui
» pourront se trouver dans lesdits étangs, à l'exception de ceux de
» Saint-Cyr, lesquels ils pourront laisser subsister... Ils seront
» encore tenus de faire ouvrir et d'entretenir, dans chacun desdits
» étangs, un lit de rivière, assez large et profond, pour procurer
» l'écoulement des eaux, même de faire des fossés et saignées
» nécessaires pour faciliter ledit desséchement, de planter une
» haie vive sur les bords, où besoin sera...

» Pourront lesdits sieur et dame preneurs, pour opérer le dessé-
» chement desdits étangs, ouvrir les chaussées d'iceux de la
» largeur et profondeur convenables ; mais comme cette ouverture
» intercepteroit le grand chemin d'Entrain à Cosne, lequel passe
» sur la chaussée de l'étang du Treslong, et le grand chemin d'En-
» train à Clamecy, qui passe sur celle de l'étang du Marais,
» lesdits preneurs seront tenus d'établir, à leurs frais, sur lesdites
» ouvertures, des ponts suffisants pour le service public, de manière
» que mondit seigneur bailleur ne puisse être recherché, ni
» inquiété à cet égard ; et sera le pont sur la chaussée de l'étang du
» Treslong construit en bois, en laissant, néanmoins, subsister le
» pont de pierres, qui est au déchargeoir dudit étang. Celui de la
» chaussée de l'étang du Marais sera construit en pierres, de la
» forme et largeur qui sera jugée convenable... »

D'après les clauses de ce bail, l'Étang-Neuf ne devait pas être desséché, mais rester tel qu'il était. Or, les habitants, qui avaient pu apprécier l'avantage de la disparition des trois premiers pour la salubrité publique, en demandèrent, en 1793, le desséchement et l'obtinrent. Dès ce moment ils virent le terme moyen de la vie s'élever et les tempéraments scrofuleux et rachitiques disparaître peu à peu.

Le duc de Nivernais, comme nous l'avons vu plus haut, jouissait des cinq huitièmes des grandes dîmes de la paroisse de Saint-Sulpice, tandis que les trois autres appartenaient au prieur de Réveillon, au seigneur de Villers-le-Sec et à celui des Granges. Les deux derniers détenteurs ayant vendu leurs droits à Florimond Langlais, sire du Bouchet, celui-ci, du consentement de Gilberte de Froidefond, son épouse, les repassa au prince, le 13 mai 1780, avec une rente de soixante-douze bichets d'avoine et 5 livres en argent, due sur la châtellenie, pour une somme de 6,600 livres. Cette spéculation ne devait guère profiter à l'acquéreur, car la révolution grondait aux portes des seigneurs féodaux et allait faire justice de ces sortes de droits.

La même année, comme les esprits étaient à la centralisation, le duc de Nivernais voulut joindre à la justice seigneuriale d'Entrain celles de Billy et de Corvol-l'Orgueilleux, qui lui appartenaient également. Le rapport, dressé en ce but, portait qu'à la ville d'Entrain aboutissaient quatre grands chemins, savoir : sur Auxerre, Clamecy, Cosne et Donzy; que l'on trouvait, en ce lieu, un auditoire, des prisons, des officiers de justice, des avocats, des procureurs, des notaires (1), tandis que les deux autres châtellenies en manquaient.

Les habitants de Billy firent une vive opposition, donnant pour motifs de leur refus, la distance qui séparait les deux pays, les forêts

---

(1) *Juges d'Entrain* : Pierre Cochin, prévôt, 1510 ; Jean Dabont ou d'Abont, juge du pays de Donziais et d'Entrain, 1516 ; Jean Dabont, 1554 ; Denis Dabont, 1575 ; Mathurin Lemaire, 1615 ; Jean Bourgoing, sieur de La Masserie, 1619 ; Jean Lanfant, 1627 ; Louis Raffin, 1640 ; Mathurin Lancien, 1667 ; Louis Raffin, 1674 ; Jean Raffin, 1680 ; Michel Frémy, 1695 ; Edme Regnard, 1703 ; Vincent Collot, 1740 ; Jean Thoulet, 1748 ; Alexis Pautrat, 1770 ; François Née de Charmoy, 1778 ; François Tolleron, juge de paix, 1790 ; Charles Aubert, 1793 ; Pierre-Dominique Dupin, 1794.

Lieutenants : Claude Pic, 1621, bailli de Bouhy ; Jean Bourgoing, 1630, lieutenant particulier des eaux et forêts ; Jean de La Rue, 1656, bailli de Nanvigne ; Michel Maignan, 1660 ; Louis Raffin, lieutenant particulier de

DEUXIÈME PARTIE. 135

considérables que les plaideurs auraient à traverser et qui leur fourniraient l'occasion de s'assassiner. Le projet, traînant en longueur, la révolution se chargea d'arranger les choses. Billy dut prendre la direction de l'est au lieu de celle de l'ouest, dont il ne voulait pas.

En 1781, les habitants d'Entrain présentèrent au roi, en son conseil, une requête à l'effet d'obtenir l'établissement de quatre nouvelles foires et d'un marché de bestiaux, chaque semaine. La supplique portait que leur ville, étant située sur les *routes de la communication et de la correspondance* des provinces de Bourgogne, de Nivernais, d'Orléanais et de Berry, n'avait besoin que d'être un peu aidée pour *se voir bientôt florissante, se peupler de plus en plus et recevoir de notables accroissements de commerce.*

Le monarque, faisant droit à leur demande, leur accorda, au mois de septembre, des lettres-patentes, confirmant les deux anciennes foires, et en établissant quatre nouvelles et un marché de bestiaux, chaque semaine (1). Bientôt ils dressèrent une autre supplique pour être autorisés à couper la réserve de leurs bois communaux, parce que, disaient-ils, *le droit de marc d'or ayant été taxé à*

---

la gruerie, 1674 ; Pierre Grosjean, sieur de Villaines, 1674 ; noble Étienne Pajot, 1686 ; Jacques-Arnoult de Chégoin, 1714 ; François Parmentier, 1725 ; Michel Bernard, 1744 ; Joseph-Edme-Adrien de Lachasse, 1775.

Avocats en Parlement : Jean Chabert, 1614 ; Louis Lemaire, 1622 ; noble Claude Jouneau, Jean Liger, Philippe Collot, Louis Thoulet, id. ; Jean Gallyot, Paul Sadier, Pierre Lemaigre, Verain Brosquin, Jean Bourgoing, Joseph Delarue, 1632 ; Eugin Parmentier, Paul David, Denis Parmentier, Adrien Regnard, Jean Berger, Jean Dinot, François Camuz, Edme Maignan... 1640.

Praticiens ou avoués : Pierre Jobert, 1554 ; Michel Aubert, 1610 ; Guy Cottin, Philippe Collot, Louis Thoulet, Jean Liger, Jean Bourgeois, Pierre Lemaigre, Paul Sadier, Jean Berger, Jean Dinot, Paul Simien, Étienne-François Simien, Jérôme Collot, Jean Trouvé, Claude Simien, N. Voille, Jean Gallyot, Pierre Levaïer, Louis Rousset, Jean Symon, Germain Reuillard, Thomas Camuz, Edme Paillard... de 1620 à 1700.

Procureurs : Pierre Jobert, Michel Aubert, Germain Reuillard, François et Thomas Camuz, Louis Rousset, Henri, Jean, Edme-Louis Thoulet, Levaïer, Jean Gallyot, Camuz, Edme Paillard, Adrien Regnard, Jean Truffin, Th.-N. Bernard, Ed.-J.-Cl. Le Clerc de Montmoyen...

(1) Archives de la mairie. Ces deux anciennes foires, les seules que la ville possédât, étaient celles de Saint-Antoine et du premier lundi de Carême.

1,770 livres, ils se trouvaient hors d'état de payer cette somme qui, avec les frais de sceau et d'enregistrement des lettres-patentes, formerait un total de plus de 2,400 livres.

XII.

Révolution de 1790.

La révolution débuta à Entrain, comme ailleurs, par des actes de zèle et de justice. Le 11 février 1790, l'assemblée municipale, réunie *au collège, faute d'hôtel de ville*, sous la présidence de Barthélemi Duverne ou du Verne, maire, et composée de MM. Chevau du Coudray, Tolleron, Piétresson de Saint-Aubin, Guibert, Asselineau, Le Clerc de Montmoyen, procureur de la commune, et Thoulet, secrétaire-greffier, fit de sages règlements concernant les boulangers, les bouchers, les rues et les places publiques. Le 21, elle délibéra que la tour de l'église, recouverte d'un dôme en pierres *gelées et cassées*, serait surmontée d'une flèche en ardoises; qu'il serait fait des réparations au presbytère, au vicariat et au collège, maisons appartenant à la ville; que les puits publics, les lavoirs, les rues et les chemins, impraticables aux abords de la ville, seraient mis en état; qu'il serait formé incessamment, pour le maintien de l'ordre et de la tranquillité publics, une *milice bourgeoise*, composée de trente hommes, habillés aux frais de la commune; qu'il serait également nommé deux *suppôts de police*, ou agents, habillés et armés de même, et que l'on ferait graver plusieurs cachets aux armes de la ville, pour le service des officiers, soit municipaux, soit judiciaires. On arrêta que les tilleuls de l'ancienne promenade de la *Croix-Loret*, laquelle n'était plus fréquentée que de ceux qui veulent, *à la faveur de l'ombre et de l'obscurité*, échapper aux regards publics, seraient arrachés et vendus à l'enchère. Cette vente fut faite, en effet, le 7 mars suivant, à Joseph Guibert, moyennant 255 livres.

Ce même jour, il fut arrêté que la maison vulgairement dite *le Couvent*, où se tenaient, depuis quelque temps, les assemblées municipales, n'appartenant point à la ville, il était urgent de se procurer un local pour cette destination. Alors le maire, Barthélemi

Duverne, fut chargé, d'une voix unanime, de pourvoir à cette acquisition. Il acheta, en effet, le lendemain, d'André Dinot, huissier royal, et d'Anne Pinon, sa femme, une maison située sur la place, dite actuellement de la Mairie, et appelée alors *Place-aux-Vaches*, moyennant une somme de 6,061 livres, avec charge d'acquitter, chaque année, des rentes dues à la fabrique de l'église et à divers particuliers, lesquelles s'élevaient à 104 livres 8 sous. La commune la fit reconstruire en 1832.

Le 14 mars, à la réquisition du procureur de la commune, l'assemblée municipale nomma deux gardes-messiers (1), Jean-Baptiste Penault et Charles Lejoux, pour veiller à la conservation *tant des récoltes en grands et petits bleds, qu'herbes, fruits, bois, haies, auxquelles on ne peut apporter trop de soin.*

Entrain ayant été créé chef-lieu de canton par l'Assemblée nationale, en janvier 1790, avec les paroisses de Saint-Cyr, de La Chapelle-Saint-André et de Corbelin pour dépendances, les habitants de ces diverses localités, en vertu des lettres-patentes royales du 26 février, se réunirent à Entrain, le 4 juin, afin d'élire un président et un secrétaire cantonaux. L'assemblée eut lieu dans l'église paroissiale de Saint-Sulpice, à neuf heures du matin. La paroisse d'Entrain fournit deux cent quatorze *citoyens actifs*, celle de Saint-Cyr quatre-vingt-dix-neuf, celle de La Chapelle-Saint-André cent vingt-quatre, et Corbelin quinze. La majorité des suffrages se déclara pour Gilles Courot comme président, et pour Pierre David comme secrétaire. Ils étaient tous deux de La Chapelle-Saint-André.

Ce résultat connu, Courot se leva et dit : « Je remercie l'assem-
» blée de l'honneur qu'elle a bien voulu me faire de me nommer
» pour son président. Si mes infirmités me permettaient d'exercer
» les fonctions de cette charge, je m'en acquitterais avec le plus
» grand plaisir et la remplirais de mon mieux, ainsi que j'en ai
» fait le serment ; mais j'ai l'ouïe dure et la vue faible ; ces infir-
» mités me décident à donner ma démission et à supplier MM. les
» Citoyens actifs de nommer un autre président à ma place. » Il ajouta que le nommé Pierre David, élu comme secrétaire, ne savait

---

(1) De *messis*, moisson.

ni écrire, ni signer; qu'en conséquence, il ne pouvait remplir sa charge.

L'assemblée, dans un second tour de scrutin, nomma, pour président, Barthélemi Duverne, *maire de la ville et communauté d'Entrain*, et pour secrétaire, Pierre-Edme-Henri Thoulet, qui acceptèrent ces fonctions. Puis, sur l'invitation du président, chacun prêta le serment de fidélité à la nation, à la loi et au roi, comme celui de maintenir, de tout son pouvoir, la Constitution du royaume. Après l'élection d'André Chevau du Coudray, de Jean Morin et de Michel Pougny, comme scrutateurs, le président dit : « Vous allez, citoyens, nommer des électeurs ; vous ne nommerez
» que les personnes auxquelles vous reconnaîtrez assez de patrio-
» tisme, de mérites, de vertus, de talents et de probité pour
» remplir cette charge avec autant d'honneur que de distinction ;
» vous ne donnerez point vos voix à ceux qui pourraient les avoir
» mendiées, ces derniers étant indignes d'élire les membres de
» l'Assemblée nationale. » Il fallait, pour le canton, cinq électeurs. Au premier tour de scrutin, Jacques-Etienne Ragon, fourrier-des-logis du roi, Barthélemi Duverne, maréchal-de-camp, maire de la ville et président de l'assemblée, Jean Paradis, maître de forges et maire de Corbelin, ayant obtenu la majorité des voix, furent proclamés électeurs. Au deuxième tour, Lazare Gilliot, maître de forges au Meix, paroisse de La Chapelle, et au troisième, Pierre-Marie Chambrun du Breau, ancien gendarme d'Entrain, furent nommés et proclamés, séance tenante, et s'engagèrent, envers leurs commettants, à s'acquitter de leur charge en leur âme et conscience.

Le 9 du même mois, la garde nationale d'Entrain, dont les chefs élus étaient Chambrun du Breau, fils, commandant; Aubert, lieutenant, Chevau, sous-lieutenant, Dinot, sergent-major, Lecestre, porte-drapeau, et Bouvier, vicaire de la paroisse, aumônier, se réunit sur la place de l'Hôtel-de-Ville pour prêter le serment légal, en présence des officiers municipaux. Alors le volontaire Dupin sortit des rangs et s'exprima ainsi : « Nous, volontaires de la garde
» nationale d'Entrain, jurons, sur nos armes, d'être à jamais
» fidèles à la loi et au roi, de maintenir la Constitution de l'Etat,
» d'exécuter et de faire exécuter les décrets sanctionnés ou acceptés
» par le roi. Nous jurons, en outre, d'obéir à nos officiers toutes
» les fois que le bien public, l'ordre de la discipline militaire

» l'exigeront; de marcher sous leurs ordres toutes les fois qu'ils
» seront requis par les municipalités ou autres corps adminis-
» tratifs ».

Le jour de la fédération, 14 juillet, sur l'annonce qui en avait été faite au prône, le dimanche précédent, on dressa, sur la place publique, un *autel de la patrie*. Alors le corps municipal, accompagné du procureur de la commune, se rendit, à onze heures, à l'église, où une messe solennelle fut célébrée par le curé de la paroisse. Après l'office divin, on alla processionnellement à cet autel, devant lequel Chevau du Coudray prononça un discours *rempli de patriotisme*. Puis la municipalité, la garde nationale et *presque tous les citoyens du canton*, sans en excepter le curé d'Entrain et son vicaire, prêtèrent le serment civique, dans la forme prescrite par l'Assemblée nationale. Ensuite on retourna à l'église pour assister à un *Te Deum*, chanté en actions de grâces (1). Ce jour là, Pierre Verger et Raphaël Bouvier, son vicaire, durent s'estimer heureux !

Le 1er novembre, jour de la Toussaint, tous les citoyens actifs du canton, ayant leur maire à leur tête, réunis à neuf heures du matin, dans l'église paroissiale, firent serment de choisir, *dans leur âme et conscience*, pour juge de paix, celui qu'ils jugeraient avoir assez de *mérites, de talents, de probité, de capacité et de vertus* pour remplir cette charge *avec honneur et distinction*. François Tolleron, huissier, réunit la majorité des voix. Ce résultat du suffrage universel souleva un tel tumulte, que le président fut obligé de se couvrir dans le lieu saint et de lever la séance.

Voici, d'après la protestation d'André Dinot, qui la fit inscrire courageusement au procès-verbal, quelle était l'honorabilité du juge élu : « Je suis on ne peut plus étonné, dit-il, que la pluralité
» des voix, pour la nomination d'un juge de paix, se soit réunie sur
» la personne du sieur Tolleron. Sa conduite passée et actuelle
» semblait l'éloigner de cette place. En effet, tout le monde sait
» que ledit Tolleron a été inculpé dans une affaire criminelle avec
» un quidam, lequel a été supplicié ; que le sieur Tolleron lui-
» même n'échappa au supplice que par la fuite et en s'engageant ;

---

(1) Registre des délibérations.

» que depuis son retour en ce pays, et sans démentir sa conduite
» passée, il a exploité en qualité d'huissier, sans être même relevé
» de son décret.

» J'ai à vous exposer, d'autre part, que le père de Tolleron
» ayant failli, lui, son fils, s'était servi du nommé Pernin, son
» digne confrère, pour soustraire aux créanciers de son père le
» peu de bien qui leur serait revenu ; que sur cet objet il y
» a même instance au bailliage d'Auxerre... Pour ces motifs, il se
» trouve exclu de la qualité de citoyen et, par conséquent, de tout
» droit à une place quelconque (1). »

Comme cela devait être, le comité départemental invalida l'élection. Sur la réquisition du procureur-syndic du district de Clamecy, l'assemblée primaire du canton se réunit de nouveau à Entrain, le 15 mars 1791 et procéda à une nouvelle élection. Honneur au suffrage universel! L'huissier Tolleron, ce repris de justice, obtint de nouveau la majorité des voix, fut proclamé, séance tenante, juge de paix du canton, et prêta, le lendemain, le serment d'usage.

Le 5 février de l'année suivante, comme le corps municipal était en séance, on vit arriver, *paisiblement et en grand nombre*, à l'hôtel de ville, des citoyens qui demandèrent audience. Ils apportaient une pétition ainsi conçue :

« Messieurs, la santé étant plus précieuse que l'or, chaque indi-
» vidu a donc un intérêt sensible à la chercher. Cette raison nous
» conduit devant vous, comme étant les dignes représentants de
» notre commune. Écoutez, Messieurs, notre juste réclamation,
» nous vous en prions.

» Autrefois notre ville était entourée d'eau par quatre étangs.
» Leurs vapeurs, se répandant sur notre territoire, y occasion-
» naient des maladies considérables, et nous pouvons vous dire,
» les larmes aux yeux, qu'elles ont moissonné, dès leur printemps,
» une partie de nos parents les plus chers.

» Le propriétaire en a fait dessécher trois, et nous avons vu,
» avec satisfaction, diminuer ces maladies, mais non en totalité.
» Il en reste encore un, duquel les vapeurs empoisonnent les jours

---

(1) Registres des délibérations de la municipalité.

» de nos concitoyens, et même l'exemple de cette année est des
» plus affligeants. Car il est à votre connaissance que plusieurs
» pères, mères et enfants, des plus robustes, viennent d'en être
» victimes, et nous laissent des regrets et des enfants dans la
» misère. Ces tristes événemens ont engagé quelques-uns d'entre
» nous, amis de la nature, d'en chercher la cause près des plus
» habiles médecins de notre contrée. Ils nous ont assurés que
» l'air de l'étang qui reste à dessécher, porté par les vents du
» sud sur la surface de notre ville, est la source des malheurs
» qui nous affligent. Dans ces circonstances, Messieurs, pénétrés
» de votre attachement pour le bien de la chose publique, nous
» vous prions de faire valoir l'autorité qui vous a été départie et
» confiée pour demander à ceux de qui il dépend, le desséchement,
» le plus promptement possible, dudit étang, afin que nous puis-
» sions, les uns et les autres, jouir du bonheur d'un air pur et
» bienfaisant, et, par là, écarter de notre pays les maladies qui
» nous consument (1). »

Les pétitionnaires s'étant retirés, le procureur de la commune insista sur leur demande et fit observer qu'en effet, le vent du midi étant déjà malsain par lui-même, il le devenait davantage, en rejetant sur la ville les vapeurs qu'il recevait de l'étang, et qu'il ne doutait pas que M. Mazarini-Mancini n'en ordonnât le desséchement, ainsi que cela avait été fait pour Treigny; « c'est pourquoi
» il conclut, dit-il, à ce que ce *mémoire*, présenté au département,
» soit communiqué à M. Mazarini-Mancini, dans la certitude qu'il
» y fera droit. »

Sur ce, le corps municipal délibéra, en effet, que l'on requérerait auprès des administrateurs du département le desséchement de l'étang du Moulin-Neuf et qu'on en référerait au duc (2).

---

(1) Cette pièce était signée : Boulu, Violette, Simien, de Chégoin, Tolleron, juge de paix ; Dinot, Girault, Thomas, Verdeaux, Aubert, chirurgien ; Lesguillon, Guibert, Thomas, Ruban, Patry, Pierre Chevau, commandant ; Barillot, Commeau, Perreau, Martenet, Pinon, Tigrain, Goux, Lafond, Thomas, Verdeaux, Grandjean, Thomas, Petit, Danjean, Pinon, Thomas, Wargnier, Petit, Dérau, Thomas, Blatau, Guibert.

(2) La délibération est signée : Dugué, Chevau du Coudray, Tartarin, Girault, Aubert, Pinon, Thoulet et de Lachasse, procureur de la commune.

Huit jours après, le maire, qui était loin de partager les opinions républicaines et démocratiques de la plupart de ses collègues, donna sa démission, sous prétexte de maladie. Il écrivit donc au corps municipal, le 13 février : « Messieurs, la maladie de Mme Duverne
» et le dérangement de ma santé ne me permettent pas de conti-
» nuer de vaquer aux affaires de la mairie d'Entrain ; j'en donne
» ma démission, dont je vous prie de faire faire mention et de
» joindre ma lettre au registre. » Le 27, on élut Pierre Chevau du Coudray pour le remplacer (1).

Le chevalier Duverne ne fut pas seulement affligé par les événements politiques de l'époque, il éprouva aussi des chagrins domestiques. Sa femme, Françoise-Huguette Commeau, demanda, le 31 décembre de l'année suivante, le divorce pour *incompatibilité d'humeur*. On sait que la Convention ne craignit pas de bouleverser la société, en autorisant une séparation légale des époux et de rompre un lien à jamais sacré (2). Il se trouva à Entrain un certain nombre de personnes assez peu délicates, surtout assez peu consciencieuses, pour recourir à cette loi profondément immorale. L'Assemblée législative ayant porté, le 22 juin 1792, un décret qui enlevait les registres de l'état civil aux ecclésiastiques, Joseph-Edme-Adrien de Lachasse, se rendit respectueusement au presbytère et pria le curé de lui remettre ceux de la paroisse d'Entrain, commençant, dit-il, à l'année 1580, *sans lacune, ni interruption, jusques et y compris la présente année 1792.*

Le maire n'était rien moins qu'irréligieux. Comme le printemps de cette année-là avait été fort sec et que les chaleurs n'avaient point perdu leur intensité, malgré les prières publiques qui se faisaient dans les églises, le 6 juin 1793, le brave magistrat, s'adressant à son conseil, après une délibération d'intérêt local, lui dit qu'il croyait « indispensable non-seulement de continuer les prières
» jusqu'à ce qu'il aye plu à la Providence d'envoyer de la pluye, si
» nécessaire pour les biens de la terre, mais encore d'avoir recours
» à l'intercession de saint Pèlerin, premier apôtre du pays; pourquoi
» il serait d'avis que cette commune se joigne à celle de Saint-Cyr
» pour aller, avec le chef de Saint-Sulpice, processionnellement à

---

(1) Le 13 novembre, Barthélemi Duverne fut réélu maire.
(2) Décret du 23 avril 1794.

» Bouhy, le lundi 10 de ce mois. » Cette proposition fut arrêtée, à l'unanimité, et le maire invité à en prévenir les officiers municipaux de Bouhy (1). A part un empiétement assez apparent sur les droits de l'autorité ecclésiastique, les sentiments chrétiens sont encore évidents et sincères.

Nous voici arrivés au moment où la vieille paroisse de Saint-Cyr va disparaître. Faisant droit à une pétition des officiers municipaux de la ville, le conseil du département, par un arrêté du 2 frimaire an II, ou 23 novembre 1793, et le district de Clamecy, par un autre, pris cinq jours plus tard, prononcèrent sa réunion à la commune d'Entrain. Les électeurs le ratifièrent le 11 suivant, et nommèrent *les citoyens* Piétresson pour maire, Jean Pourcher, le jeune, Louis Marlot, Pierre Chevau du Coudray, Aubert, l'aîné, et Pierre Dupré, pour officiers municipaux. Le scrutin, pour le *conseil général* de la commune, donna les noms suivants: Pierre Tartarin, Henri Thoulet, Vincent Fron, Pissencourt, Louis Pasquette, Edme Caillon, Edme Frottier, Jean Foubard et Pierre Pougny. Le lendemain, le conseil nomma le citoyen de Lachasse procureur de la commune et prononça l'élargissement de Thérèse Duverne, nièce de l'ancien seigneur de Réveillon, qui avait été guillotiné à Paris.

Le 19 du même mois, le citoyen Scévola Frottier, administrateur du district de Clamecy, se rendit à Entrain. Là, le fougueux patriote, en vertu de la liberté, réservée pour lui et ses pareils, adressa une lettre à Etienne-Julien Touyon, *ci-devant ministre catholique de la commune de Saint-Cyr*. Il l'invitait à apporter à la *société républicaine ses lettres d'ordination et de prêtrise, pour en faire l'abjuration et témoigner à tous ses concitoyens l'erreur dans laquelle il s'étoit induit et les avoit induits.*

Le curé lui répondit le même jour : « Vivre libre ou mourir.
» Citoyen, je t'envoie ce que tu me demandes. Ne doute point de
» mon patriotisme ; j'en ai toujours donné des preuves et le reste
» de mes jours est voué au service de la République. Je suis,
» avec toute fraternité, ton concitoyen, Touyon (2). »

Le conseil municipal, après la lecture de ces lettres testimoniales,

---

(1) Registre des délibérations.
(2) Registre Ier des délibérations municipales.

sur la réquisition du procureur de la commune, l'invita, à son tour, à se rendre, le lendemain, jour de décadi, *en la cité, à l'heure de dix du matin, pour annoncer et prêcher les vérités républicaines à tous ses concitoyens dans le temple de la Vérité et faire un otodafé, en leur présence, desdites lettres de prêtrise.*

L'abbé Touyon ne répondit pas à l'invitation qui lui fut remise par Vincent Fron ; il pensa, sans doute, qu'il avait déjà trop cédé à l'orage. Nous verrons plus bas le dénoûment de l'affaire.

Cependant l'église d'Entrain, comme tant d'autres, avait été profanée et dévastée par quelques impies exaltés. Les statues des saints gisaient brisées et les images pendaient lacérées. Les vases sacrés et toute l'argenterie avaient été enlevés et transportés à Clamecy (1). Les chants religieux avaient cessé. On n'offrait plus le saint-sacrifice sur les autels dépouillés, renversés. La cloche solitaire (2) n'invitait plus à la prière les enfants de Dieu, ni le matin, ni le soir. Une profonde tristesse s'était emparée des âmes chrétiennes. Les femmes surtout ne se contenaient plus. Oubliant donc la timidité naturelle à leur sexe, elles se levèrent, le 22 frimaire de l'an II (12 décembre 1793), et parurent avec intrépidité devant le conseil général de la commune, réuni à l'hôtel de ville : « Nous
» venons, dirent-elles, députées par *le général* de la commune (3),
» pour vous représenter que nous ne connaissons aucun décret de
» la Constitution qui interdise le culte catholique. Nous voyons,
» avec la dernière peine, l'église paroissiale dévastée, et que,
» depuis trois semaines, il n'y est point célébré de messe, tandis
» que, dans les paroisses des environs, notamment à Sainpuys,
» à Lainsecq, à Perreuse, à Bouhy, à Couloutre..., le culte
» catholique n'a point été interrompu. La République étant une
» et indivisible, l'égalité doit régner. Nous vous invitons donc,
» Citoyens, à faire tous vos efforts auprès du district de Clamecy

---

(1) « Je soussigné, agent national près le district de Clamecy, reconnais avoir
» reçu des citoyens Aubert et Commeau, d'Entrains, tous les fers, cuivres,
» argenterie, ornements et autres effets, provenant du fanatisme et servant
» à la ci-devant église d'Entrain... Signé Bias Parent. »

L'argenterie, pesée par le citoyen Baudot, orfèvre, donnait un poids de 15 marcs 4 gros.

(2) Deux avaient été enlevées précédemment.

(3) C'est-à-dire par la majorité des habitants.

» pour avoir la messe en cette commune. » Cela dit, avec une énergie toute virile, elles se *retirèrent paisiblement*, en déclarant qu'elles ne savaient pas signer (1).

Les citoyens municipaux étaient trop polis pour ne pas promettre de prendre cette requête féminine en considération. De suite, en effet, ils nommèrent, à l'unanimité, le citoyen Commeau pour aller présenter au département cette pétition.

Soit que les officiers municipaux d'Entrain, après réflexion, n'eussent pas cru devoir donner suite à l'engagement pris avec les héroïnes chrétiennes de la paroisse, soit que les administrateurs publics n'eussent pas voulu y faire droit, l'église restait fermée et la messe ne se célébrait pas. La population fidèle s'impatientait, les murmures s'accentuaient. Les femmes avaient donné l'exemple, les hommes ne voulurent pas montrer moins de courage. Ils se réunirent donc, et le 3 nivôse de l'an II (23 décembre 1793) ils parurent *paisiblement* devant les conseillers municipaux assemblés. L'un d'eux, prenant la parole, leur dit : « Citoyens, nous venons
» vous présenter une pétition ; mais cette chambre commune n'est
» pas assez vaste pour contenir le nombre des pétitionnaires. Que
» le citoyen président et les membres de l'assemblée veuillent bien
» se présenter sur la place, et ils verront le vœu général du peuple.
» Notre vœu est de soutenir la Constitution de tout notre pouvoir,
» mais aussi notre vœu est de vivre et mourir dans la religion
» catholique. Aucun décret de la Convention n'interdit la liberté
» de ce culte. Déjà il a été fait une pétition à cet égard, en date du
» 25 frimaire dernier. Nous n'ignorons pas que la municipalité a
» fait passer cette pétition au district de Clamecy ; nous ne pouvons
» prévoir les causes de son inexécution. Nous nous sommes assem-
» blés aujourd'hui de nouveau pour demander le libre exercice du
» culte catholique. Nous requérons que l'église reste ouverte
» comme par le passé ; qu'on y sonne l'*Angelus*, soir et matin, et

---

(1) Voici les noms de quelques-unes de ces femmes chrétiennes et courageuses : Catherine Saulnier, femme Poirette ; Marie Pinon, épouse de Nicolas Tartarin ; Marguerite Grandjean, femme de Claude Majeux ; Marie Guenot, femme de François Moreau ; Marie Barillot, femme Laboureau ; Jeanne Gaillard, femme Guilletat ; Anne Marlot, femme d'Edme Dumeix ; Marie-Anne Faucillon, veuve Saillant ; Marie Fontaine, femme de Jean Pouillon ; Eugénie Just...

146   HISTOIRE D'ENTRAIN.

» que ceux qui auront la dévotion d'y aller prier puissent le faire
» sans être troublés. Il est bien fâcheux pour nous de ne pouvoir
» nous transporter dans les paroisses voisines, même pour nos
» propres affaires, sans y être insultés et maltraités, ainsi qu'il est
» arrivé à plusieurs d'entre nous, qui avons eu la mortification de
» nous entendre traiter, notamment dans les communes de Sain-
» puys et de Bouhy, de huguenots, de juifs et d'apostats. Nous
» invitons derechef la municipalité de prendre notre pétition en
» la plus grande considération, de l'adresser, le plus promptement
» possible, aux représentants du peuple du département de la
» Nièvre, et même à la Convention, si le cas le requiert. Vive la
» République ! Vive la Convention et la religion catholique ! » Ils
apposèrent ensuite leurs signatures sur le registre, où nous avons
lu leurs noms (1). Puisse l'exemple de ces valeureux chrétiens
ranimer la foi et l'amour des devoirs dans les cœurs de leurs descendants ! On sent, en lisant la délibération, où les motifs des pétitionnaires sont si fidèlement reproduits, que les membres de
l'assemblée municipale n'étaient non-seulement pas hostiles, mais,
au contraire, sympathiques à l'antique religion de leurs pères.

Toutes ces démarches pacifiques étant restées sans résultat, les
paroissiens d'Entrain en vinrent à une espèce d'émeute. Le
16 nivôse, comme la municipalité était réunie en séance publique,
se présentèrent *avec beaucoup de tumulte*, mais *non un grand
nombre d'habitants de cette commune*, à la tête desquels étaient
les nommés François Sarynet, laboureur au Moulin-Neuf;
Martin Tingy, cardeur; Denis Tixier, fils, Léger Puissant,
Jacques Lenoir, dégraisseur, lesquels dirent *d'un ton aigre* : « Nous

---

(1) Voici ces noms respectables : Pierre Lafond, Jacques Guibert, Charles Blatau, J.-B. Perreau, Nicolas Guibert, Michel Sceaume, André Lesguillon, Étienne Billaudat, Nicolas de Larue, Denis Thomas, Lazare Bardot, Jean-Nicolas Guibert, Nicolas Héron, Alexis Scêtre, Claude Majeux, Jean Pourcher l'aîné, Nicolas Bureau, Jacques Lenoir, Mathieu Thomas, Étienne Lélu, Charles Bougué, Michel Joineau, Nicolas Ronat, Edme Bougué, Martin Tingy, Dugué, Ragon, Chambrun, Piétresson, Delarue, Chambrun, fils, Jous, Henry, Girault, Danjean, de Lachasse, fils, Dupré, Marlot; Bertheau, Chevau du Coudray, Pouillon, Dugué, Chambert, Tartarin, Pasquette, Simien, Foubard, Plost, Michel, Guibert, Fron, Aubert, Dugué, Sallé, D. Daunay, Majeux, Thomas, Piétresson, Thomas, Simien, Thoulet, Guibert, Delarue, Besnard.

» venons d'entendre l'agent national publier une loi du 18 frimaire,
» relative à la liberté des cultes, et tendante à nous interdire la
» messe. Nous l'avons eue depuis quelque temps ; nous prétendons
» qu'elle sera continuée. En vain nous nous adressons à la
» municipalité pour nous soutenir. Nous sommes décidés à députer
» à la Convention. La municipalité nous fait entendre que cette loi
» vient de la Convention. Nous savons le contraire ; ce n'est qu'un
» arrêté de Bias Parent. » — « Ils se retirèrent, dit le rapport
» municipal, en continuant leur tumulte. »

Ce n'était pas fini. Ecoutons la municipalité : « Et ledit jour,
» à une heure et demie de relevée, la municipalité de la commune,
» assemblée au lieu ordinaire à tenir ses séances, le citoyen
» maire a dit que, sortant de la maison commune et retiré chez
» lui pour y prendre de la nourriture, un grand nombre d'hommes
» étoient entrés et lui avoient dit que leur intention étoit qu'on
» continuât à leur dire la messe et vêpres, qu'ils préféroient périr
» à ce qu'on discontinuât les offices ; que mourir à présent ou un
» peu plus tard, leur étoit égal. »

A la tête de l'attroupement se trouvaient les ci-dessus nommés.

« A l'instant, poursuit le compte-rendu, l'agent national est
» entré chez le citoyen maire, a entendu les citoyens Jacques
» Lenoir, François Sarynet, Martin Tingy, Denis Tixier, fils, se
» disputer avec chaleur, en disant qu'ils vouloient la messe et
» qu'ils l'auroient ; que la loi que je venois de publier n'étoit
» qu'un arrêté du district, et qu'elle ne venoit pas de la Convention.
» Leur ayant lue et répondu que c'étoit la loi du 18 frimaire, qui
» venoit de la Convention nationale et confirmoit l'arrêté de
» Foucher, au relatif, ils ont répondu qu'ils ne le croyoient pas ;
» qu'ils vouloient toujours avoir une messe, et qu'ils feroient venir
» toutes les communes voisines, lesquelles seroient dans le cas
» d'arrêter tous les arrêtés du district et autoriseroient à faire dire
» la messe. A quoi l'agent leur a répondu : « Vous voulez donc faire
» une seconde Vendée, en faisant venir les communes voisines ? »
» Ils ont répondu que c'étoit plutôt la municipalité qui vouloit
» former la Vendée en défendant de dire la messe, et ils ont
» ajouté qu'ils députeroient eux-mêmes à la Convention nationale.
» L'agent national s'est retiré. »

Si l'on en croit la suite du récit municipal, ces braves gens
auraient pris peur, et auraient fait un acte de soumission complète

à la volonté de la Convention, s'offrant eux-mêmes pour détacher la corde de la cloche. Or, la délibération du lendemain vient démentir cette assertion ; car il fut arrêté, en séance, que les représentants du peuple, dans le département de la Nièvre, devant se rendre, le 19 frimaire, à Clamecy, il était important de député deux membres auprès d'eux, pour leur faire part des troubles qui régnaient dans la commune au sujet du culte, et les inviter à venir y *rétablir le calme*. Le maire et l'agent national Commeau furent chargés de cette mission.

Le corps municipal s'adressa alors à Étienne-Julien Touyon, curé de Saint-Cyr, afin de satisfaire au vœu des fidèles de la paroisse d'Entrain. Or, voici la lettre qu'il écrivit aux membres de ce conseil : « Citoyens, mes sentimens vous sont connus,
» et la promesse que je vous ai faite de consacrer le reste de mes
» jours à procurer, autant que je le pourrai, le bien général et
» l'intérêt particulier d'un chacun, subsistera toujours. Les habi-
» tans de Saint-Cyr me réclament, en vertu de la loy, comme leur
» ancien pasteur. Ceux d'Entrain font la même chose, en vertu de
» la parole que j'ai donnée de leur rendre tous les services que je
» pourrai. Je me dois aux uns et aux autres, et je ferai tous mes
» efforts à concilier et contenter tout le monde. Si la réunion des
» deux paroisses subsiste, l'affaire est décidée, je deviens le pasteur
» commun des uns et des autres, enfants naturels et enfants
» adoptifs. Si la réunion n'a pas lieu et que l'église de Saint-Cyr
» subsiste, je ne peux abandonner mon épouse, à moins qu'elle ne
» me signifie un divorce, pour en épouser une autre. Si elle est
» détruite, ou plutôt confondue avec celle d'Entrain, je reste son
» légitime époux, et les enfants naturels, mêlés avec les adoptifs,
» conservent toujours tous leurs droits dans mon cœur. Le pâtu-
» rage des uns et des autres sera égal. Conciliez-vous sur cet article,
» et l'affaire sera bientôt décidée ; je consens à desservir les deux
» paroisses, comme je faisois ci-devant. Je ferai l'office à Saint-
» Cyr, si le cas le requiert, et je le ferai de même à Entrain lors-
» que j'en serai requis et que les loix m'y autoriseront. Tout ceci
» demande des délais et des arrangements solidement établis ;
» et comme le peuple demande avec empressement la messe et la
» célébration de son culte, et que l'église d'Entrain est actuellement
» la seule où l'on puisse célébrer, je consens d'y exercer toutes les
» fonctions pastorales, à condition qu'on me justifiera d'un décret

» qui autorise la profession publique du culte catholique ; que les
» officiers municipaux de la commune rayeront et bifferont, sur
» leur registre, l'arrêt du 19 frimaire de l'an second de la Répu-
» blique française, une et indivisible, concernant le citoyen
» Touyon, ministre du culte catholique à Saint-Cyr-les-Entrain,
» par lequel ils requièrent que ledit citoyen se rendra, le lende-
» main, dans ladite cité *pour y prêcher, dans le temple de la Vérité,*
» *les vertus républicaines et faire l'abjuration de ses lettres d'ordre et*
» *de prêtrise ;* qu'ils reconnaîtront par un acte authentique, inscrit
» sur le même registre, qu'ils ne se sont ainsi comportés que sur
» le faux exposé d'un des administrateurs du district de Clamecy ;
» que le citoyen Touyon, pour obéir aux loix, s'est transporté dans
» le *temple de la Vérité,* les jour et heure indiqués, qu'il y a annoncé
» publiquement les *vérités républicaines,* et que, loin d'abjurer son
» culte, il y a établi solidement la liberté de religion et la profession
» de tous les cultes, à condition qu'aucun ne l'emporteroit sur les
» autres et ne troubleroit le bon ordre de la République. Duquel
» arrêté il sera donné une expédition audit citoyen, comme de la
» réquisition qui lui sera faite de dire et célébrer la messe dans
» l'église de la cité, avec promesse de le garantir de tous troubles et
» des poursuites, qui pourroient lui être faits à ce sujet. »

Cette lettre énergique et prudente ne devait pas recevoir de réponse. Le corps municipal, après la lecture, passa, sur la réquisition de *l'ajant nascionalle et en vertues des afiche que la muniscipallité à fet posse le viengt-troies nivosce qui anoncet quille* « cerat » cejourdhuit proscede à l'adjudication des maison et dépendanse » cy devans curialle et du cy devand vicaria ». Le presbytère fut délivré au citoyen Fron, et le vicariat au citoyen Bernard (1).

La lettre du curé de Saint-Cyr fut son arrêt de mort. Quelques jours après, saisi, garrotté avec l'instituteur Nicolas Ronat (2), ils furent l'un et l'autre écroués à Clamecy, puis conduits à Paris. Le 9 pluviôse, ou 29 janvier, on mettait les scellés dans leurs domiciles et l'on procédait à l'inventaire de leurs meubles. Le 25 ventôse, ou

---

(1) Il s'agissait d'un fermage, puisque le presbytère fut adjugé pour une somme de 242 livres, et le vicariat pour 70.

(2) Il était venu de Saint-Amand, sur l'acceptation de la municipalité, le 25 avril 1793. On lui avait assigné pour logement le collège.

15 mars, leurs têtes tombaient sous le couteau de la fraternité. Le curé mourut à l'âge de soixante-quatre ans, sous l'inculpation frivole de complicité, le 10 août 1792, dans une conspiration contre le peuple, et l'instituteur sous celle de *fanatique et de contre-révolutionnaire*. En outre, deux femmes déposèrent qu'elles avaient entendu Ronat chanter : *Domine, salvum fac regem*. Mais c'était un insigne mensonge. Écoutons un honnête homme, Michel Montillon, dans un interrogatoire par-devant la municipalité : « Je ne
» puis m'empêcher de dire que Ronat a été guillotiné innocem-
» ment ; il n'avait pas chanté : *Domine, salvum fac regem*, mais :
» *Domine, salvam fac gentem*; le curé de Saint-Cyr avait été requis
» de dire la messe par la municipalité et par Commeau ; ceux qui
» ont déposé contre eux, notamment la Chevillot et Madeleine
» M..., l'ont fait pour gagner de l'argent (1). »

Après l'assassinat juridique de son époux, la veuve Ronat, Louise-Angélique Rocher, continuait à faire l'école aux enfants d'Entrain. Qui le croirait ? le 15 germinal, vingt jours seulement depuis le tragique événement, l'agent national Commeau dit à l'assemblée municipale qu'il a été informé que la femme Ronat continuait l'école; que son mari ayant été condamné à la peine de mort, comme *fanatique et contre-révolutionnaire, il soupçonnoit et craignoit que cette femme ne professât les mêmes principes, qu'il regardoit comme les plus dangereux et absolument contraires à la révolution*; qu'en conséquence, il requérait la municipalité de faire cesser cet état de choses (2). Celle-ci, docile à cette dure injonction, prit un arrêté ainsi conçu : « Considérant que Ronat a subi la
» peine qu'ont méritée ses forfaits ; considérant que les principes
» de sa femme ne lui sont pas connus, et craignant que, dans sa

---

(1) *Registre des délibérations*, p. 35, verso.

(2) La tête de Robespierre étant tombée le 9 thermidor, il se fit une réaction. Les terroristes furent poursuivis. Philippe-Lazare Commeau, ce farouche proconsul de la commune d'Entrain, fut arrêté, emprisonné à Clamecy, puis condamné, à Nevers, à six ans de *gêne*, le 17 du même mois. Michel Cestre, arpenteur, déposait devant la municipalité : « Lazare
» Commeau a porté la terreur dans toute la commune, jusqu'à dévaster les
» temples, où il a tout brisé, tout massacré... Aubert, l'aîné, Tolleron,
» Nicolas Bernard étaient ses complices en persécutions, menaçant sans
» cesse les meilleurs citoyens de les faire incarcérer et guillotiner. » (*Registre des délibérations publiques*, p. 67, verso.

» qualité de maîtresse d'école, elle ne suggère aux enfants des
» principes contraires à la loi, ce qui deviendroit, par la suite,
» très-préjudiciable aux intérêts de la République, arrête que
» cejourd'hui elle sera tenue de cesser ses fonctions de maîtresse
» d'école, de quitter la maison en trois jours et qu'elle ne pourra
» emporter aucun effet, excepté le linge et les hardes servant à sa
» personne (1). »

Nous ne suivrons pas la révolution dans toutes ses péripéties à Entrain. Jusqu'à la Constitution de l'an VIII, ou 1800, ce furent, comme ailleurs, des réunions sans cesse répétées, des profanations de l'église paroissiale, où elles se tenaient, des parodies sacrilèges des cérémonies catholiques, un culte monstrueux rendu à l'impudique déesse de la Raison, des fêtes païennes, accompagnées de chants grotesques et immoraux (2), des processions ridicules aux arbres de la liberté, de l'égalité et de la fraternité, des dénonciations sans nombre à la commune, des réquisitions et perquisitions au nom de la liberté... Nous nous contenterons de rapporter quelques principaux faits. Le 25 frimaire an II (5 décembre 1793), l'administration communale adressa une pétition à l'Assemblée nationale, afin d'obtenir la réintégration dans la *totalité des bois, connus d'ancienneté sous le nom d'usages d'Entrain ;* mais cette démarche resta sans résultat. Il est parlé, dans cette pièce, d'un incendie général de la ville, que nous avons déjà cité, et où les titres de la possession communale avaient péri. Au mois de pluviôse suivant, elle opéra, en vertu d'un décret sur les biens des émigrés, le séquestre de ceux du *citoyen Mancini*, qu'elle renouvela le 3 nivôse an VI, *sur la veuve de Cossé-Brissac*, sa fille, portée sur la liste des émigrés, et constitua, pour leur régie, le citoyen de Lachasse, son procureur.

La municipalité, après avoir profané l'église paroissiale par ces assemblées tumultueuses dont nous avons parlé, devait la défigurer par un malencontreux remblai, qui a enseveli les bases des piliers à quatre-vingts centimètres de profondeur. En effet, le 27 nivôse de l'an III de la République ou 15 février 1795, dans une séance

---

(1) La malheureuse veuve se retira au Château-du-Bois.
(2) C'étaient les anniversaires du 21 janvier, du 14 juillet, les fêtes de l'agriculture, de la jeunesse, de la vieillesse.....

publique, elle prit une délibération ainsi conçue : « Considérant
» qu'en remplissant le temple à la hauteur du nivos de la tour (1),
» cela le défigureroit trop et rendroit la voûte trop écrasée; que
» pour remédier à cet inconvénient, il seroit plus expédient de ne
» le réhausser qu'au nivos de la ci-devant chapelle de Saint-
» Nicolas (2), et vu que la commune n'a aucun lieu pour tenir
» ses assemblées; la matière mise en délibération et discutée, il a
» été arrêté unanimement de ne faire le réhaussement qu'au nivos
» de ladite chapelle de Saint-Nicolas; et vu la présence du citoyen
» Massue, entrepreneur de la réparation, la municipalité lui a
» communiqué son intention comme celle de ne lui demander
» aucune diminution, à la charge, par lui, de parfaire ladite
» réparation dans l'espace de trois mois, échéant le 25 floréal
» prochain, ce à quoi il s'est soumis et obligé (3)... » La fabrique
ne rendra à l'édifice sa grâce primitive que lorsqu'elle aura supprimé le travail du sieur Massue. C'est une opération nécessaire et facile.

Le cinquième jour complémentaire de l'an V, ou 20 septembre 1797, le département fit mettre à l'enchère la vieille église, le presbytère et le cimetière de Saint-Cyr, qui furent adjugés à un nommé Grandjean. A cette époque, la paroisse d'Entrain était desservie par Joseph Guérin, prêtre intrus, qui fit tous les serments alors exigés par un gouvernement despotique et persécuteur au nom de la liberté. Il célébrait dans l'église paroissiale, livrée alternativement aux cérémonies de ce prétendu culte catholique et des *fêtes décadaires*. Un arrêté de la commune avait fixé les premières, *à l'heure de dix du matin*, et les secondes, à midi.

Le 28 nivôse an VI, un événement arrivé à Lucenay-les-Aix, une profanation au premier chef! mit les municipalités du département de la Nièvre en grand émoi. L'arbre de la liberté avait été *écorcé vif*, et, pour comble d'infamie, on avait attaché au tronc dénudé un écriteau portant ces mots : « Vive le roi et la religion!
» Pas de République! Une potence pour les nommés... A bas les
» chaînes de la liberté! » Un cri d'horreur retentit dans toutes les

---

(1) Le dallage de la tour était alors de trois marches plus élevé que celui d'aujourd'hui.
(2) Il s'agit de l'abside ou sanctuaire.
(3) Archives de la mairie, *Registre des délibérations*.

administrations. Celle d'Entrain ressentit profondément le coup. Aussitôt elle se réunit, décrète une cérémonie expiatoire, la plantation d'un arbre de la fraternité, dont une place prendra le nom, et requiert la garde nationale et tous les citoyens de s'unir à elle pour cette fête civique, fixée au premier décadi. Ce jour-là, on se rendit devant tous les arbres de la liberté en chantant des hymnes populaires et des chansons patriotiques. La *Marseillaise* fut à l'ordre du jour.

Plusieurs fois, notamment le 2 pluviôse an IV, le 30 fructidor, an V et le 10 nivôse de l'année suivante, la municipalité d'Entrain avait sollicité l'adjonction des communes de Bouhy, de Ciez, de Couloutre et de Menestreau à son canton. Lors de la Constitution dite de l'an VIII, votée le 13 décembre 1799, elle fit de nouvelles démarches pour le conserver, et députa le citoyen Commeau, procureur de la commune, à Paris, avec un *mémoire* où elle réclamait, avec une louable instance, l'annexion non-seulement des quatre communes dont nous venons de parler, mais encore de celles de Dampierre, de Lainsecq, de Perreuse, de Sainpuys et d'Étais-la-Sauvin. Elle y avait joint un plan montrant que la plus éloignée n'était qu'à deux lieues d'Entrain (1). Le tout était signé de Galliot, président de la commune, et de divers autres membres. Mais le Conseil d'État se montra inexorable ; le petit canton fut malheureusement supprimé.

L'ancienne terre ou châtellenie d'Entrain, mutilée par la révolution, fut acquise, le 28 germinal an IX, ou 18 avril 1801, par Antoine Roy, avocat en Parlement, d'Adelaïde-Diane-Hortense-Délie, fille de Louis-Jules-Barbon Mancini, dernier duc de Nivernais, et veuve de Louis-Hercule-Timoléon, duc de Cossé-Brissac, massacré à Versailles, dans les premiers jours de septembre 1792 (2).

---

(1) Le *mémoire* portait la date du 1er pluviôse. La suppression fut décidée en messidor suivant.

(2) La maison de Cossé-Brissac, l'une des plus anciennes et des plus illustres de France, tirait son nom de la petite ville de Brissac, située dans le département de Maine-et-Loire. Cette ville fut érigée par le roi Louis XIII, en 1611, en duché-pairie, en faveur de Charles Ier de Cossé, maréchal de France, bisaïeul du duc. Charles II, son aïeul, et Jean-Paul-Timoléon, son père, jouirent de la même dignité. Il fut, lui aussi, pair et grand panetier de France, gouverneur de Paris, colonel des cent-suisses et commandant, en 1791, de la garde constitutionnelle du roi.

Elle se composait alors de 950 hectares de bois, de l'ancien château, des maisons de la Pêcherie, de Saint-Sulpice et de Saint-Cyr, du Moulin-Neuf et de celui de la Forge, des dépendances de la vicomté, des prairies et emplacements des étangs et de divers autres immeubles. La noble venderesse abandonna également à l'acquéreur tous les droits, actions, poursuites, répétitions concernant les usurpations sur les biens, notamment les coupes dans les bois de Navardin, faites par la commune de Billy ; enfin tous les droits, redevances, non supprimés par les lois, dans les châtellenies d'Entrain, de Billy et de Corvol-l'Orgueilleux, exprimés ou non dans l'acte de vente (1). Le nouveau possesseur y joignit bientôt les anciens fiefs de Réveillon, du Mineray, de Miniers, du Château-du-Bois, de Saint-Cyr, des Cottets, du Moulin-Neuf, du Pellé et de Mirebeau. Ainsi fut constituée la nouvelle terre d'Entrain, l'une des plus considérables du département de la Nièvre.

Le comte Roy, ancien député, ministre des finances sous les rois Louis XVIII et Charles X, pair de France, chevalier des ordres, était un personnage d'une haute influence et l'un des premiers hommes d'Etat de l'époque. Nous donnerons sa biographie plus détaillée à l'article de Réveillon. Il était affable, plein de bienveillance pour les habitants d'Entrain, qui en parlent encore avec estime, malgré les contestations judiciaires qu'ils soutinrent contre lui pour des terres communales et la chaussée de l'Étang-Neuf. Il nous semble qu'ils eussent mieux fait de tirer parti de sa haute position politique pour rendre à leur petite ville son titre de chef-lieu-de-canton, que d'entreprendre ainsi de ruineux procès.

A cette époque, il fut fait un recensement général de la population de la France. Celle d'Entrain s'élevait, d'après le tableau terminé le 22 juillet 1802, à 1,823 habitants, pour les deux anciennes paroisses de Saint-Sulpice et de Saint-Cyr.

Le concordat de 1801, conclu entre le pape Pie VI et le premier consul, Napoléon Bonaparte, ayant rétabli légalement le culte catholique en France, le curé schismatique, Joseph Guérin, dut quitter Entrain, où il fut remplacé, en 1803, par le pasteur légitime, Pierre Verger. La paroisse salua son retour comme un sym-

---

(1) La vente eut lieu dans l'étude de M° Péant de Saint-Gilles, notaire à Paris.

bole de paix et de bonheur. Il avait alors soixante-un ans. Après quatorze années d'un ministère difficile, l'abbé Verger quitta ce monde agité pour entrer dans un autre plus calme, la demeure des justes. Il mourut le 20 octobre 1817, après avoir porté quarante-un ans le titre de curé d'Entrain.

Sept ans plus tard, le 4 août, Mgr J.-B.-F.-N. Millaux, évêque de Nevers, vint à Entrain, en tournée pastorale. Depuis longtemps la ville n'avait pas vu de prélat dans ses murs ; aussi l'affluence des fidèles fut grande. Les paroisses de Bouhy et de Ciez durent se rendre à Entrain pour la confirmation. Le nombre des confirmés fut de 1,400. La ville en fournit 800, Bouhy 400 et Ciez 200.

Entrain ayant perdu, comme tant d'autres paroisses, son titre canonique d'inamovibilité, resta simple succursale jusqu'au 24 janvier 1827. Alors une ordonnance royale, donnée au palais des Tuileries, et contre-signée par Mgr Fressynous, évêque d'Hermopolis, ministre secrétaire d'Etat au département des Affaires ecclésiastiques, l'érigea en cure de deuxième classe. Sur une requête du conseil de fabrique, du 27 février 1830, il y fut créé, au mois de juin suivant, un vicariat.

La révolution, qui éclata au mois de juillet de la même année, bouleversa les esprits à Entrain, comme dans le reste de la France. La religion s'en ressentit douloureusement. C'est de cette époque spécialement que date le refroidissement dans la pratique des devoirs du chrétien, source de chagrin pour le prêtre désireux du salut des âmes. Un funeste respect humain s'empara des esprits, et éloigna beaucoup de fidèles du lieu saint. Le conseil de fabrique se vit dans la nécessité de diminuer le prix des places à l'église, parce qu'on *ne venait plus aux offices* (1).

Deux ans après, il survint une terrible épidémie, qui jeta l'épouvante en France. Le choléra asiatique exerça d'affreux ravages, et fit, au mois de juin 1832, d'innombrables victimes dans les principales villes. Entrain ressentit ses funestes influences. Bon nombre de personnes éprouvèrent les spasmes de cette horrible maladie. On eut recours aux supplications publiques et le fléau disparut, après avoir fait quatre victimes seulement.

---

(1) Registre de paroisse.

Le 29 juillet 1834 eut lieu, dans la ville, une importante cérémonie, à laquelle prirent part une foule d'ecclésiastiques et de fidèles. Elle fut présidée par le vénérable abbé Frain, vicaire capitulaire du diocèse et supérieur du grand séminaire (1). Il s'agissait de l'installation d'une petite colonie de religieuses de la *Providence de Sens*. Elles étaient appelées par le conseil municipal, qui leur alloua une somme annuelle de 500 fr. Leur premier établissement se fit dans une assez pauvre habitation, malgré son caractère féodal, située dans la rue d'Orléans ; on la nomme vulgairement *Maison-du-Fort*, en souvenir d'une famille noble de ce nom, dont elle fut autrefois la résidence. La supérieure, sœur Modeste, était accompagnée de Mme Bresson, fondatrice de la congrégation. Tout le monde était dans la joie. Mais bientôt la municipalité, circonvenue par deux de ses membres, hostiles à l'établissement religieux, supprima, malgré la parole donnée, les 500 fr. précédemment alloués. Alors les sœurs, au nombre de cinq, quittèrent, le 16 mai 1840, la Maison-du-Fort, pour s'installer dans celle qui venait d'être construite sur l'emplacement du couvent des Urbanistes. Elles y établirent un pensionnat et une salle d'asile.

Cinq ans plus tard, l'abbé Vée, aidé des secours de quelques personnes charitables, acheta, comme il a été dit, deux maisons, donnant l'une sur la Grande-Rue et l'autre sur la rue d'Orléans, les appropria pour leur pieuse destination, et y établit la petite colonie, accrue de deux nouvelles sœurs, le 24 mars 1849.

Bientôt il survint des difficultés entre le fondateur et la maison-mère, à l'occasion du rappel d'une des religieuses d'Entrain. La communauté, mise en demeure de laisser la sœur Modeste dans le nouvel établissement, ou de le retirer tout entier, prit ce dernier parti. Alors les religieuses de la *Providence*, la sœur Pélagie Klot à leur tête, quittèrent la ville le dimanche 17 août 1851. Le même jour, celles de la congrégation de la *Charité et Instruction chrétienne de Nevers*, auxquelles J.-J. Vée s'était adressé, vinrent, sous la direction de la mère Amblart, supérieure de l'hôpital de Varzy,

---

(1) On remarquait parmi les prêtres assistants : MM. Guillaumet, chanoine honoraire, archiprêtre de Clamecy ; Joye, curé de Saint-Amand ; Bossu, curé de Moulins-Engilbert ; Hurlant, Vée, Digonnet, Pautrat.....

prendre possession de la maison d'Entrain. La supérieure, Théodore Galeau, n'arriva que le 11 septembre.

Le 15 octobre de l'année suivante, le fondateur, s'étant rendu à Nevers, donna, par acte entre-vifs, passé devant Bouquillard, notaire, la maison d'Entrain à la communauté, qu'un décret de l'Empereur, en date du 31 mars 1854, autorisa à accepter. Il est ainsi conçu : « Napoléon, par la grâce de Dieu et la volonté natio-
» nale, Empereur des Français, à tous présents et à venir, salut.
» Sur le rapport de notre ministre secrétaire d'Etat au département
» de l'Instruction publique et des Cultes... avons décrété et décré-
» tons ce qui suit : Art. 1er. La congrégation des sœurs de la
» Charité, existant à Nevers, en vertu d'un décret du 19 janvier
» 1811, est autorisée à fonder un établissement de religieuses de
» son ordre à Entrain. — Art. 2. La supérieure générale des sœurs
» de la Charité, à Nevers, au nom de cette congrégation, le maire
» et le bureau de bienfaisance d'Entrain, au nom de la commune
» et des pauvres, sont autorisés à accepter, chacun en ce qui le
» concerne, la donation faite à cette congrégation par le sieur Jean-
» Jacques Vée, suivant acte notarié du 15 octobre 1852, et consis-
» tant en une maison, avec ses dépendances, située à Entrain et
» estimée 20,000 fr., pour servir à la fondation, en cette commune,
» d'un établissement de sœurs de la Charité, qui seront chargées
» de l'instruction des jeunes filles, de la direction de la salle d'asile
» et du soin des pauvres. — Art. 3. Notre ministre secrétaire d'Etat
» au département de l'instruction publique et des cultes et notre
» ministre secrétaire d'Etat au département de l'intérieur sont
» chargés, chacun en ce qui le concerne, de l'exécution du présent
» décret, qui sera inséré au *Bulletin des Lois*... »

Cependant l'établissement religieux n'était pas complet ; il man-quait un oratoire ou chapelle. Le fondateur se chargea de le lui donner. Le 8 septembre 1856, comme toute la paroisse était réunie, en grande pompe, pour la bénédiction solennelle d'une statue de la sainte Vierge, érigée par lui, au sud de la ville, dans un enclos splendide, créé au moyen de folles dépenses, la procession, au retour, se rendit à la maison des sœurs, où l'on bénit la première pierre du futur édifice. C'est un gracieux petit monument, de style roman, appuyé, du côté de la rue, de deux contre-forts et surmonté d'un élégant clocheton. Ces contre-forts furent, sous prétexte de leur saillie, une cause de graves démêlés avec l'administration locale; mais le fondateur put en triompher. On venait de terminer la construction, lorsque le généreux bienfaiteur succomba, le 14 juillet 1858, à de longues souffrances.

Quatre mois plus tard, le 27 novembre, Mgr Dufêtre, étant venu à Entrain donner la confirmation, fit la bénédiction solennelle de la chapelle en présence de Mgr Crosnier, vicaire général, de la R. M. Philippine Juin Lamiraudie, supérieure générale des sœurs de la Charité, et de plusieurs ecclésiastiques (1). Ainsi se trouva complété un établissement religieux très-utile au pays. On estime que les dépenses durent s'élever à une somme d'environ 100,000 fr. Le fondateur, avant de mourir, lui en avait légué 30,000 ; mais ce legs ne fut point agréé par le Gouvernement.

---

(1) La gravure, qui la représente si fidèlement, fut exécutée par M. Amédée Jullien, le jour même de la cérémonie.

TROISIÈME PARTIE.

PAROISSE ET CURÉS DE SAINT-SULPICE D'ENTRAIN ; PAROISSE ET CURÉS DE SAINT-CYR-LES-ENTRAIN ; PRIEURÉ ET PRIEURS DE SAINT-NICOLAS DE RÉVEILLON.

I.

Paroisse et curés de Saint-Sulpice d'Entrain.

La paroisse de Saint-Sulpice d'Entrain est, sans contredit, l'une des plus anciennes du diocèse de Nevers. Nous la trouvons, dès l'an 578, mentionnée parmi les trente-sept de l'antique évêché d'Auxerre, qui l'avait annexée, ainsi qu'il a été dit, à l'archiprêtré de Puisaye. Son importance, autant que son antiquité, lui valut de devenir, en exécution du règlement fait au synode tenu à Auxerre, le 18 juin 1738, l'un des *douze cantons* établis pour la distribution des saintes-huiles (1). Celles-ci étaient déposées, *selon l'usage*, dans l'église de Saint-Pierre-en-Château de la ville d'Auxerre, dont le curé était chargé de les distribuer à ses confrères.

Le curé de Thury, en vertu du règlement synodal, devait se rendre, le lundi ou le mardi de la seconde semaine après Pâques, à Auxerre, avec cinq boîtes, l'une pour lui et les quatre autres pour le curé d'Entrain. Ce dernier allait à Thury et recevait ces quatre boîtes, dont une pour lui et les trois autres pour Donzy (2).

---

(1) Ces douze cantons étaient : Vermenton, Thury, Entrain, Donzy, La Charité, Cosne, Toucy, Saint-Fargeau, Briare, Courson, Clamecy et Varzy.

(2) Le curé de Donzy se rendait, le lundi ou le mardi de la troisième semaine après Pâques, à Entrain, emportait les trois boîtes, l'une pour lui et les deux autres pour La Charité et Cosne.

Le curé d'Entrain réunissait, le mardi de la quatrième semaine, les curés de sa dépendance, savoir : Bouhy, Giez, Couloutre, Dampierre-sous-Bouhy, Etais, Menestreau, Perreuse, Saint-Amand, Saint-Cyr et Sainpuys, et leur faisait la distribution des saintes-huiles, qui devaient être placées dans le sanctuaire, sur une crédence préparée à cet effet.

Avant la distribution, on chantait solennellement la messe du Saint-Esprit, à laquelle tous les curés du canton devaient assister en surplis. Après la messe, le curé d'Entrain se plaçait sur un siége, à côté de la crédence. Alors le plus ancien des curés entrait dans le sanctuaire, portant ses vases aux saintes-huiles, saluait profondément l'autel, puis, se tournant du côté de la crédence, faisait une inclination aux saintes-huiles et au curé distributeur, et recevait sa part. Il en était de même des autres, toujours par rang d'ancienneté.

Sur la même crédence était déposée une feuille intitulée : *Renovaverun* ou ils ont renouvelé, sur laquelle les prêtres écrivaient leur nom, à mesure qu'ils recevaient les saintes-huiles (1). Mgr Forcade avait été bien inspiré en créant un doyenné à Entrain ; il avait rétabli l'ancien ordre de choses.

La paroisse avait primitivement son siége, comme on l'a vu plus haut, dans une ancienne église, située près du cimetière, à l'ouest de la ville. Là, se trouvait, avons-nous dit, un quartier populeux du vieil *Intaranum*, connu, au moyen-âge, sous le nom de Saint-Sulpice ; mais les invasions et les guerres l'ayant successivement ruiné, l'église paroissiale se montrait seule, isolée, au commencement du seizième siècle. Néanmoins, en 1520, on y célébrait encore la messe le dimanche. Un titre de cette époque, consenti par le prêtre administrateur de l'hôtel-Dieu, nous le donne positivement à entendre. Toutefois son isolement, devenu complet, avec le temps, devait amener forcément son abandon. Ses matériaux servirent, en 1595, à former les voûtes de l'église Notre-Dame de la ville, devenue paroissiale.

---

(1) *Ordonnances synodales de Mgr l'illustrissime et révérendissime évêque d'Auxerre, publiées dans le synode tenu au palais épiscopal d'Auxerre, les 18 et 19 juin 1738, et homologuées au Parlement, par arrêts de la cour des 3 mai et 5 septembre 1741.* Auxerre, chez Fr. Fournier, imprimeur, M.DCC.LIII p. 260 et suiv.

Le procès-verbal de visite par le vicaire général d'Auxerre, qui livra, en 1641, le reste de ces débris vénérés aux religieuses Urbanistes d'Entrain, pour former la clôture de leur monastère, dit expressément qu'elle était abandonnée depuis cent ans. Cet abandon eut donc lieu entre 1520 et 1541. Par conséquent, c'est de cette époque que l'annexe devint église paroissiale. Celle-ci se nomma d'abord église *Notre-Dame-Saint-Sulpice*; mais le titre primitif s'oublia peu à peu, et le dernier seul subsista. Le remaniement, que l'on remarque dans l'édifice paroissial actuel, date de la fin du seizième siècle. On éleva les murs de deux mètres environ (1), et on y établit des voûtes avec les débris de l'ancienne église ; ou mieux, on transféra les voûtes de l'une dans l'autre. Le grattage des arc-doubleaux et des nervures, opéré en 1878, avec l'ouverture de quatre grandes baies, ont changé l'aspect misérable de l'édifice d'une manière remarquable.

Nous avons démontré, plus haut, l'erreur où était tombé le savant abbé Lebeuf, en faisant de l'église Notre-Dame la chapelle castrale des anciens comtes de Nevers. Nous ajoutons que sa qualité d'annexe n'est pas moins certaine. En effet, l'opinion s'est toujours prononcée en ce sens. Saint Amâtre, évêque d'Auxerre, la confirme en quelque sorte, lorsqu'en parlant de la paroisse, il dit : *Entrain et ses dépendances.* Ces dépendances n'étaient autres que l'église Notre-Dame, celle de Saint-Cyr, détachée, au dixième siècle, pour former une seconde paroisse, et celle de Saint-Nicolas de Réveillon, que l'on croit avoir aussi formé une annexe de la paroisse Saint-Sulpice avant la fondation du prieuré. Le nombre des communiants était, avant la Révolution, de 500 à 600, qui remplissaient tous le devoir pascal (2). La réannexion de la paroisse Saint-Cyr, en 1793, en doubla presque le chiffre. Les enfants au-dessous de la première communion formant, à peu près, le tiers de la population, la paroisse Saint-Sulpice d'Entrain ne comptait donc alors que 800 ou 900 âmes.

---

(1) Les corbeaux, que l'on voyait à deux mètres au-dessous de l'entablement actuel, en sont une preuve. Les anciennes baies, placées tout près des piliers, au lieu d'être au centre des travées, le prouvent également. On les laissa, lors de la construction des voûtes, dans leur position, quoique défectueuse.

(2) Archives d'Auxerre ; pouillé et procès-verbal de visite épiscopale.

A l'époque du concordat de 1801, la paroisse d'Entrain perdit, comme tant d'autres, son titre d'inamovibilité canonique et resta simple succursale jusqu'en 1827. Mais une ordonnance royale du 24 janvier de cette année l'érigea, ainsi qu'il a été dit, en cure de deuxième classe. Elle est ainsi conçue : « Charles, par la grâce de
» Dieu, roi de France et de Navarre, à tous ceux qui ces présentes
» verront, salut. Sur le rapport de notre ministre secrétaire d'Etat
» au département des Affaires ecclésiastiques et de l'Instruction
» publique, nous avons ordonné et ordonnons ce qui suit : La
» succursale d'Entrain, diocèse de Nevers, canton de Varzy, est
» érigée en cure de seconde classe... Donné en notre château des
» Tuileries, le 24e jour du mois de janvier de l'an de grâce mil
» huit cent vingt-sept, de notre règne le troisième (1). »

La paroisse de Saint-Sulpice d'Entrain remontant donc aux premiers siècles du christianisme dans les Gaules, eut dès-lors des prêtres chargés de sa direction. Les noms de ces hommes de Dieu, d'autant plus respectables et vertueux qu'ils se rapprochaient davantage du berceau de la religion, nous sont inconnus pour la plupart. Pendant près de mille ans, nos vénérés prédécesseurs restent ensevelis, eux et leurs vertus, dans le sein de l'Éternel.

Le prêtre le plus ancien connu, sans que nous sachions positivement s'il fut curé d'Entrain, est Étienne Li-Gras, qui trépassa le mardi après l'octave de la Purification, en 1140; sa tombe, comme nous l'avons vu plus haut, fut découverte au prieuré de Saint-Nicolas de Réveillon (2). Guillaume Buchin, qui vivait en 1414, remplit certainement les fonctions pastorales à Entrain. Son nom nous a été conservé par l'abbé de Marolles dans ses *Titres de Nevers*. Il nous apprend, en effet, qu'il acquit, cette année-là, les tierces d'Apis de demoiselle Philiberte d'Arcy.

Simon Joineau, prêtre d'Entrain, fut pourvu, en 1471, du bénéfice de la chapelle Sainte-Anne, près Bouhy, par *noble femme* Louise d'Argenton, dame de Cosme et d'Ozerain. Vénérable et discrète personne Simon Dyner, curé de Saint-Sulpice d'Entrain,

---

(1) Signé : Charles. Par le roi : Le ministre secrétaire d'État au département des Affaires ecclésiastiques, Fraissinous, évêque d'Hermopolis. Le directeur des affaires ecclésiastiques, l'abbé de La Chapelle.

(2) Elle porte : *curé de céans.*

en 1500, passa procuration à Claude Duchesne, prêtre, maître et administrateur de l'hôtel-Dieu, pour affermer, sur la publication qu'il en avait faite au prône, le dimanche précédent, les terres de son église, *attenantes*, à l'ouest, au *grand chemin levé* de Saint-Amand (1), et une maison, située près de l'église, moyennant une rente de 10 sous 6 deniers pour cette dernière.

Jean Musnier, son successeur, les afferma, à son tour, en 1520, à Jean Guérigny, pour une rente de 25 sols tournois, payable, *chascun an, au jour et feste de saint Remy, chef d'octobre*. C'est sous son administration, en 1512, qu'Entrain tout entier fut réduit en cendres, par *fortune générale de feu, advenue accidentellement à ladicte ville* (2).

A ce dernier succéda Thomas Musnier, son neveu. Jean Quarré, vicaire, maître et administrateur de l'hôtel-Dieu, en 1508, vit, quatre ans plus tard, cet établissement complètement ruiné par l'incendie dont nous venons de parler. Il fit appel au comte de Nevers, seigneur d'Orval et d'Entrain, et à la duchesse de Brabant, qui lui donnèrent chacun 5 livres tournois pour l'aider dans la reconstruction de cette maison de charité. Il nous a laissé un état curieux des dépenses faites par lui dans la restauration des bâtiments et de la chapelle, dédiée à saint Antoine. On peut lire cette pièce parmi les chartes citées à la fin de cet ouvrage, sous la date de 1512 (3). Ce prêtre continua, le 14 septembre 1529, comme *amodiateur des biens de la cure et fondé de pouvoir* de l'abbé Musnier, le bail cité plus haut aux héritiers de Jean Guérigny. Il eut pour successeur dans l'administration de l'hôtel-Dieu, Jacques Poillot, prêtre, dont nous retrouvons plusieurs baux, à titre de cens, en faveur de l'établissement (4). Guillaume Benoist, curé d'Entrain, légua, en 1531, une rente de 40 sous à la boîte des Trépassés, sur une maison proche la porte Saint-Michel.

Jean Trouvé, docteur en théologie, son successeur, donna, en

---

(1) Archives de la fabrique.
(2) Archives de l'Yonne.
(3) Étienne Petit, prêtre à Entrain, acquit, le 4 mai 1532, de Jean Chailloy, laboureur à Saint-Amand, une rente perpétuelle de dix boisseaux de seigle, bon blé, royal et marchand, pour 20 livres tournois.
(4) Archives de l'Yonne.

1550, à titre de cens et rente, à noble Denis Duchesne, le *Pré-Dieu*, situé à la queue de l'étang du Trélong, pour 24 sous, payables, chaque année, à la Saint-André, et un autre, assis à Couloutre, pour 15 sous, solvables à la même date.

Simon Perrot, d'abord vicaire de la paroisse, puis curé en 1583, continua les *Registres de catholicité*, dont les exemplaires précédents ont disparu (1). Il fut un prêtre assidu et fort régulier. La piété fleurit dans la paroisse sous son administration. Les familles Dabont, Gallyot, Duchesne, Jobert, Bourgoing, Parmentier et diverses autres encourageaient, par leurs vertus, son ministère. Le curé, comme les paroissiens, a besoin d'être soutenu dans l'accomplissement de ses devoirs, et il trouve cet appui dans leur fidélité à correspondre à ses efforts pour le bien.

L'abbé Perrot eut pour successeur, en 1588, Grégoire Lecoustour, précédemment maître et administrateur de l'hôtel-Dieu. Celui-ci ne fit qu'apparaître ; car il fut remplacé, l'année suivante, par Mathieu Lestourneau, qui exerça le saint ministère à Entrain, pendant dix ans. Au mois de juillet 1593, il commença à rédiger en latin les actes de catholicité (2). Il ne fut imité dans cette rédaction que par un seul de ses successeurs.

Au commencement de l'an 1600, *discrète et scientifique personne* Nicaise Gaige, *alias* de Gaige, ayant succédé à Mathieu Lestourneau, intenta, quatre ans après, une action judiciaire à Salomon de Lachasse et à Edmée Cayot, sa belle-sœur, veuve de Jean, pour les contraindre à payer neuf années d'arrérages d'une rente de

---

(1) Voici le premier acte :

« Le douziesme jour d'aoust 1576 a esté baptisée Perrette, fille d'Edme
» Julien, et de Loyse, sa femme ; le parrain honorable homme Pierre David,
» les marraines Edmée de La Roussille, femme d'honorable homme Jean
» Jobert, et Perrette Janvier, femme de Charles de Germain. »

(2) *Decimo sexto kalendas julii, anni Domini millesimi quinquagesimi nonagesimi tertii in sede sacra divæ Mariæ Interamnensis, baptisatus fuit Johannes, filius honorabilis viri Claudii* Gallyot *et honestæ mulieris Annæ* Mucot. *Ejus patrini honorabiles viri magister Franciscus* Guardot *et Thomas* Boiscourjon, *matrina honesta mulier Maria* Née.

Ces actes font foi que l'usage d'alors était de donner deux parrains, *fidejussores*, à un garçon et une seule marraine. C'était le contraire pour une fille. On les prenait presque exclusivement parmi les notables de la paroisse.

vingt sous, envers la boîte des Trépassés. Il obligea aussi, en 1606, Jean Petit et Thomas Lenoir à lui donner une nouvelle reconnaissance pour une autre rente due à sa cure sur le pré du Moulin-Neuf. Il mourut le 1er juin 1619. Car on lit dans le registre de cette année : « Fin des baptêmes des enfans baptisés en l'église
» Notre-Dame d'Entrain soubz messire Nicaise de Gaige, prestre,
» curé dudit Entrain, qui décéda le premier jour de juing 1619... »

Immédiatement après vient l'annonce de son successeur en ces termes : « Icy commence le registre des baptêmes des petits enfans
» baptisés sur les fondz de l'esglise *Notre-Dame d'Entrain*, depuis
» le premier jour de juing de l'année présente 1619, auquel jour
» *vénérable et discrète personne*, messire Germain Bardolat,
» prestre, licencié en droit et curé d'Entrain, prit possession de
» la cure dudit lieu. »

Il est probable qu'il ne résidait pas ; car le service paroissial fut fait par Naulin, Chaulet, Dugué, Marmagne et Pourcher, tous prêtres-administrateurs de l'hôtel-Dieu, jusqu'en 1633 (1). Alors on lit, en tête du registre : « Livre des mortuailles de l'année 1633,
» commencé par moy J.-Baptiste Bardolat, curé d'Entrain. »

« Le livre des mariages » fut également commencé par lui au mois de juin de la même année. Il était, sans doute, ainsi que le précédent, originaire de la ville, où nous remarquons une famille notable de ce nom. Simon Bardolat, époux de Marguerite Delarue et *procureur des Trépassés*, intenta, comme il a été dit, en 1614, un procès à Simon Jaillard, qui s'attribuait, sans vergogne, les offrandes de pain que les fidèles faisaient pour la boîte des défunts. Jean, son frère, fut recteur des écoles d'Entrain (2).

Jean-Baptiste Bardolat accepta, en 1639, la fondation d'une messe basse, tous les samedis, avec un *Sub tuum*, l'oraison *Protege nos*, trois *Pater* et trois *Ave*, et une grande *messe de Nostre-Dame*, le 16 juillet de chaque année. Cette fondation fut faite par Claude Guignebert, avocat en Parlement, pour lui et sa famille, au moyen d'une rente de *cent sols tournois*, assise sur une pièce de vigne à Perreuse. Cet immeuble avait été acquis, en 1622, par noble Martin Guignebert, son père, sieur de Grandchamp, bailli

---

(1) Jean Reuillon était maître et administrateur de l'hôtel-Dieu en 1483.
(2) Archives de la mairie, *Registres de catholicité*.

de Cosme et de Bouhy (1). J.-B. Bardolat mourut le 9 décembre 1642, et fut inhumé dans le chœur de l'église.

Sulpice Bourgoing, fils de Jean, juge ordinaire d'Entrain, sieur de La Masserie, près Ciez, et de Jeanne Roy, commença, comme les précédents, par le titre de vicaire, maître et administrateur de l'hôtel-Dieu, dont il se démit en faveur des religieuses Cordelières, dites Urbanistes, à l'époque de leur établissement à Entrain. Nommé, en 1639, curé de Sainte-Colombe en Puisaye, chanoine de Saint-Caradeuc de Donzy, il fut pourvu, trois ans plus tard, au mois de novembre, de la paroisse Saint-Sulpice d'Entrain, qu'il administra pendant quarante-deux ans. Il construisit, l'année même de son installation, une chapelle dans le cimetière, et la dédia à saint Sulpice, patron de la paroisse et le sien. C'était un homme intelligent, actif et zélé. Il écrivait beaucoup, avec facilité et en termes généralement bien choisis ; mais son style est un peu diffus, pas assez châtié. Il inséra, dans les *Registres de catholicité*, des notes qui nous ont fourni beaucoup de documents curieux sur les garnisons d'Entrain et les vexations qu'elles y exercèrent.

L'abbé Bourgoing soutint avec zèle les intérêts de sa cure et de son église. Il acquit, vers 1670, d'Edme Raveau, une maison, située près de l'église, pour servir de presbytère ; mais il continua d'habiter le logis paternel (2). Il poursuivit judiciairement, en 1675 et 1677, pour l'acquit de sa portion congrue, les gros décimateurs de la paroisse, même le duc de Nivernais, qui ne payait guère mieux que ses vassaux (3). Plusieurs fondations plus ou moins importantes eurent lieu sous son administration. Lui-même, après avoir donné les derniers sacrements à Guillaume de Grandry, seigneur de Ferrières, reçut, en 1661, son acte de suprême volonté. Le gouvernement, plus chrétien que ceux de nos jours, loin de tenir le

---

(1) Archives de la fabrique.

(2) Le presbytère, d'abord affermé par la municipalité le 28 nivôse an II, ou 17 janvier 1793, à Vincent Fron, pour trois, six ou neuf ans, moyennant 242 livres, fut définitivement vendu dans le cours de la Révolution. Le vicariat, loué, le même jour et avec les mêmes conditions, à un citoyen Bernard, pour 70 livres, a été heureusement conservé.

(3) Archives de la fabrique. Ces gros décimateurs étaient, comme il a été dit, le duc pour cinq huitièmes, le prieur de Saint-Nicolas de Réveillon, les seigneurs des Granges et de Villers-le-Sec, pour les trois autres.

prêtre en suspicion, l'honorait et croyait à sa loyauté, à sa droiture. Sulpice Bourgoing favorisa les vocations ecclésiastiques ; car on voit, de son temps, beaucoup de jeunes prêtres sortis d'Entrain. Comme tout homme d'une piété éclairée, il était gai et enjoué dans la conversation. Il recevait avec cordialité ses confrères dans le sacerdoce, ce qui n'est pas la moindre preuve du bon prêtre. Il mourut, plein de vertus, le 16 septembre 1684, âgé de soixante-dix ans. Par son testament du 21 octobre de l'année précédente, il légua 600 livres pour faire chanter, à perpétuité, un *Libera* le jour de Saint-Sulpice, et un service de trois grandes messes le lendemain. Il voulut qu'à son convoi assistassent douze prêtres, qui feraient les suffrages accoutumés, et douze pauvres, portant des torches, auxquels il serait donné, à chacun, une aune de serge. Mathieu Bourgoing, son domestique, reçut cent livres pour *ses bons et loyaux services*; Claude Lescauchois, son neveu, eut sa *métairie et justice* de la Masserie, et les enfants de feu Jean Collot, son autre neveu, ses meubles et les rentes dues.

Après sa mort, le père François Heulhard, religieux dominicain, fit les fonctions pastorales, sous le titre de desservant, jusqu'à l'arrivée du successeur, Pierre Millelot, qui eut lieu le 28 octobre suivant.

Le 8 septembre 1685, l'évêque André Colbert, se trouvant à Entrain, fit la vérification des reliques de saint Sulpice. Le procès-verbal dit qu'elles consistaient en une clavicule de la poitrine et trois morceaux du suaire de ce saint archevêque. Il constate aussi qu'Edme Maignan, drapier à Lainsecq et *impotent*, ayant fait *ses dévotions* et prié devant la châsse du saint, avait été subitement guéri, ainsi qu'il était attesté par un certificat du juge d'Entrain du 8 août 1678.

Le 27 juin de l'année suivante, l'évêque d'Auxerre étant revenu à Entrain, en tournée pastorale, ordonna, dans sa visite de l'église, d'enlever le rétable de la chapelle de Saint-Hubert, où était représentée une chasse avec diverses *figures d'animaux*, et de le remplacer par *une niche*, fermant à deux battants, sur lesquels seraient peintes les images de saint Sulpice et de saint Hubert. Il plaça dès lors cette chapelle sous le vocable du saint patron de la paroisse, le grand autel restant dédié à Notre-Dame.

Comme on enterrait depuis deux ans autour de l'église sans aucune clôture, le prélat défendit de le faire à l'avenir. « Nous

» avons appris, dit-il, que bien que la place qui est au-devant de
» l'église et autour d'icelle n'ait jamais este bénite et qu'elle soit
» ouverte de toutes parts, on ne laisse pas d'y enterrer, depuis
» deux ans, les corps des fidèles trépassés ; nous interdisons, en
» conséquence, ladite place, avec défense au sieur curé de cette
» paroisse d'y enterrer ; ordonnons que, dans un an, le cimetière
» de l'ancienne esglise sera clos et fermé de murs, sous peine
» d'interdiction, si mieux n'aiment les habitans se pourvoir d'une
» autre place, qui soit plus proche de l'esglise, qui sera entourée
» de murailles, avec deux entrées, auxquelles il y aura trois trous
» convenables de grilles pour empescher les animaux d'y passer,
» et au milieu de laquelle l'on mettra une croix de pierre ou, du
» moins, de bois peint. »

Le dimanche 1er décembre de la même année, les habitants, réunis à l'issue de la messe paroissiale, en assemblée générale, délibérèrent, par suite de l'ordonnance épiscopale, que le cimetière de Saint-Sulpice serait clos de murs, en chaux et sable, de cinq pieds et demi *sur terre*, ou de quartiers de pierre de taille debout, comme à Bouhy et à Lainsecq, en commençant au coin de la chapelle, du côté du *champ du Colombier*, et que les laboureurs fourniraient les charrois. Ils réglèrent aussi que ces derniers seraient contraints de livrer à Claude Billard, recteur des écoles, les quartes de blé promises en sus de ses gages, et autorisèrent l'échevin de la communauté à payer aux dragons, alors en garnison à Entrain, ce qui serait convenu, sur les deniers qu'il avait entre les mains (1).

Pierre Millelot n'eut guère le temps de connaître son troupeau, car il mourut moins de trois ans après, le 2 août 1687. Il fut déposé, le lendemain, dans le chœur de l'église (2). L'intérim du ministère sacré fut fait par frère François-Gaspard-Louis Ponceau, procureur du couvent d'Auxerre.

Messire Heulhard, *aliàs* Heuvrard, prit possession au commencement de mai, de l'année suivante, et mourut lui-même, le 12 octobre 1691, après deux ans et quelques mois seulement de

---

(1) Archives de la fabrique.

(2) Il accompagna l'évêque dans sa visite du couvent des Urbanistes, en 1685, et donna son consentement à leur translation, l'année suivante.

séjour à Entrain. Il fut remplacé, le 9 décembre, par Edme Graillot, prêtre, docteur en théologie. C'était, comme Sulpice Bourgoing, un homme intelligent et zélé. Il soutint énergiquement les droits de sa cure et ceux de son église. Dès l'année suivante, il se fit donner de nouvelles reconnaissances pour les biens et les rentes de sa cure, notamment par François Duchesne, seigneur du Colombier, et par Adrien Maignan, sieur de Montconsole, beaux-frères.

Le 19 janvier 1708, il adressa au bailli d'Auxerre la requête suivante : « Supplie humblement Edme Graillot, prêtre, curé
» d'Entrain, y demeurant, disant qu'il ne jouit et ne possède
» que 200 livres, qui luy ont esté adjugées par un arrest du conseil
» de l'année 1677, du moins à l'un de ses prédécesseurs, et comme
» par la déclaration du roy, de l'année 1686, il est ordonné que les
» curez jouiront de 300 livres de portion congrue, qui leur seront
» payées par les gros décimateurs de leur paroisse, et que le sieur
» prieur de Saint-Nicolas de Réveillon possède un dixme ecclé-
» siastique dans ladite paroisse, et qu'il soitte jouir de l'effect de
» ladite déclaration du roy, il a, pour cet effet, recours à votre
» autorité pour y estre pourveu.

» Ce considéré, Monsieur, il vous plaise luy donner acte de
» l'abandon qu'il fait des dixmes qu'il possède dans ladite paroisse
» au profit dudit sieur prieur et de ce qu'il consent à le mettre en
» possession, en faisant ordonner que ledit sieur prieur sera con-
» damné à luy payer ladite somme de 300 livres, de quartier en
» quartier, par avance, si mieux il n'aime luy abandonner le
» dixme qu'il possède en ladite paroisse... »

En conséquence de cette requête, le prieur fut condamné à lui payer annuellement un supplément de 18 livres.

Trois ans plus tard, il adressa à la chambre ecclésiastique une autre requête, qui n'est pas sans importance pour l'histoire de la paroisse :

« *A Messieurs les Députés de la chambre ecclésiastique d'Auxerre.*

» Remontre humblement Edme Graillot, curé d'Entrain, que
» tout le revenu de sa cure consiste en une portion congrue de
» 200 livres, adjugée au sieur Bourgoing, l'un de ses prédécesseurs,

» par arrest du conseil, les 28 mai et 25 septembre 1677, contre
» M. le duc de Nevers, un dixme d'agneaux et de chanvre,
» valant 50 livres, et une somme de 18 livres, nouvellement adju-
» gée audit exposant par MM. du bailliage d'Auxerre contre le
» prieur de Saint-Nicolas. Et comme lesdits seigneurs décimateurs
» ont abandonné à la cure d'Entrain les dixmes de Chastres,
» du Chalumeau et de Ferrières, pour la somme de 172 livres,
» avec un supplément de 27 livres 10 sous, par la transaction passée
» entre les seigneurs décimateurs et ledit sieur curé, le 23 sep-
» tembre 1678, lesquels arrests et transaction ont esté cy-devant
» produits à votre chambre par l'exposant, que lesdits dixmes
» du Chalumeau et de Ferrières, qui estoient, lors de l'abandonne-
» ment, composés de sept charrues, sont réduits à deux et demie
» seulement par la ruine entière de ces deux villages, dont les
» domaines sont tombés par terre, ainsy que l'exposant le justifie
» par les certificats des sieurs maire et juge d'Entrain cy-attachés,
» ce qui diminue de moitié ladite portion congrue de 200 livres,
» et que néanmoins sur un si petit revenu, il est imposé à 30 livres
» de capitation, 7 livres 18 sous d'intérêts de rentes et 38 livres
» 18 sous de décimes ordinaires, lesquelles sommes il est hors
» d'état de payer par la ruine desdits dixmes, sans aucune appa-
» rence de rétablissement. Pourquoy il a recours à votre authorité,
» d'autant plus que il n'a d'ailleurs aucun patrimoine... »

Le maire perpétuel d'Entrain s'exprime ainsi : « Nous, Edme
» Regnard, conseiller du roy, maire perpétuel d'Entrain, certifions
» à qui il appartiendra que, de quatre charrues composant les
» quatre labourages du village de Ferrières..., il n'y a plus qu'un
» desdits labourages en valeur; que le laboureur de l'autre ne
» cultive pas plus de la moitié des héritages qui en dépendent,
» encore assez mal, n'ayant pas de bestiaux suffisamment, et
» que, pour le reste, il est en désert entièrement et les bâtiments
» sont tombés et ruinés. Et à l'esgard du village du Chalumeau,
» dont les dixmes appartiennent au curé, comme ceux de Ferrières,
» il est ruiné. Deux des laboureurs estant morts de faim et de
» misère, ces dernieres années, le troisiesme est demeuré seul
» à cultiver les terres de son labourage, qui ne sont pas toutes
» emblavées, n'ayant pas assez recueilli de grains pour cela. Il
» y a quelques terres de particuliers emblavées en outre; mais
» cela vaut si peu, qu'il ne faut pas y compter, et ces deux

» villages, ainsy déserts, ont *absorbé* le revenu de la cure consi-
» dérablement, puisque de sept labourages, il n'en reste pas plus
» de deux... »

Le juge, de son côté, parle ainsi : « Nous, soussigné, Edme
» Regnard, avocat en Parlement, juge de la chastellenie d'Entrain,
» certifions que les dixmes de Ferrières et du Chalumeau, villages
» de la paroisse d'Entrain, qui ont esté délaissés au sieur curé pour
» supplément de sa portion congrue, se percevoient cy-devant,
» savoir : celui dudit Ferrières, sur quatre métairies, dont ce village
» étoit composé; mais que deux sont absolument en désert,
» incultes et abandonnez, les bastiments mesmes cablez, et que
» des deux restans, l'un n'est pas entiesrement en valeur; que au
» village du Chalumeau, il y avoit trois laboureurs, dont il ne
» reste plus qu'un, les deux autres estant morts, en partie, de
» misère et ne pouvant plus faire valoir les labourages, qui sont
» restez en désert et à l'abandon, ce qui a réduit les dixmes à
» très-peu de chose, ne se percevant plus que sur environ le
» labourage de deux charrues et demie, au lieu que, avant
» l'abandonnement des villages, ils se percevoient sur le labourage
» de sept charrues, compris les suites des laboureurs sur les
» paroisses et dixmeries voisines... (1) » Sur cette requête, Edme
Graillot fut dégrevé de 17 livres 10 sous.

Michel Rousset, son vicaire, avait déjà poursuivi, en 1703,
au bailliage d'Auxerre, Louis Delarue et Denis Raveau, fermiers
du duc de Nevers, Louis-Balthazar de La Chasseigne, seigneur
des Granges..., pour les forcer à lui payer sa portion congrue de
150 livres. Sa cause était trop légitime pour que la justice n'y fît pas
droit; les décimateurs avaient été condamnés. Il est triste de voir
des hommes d'un rang aussi élevé que le duc de Nevers, se laisser
poursuivre et condamner judiciairement pour une dette aussi
petite et aussi légitime. Edme Graillot quitta sa paroisse au
commencement de 1713, pour prendre l'administration de Saint-
Sauveur de Gien.

---

(1) Les dîmes du Chalumeau étaient affermées, en 1692, une somme de
50 livres; celles de Ferrières, 35; *suite* du Mineray, 12; dîmes d'agneaux,
25; les rentes de la cure consistaient en 7 sous 6 deniers, au Moulin-Neuf;
32 sous 4 deniers sur des terres près du Trélong; sur celles du Colombier,
5 livres 10 sous; fondations, 2 livres 17 sous, grains...

Entrain resta deux ans sans curé. Durant cet intervalle, il fut administré par César Ranque, sous le titre de desservant, et par Pougny, vicaire. Enfin, la viduité cessa, le 1er mars 1715, par la nomination de Charles Denis, prêtre instruit et fort pacifique. Il reçut, deux ans après, reconnaissance de Françoise Cagnat, pour une vigne à Lainsecq, et, en 1735, pour une maison à Jussy, qui avait été léguée, en 1629, par noble Claude Guignebert.

A cette époque, il y avait à Entrain une confrérie du Saint-Sacrement, pour laquelle les habitants ne montraient guère de zèle. L'abbé Denis adressa, en conséquence, à l'évêque d'Auxerre la requête suivante : « Monseigneur, vous représente humble- » ment Charles Denis, prestre, curé d'Entrain, que dans l'esglise » paroissiale dudit Entrain, il se fait une exposition du Saint- » Sacrement tous les premiers jeudis du mois. Comme ce jour-là, » il ne se trouve que peu de personnes à la messe et au salut, » il vous prie, pour la décence et la solennité de l'office, de » la transférer au second dimanche de chaque mois ; c'est la » grâce qu'il se promet d'obtenir de Votre Grandeur. » L'évêque, faisant droit à cette supplique, fixa la pieuse cérémonie au premier dimanche de chaque mois. Charles Denis fut, en considération de son mérite, transféré, en 1739, dans l'église Sainte-Croix de La Charité (1).

Pierre-Nicolas Lefebvre, nommé à la cure d'Entrain, la même année, reçut, en 1746, la fondation d'un service de trois grandes messes pour le 21 janvier, faite par Françoise-Marguerite Billacois, décédée à Asnan, au moyen de quinze livres annuellement. Il mourut le 28 novembre 1758, à cinquante-quatre ans, et fut inhumé dans la chapelle de Saint-Sulpice du cimetière, au milieu d'un grand concours de fidèles, par Maignan de Chazelles, curé de Saint-Cyr, assisté de Voille de Villarnoult, curé de Bouhy ; de Bellegarde, curé de Saint-Amand ; de messire des Champs, prieur de Lainsecq, et de quelques autres ecclésiastiques.

L'année suivante, il fut remplacé par Jean-Pierre Chevau, l'un des prêtres les plus distingués qui aient administré la paroisse

---

(1) Le revenu de la cure d'Entrain était, en 1730, de 493 livres ; en 1766, de 650 ; en 1781, de 760. (Pouillé du diocèse d'Auxerre.)

d'Entrain (1). Nous avons une preuve de l'estime que lui portait son évêque par la dignité d'archiprêtre de Puisaye qu'il lui conféra en 1761. Il obtint, le 3 mai de l'année suivante, *en commende décrétée*, le prieuré de Saint-Nicolas de Réveillon, dont il fit transférer, comme il a été dit, le titre dans son église paroissiale, en y construisant, sous le vocable de saint Nicolas, une chapelle absidale.

Pour cet effet, il adressa « aux officiers municipaux de la ville et
» communauté d'Entrain et au procureur-fabricien en charge, le
» 10 mars 1769, » la requête suivante :

« Messieurs, le prieur de Saint-Nicolas de Réveillon vous
» demande votre consentement à ce qu'il fasse construire la cha-
» pelle de son prieuré derrière et attenant le chœur de l'église
» paroissiale, de manière qu'elle ne fasse qu'un même et seul
» corps d'édifice avec elle et qu'elle en soit le cul-de-lampe :

» Aux charges et conditions que ledit prieur s'obligera à faire
» faire, aux dépens de sondit prieuré et des deniers provenant de
» la réserve des bois dudit, toutes démolitions et reconstructions
» nécessaires pour placer et construire la chapelle, comme il est dit
» ci-dessus, et que, en outre, les réparations qui se trouveront à
» faire, par la suite, à ladite chapelle, et à tout ce qui en dépendra,
» seront à la charge du prieur de Saint-Nicolas et de ses succes-
» seurs.

» Entend ledit prieur que la chapelle ne s'étendra que depuis et
» exclusivement l'arc-doubleau, qu'il fera construire à ses frais, et
» sous lequel sera placé l'autel paroissial ; que les réparations et
» même reconstructions de cet arc, ainsi que les réparations et
» reconstructions dudit autel paroissial, et tout ce qui pourra
» en dépendre, soit du côté de l'église, soit du côté de la chapelle,
» ne seront jamais, ny en tout, ny en partie, aux frais dudit prieur
» de Saint-Nicolas, ny de ses successeurs.

» Entend ledit prieur qu'il lui sera libre et à tous ses succes-

---

(1) Jehan Chevau, issu de la même famille, et neuf autres prêtres furent massacrés, à Donzy, par les calvinistes, en haine du catholicisme, en 1569. Pierre Chevau du Coudray exerça longtemps la médecine à Entrain.

» seurs, à perpétuité, d'entrer par le dedans de l'église et par les
» deux côtés de l'autel paroissial dans la chapelle du prieuré de
» Saint-Nicolas et d'y célébrer la sainte messe autant de fois qu'ils
» le jugeront à propos, en se conformant néanmoins aux ordon-
» nances synodales de ce diocèse pour ce qui concerne l'heure et
» les cérémonies de la messe, afin que l'office de la paroisse ne soit
» jamais troublé, ni empêché par ledit prieur et ses successeurs, en
» quoi que ce soit.

» Sera libre audit prieur et à ses successeurs de sonner la cloche
» de la chapelle, lorsqu'ils voudront dire la messe, et cette cloche
» ne sera point à l'usage de la paroisse, en aucun cas, sans le con-
» sentement exprès du prieur et de ses successeurs (1).

» Seront tenus lesdits prieurs de fournir, à leurs frais, toutes les
» choses nécessaires pour célébrer la messe dans leur chapelle ; il
» leur sera permis de renfermer dans les armoires de la sacristie
» de la paroisse les vases sacrés, ornemens, linges, livres..., sans
» toutefois qu'ils puissent être employés au service de l'église
» paroissiale, sans le consentement exprès desdits prieurs. »

Sur l'autorisation de l'évêque et le consentement des échevins (2), Jean-Pierre Chevau fit construire l'abside de l'église, en 1771, et la bénit solennellement le dimanche 6 décembre de l'année suivante. La tour avait été édifiée, par ses soins, cinq ans auparavant, et deux cloches nouvelles avaient été bénites par lui, le dimanche 30 janvier 1768. Il fit faire, en 1774, la première communion à trente jeunes gens, dont le plus jeune avait quinze ans et le plus âgé vingt-six. Deux ans plus tard, l'abbé Chevau, sans que nous en sachions la cause, quittait Entrain, où il était né, pour la cure de Saint-Privé en Puisaye, tout en conservant ses titres de prieur de Saint-Nicolas et d'archiprêtre.

Pierre Verger, originaire de Pouilly-sur-Loire, vint le remplacer au mois d'octobre 1776. Sa première occupation fut de faire dresser un inventaire du mobilier de l'église et un état des revenus de la

---

(1) Il fut réglé que cette cloche, *pour s'harmoniser* avec la troisième de la paroisse, devrait peser de 800 à 900 livres. (Archives de la fabrique.)

(2) Voir la page 125 et les suivantes.

fabrique (1). Le presbytère était en mauvais état. Il s'adressa aux échevins de la ville, Étienne Ragon et Jean-Nicolas Boulu, et les fit comparaître par-devant Jacques-Joseph-Edme-Adrien de Lachasse, avocat en Parlement, lieutenant de la châtellenie, le 18 janvier 1777, pour les contraindre à faire les réparations urgentes. On nomma, de part et d'autre, des experts pour la visite du presbytère et de ses dépendances. Edme Tigrain, maître charpentier, et Sulpice Rousseau, chef maçon, furent chargés de cet office. Sur leur rapport, la ville et communauté d'Entrain fut forcée de pourvoir aux réparations. On voit par les pièces de cette affaire que le grand mur fermant le jardin, au nord, et le séparant des dépendances de l'hôtel alors dit la *Petite-Madeleine*, et aujourd'hui le *Grand-Monarque*, appartient tout entier au presbytère.

Pierre Verger appela ensuite l'attention des habitants sur les bancs de l'église, placés sans ordre, ni symétrie, et ils furent refaits à neuf. Nous avons vu plus haut qu'à la mort de son prédécesseur, il obtint le prieuré de Saint-Nicolas, mais qu'il fut évincé par le chanoine Frottier, d'Auxerre. Il eut la faiblesse, avec Raphaël Bouvier, son vicaire, de prêter, comme il a été dit, le serment schismatique, exigé du clergé, sur *l'autel de la patrie*, en juillet 1790, le jour de la fédération. Il fut néanmoins obligé, pendant la Terreur, de quitter Entrain, pour n'y rentrer qu'en 1803. Pendant cet intervalle, un prêtre intrus, Joseph Guérin, de Menou, exerça, dans la paroisse, un ministère nul et sacrilége. Il parut, le 4 germinal an V, ou mars 1797, devant la municipalité et dit : « Je reconnais que l'universalité des citoyens est le souverain, et » je promets soumission et obéissance aux lois de la République. » Il déclara, en même temps, que l'enceinte choisie par lui pour l'exercice du *culte catholique*, était l'édifice ci-devant connu sous le nom d'église d'Entrain (2).

Pierre Verger mourut le 20 octobre 1817, à l'âge de soixante-quinze ans. Il en avait passé quarante-un dans l'exercice du saint

---

(1) Ces revenus se composaient du produit de sept arpents de terre, situés au Grand-Poirier et affermés 45 livres; de deux boisseaux de froment et 150 livres de rente, dont 25 dues à Varzy, 15 à Asnan, 15 à Perreuse, 3 au Château-du-Bois, 4 à Villegeneret, 18 livres 5 sous au Chesnoy, 8 à Sainpuys et 3 Entrain.

(2) Archives de la mairie.

ministère dans la paroisse. Ses funérailles furent présidées par Étienne-Simon Thoulet-Morel, curé de Varzy, assisté de François de Damas-Crux, ancien abbé commendataire, doyen du chapitre de la cathédrale de Nevers, de plusieurs autres prêtres et d'une foule de fidèles (1). Son corps repose au pied de la croix du cimetière. Il fut remplacé, l'année suivante, au mois de mars, par l'abbé Lavillatte, en qualité de curé-desservant. Celui-ci fut contraint par ses infirmités de permuter, le 10 février 1824, avec Jean-Jacques Vée, curé de Bitry-les-Mallons, qui dirigea la paroisse jusqu'à sa mort, arrivée le 14 juillet 1858. Il comptait alors soixante-sept ans, dont il en avait passé trente-quatre et six mois comme curé d'Entrain. On vit à ses funérailles vingt-trois prêtres, accourus de tout le voisinage. C'était un homme d'une intelligence ordinaire; mais il avait du zèle et un désir assez prononcé pour le bien, qu'il faisait consister surtout dans les cérémonies et les pratiques extérieures. La prédication, principal moyen d'instruire et de soutenir la piété, faisait défaut. C'est ainsi que la foi s'est refroidie à Entrain.

Jean-François Pautrat, curé de Treigny, lui ayant légué, en mourant, une fortune de 400,000 à 500,000 fr., pour laquelle il soutint un long procès avec les héritiers naturels, il la dépensa en peu d'années. A sa mort, il avait presque les mains vides. L'emploi le plus utile qu'il en ait fait, fut l'établissement des sœurs de la Charité, avec l'agrandissement du presbytère, auquel il ajouta deux ailes.

Il avait créé, près de la ville, au sud, dans l'espace de deux ans, un grand et magnifique jardin, qu'il nomma *Clos Notre-Dame-de-Bon-Secours*. Il y avait érigé une belle statue, en fonte, de la sainte Vierge, qui fut bénite, le dimanche 28 octobre 1855, par l'abbé Pierre Cortet, vicaire général du diocèse, aujourd'hui évêque de Troyes, en présence d'une foule de fidèles, parmi lesquels on remarquait le sous-préfet de Clamecy, le baron Chaillou des Barres, ancien préfet, le docteur Hervé de Chégoin et diverses autres nota-

---

(1) Ces prêtres étaient : Gabriel Bougon, curé de Menou ; François Vée, curé de Dampierre ; François-Nicolas Gandré, curé de Bouhy ; Léonard Ravary, curé de La Chapelle-Saint-André ; Jean-Baptiste Sorelle, curé de Ciez ; Jean-Joseph Martin, curé de Sainpuys.

bilités. La dépense ayant été de 70,000 fr. environ, le malicieux public l'a surnommé : *le Jardin de la Folie*. Cependant tout ne fut pas folie, car il procura du pain à la classe ouvrière dans une année de gêne et de pénurie. Il est vrai qu'il eût fait une œuvre doublement méritoire, s'il avait employé cet argent à la reconstruction de son église, qui en avait un pressant besoin.

Par son testament olographe, du 29 juin 1856, et par son acte public de dernière volonté, reçu par Me Villiers, notaire à Clamecy, le 28 janvier 1858, il avait légué ce bel immeuble à ses successeurs, 30,000 fr. aux sœurs de la Charité d'Entrain, et fait divers autres legs pieux ; mais l'autorisation légale ayant été refusée par le Gouvernement, le jardin fut vendu 13,000 fr. ! Toutefois, le don fait au presbytère de sa bibliothèque, composée de plusieurs centaines de volumes, fut agréé par un décret impérial du 29 avril 1862. Le testament olographe se termine ainsi : « Je lègue mon âme à mon
» Dieu et Sauveur, à qui elle appartient de droit, mon cœur et
» mon affection à ma bien-aimée paroisse d'Entrain, mon amitié
» bien sincère à tous mes chers parents et à toutes les personnes avec
» lesquelles j'ai eu, pendant ma vie, des relations sympathiques,
» et mon corps à la terre, en le lieu que j'ai désigné et choisi pour
» y attendre la résurrection générale. »

Il avait demandé et obtenu pour vicaire, avec future succession, l'abbé François Valois, curé de Couloutre, qui vint à Entrain le 3 novembre 1857, et fut son exécuteur testamentaire. Celui-ci fut appelé, peu de temps après, à Nevers, en qualité d'aumônier de la grande communauté des sœurs de la *Charité chrétienne*, puis nommé chanoine et curé de la cathédrale. Il mourut en 1878, après de longues souffrances.

L'abbé Charles Charlon, originaire de Donzy, curé de Couloutre, ancien professeur au petit séminaire de Nevers, homme érudit et éloquent, fut nommé à la cure d'Entrain le 30 août 1858, et prit possession le dimanche 15 septembre suivant. Il portait malheureusement le germe d'une maladie incurable, qui le conduisit bientôt au tombeau. Aussi mourut-il le 19 octobre 1859, treize mois seulement après son installation, n'étant âgé que de trente-cinq ans. La paroisse, qui avait pu, pendant ce trop court intervalle de temps, le goûter et l'apprécier, le regretta vivement. Sa mort prématurée excita un deuil général.

Guillaume-Henri Goussot, né à Moulins-Engilbert, vicaire de

Château-Chinon, supérieur du petit séminaire de Nevers et digne successeur de l'abbé Charlon, fut nommé à Entrain, en novembre suivant; il n'administra lui-même la paroisse qu'un an et un mois, et mourut, à trente-sept ans, le 17 décembre 1860, très-regretté, à cause de ses vertus, de sa science et de la douceur de son caractère.

Comme le siége épiscopal se trouvait vacant, la nomination d'un nouveau curé fut différée jusqu'au 24 juin de l'année suivante. Le service paroissial fut fait, dans l'intervalle, par le vicaire Georges Pannetier, actuellement curé-doyen de Larochemillay. Alors une ordonnance épiscopale, confirmée par l'empereur, confia la paroisse d'Entrain à Claude Chavanton, curé de Mhère et natif de Nevers. Pasteur d'une population très-chrétienne, il n'accepta ce nouveau poste que par esprit d'obéissance. Il fut installé par l'évêque lui-même, en tournée de confirmation, le dimanche 3 juillet 1861. Sa piété, son zèle et sa charité ont rendu sa mémoire précieuse parmi ses anciens paroissiens. Il mourut regretté, le 30 mars 1876, âgé de soixante-dix ans. Il a été le premier curé-doyen d'Entrain.

Trois jours après sa mort, Mgr de Ladoue, évêque de Nevers, écrivait à Jacques-François Baudiau, curé de Dun-les-Places, natif de Planchez (1) : « Cher Monsieur le Curé, je n'avais pas oublié les
» désirs si légitimes que vous m'aviez manifestés. Aussi, en appre-
» nant la mort du vénérable curé d'Entrain, de suite j'ai pensé à
» vous pour le remplacer. Mais comme je ne voudrais rien faire
» qui vous fût désagréable, dites-moi, en toute sincérité, si ce poste
» peut vous convenir. Dans le cas où vous croiriez devoir l'accepter,
» connaissez-vous un jeune prêtre qui pût vous remplacer ? »

Cette lettre si bienveillante en rappelle une autre que le même prélat lui avait adressée, au mois de septembre 1875, et qu'il publia dans les journaux de Nevers : « Cher Monsieur le Curé, la visite
» pastorale que je suis en train de faire dans le Morvand, m'a fourni
» l'occasion, depuis longtemps désirée, de lire ou plutôt de contrôler
» votre beau livre : *le Morvand*. L'épreuve, je suis heureux de vous
» le dire, a été tout à l'avantage de votre ouvrage. J'y ai constaté,
» avec les juges compétents, auxquels vous l'aviez soumis, une

---

(1) Précédemment vicaire à Château-Chinon, curé de Montigny-sur-Canne, petite paroisse de 735 habitants.

» grande abondance de documents précieux, une parfaite érudition,
» une méthode élégante et facile, qui instruit le lecteur sans le
» fatiguer. Toutefois, je dois vous dire que ce que, comme évêque,
» j'ai plus particulièrement admiré, c'est le travail lui-même, et
» mon admiration a été plus grande encore lorsque j'ai vu, sur les
» lieux, le magnifique monument en granit que vous avez fait
» élever. J'ai peine à comprendre comment, chargé du soin d'une
» paroisse importante (1), très-difficile à desservir, vous avez pu
» trouver les loisirs suffisants pour recueillir tous les documents
» historiques qui figurent dans votre livre, et pour les mettre en
» œuvre, avec autant d'intérêt. Plusieurs prêtres de campagne,
» humbles desservants, ont rendu à la science des services ana-
» logues. Je suis heureux et fier de compter, parmi les membres du
» clergé diocésain, un s... aussi modeste que distingué. »

L'acceptation du poste d'Entrain étant parvenue à Nevers, une ordonnance épiscopale de nomination suivit de près. Elle fut agréée par le président de la République le 11 mai, et le nouveau curé-doyen prit possession de la paroisse le 30. Il fut accueilli avec bienveillance par les habitants, et l'administration communale s'empressa de lui témoigner sa sympathie, en votant une somme de 2,000 fr. pour réparations au presbytère (2).

---

(1) La paroisse de Dun-les-Places, lors de notre prise de possession, en juillet 1844, comptait 1,950 habitants, réduits actuellement à 1,742.

(2) *Vicaires d'Entrain*: Jean Reuillon, en 1483; Claude Duchesne, 1503; Jean Quarré, 1529;... Perrot, 1576; J. Lestourneau, 1586; Joseph Morat, 1589; Dugué, 1600; Jean Carré, 1604; de La Forge, 1605; Charpentier, 1607; Naulin, 1622; Pourcher, 1627; Dassiban, 1630; Legrand, 1632;... Sulpice Bourgoing, 1639, tous maîtres et administrateurs de l'hôtel-Dieu; Chastain, aumônier des Urbanistes, 1674; Barthélemi Regnard, 1678; David de Dieppe, 1685; Michel Rousset, 1702; Germain, 1711; César Ranquet, 1713; Charles Pougny, 1714; Pierre Lemaigre, 1717; Boucheron, 1720; Étienne Gallon, 1727; Bérault, 1729; Lieutaut, 1733; Thomas-Étienne Bigot de La Forest, 1736; Chamillard, 1741; Jean Musnier, 1743; Fauvau, 1745; Brière, 1759; Moreau, 1761; Paponat, 1762; J. Parmantalot, 1767; Cliquet, 1772; Daubin, 1775; Lartigaut, Baujard; Vivenotz, 1780; Cloix, *id.*; Gabriel Sanglé du Montot, 1781; Houot, 1787; Raphaël Bouvier, 1790; Gaulon, 1791; Julien-Jean Bergère, 1830; François Gonin, 1832; Pierre-Guillaume Mousset, 1832; Jacques Pagès, 1833; Michel Pannetier, 1834; Jacques Collange, 1835; Pierre-Jean Vey, 1836; René-François Véo, 1841; François Léger, 1845; Louis-Antoine Turquet, 1845;

Le nouveau curé d'Entrain, qui avait déjà visité presque toute la France, une grande partie de la Belgique et de l'Angleterre, eut le bonheur de pouvoir faire le pèlerinage de Rome, au mois de septembre 1877.

Il fut assez heureux pour obtenir une audience particulière du grand et saint pontife Pie IX, de s'entretenir quelques instants avec lui et de déposer à ses pieds un exemplaire de son livre, *le Morvand*, qu'il accueillit avec une bienveillance admirable. A Naples, il eut l'inappréciable avantage d'être témoin oculaire du miracle de saint Janvier, le jour de sa fête, 19 septembre. Enfin, précieux souvenir pour ses vieux jours, il lui fut donné de célébrer le saint sacrifice de la messe dans tous les sanctuaires vénérés de l'Italie : à Rome, sur la confession de Saint-Pierre ; au fond de la prison Mamertine, à Saint-Jean-de-Latran ; dans la *Santa Casa*, à Lorette ; sur le tombeau de saint François, à Assise ; sur ceux de sainte Catherine, à Bologne, de saint Antoine, à Padoue ; sur l'autel de *San Marco*, à Venise ; sur le tombeau de saint Charles Borromée, à Milan ; sur le Saint-Suaire, dans la chapelle royale de Turin.....

II.

Paroisse et curés de Saint-Cyr-les-Entrain.

La paroisse de Saint-Cyr fut distraite de celle de Saint-Sulpice, au dixième siècle. On croit qu'elle fut placée sous le vocable des martyrs saint Cyr et sainte Julitte, en souvenir de la translation de leurs reliques d'Auxerre à Nevers. Le pieux cortége, qui les accompagnait, en suivant l'antique voie romaine, ayant fait station à Entrain, de là serait venue la dévotion envers ces deux illustres martyrs, dont le pays porte le nom.

François Léger, deuxième fois, 1846 ; Germain Boussard, 1849 ; François Valois, 1849 ; Claude-Étienne Toulouse, 1852 ; François Commaille, 1853 ; Antoine-Adolphe Germillon, 1854 ; Edmond Jardin, 1855 ; Joseph Marchal, 1857 ; François Valois, deuxième fois, 1857 ; François Perdriat, 1858 ; Georges Pannetier, 1859 ; Fr. Perdriat, 1860 ; Pannetier, 1861 ; F. Pesle, 1868 ; E. Nonette, 1869 ; A. Laffély, 1871 ; J. Gilles, 1872.

Le presbytère est encore debout ; mais l'église, vendue le *cinquième jour complémentaire* de l'an IV, ou 21 septembre 1796, fut démolie, quelques années après, par l'acquéreur, nommé Grandjean. Elle était à la collation du prieur de Notre-Dame de Donzy-le-Pré, monastère emporté, comme tant d'autres, par le flot révolutionnaire.

Le village de Saint-Cyr, *villa Sancti Quirici*, situé aux portes d'Entrain, d'où lui est venu son surnom, est bâti sur l'emplacement d'un vaste quartier du vieil *Intaranum*. Le souvenir en revit dans ces tombeaux ou sarcophages gallo-romains, dont nous avons parlé plus haut. On y voyait alors divers établissements artistiques, entre autres une manufacture de poterie, dont on a retrouvé naguère des restes. Saint-Cyr, composé actuellement de trois habitations seulement, était jadis plus considérable. Près de l'église, on remarquait un manoir féodal, flanqué d'une haute tour. C'était le siége d'un fief en toute justice, dont nous parlerons plus bas.

En 1729, la paroisse comptait 300 communiants et environ 500 habitants. A Saint-Cyr, comme à Entrain, la première communion se faisait tard. Celle de 1772 se composait de 29 enfants, 18 garçons et 11 filles. Le plus jeune avait quatorze ans et le plus âgé vingt-quatre.

Le revenu de la cure était, en 1729, de 466 livres ; un demi-siècle plus tard, de 550 (1). Il se composait des dîmes de la Bretonnière, indivises avec le prieur de Bourras, et produisant, à chacun, 60 livres (2) ; de celles de Saint-Cyr proprement dit, donnant 144 boisseaux de froment et de seigle, 70 d'avoine et 36 d'orge ; de celles du Château-du-Bois, dont le rendement, en froment et en seigle, était égal, mais un peu supérieur en orge et en avoine. Le curé devait, chaque année, 20 sous de cens, pour les dépendances de son presbytère, au possesseur de Miniers, seigneur du clocher. Mais le baron de Réveillon lui payait une rente pareille.

Les curés de Saint-Cyr ne nous sont connus que depuis le commencement du dix-septième siècle, date des *Registres de catholicité*.

---

(1) Pouillé du diocèse d'Auxerre.
(2) Elles consistaient : en chanvre, 25 livres ; agneaux, à 2 livres l'un, 72 ; total, environ 120 pour les deux. Vignes, néant ; casuel, *id*. (Pouillé.)

Symphorien Pourcher, ancien vicaire d'Entrain, administrait la paroisse en 1608. Il eut pour successeur N. Reüillard, qui vivait en 1626. Edme Guignebert reconnut la rente seigneuriale, en 1644, et Edme Voille, en 1684. Barillot, curé en 1700, fut remplacé par Thoulet, douze ans plus tard. Michel Rousset, vicaire d'Entrain, où il était né, ayant été pourvu de la cure, fut bientôt contraint, par ses infirmités, de se retirer dans sa famille, où il mourut le 16 décembre 1740.

Étienne-Thomas Bigot de La Forest, d'abord vicaire d'Entrain, fut pourvu de la cure le 1er juillet 1741. Atteint lui-même de graves infirmités, il dut se retirer dans la ville, onze ans plus tard, et y mourut à cinquante-deux ans. Son corps fut transporté à Saint-Cyr et inhumé dans l'église, au milieu d'un grand concours de fidèles des deux paroisses. Ces maladies et ces infirmités précoces font assez comprendre l'insalubrité résultant de la proximité des étangs qui couvraient le pays.

Maignan de Chazelles, nommé après l'abbé de La Forest, mourut en 1769. Étienne-Julien Touyon, natif de Couloutre, prit possession de Saint-Cyr la même année et l'administra jusqu'en 1794, où sa tête tomba sous la hache révolutionnaire, avec celle de l'instituteur, Nicolas Ronat. Nous avons vu comment Michel-François-Charles Moutillon en parlait dans un interrogatoire devant la municipalité (1). La haine et l'amour de l'argent portent souvent à de grands crimes. *Auri sacra fames, ad quid mortalia pectora cogis !* a dit un célèbre poète.

Étienne-Julien Touyon fut le dernier curé de Saint-Cyr.

Tous les hameaux situés à l'ouest, de l'autre côté des prairies, communiquaient avec le chef-lieu de la paroisse par un chemin passant sur la chaussée de l'étang de Saint-Cyr. En 1776, ce chemin étant devenu presque impraticable, l'abbé Touyon adressa au duc de Nivernais la supplique suivante :

« Monseigneur, le zèle que vous avez toujours fait paraître pour
» le bien public, me fait espérer que vous nous en donnerez de
» nouvelles preuves dans le cas suivant : Depuis plusieurs années,

---

(1) *Registre des délibérations de la municipalité*, petit in-4°, page 35, au verso.

» MM. les fermiers de vos étangs d'Entrain tiennent l'eau de
» celui de Saint-Cyr à une telle hauteur, que tous les environs
» en souffrent considérablement et qu'on est presque dans l'im-
» possibilité de passer sur la chaussée, qui est couverte d'eau
» dans le milieu, à la largeur de douze à quinze pieds et de plus
» de quinze pouces de hauteur. Comme il n'y a point d'autre chemin
» pour desservir une partie considérable de ma paroisse, j'ai
» demandé plusieurs fois qu'on fît baisser l'eau ou qu'on y mît
» une planche, afin qu'on passât à pied sec, mais je n'ai pu rien
» obtenir. L'eau, au contraire, augmente journellement, et la
» chaussée, qui a été réparée, il y a dix à douze ans, aux dépens
» du public, commence à s'endommager considérablement et
» redeviendra, en peu d'années, impraticable. J'espère que Votre
» Excellence voudra bien s'en faire rendre compte et donner des
» ordres pour que l'eau soit réduite à son juste niveau, ou qu'on
» rende le chemin praticable. C'est la grâce qu'attend de
» Votre Excellence celui qui a l'honneur d'être 'très-respectueu-
» sement, Monseigneur, votre très-humble et très-obéissant
» serviteur, TOUYON, curé de Saint-Cyr-les-Entrain. »

Le prince répondit le 29 mars : « Je viens, Monsieur, de faire
» écrire pour qu'on ait à me rendre compte des raisons pour
» lesquelles on tient l'eau de l'étang de Saint-Cyr hautes, au point
» qu'elles inondent la chaussée, qui sert, en partie, au desservis-
» sement de votre paroisse. En attendant que je donne des ordres
» pour faire faire les réparations, que vous m'assurez être néces-
» saires, j'ai recommandé qu'on tînt les eaux plus basses. Mon
» intention n'est pas que ni vous, ni le public ayez à souffrir plus
» longtemps de cette inondation et dégradation. Je vous prie,
» Monsieur, d'en être bien persuadé. »

Nous avons vu plus haut que l'abbé Touyon eut la faiblesse de livrer ses lettres de prêtrise en 1793, mais qu'il ne voulut point descendre aux actes d'impiété qu'on exigeait de lui, et qu'il mourut courageusement pour la foi, le 15 mars 1794, étant âgé de soixante-quatre ans.

La paroisse de Saint-Cyr eut, de 1790 à 1794, trois maires : Denis Bargeot, Claude Clouvet et J. Dupré. Voici un morceau de leur littérature : « Regist contenat douze feliet cote et paraphes par
» premies et dernies par nous Claude Clouvet, mair de las parois

» de Saint-Cir-les-Antren pour inscrire de suit sans aucuns blanc
» les actes de baptême, mariage et sepulture quis se ferons pandans
» lanee prochen mil sepet san catre vens douze dans la paroisse de
» Saint-Cir-les-Antren. »

Les feuillets sont, en effet, cotés et parafés comme il suit :
« Premies, deuxeme, troixzeme, catrime, sentieme, sepeteme,
» vuicieme, dixzeme, onzeccieme... »

Dupré, en dressant un acte de naissance, écrivait : « Le vint un
» nov. 1792 est ne un enfans fumel, qui a reue le non de Jenne
» Lisabet. Le pere Alexis Couliot. »

III.

Prieuré et prieurs de Saint-Nicolas de Réveillon.

Au sein des vastes forêts qui couvrent la ville, à l'est, et la protégeaient autrefois contre les invasions, environ à deux kilomètres de distance, se trouvait cet antique prieuré, dont nous avons parlé plus haut. Il se nommait Saint-Nicolas de Réveillon à cause de son voisinage d'une ancienne seigneurie de ce nom. Sa fondation remontait à la première moitié du treizième siècle. Il est certain qu'il existait déjà en 1250. Le lieu où il s'élevait était essentiellement propre au recueillement et à la prière. Il avait été donné par Hervé de Donzy aux moines de Lespau, à la condition d'y fonder une maison de leur ordre. Le culte du saint patron et de saint Fiacre y était jadis très-populaire. Les fidèles s'y rendaient en foule aux deux fêtes de Saint-Nicolas. Ils avaient une grande confiance dans la vertu curative des sources de Saint-Fiacre et de Sainte-Galle. On y voyait beaucoup d'*ex-voto* suspendus aux troncs des arbres qui les ombrageaient. Il y avait plus de trois cents ans que ce prieuré existait, lorsque, en 1568, les calvinistes le pillèrent, le dévastèrent et le brûlèrent. Dès-lors les cloîtres, la chapelle et toutes les dépendances n'offrirent plus qu'un monceau de décombres, que recouvrirent les buissons et les épines. Il n'en reste plus rien aujourd'hui. Les moines se retirèrent au prieuré de Lespau et ne reparurent plus à Saint-Nicolas qui, de maison conventuelle, devint un prieuré simple, livré à la commende. Leur cimetière se

Pierre tumulaire trouvée dans les Ruines du prieuré de
St Nicolas entre les Deux Étangs à Entrains, le 28 Mai 1857.

trouvait près de la chaussée du premier étang. Des arbres séculaires ornent encore cet ancien lieu de repos. C'est là que l'on découvrit, en 1857, cette magnifique pierre tumulaire représentant un prêtre tenant un calice. On lisait au pourtour : « Ici gist messires Estienes » Li Gras, cvrez de hay, qvi trespassa le samedi après l'octave de » la Pvrification de Nostre-Dame, l'an de grace mil cens et XL. » Pries por li, amen. » Ce monument fait supposer qu'avant la fondation du prieuré il y avait, en ce lieu, un édifice sacré, servant au culte pour les habitants de la localité, autrement une église paroissiale. On voyait encore, en cet endroit, au dix-septième siècle, un groupe de chaumières nommé le *village de Saint-Nicolas*. Les dernières ne disparurent qu'au commencement du dix-huitième, époque où les *manans* du lieu consentirent à vendre leurs propriétés aux seigneurs de Réveillon (1). Ceux-ci avaient déjà acquis, comme nous le dirons bientôt, une partie des dépendances du prieuré.

A la fin du dernier siècle, les revenus de cet ancien monastère étaient assez modiques (2). Ils consistaient surtout dans le produit d'un canton de bois, dit les *Coques-aux-Moines*, d'environ soixante-dix-huit arpents de superficie, de quelques débris du *domaine de Saint-Nicolas*, d'un huitième des grandes dîmes de la paroisse d'Entrain, de 10 livres de rente sur la prévôté de Donzy, léguées par la comtesse Mahaut, de huit boisseaux de seigle et d'avoine, de 4 sous de rente sur la ferme de Ratilly, de 100 sur celle de Courteille, de 40 sur la famille de Chégoin, et de 15 sous 2 deniers sur les terres de la Grange-aux-Lièvres. Le tout s'affermait ordinairement 140 livres. Sur ce revenu, il était dû 18 livres au curé de Saint-Sulpice pour sa portion congrue (3).

Le plus ancien prieur connu est frère Jean, qui comparut, le 13 juin 1568, au bailliage d'Auxerre, où il demanda l'autorisation d'aliéner quelques biens de son prieuré, pour satisfaire au payement de la somme de *vingt-quatre écus sol* de rente, au denier vingt, *à quoi il avoit été taxé et quotisé*, pour sa part et portion des

---

(1) Archives du château d'Entrain.
(2) Ils étaient, en 1781, de 412 livres, se décomposant ainsi : bois, 280 livres ; dîmes, 120 ; rentes, 32. (Pouillé du diocèse d'Auxerre.)
(3) Archives du château d'Entrain et de la fabrique.

deniers accordés au roi par les députés du clergé. Le consentement de ses supérieurs obtenu, il vendit, en effet, par l'entremise de Jean Bérault, son procureur, quatre pièces de bois et bruyères, appelées *la Chapelle-Saint-Nicolas*, tenant du midi à la chaussée et au ruisseau de l'étang de ce nom, *la Mare-Gillet, la Lisière* et *le Bois-aux-Grands*. Ces immeubles furent adjugés, comme au plus haut metteur et dernier enchérisseur, à Edme de Chassy, chevalier, seigneur de Réveillon, pour une somme de 732 livres 15 sous, qu'il paya, le 3 novembre suivant, à Jean Jaquot, receveur général des finances de Bourgogne, à Dijon, *en trois cens larmes, testons, louis, à douze sous la pièce, et le reste en douzaines* (1).

Cette vente donna lieu, dans la suite, à de nombreuses contestations judiciaires. Mais les seigneurs de Réveillon furent toujours maintenus en leur acquisition, notamment le 4 mars 1587, par une sentence du siége présidial d'Auxerre; le 13 juin 1641, par une déclaration du roi; le 22 septembre, six ans plus tard, par un jugement de la châtellenie d'Entrain; et, enfin, le 5 novembre de la même année, par un arrêt du Conseil d'État.

Le 4 septembre 1635, le prieur Pierre Chotard, moine de Lespau, afferma, en l'étude de Thoulet, notaire à Entrain, à Simon Bouzeau, laboureur au *village de Saint-Nicolas*, tout le revenu de son prieuré, consistant en dîmes, cens, rentes et autres choses *généralement quelconques*, sans en *rien retenir, ni réserver* (2). Ce fermage, consenti pour dix années et *dix déblures consécutives*, fut fait moyennant 30 livres, payables, chacun an, aux jours de la Saint-Jean et de Noël, l'acquit des décimes, s'élevant de 16 à 18 livres; en outre, à la charge de nourrir le prieur *les jours et festes de saint Nicolas de may, de saint Fiacre, et le dimanche d'après la feste de saint Nicolas de décembre* (3).

On ne stipula rien pour la portion congrue du curé d'Entrain; en conséquence, elle ne fut pas payée. Cet oubli, peut-être involontaire, donna lieu à un procès, que le curé Jean-Baptiste

---

(1) Archives du château d'Entrain.
(2) Le prieur se disait seul décimateur dans la Grange-aux-Lièvres, tenant au Grand-Étang du Moulin-Neuf et à la terre d'Adrien Ricard, appelée le *Crot-au-Diable*, dans plusieurs champs au long du chemin de Couloutre...
(3) Archives du château d'Entrain.

Bardolat porta jusqu'en la chambre du grand conseil, à Paris. Mais, avant la sentence judiciaire, les parties en vinrent à un arrangement amiable par-devant Lesvêque, notaire au Châtelet, le 23 juillet 1642.

Pour *assoupir et terminer* ce procès, le prieur, par l'organe de Pierre de Morel, *prieur et seigneur spirituel et temporel* de Notre-Dame de Lespau, son supérieur immédiat, et le curé, représenté par François Née, praticien à Entrain, son procureur, transigèrent comme il suit : « C'est à savoir que ledit de Morel, au nom du » prieur, et autant que besoing est ou seroit, quitte et délaisse, » dès maintenant et à toujours, par ces présentes, audit Bardolat » et à ses successeurs en la cure d'Entrain, la part et portion que » le prieur avoit et prenoit, chascun an, sur les agneaux et chanvre » dans ladite paroisse, comme aussi lui quitte et délaisse les » suites des dismes de Chastre et du Chalumeau, que ledit prieur » avoit accoutumé de partager avec ledit Bardolat. » Il fut, en outre, arrêté que le prieur payerait au curé, pour les arrérages et les frais des deux procès, sans aucun autre dépens, une somme de 60 livres.

A l'expiration du terme ci-dessus, le prieur céda le fermage, aux mêmes charges et conditions, à Jean Boiscourjon, le jeune, pour cinq années et cinq déblures.

Les fermiers et les prieurs étaient de mauvais payeurs ; car, les revenus furent saisis, pour défaut de payement, en 1642 et 1643, par le receveur des décimes. Trois ans plus tard, le nouveau curé d'Entrain, Sulpice Bourgoing, assigna, à son tour, Pierre Chotard, pour lui solder une somme de 59 livres 2 sous de portion congrue.

Le prieuré passa, peu de temps après, à F. Jacob, connu par une quittance de 65 livres donnée, le 12 novembre 1655, à la fermière Guibert, dont le bail avait été passé dans l'étude du notaire Raquot. Au bas de cette pièce est une commission d'assigner Jacques de Piles pour le payement d'une rente de 38 sous 6 deniers, sur ses biens de Courteille, paroisse de Courcelles. Le 2 mars 1660, il donna une autre quittance de 10 livres à Pierrette Charbonnier, fermière de la châtellenie de Druye.

Edme Thomas était prieur de Réveillon en 1667.

L'affaire de la portion congrue des curés d'Entrain revenait sans cesse sur le tapis. Les prieurs montraient du mauvais vouloir, prétextant *les incendies des bâtiments, titres, papiers du prieuré, arrivés durant les guerres civiles, incursions et pillages des gens de la religion prétendue réformée.* Sulpice Bourgoing intenta, de nouveau, un procès au prieur Claude de Morel, moine de Lespau. Une sentence des gens du grand conseil du roi, rendue le 28 mai 1675, régla la pension du demandeur à 200 livres, avec exemption de toutes charges, et sans y comprendre le *creux de l'église*, *les obits et fondations*, c'est-à-dire le casuel.

Ce jugement ayant été signifié au prieur, il déclara abandonner son droit de dîmes pour la portion par lui due. Mais le curé, n'acceptant point cet abandon, fit saisir les revenus de Saint-Nicolas entre les mains du fermier.

Noble et scientifique personne Jean Marie, chanoine de la cathédrale d'Auxerre, ayant obtenu le prieuré, l'afferma, le 1er juin 1692, par bail passé devant Heuvrard, notaire, à Denis Raveau et Louis Rousset, le jeune, pour neuf ans, moyennant 95 livres annuellement. Ce fermage comprenait tous les revenus du bénéfice, voire même les bois, pour une seule coupe (1). Les preneurs devaient apporter, tous leurs soins pour *découvrir et faire retourner au profit du prieuré* les biens usurpés, avec la condition qu'ils en jouiraient sans augmentation de prix.

Dom Bernard Durand, moine de Saint-Germain d'Auxerre, succéda bientôt à Jean Marie. Il se vit, à son tour, interpeller judiciairement et pour la même cause, par Edme Graillot, curé d'Entrain, en 1708. Quinze ans plus tard, il fit arpenter les *Coques-aux-Moines*, qui donnèrent une superficie de 77 arpents 25 perches.

Charles Pougny, curé de Menestreau, fut ensuite pourvu du prieuré, qu'il afferma à Denis, son père. Celui-ci ayant fait faire, en 1735, deux coupes de bois dans la partie vendue aux seigneurs de Réveillon, le baron Antoine du Roux en fit saisir le produit et assigna le fermier par-devant le lieutenant de la châtellenie d'Entrain. Une sentence condamna Pougny à se désister de ses prétentions sur cette propriété et à payer, à dire d'experts, la valeur de ces deux coupes. Le prieur prit fait et cause pour son père et en

---

(1) Les revenus sont dits consister dans le droit de dîmes de blé et autres grains dans les paroisses d'Entrain et de Saint-Cyr, la rente de Raïlly, celle du duc de Nevers, 40 sous dus par Madeleine Fabre, 10 par Eugène Raveau, 5 par Thomas Margenot, 2 par Dupaty, et 80 arpents de bois.

appela à la pairie de Donzy, qui confirma le jugement d'Entrain, le 15 février 1743. Ayant porté l'affaire au Parlement et subi un nouvel échec, il se détermina, deux ans après, à faire opérer un bornage définitif par la maîtrise d'Auxerre.

L'abbé Pougny résigna son prieuré, en 1760, à Claude Dougny, prêtre, curé de Soulangy, au diocèse de Nevers. Celui-ci se pourvut aussitôt à Rome, obtint la confirmation de son bénéfice, le 13 avril de l'année suivante, et le visa de l'évêque d'Auxerre, le 1er juin. Mais il n'en jouit pas longtemps, car il mourut au commencement de l'année 1762. Alors Jean-Pierre Chevau, curé d'Entrain, recourut à Rome et se fit délivrer le bénéfice en juillet de la même année. Le visa de l'évêque obtenu, il prit solennellement possession du prieuré et fit dresser un procès-verbal ainsi conçu : « Le 18 août 1762,
» messire Jean-Pierre Chevau, prêtre, curé d'Entrain, s'est trans-
» porté à l'endroit où était la maison conventuelle du prieuré de
» Saint-Nicolas de Réveillon, ordre du Val-des-Choux, situé en la
» paroisse de Saint-Cyr-les-Entrain, et où il n'existe plus qu'une
» partie du mur oriental de la chapelle, où étant, comme dit est, il
» est entré dans la masure de ladite chapelle du prieuré de Saint-
» Nicolas de Réveillon, a touché, de la main droite, ladite partie
» de mur, auquel étoit joint l'autel, en déclarant que, par cette
» formalité, il prenoit possession réelle et actuelle d'iceluy prieuré,
» ainsi que de ses fruits, proffits... »

Ce bénéfice lui fut donné *en commende décrétée*, c'est-à-dire avec l'engagement de le remettre, le cas échéant, à un régulier ; et aussi à condition de réparer les édifices ruinés (1). L'abbé Chevau prit la chose au sérieux, et, en homme actif, adressa, dès l'année suivante, une supplique au roi, à l'effet d'être autorisé à couper la réserve des bois de son prieuré pour en employer le produit à cette restauration.

L'autorisation fut signée à Versailles, par le roi, en son Conseil

---

(1) *Prioratus simplex ordinis Vallis Caulium, sub regula Sancti Benedicti, per obitum ultimi commendatorii, nec alias, ad effectum ædificia ruinosa restaurandi et cum decreto reverlendi in titulum fuerat commendatus, vacans, pro Joanne-Petro Chevau, presbytero supplicante, pro illius commenda ad effectum ædificia præfata, quæ adhuc restauranda supersunt, ut testatur ordinarius...*

d'Etat, le 25 septembre 1764, et la vente de ce bois eut lieu à Auxerre, le 20 juin 1766. Elle produisit plus de 8,000 livres. Dès-lors le curé d'Entrain conçut un projet utile pour ses successeurs, et surtout pour son église, celui d'y faire transférer le titre du prieuré lui-même et d'y dépenser l'argent dont il pouvait disposer.

Il adressa, à cet effet, à l'évêque d'Auxerre, une requête que nous avons rapportée plus haut, page 126.

En conséquence, l'évêque Jean-Baptiste-Marie Champion de Cicé nomma commissaire, pour prendre les informations nécessaires, Joseph-Jean des Hayes, prêtre, trésorier de l'église collégiale de Donzy. Celui-ci se transporta à Entrain le 11 décembre 1769, prit le consentement des parties intéressées, savoir : du curé, du syndic et des habitants de Saint-Cyr; des échevins, des notables et des fabriciens de la ville d'Entrain; du révérend père Dorothée Jalloutz, abbé de Septfonts, grand-prieur de l'ordre du Val-des-Choux, et, en cette qualité, chef-d'ordre du prieuré de Saint-Nicolas; du duc de Nivernais, seigneur local, et adressa au prélat, quelques jours après, un rapport affirmatif sur l'opportunité de la translation du titre du prieuré et de la reconstruction de la chapelle dans l'église paroissiale de Saint-Sulpice. Alors l'évêque, sur la requête du promoteur du diocèse, prononça, le 27 octobre 1770, l'annexion de l'un et de l'autre à l'église d'Entrain, dans les termes que nous avons rapportés plus haut (1).

Six ans après, Jean-Pierre Chevau quitta la cure d'Entrain pour passer à celle de Saint-Privé en Puisaye, où il mourut au mois d'octobre 1782. Alors Pierre Verger, son successeur, s'adressa aussitôt à Rome et obtint le prieuré le 4 novembre suivant. Il en prit, sur le visa de l'ordinaire, possession dans la chapelle de l'église le 18 septembre 1783.

Jean-Christophe Frottier, chanoine de la cathédrale d'Auxerre, ayant adressé lui-même une requête au Saint-Siège, avait reçu des lettres de provision, en date du 14 novembre, dix jours seulement après celles qui avaient été expédiées au curé d'Entrain. L'anté-riorité de la concession faite à Pierre Verger le déconcerta, et il ne pensait plus à son bénéfice de Saint-Nicolas, lorsqu'il connut enfin que l'obtention du curé d'Entrain, en commende non décrétée,

---

(1) Voir p. 127 et les pièces justificatives.

mais libre, était canoniquement nulle. Il consulta des docteurs en droit-canon et acquit la certitude de cette nullité. Alors il vint à Entrain le 8 mars 1785 et se transporta immédiatement à l'endroit où existaient autrefois la maison conventuelle et la chapelle; mais n'y *ayant trouvé que des décombres*, il revint aussitôt dans l'église paroissiale d'Entrain, entra dans la chapelle nouvellement érigée sous le titre prieural et fit dresser un acte de sa prise de possession.

Pierre Verger lui fit signifier immédiatement son opposition, attendu qu'il jouissait paisiblement du prieuré depuis dix-huit mois. Il s'ensuivit un procès au bailliage d'Auxerre, où le demandeur fut condamné par défaut, le 18 juillet de la même année. Il releva aussitôt ce défaut; mais une nouvelle sentence le frappa le 8 août. Alors il en appela au Parlement de Paris. Un arrêt du 26 mai 1789 l'évinça définitivement de son bénéfice. Se voyant donc sans espoir de réussite, il se décida à traiter avec son adversaire. Le 8 juillet, ils firent, dans l'étude du notaire Thoulet, à Entrain, un accord où il n'était pas question de la sentence judiciaire Dans cet acte, l'abbé Verger déclare se désister *volontairement* du prieuré de Saint-Nicolas de Réveillon au profit de Frottier, *voulant, consentant et accordant* que ce dernier jouisse, dès ce jour, paisiblement et sans trouble, du bénéfice dont il était question, le subrogeant, à cet effet, en tous ses droits, nom, raison et actions. Il s'obligea, en même temps, à lui payer une somme de 400 livres, qu'il lui compta en argent et monnaie ayant cours, en outre, à le tenir quitte des décimes pour tout le temps de sa jouissance, ainsi que de sa portion congrue, pendant cinq ans, à partir du 11 novembre suivant. Le chanoine Frottier ne jouit pas longtemps de son triomphe. La Révolution, qui grondait en haut, se chargea de venger le curé d'Entrain à cet endroit.

QUATRIÈME PARTIE.

FIEFS ET SEIGNEURIES; LEURS ANTIQUES POSSESSEURS.

I.

Château d'Entrain; baronnie de Réveillon; seigneurs.

Près de la ville, au sud-est, il existe un magnifique parc, qui compte 187 hectares de superficie. Un gracieux ruisseau, dit de *Saint-Nicolas*, l'arrose de l'est à l'ouest. Il alimente, avec celui de *Saint-Cyr*, une belle pièce d'eau peuplée de cygnes, à la blanche et éclatante couleur.

A l'époque gallo-romaine, ce superbe enclos était traversé, au sud-ouest, par l'une des grandes voies d'*Intaranum* à Bibracte, et couvert, au nord-ouest, de splendides habitations. Il est entre-coupé de prairies, de bouquets de bois, de jardins, de massifs de fleurs et d'allées circulant en nombreux méandres. Partout se fait remarquer une luxuriante végétation.

Au centre s'élève un château dont les quatre pavillons viennent se refléter gracieusement dans les eaux scintillantes du lac (1). Il fut commencé par le comte Antoine Roy et achevé, en 1875, par le vicomte Léopold d'Hunolstein, qui vient, chaque année, avec sa famille, y passer la belle saison. A deux cents mètres environ, au nord-est, est une basse-cour d'un aspect princier et dominée par un élégant campanile. Dans un passage, au fond,

---

(1) C'est surtout du jardin du presbytère qu'il faut voir ce charmant reflet.

on remarque divers simulacres mutilés de faux dieux découverts à Entrain.

Ce gracieux château est bâti près de l'emplacement d'une ancienne maison forte, armée de plusieurs tours, ceinte de murailles et de fossés, avec pont-levis. Une chapelle, un colombier et une basse-cour complétaient cette noble habitation. Elle s'appelait Réveillon. Ce nom retraçait le souvenir d'un poste militaire chargé, à l'époque gallo-romaine, de surveiller la voie publique aux abords de l'antique *Intaranum*.

Le vieux manoir, démoli au commencement de ce siècle, était le siège d'une seigneurie mouvant en fief de la châtellenie d'Entrain. Quoique assez peu importante en elle-même, la terre de Réveillon était décorée du titre de baronnie et jouissait de tous les droits féodaux du temps (1). Le seigneur ne possédait que la moyenne et basse justice, la haute appartenant au suzerain. Il pouvait instituer, pour son exercice, un juge, un lieutenant, un procureur fiscal, un greffier, un prévôt et un sergent. Ces officiers connaissaient de toutes les *causes civiles, personnelles, mixtes et réelles*, jusqu'à 65 sous d'amende, mais non jusqu'à la *peine afflictive et corporelle*. Il était loisible au baron d'établir des *prisons raisonnables et cachots* pour y retenir momentanément les gens surpris en flagrant délit, ou commettant quelque méfait au dedans de sa justice.

La seigneurie de Réveillon remontait aux premiers temps de la féodalité. Elle appartenait, au douzième siècle, à une noble famille qui tirait son nom d'un fief situé dans la commune de Sainpuys. Jeanne de Laborde, fille et unique héritière de Gaucher, la porta en

---

(1) Elle se composait, en 1777, de deux métairies, dites *Petit-Réveillon-d'En-Bas* et *Petit-Réveillon-d'En-Haut*; de deux maisons au village de *Saint-Nicolas*, voisin du prieuré et aujourd'hui complètement détruit; d'une maison, avec tuilerie, dite l'Auberderie; de l'hôtel du *Petit-Réveillon*, en ville, proche la porte d'Auxerre; du huitième des grandes dîmes de la paroisse; d'un banc dans la chapelle de *Saint-Hubert* de l'église, *à gauche du chœur*, pour lequel il n'était dû aucun droit; de divers cens et rentes... Mais le possesseur devait au vicaire, pour sa portion congrue, à cause du droit de dîmes, 25 livres par an, 50 sous au curé, 20 à la fabrique de l'église de Saint-Cyr, 2 sous 6 deniers au seigneur du lieu, deux bichets de froment et d'avoine au vicomte d'Entrain et seize à la famille Bureau.

mariage à Jean de Veaulce, *de Velcia*, écuyer, d'une famille de Nevers, où plusieurs de ses membres remplirent la charge d'échevins (1).

Ce seigneur fit reprise de fief d'Hervé de Donzy, en 1217, pour ses biens d'Entrain et pour une rente de 20 livres tournois sur la châtellenie. Guy de Veaulce, dit de Réveillon, chevalier, son fils, en fit autant, en 1248, et Guillaume, son petit-fils, vingt-sept ans plus tard. Ces seigneurs, à partir de cette époque, ne furent plus connus que sous le nom de Réveillon.

Guillaume laissa, au moins, deux fils: Jeannot, baron de Réveillon, et Guyot, seigneur de Jussy, d'Apremont... Celui-ci affranchit ses sujets, en 1326, de la servitude et de la mainmorte. Jeannot étant mort sans postérité, malgré son union avec Anne de Bazoche, ses biens passèrent à Guy, son neveu, qui fit reprise de fief pour Réveillon, Beauregard, Jussy..., en 1348. Jean Bartholomier, *alias* Garnier, bourgeois de Nevers, et Jean Blaudin, d'Entrain, époux de Marguerite du Deffens, firent aussi hommage, en 1406, pour Réveillon, en partie, et pour divers autres héritages dans la paroisse de Saint-Sulpice (2). Ils étaient, sans doute, alliés à la famille de Veaulce.

Jean de Réveillon épousa, vers la fin du quatorzième siècle, Jeanne du Boys, fille de Louis, seigneur du Château-du-Bois, de l'Isle-sur-Allier, de Villemenant..., dont il eut Guillaume, Philibert (3)... Le premier fit hommage au comte de Nevers, en 1464, pour Réveillon, Beauregard, la maison forte du Chesnoy, et le second, pour le Château-du-Bois, l'Isle-sur-Allier et Villemenant, en 1491 (4). Philibert fut un homme de beaucoup de considération; le duc Engilbert de Clèves le fit son conseiller et son chambellan. Guillaume, *prenant en main et soy faisant fort pour son frère*, afferma, le 18 mai 1484, diverses pièces de terre aux frères Thomas, dont les descendants habitent encore la commune d'Entrain (5).

---

(1) Bibliothèque nationale; Clairambault, *Inventaire des titres de la Chambre des comptes de Nevers*, vol. 787, folio 367.
(2) Marolles, *Titres de Nevers*, p. 257.
(3) *Ibid.*, p. 76 et 194.
(4) *Ibid.*, p. 67 et 288. *Bulletin de la Société nivernaise*.
(5) Archives du château d'Entrain.

Guillaume eut, en 1490, une contestation avec Jean d'Armes, chevalier, président au Parlement de Paris, seigneur du lieu, du Verger, de Forges..., pour une pièce de terre située à la queue du Grand-Etang, entre les chemins de Cosne et de Saint-Amand. Mais ces deux gentilshommes terminèrent leur différend à l'amiable, au moyen d'une somme de 8 livres payée par le dernier, et une rente annuelle (1).

Arthur de Réveillon, le dernier membre de cette famille qui ait possédé la baronnie, fit, en 1525, une transaction avec Jean Froissard et Jean Gaulthier, ses sujets, pour quelques pièces de terre, tenues de lui en bourdelage par Nicolas Froissard, son homme serf, et qu'il prétendait lui revenir de droit par la mort de ce dernier *sans hoirs de son corps*. Par cet acte, Arthur consent que les ci-devant nommés les possèdent, à l'avenir, à titre de cens et rente, en payant, chaque année, 62 sous et *trois septiers* de grains, moitié froment et moitié avoine (2). Il fut, en 1537, un des trois commissaires préposés pour la confection du terrier du Donziais, au nom du comte de Rethel, mineur. Le noble baron vivait encore en 1553, époque où il acquit de François d'Armes une rente de 100 livres tournois, remboursable en trois ans.

Quelques années plus tard, la baronnie était aux mains d'Edme de Chassy, chevalier, seigneur du Marais. Ce gentilhomme fit, en

---

(1) Jean d'Armes est qualifié de *noble et scientifique personne*. Il possédait, avons-nous dit, des propriétés à Entrain et un hôtel près de la porte Saint-Michel, où il faisait sa résidence. Son souvenir revivait naguère dans un puits dit, de son nom : *Puits-Jean-d'Armes*. Il avait épousé Jeanne de Lamoignon, d'une ancienne famille, qui a donné un premier président au Parlement de Paris, en 1658, dans la personne de Guillaume de Lamoignon, marquis de Bâville, auquel Louis XIV adressa, lors de sa nomination, ces paroles flatteuses : « Si j'avais connu un plus homme de bien et un plus digne sujet, » je l'aurois choisi. » Elle a produit plusieurs hommes distingués dans les armes, la robe et les sciences, entre autres l'immortel défenseur de Louis XVI, Guillaume de Lamoignon de Malesherbes. L'ancien fief de Lamoignon se trouvait à Donzy même. Jean d'Armes semble avoir épousé, en premières noces, Jeanne du Boys, qui lui aurait apporté ses biens d'Entrain. Il laissa plusieurs enfants : Louis, Innocent... François, fils du premier, s'unit à Anne Bernard, dont il eut, entre autres, Valentine d'Armes, qui porta les grands biens de sa famille, en 1570, à François de Chabannes. (MAROLLES, *Titres de Nevers*; archives du château d'Entrain; FELLER.)

(2) Archives du château d'Entrain.

1567 et l'année suivante, diverses acquisitions dans les dépendances du prieuré de Saint-Nicolas, vendues, en partie, pour solder la portion de cette maison dans les 100,000 écus imposés par le roi sur les biens du clergé, et aussi par suite de la ruine des bâtiments pillés et brûlés par les calvinistes (1). Il vendit Réveillon, en 1577, à Nicolas Bolacre, écuyer, receveur pour le roi au grenier à sel de Clamecy. Celui-ci acquit encore, le 14 août de la même année, le fief, en toute justice, du Mineray des moines de Lespau. Il en fit immédiatement foi et hommage à la Chambre des comptes de Nevers, et revendit le tout, le 22 septembre 1579, à *noble et puissant seigneur* Claude de Rochefort, chevalier, comte de Luçay, baron de Nauvigne, sieur de Sigy, de Menestreau et de Nérondes, gentilhomme ordinaire de la chambre du roi, et à *noble dame* Claude de La Rivière, sa femme, stipulant par *honorable homme* André Rousset, leur procureur et fondé de pouvoir, moyennant 4,333 écus ou 13,000 livres tournois (2).

A quelque temps de là, les officiers judiciaires d'Entrain, au nom du duc de Nivernais, mirent des entraves à l'exercice de la justice de Réveillon, qu'ils s'attribuèrent injustement.

Comme le vendeur avait aliéné ses fiefs avec promesse de toutes garanties, il s'ensuivit naturellement un procès. Il fallut, après plusieurs instances, recourir enfin au duc de Nivernais lui-même. Louis de Gonzagues, plus juste et plus loyal que ses serviteurs,

---

(1) C'étaient les *quatre pièces de bois et bruyères* nommées la *Chapelle-Saint-Nicolas*, la *Mare-à-Gillet*, le *Bois-aux-Grands* et le *bois de la Lisière*, *se joignant et tenant à la chaussée et ruisseau de la bonde de l'estang* Saint-Fiacre, au bois des Coques des chanoines de Saint-Nicolas, et dont nous avons parlé plus haut.

(2) La famille de Rochefort est originaire d'un château de ce nom, situé en Franche-Comté, près de Dôle. Elle remonte à Pierre de Rochefort, chevalier, seigneur du lieu, qui vivait en 1350. Ce seigneur avait épousé Agnès de Chastillon en Blaisois. Il portait : *D'azur, semé de billettes d'or ; au chef d'argent, chargé d'un lion passant de gueules.*

Claude, l'un de ses descendants, seigneur de Pluvault, ayant épousé Catherine de La Madeleine, dame de Ragny, en 1545, en eut six enfants, dont le puîné, nommé Claude, comme lui, fut comte de Luçay. Celui-ci s'unit à Claude de La Rivière, fille de Jean et de Marguerite de La Roëre. De leur mariage naquirent François, Louise et Claude. Cette dernière épousa Antoine du Roux, auquel elle porta la baronnie de Réveillon.

ordonna une vérification des titres, notamment des deux derniers dénombrements. Les droits du seigneur de Réveillon se trouvèrent si clairement établis, qu'il lui confirma la possession de la justice moyenne et basse par une charte du 26 mars 1590.

En vertu de cette pièce, Verain Beaufils, procureur royal à Clamecy, se rendit, à la requête de Nicolas Bolacre, le 4 avril suivant, à Entrain, où il signifia l'ordre du prince à Mathurin Lemaire, procureur fiscal de la châtellenie. Le lendemain, il se présenta au château de Réveillon, où il déclara aux officiers de la seigneurie qu'à eux seuls appartenait désormais le droit d'exercer la justice moyenne et basse dans les dépendances de la baronnie (1).

Claude de Rochefort, fille du dernier acquéreur, porta Réveillon et le Mineray en mariage, le 16 février 1608, à noble Antoine Ier du Roux, écuyer, seigneur de Tachy, issu lui-même d'une ancienne et noble famille alliée à celles de Montagu, de Vienne, de Champagne, de Damas, de Digoine, de Bourbon-Montperroux, de Chastellux, de La Guiche, de La Madeleine, de La Rivière... Elle portait : *D'azur, à trois têtes de léopard, arrachées d'or, lampassées de gueules, posées deux et une* (2).

Le nouveau seigneur de Réveillon était fils de Nicolas du Roux, chevalier, seigneur de Tachy et de Gaudigny, mort avant 1619, époque où il partagea la succession paternelle avec Louis, son frère. Il laissa deux enfants (3).

Antoine II, baron de Réveillon, seigneur du Mineray, de La maison-fort du Chesnoy, de Beauregard..., fit reprise de fief, le 22 août 1643, pour le cinquième de la terre de Saillenay ou Seignelay, qu'il venait d'acquérir, et fut maintenu, sur preuves, dans ses titres de noblesse, le 2 avril 1667, étant alors âgé de cinquante-quatre ans. Il avait épousé, le 24 octobre 1638, damoiselle Catherine

---

(1) Archives du château d'Entrain.

(2) Cette famille remontait à Antoine du Roux, chevalier, seigneur de Sigy, en Brie, qui vivait en 1444. Ce gentilhomme fut père de Jean, marié à Catherine de Brichanteau, dont il eut Louis, écuyer, Oudart, Antoinette et Roberte. Oudart laissa, à son tour, Nicolas, dont il est parlé ci-dessous, Jacqueline, Philippe et Robert du Roux.

Elle forma trois branches : celles des barons de Réveillon, des seigneurs de Sigy et de Varenne.

(3) Antoine, qui suit, et Madeleine.

de Véelu, dame de Passy, dont il eut cinq enfants : Jean, Antoine, Claude, Louise et Marie (1).

Jean du Roux, l'aîné, chevalier, baron de Réveillon, fit reprise de fief, par suite de la mort de son frère, en 1677. Il mourut lui-même, le 5 mai, dix ans après, et fut inhumé le même jour, étant âgé de quarante ans. Il laissa Marie de La Mothe, fille de Jacques, seigneur de Bagneaux, son épouse, avec quatre enfants en bas âge (2). Le duc de Nivernais accorda, le 10 septembre 1687, des lettres de souffrance pour la reprise de fief. Le partage des biens de Jean entre ses héritiers eut lieu en 1701.

Antoine III, baron de Réveillon, acquit le Mineray, en 1714, de Marie, sa sœur, femme de Pierre-René Hinselin, écuyer, sieur de Moraches, à laquelle il était arrivé en partage. Il obtint aussi du seigneur des Granges, le 29 novembre 1748, la cession du huitième des dîmes de la paroisse, moyennant une somme de 550 livres tournois et le payement de 25, chaque année, au vicaire d'Entrain, pour sa portion congrue. Ce seigneur jouissait de beaucoup de considération. Il mourut en 1755. On vit à ses funérailles un bon nombre d'ecclésiastiques, toute la noblesse des environs et une foule de peuple. Il laissa de son union avec Jacquette Pochon, dame des Gais, deux fils : Antoine, qui fut parrain d'une des cloches de l'église, le dimanche 31 janvier 1768, et Pierre, comte du Roux, baron de Réveillon. Ils firent dénombrement de leurs fiefs en 1775.

---

(1) Antoine mourut célibataire, en 1667. Il avait testé, le 22 novembre de l'année précédente, léguant à la fabrique de l'église une rente de 6 livres, afin d'être inhumé devant l'autel de la chapelle de Saint-Hubert, où il serait placé un banc pour sa famille. Louise épousa François de Tournemine, écuyer, seigneur de La Garde, et en 1676 messire de Lavinier. Assistèrent à à ce mariage les père et mère, François Joachim de Chabannes, seigneur du Verger ; François-Armand de Menou, marquis de Charnisay ; François-Marie de Sainte-Colombe, de Chabannes du Chaillou... Marie étant mineure, en 1667, François-Armand de Menou, son parent et son curateur, fit reprise de fief, en son nom, pour le Mineray. Elle épousa, en premières noces, Paul de La Rivière, et, en secondes, en 1696, Claude-Joseph du Bois, chevalier, seigneur de Marcilly et de Beaulieu, dont elle eut Léonarde, mariée, en 1734, à François de Bony, écuyer, capitaine au régiment de Beaujolais.

(2) Jeanne, âgée de trois ans ; Marie, de deux ; Antoine, d'un an, et Catherine, née trois mois après la mort de son père.

Pierre mourut peu de temps après, laissant sa femme, Marie-Anne Garnier de Farville, avec deux fils : Antoine-Pierre et Antoine-Hugues-Joseph. L'aîné étant tombé en démence, fut interdit par sentence rendue, sur la demande de la famille, au Châtelet de Paris, le 15 février 1777.

L'année suivante, le 6 du même mois, la comtesse du Roux, alors retirée à Orléans, se rendit à Donzy et vendit, *tant en son propre et privé nom, que comme tutrice à l'interdiction* de son fils aîné, et fondée de la procuration du puîné, seigneur des Gais, lieutenant au régiment de Chartres, les terres de Réveillon et du Mineray, avec la maison d'Entrain, dite le *Petit-Réveillon* (1), un banc dans la chapelle Saint-Sulpice, ne payant aucun droit, à Barthélemi Duverne, chevalier de Saint-Louis, lieutenant-colonel au régiment de Beaujolais, seigneur de Villers-Lafaye et de Chaumont. L'acte passé par-devant Voille de Villarnoult, notaire, fut consenti moyennant une somme, outre les charges, de 60,000 livres.

L'acquéreur en fit dénombrement, le 30 mai suivant, à la Chambre des comptes de Nevers, et paya, tant au seigneur féodal qu'à ses officiers de finance, 6,334 livres 10 sous 7 deniers (2).

Barthélemi Duverne était, ainsi qu'il a été dit, *maire perpétuel* d'Entrain lorsque la révolution éclata. Comme à tant d'autres, ce régime lui fut fatal. Françoise-Huguette Commeau, sa femme, obtint le divorce, en 1790, pour cause d'*incompatibilité d'humeur*. Retiré à Nevers, pendant la Terreur, il fut dénoncé au comité révolutionnaire, emprisonné, puis décapité le 4 floréal de l'an II, ou 22 avril 1794. La municipalité d'Entrain prit une délibération pour vendre les biens du citoyen Duverne, *ex-noble tombé sous le glaive de la loi, attendu que celle-ci les déclarait nationaux ;* mais elle n'eut pas son effet. Charlotte-Thérèse, sa nièce, qui habitait avec lui le château de Réveillon, fut elle-même écrouée à Nevers, puis élargie sur un avis favorable de la municipalité d'Entrain. Rose Duverne, sa sœur, religieuse du Reconfort,

---

(1) Elle consistait en deux chambres basses, deux hautes, avec cour, jardin, puits commun. C'était la maison de ville des seigneurs de Réveillon.

(2) Les documents concernant la famille du Roux sont tirés des archives du château d'Entrain et du château d'Yssard, près Moulins-sur-Allier, au comte d'Aligny.

retirée aussi au château de Réveillon, par suite de la fermeture du couvent, obtint de le quitter, après le départ de son frère, pour se fixer à Vézelay.

Cependant Françoise-Huguette Commeau, devenue, de par la loi immorale du divorce, femme Lesguillon, fut mise en possession de Réveillon et du Mineray, comme acquis avec les deniers de sa dot. Elle les vendit, en 1797, à Edme Guérault et à Thérèse Goguelat, sa femme, qui les repassèrent, le 14 novembre 1809, au comte Antoine Roy (1). Dès-lors, Réveillon devint le siège de la nouvelle terre d'Entrain, composée des débris de l'ancienne châtellenie et autres fiefs (2).

Le nouveau propriétaire était né à Savigny en Champagne, en 1765. Reçu, à l'âge de vingt ans, avocat au Parlement, il acquit bientôt une célébrité méritée. Il disputa, pendant la Révolution, de nombreuses victimes à l'échaufaud. Nommé député de la Seine pendant les Cent-Jours, il fit une vive opposition à l'Empereur. Les électeurs lui ayant continué leur mandat, sous la Restauration, il fut trois années de suite rapporteur des lois financières.

Ministre des finances, en 1819, le comte Roy signala son administration par un dégrèvement de l'impôt foncier et par de grandes économies sur les dépenses publiques. A la chute du ministère, en 1821, le roi le nomma comte et pair de France. Rentré aux affaires, en 1828, avec le comte de Martignac, il refusa de faire partie du ministère du prince de Polignac et fut créé, par le chef de l'Etat, chevalier des ordres. Il mourut le 7 avril 1847, laissant deux filles : Élisa Roy, mariée au comte Honoré-Charles de Lariboisière, sénateur, grand-officier de la Légion-d'Honneur, et Laure, qui s'unit au marquis Auguste-Frédéric de Talhouët.

La première, décédée sans postérité, le 27 décembre 1851, légua, par son testament, en date du 15 mai, deux ans auparavant, sa fortune à la ville de Paris, sous diverses conditions, dont la principale était la construction d'un hôpital portant son nom. Mais en 1853, la famille, par suite d'une transaction avec la ville, rentra

---

(1) L'acte fut passé par-devant Henri Thoulet, notaire à Entrain.
(2) Savoir : Réveillon, le Mineray, le Moulin-Neuf, les Cottets, Saint-Cyr, Miniers, le Château-du-Bois, le Pellé et Mirebeau.

en possession des biens de la défunte. Elle paya une somme convenue, qui dut être appliquée à l'achèvement de l'hôpital *Louis-Philippe*, lequel prit dès-lors le nom de Lariboisière. Une clause de ce testament attribuait une somme de 8,000 fr. à la paroisse de son domicile, à Paris, pour faire célébrer une messe quotidienne, à perpétuité, pour le repos de son âme. Mais une instruction, *retardée par divers incidents*, fit rejeter ce legs pour *insuffisance de capital* et à cause des frais qu'entraînait l'acceptation. Alors le comte de Lariboisière, s'adressant au curé d'Entrain, lui dit par sa lettre de juin 1856 : « Je viens vous offrir de faire
» donation à la fabrique de votre église, pour l'exécution des
» volontés de Mme de Lariboisière, non plus seulement d'une
» somme de 8,000 fr., indiquée au testament, mais d'une inscrip-
» tion de rente de 500 fr. sur l'État et affranchie des droits de
» mutation, que je prends à ma charge... Mon intention est surtout
» de perpétuer sa mémoire dans un pays où elle s'était plu à
» répandre des bienfaits... »

La fabrique, sur l'autorisation de l'évêque de Nevers, ayant accepté, dans sa réunion du dimanche 25 janvier 1857, la fondation proposée, un décret impérial, rendu au château de Compiègne, le 21 octobre de la même année, vint confirmer ces dispositions et leur donner force de loi. Il est ainsi conçu :

« Le trésorier de la fabrique de l'église curiale d'Entrain est
» autorisé à accepter, aux charges et conditions imposées, la
» fondation faite à cet établissement par le sieur Honoré-Charles
» Bâston de Lariboisière, suivant acte notarié, en date du
» 23 février 1857, et consistant en une rente de 500 fr., 3 p. 0/0,
» sur l'État, sous la réserve notamment de placer dans cette
» église une pierre commémorative.

» Cette rente de 500 fr. sera immatriculée au nom de la fabrique
» d'Entrain, et les arrérages en provenant seront affectés, jusqu'à
» due concurrence, à la célébration des services religieux fondés,
» à perpétuité, par le donateur (1). »

---

(1) De ces trois cents messes annuelles, trois seulement sont à jour fixe ; ce sont celles du jour de la naissance de la testatrice, de la fête de sa patronne et de son décès, c'est-à-dire les 22 janvier, 19 novembre et 27 décembre.

Un arrêté ministériel du 25 novembre suivant autorisa le placement de la pierre commémorative que l'on voit sur la paroi nord de la nef et dont nous avons rapporté l'inscription à la page 15 (1).

Armand-Géraud-Victurnien-Jacques-Emmanuel de Crussol, duc d'Uzès, ayant épousé, en 1836, Françoise-Élisabeth-Antoinette-Sophie de Talhouët, petite-fille du comte Roy, devint ainsi propriétaire de la terre d'Entrain (2). Sa fille aînée, Laure-Françoise-Victorine de Crussol-d'Uzès, l'a portée en mariage, en 1857, au vicomte Léopold d'Hunolstein, issu d'une ancienne famille de chevalerie, originaire du pays de Trèves, et qui tire son nom d'une des seigneuries les plus importantes de cet électorat. On voit

---

(1) Archives de la fabrique. Dossier de la fondation.

(2) La maison de Crussol d'Uzès se recommande au respect et à l'estime publics par son ancienneté, sa noblesse et ses vertus civiles et religieuses. Elle tire son nom d'un antique château-fort du Vivarais, assis sur un rocher escarpé, près de la rive droite du Rhône, en face de Valence. Cette vieille forteresse, actuellement en ruine, était le siége d'une des douze baronnies des États de la province. Du donjon de Crussol relevaient dix clochers, preuve évidente de la puissance de ses possesseurs.

La généalogie régulière et authentique de la maison de Crussol remonte à l'an 1110. Ses armes, *fascées d'or et de sinople*, furent écartelées *d'or, au chevron de sable de trois pièces*, qui est de Lévy, par Louis Ier, baron de Crussol, de Beaudiner, de Lévy et de Florensac, chambellan et grand panetier de France, gouverneur du Dauphiné, sénéchal de Poitou, grand-maître de l'artillerie du royaume, après son mariage avec l'héritière de Lévy. Il mourut le 15 août 1475.

Jacques Ier, baron de Crussol, son fils aîné, héritier de ses charges et de ses biens, ayant épousé, en 1486, Simone d'Uzès, fille unique de Jean, vicomte du lieu, dut, en vertu de son contrat de mariage, prendre le nom d'Uzès et contr'écarteler ses armes de celles de cette maison, qui étaient : *De gueules, à la bande d'or de trois pièces.*

Charles IX, pour récompenser les éminents services d'Antoine II, son petit-fils, dans les guerres de religion, érigea, en 1565, sa vicomté d'Uzès en duché et le nomma, sept ans plus tard, pair de France.

Les principales alliances de cette illustre maison sont avec celles de Poitiers, de Roussillon, de Châteauneuf, de Clermont, de Lastic, de Tournon, de Lévy, d'Uzès, de Genouillac, de La Châtre, de Clermont-Tonnerre, de Barbézieux, de Grimaldi-Monaco, de Bullion, de Larochefoucauld, de Gondrin de Pardaillan, de Chastillon, de Rohan, de Rochechouart-Mortemart, de Chabannes, de Talhouët, d'Hunolstein, de Galard...

Ses divers membres ont porté les titres de barons, comtes et ducs de Crussol, marquis de Montausier, de Saint-Sulpice, de Monsalez, de Florensac,

encore, dans la vallée d'un des affluents de la Moselle, les ruines grandioses du château-fort de ce nom, qui commandait à toute la contrée environnante, et dont relevaient neuf fiefs nobles. Cette seigneurie relevait immédiatement de l'Empire et conférait à ses possesseurs le titre de chevalier banneret et le rang de dynaste. En cette qualité, les seigneurs d'Hunolstein avaient voix et séance aux diètes générales de l'Empire. On voit, par les matricules des années 1442, 1467 et 1481, qu'ils devaient fournir à l'armée impériale un contingent de six cavaliers et de douze hommes de pied.

L'origine de la maison d'Hunolstein est très-ancienne, et d'après plusieurs auteurs, entre autres La Chesnaye-des-Bois, elle remonterait jusqu'au onzième siècle. Mais les premiers membres connus de cette famille et dont l'histoire fasse mention, sont Hugues, écuyer, et son frère Werner, cités dans une charte latine de 1192, où ils sont qualifiés *nobiles viri* (1). Ses armes sont : *D'argent, à deux fasces de gueules, accompagnées de douze billettes de même, posées 5, 4 et 3*. Cimier : *Un buste d'homme de profil, habillé d'argent, à la fasce de gueules, aux trois billettes de même, 2 et 1*. Devise : *Plus ultra*.

Plusieurs de ses membres, en raison de l'importance de leur fief patrimonial et de la puissance des maisons auxquelles ils s'étaient alliés, furent appelés à jouer un rôle important dans les affaires publiques de leur temps. On les vit, principalement aux treizième, quatorzième et quinzième siècles, prendre une large part à toutes les expéditions guerrières qui agitèrent l'Allemagne et la Lorraine dans ces temps si troublés, suivre la cause vers laquelle les entraî-

---

ducs d'Uzès, princes de Soyons... Ils devinrent premiers pairs de France par l'extinction de la première branche de Montmorency.

On compte parmi eux des chambellans et grands-panetiers de France, des gouverneurs de provinces, des sénéchaux, des grands-maîtres de l'artillerie du royaume, des lieutenants-généraux, des chevaliers des ordres du roi, des chevaliers d'honneur des reines de France, des chanoines-comtes de Lyon, des évêques de Valence, de Die, de Blois, un archevêque de Tours, un patriarche d'Antioche, des députés...

Louis de Crussol, quatrième duc d'Uzès, prince de Soyons..., porta *les honneurs* à la mort de Louis XIII, et Jean-Charles à celle de Louis XIV.

(1) Cette pièce se trouve aux archives de Coblentz.

naient les devoirs du service militaire attaché à leurs fiefs, devenir tantôt les alliés des archevêques de Trèves, ou des princes leurs voisins, tantôt combattre pour les évêques de Metz, ou pour les ducs de Lorraine et de Bar (1).

Dès 1266, Nicolas, chevalier, seigneur d'Hunolstein, se signale à la bataille de Pény, près Pont-à-Mousson. Plus tard, Jean, petit-fils de Gérard de Luxembourg, accompagne son parent, l'empereur Henri VII, de la maison de Luxembourg, à Rome, où il allait se faire couronner, en 1312. Un autre Gérard d'Hunolstein, après avoir fait la guerre à la cité libre de Metz, signe un traité de paix avec les maîtres échevins de cette ville, en 1432 (2). Jean-Guillaume, seigneur d'Hunolstein et de Château-Voël, en Lorraine, se distingua au service du duc Charles III de Lorraine, commanda une des armées de la ligue catholique pendant la guerre de Trente-Ans, et fut créé vice-feld-maréchal (3).

---

(1) Archives de Metz et de Nancy.
(2) Archives de Metz.
(3) La maison d'Hunolstein formait, dès le treizième siècle, trois branches, dont deux, qui s'éteignirent à la fin du quinzième, portèrent, par alliance, presque tous leurs domaines aux princes d'Isembourg et de Sayn-Wittgenstein.

La troisième, après avoir vainement tenté de recouvrer ses grands fiefs patrimoniaux, s'établit, dans les premières années du seizième siècle, en Lorraine, où déjà la famille d'Hunolstein possédait, depuis un demi-siècle, des terres importantes, entre autres, dès 1502, les seigneuries de Château-Voël, près Nancy, et d'Hombourg-l'Évêque.

Quant aux seigneuries d'Ottange et de Hombourg-sur-Caner, près Thionville, elles ne furent apportées que plus tard, par mariage, dans cette famille

Cette branche se subdivisa bientôt, et l'une d'elles retourna en Allemagne, tandis que l'autre continua de résider en Lorraine, où elle tenait un rang distingué parmi le corps de l'ancienne chevalerie de ce duché.

Elle s'attacha au service des ducs de Lorraine jusqu'à la réunion définitive de cette province à la France.

François-Léopold, comte d'Hunolstein, mestre-de-camp au service de Louis XIV, fut ensuite nommé maréchal de Lorraine et Barrois (1717), puis premier ministre, et enfin envoyé extraordinaire du duc François de Lorraine auprès des cours de Vienne et de Versailles.

Charles, son fils, déjà comte du Saint-Empire, après avoir servi dans l'armée française, fut créé, par Louis XVI, comte d'Ottange, en 1777. Il laissa deux fils, promus l'un et l'autre au grade de lieutenant-général des armées du roi, sous la Restauration. L'aîné, Philippe-Antoine, comte d'Hunolstein,

II.

Le Mineray, la vicomté, Montsauvert, le Moulin-Neuf, Grandchamp.

Le Mineray rappelle un lieu où l'on tirait de la mine de fer pour la grosse forge d'Entrain. Ce hameau, composé d'une ferme et d'une maison de garde seulement, renfermait, en 1577, seize chaumières (1). Le changement de maîtres, qui eut lieu à cette époque, amena une rapide décadence. Le Mineray fut donné, en 1214, par Hervé de Donzy, au prieuré de Lespau, qui le posséda trois cent soixante-cinq ans.

Le monastère y jouissait de tous les droits seigneuriaux du temps, de la justice haute, moyenne et basse, avec pouvoir d'instituer un juge, un lieutenant, un prévôt, un greffier, un procureur fiscal, un concierge pour la garde de la prison et des prisonniers, d'établir des fourches patibulaires, à quatre piliers, pour l'exécution des sentences capitales, de construire un cachot (2)... Les moines vendirent le Mineray, avec le consentement de *noble et scientifique personne* Jean de Bornement, prieur commendataire de Lespau, chanoine de Notre-Dame de Paris, en 1577, à Nicolas Bolacre, seigneur de Réveillon, pour payer leur quote-part dans les

---

eut seul un fils, Félix, qui fut créé pair de France par Louis XVIII, en 1819. Ce dernier épousa Mlle de Bourdeilles, qui lui donna deux enfants: une fille, Claire, mariée au marquis de Pracomtal (de Châtillon-en-Bazois), et un fils, Paul, qui de son premier mariage avec Hélène de Sourches de Tourzel, petite-fille de la duchesse de Tourzel, gouvernante des enfants de France, eut deux fils: MM. Léopold vicomte d'Hunolstein, qui a épousé Mlle d'Uzès, et actuellement propriétaire de la terre d'Entrain; et Antoine, marié à Mlle de Montmorency-Luxembourg. Du second mariage du comte d'Hunolstein avec Mlle de Bassompierre naquit une fille, devenue comtesse de Beauffort.

(1) Elles étaient habitées par les familles Boilleau, Bottin, Bouzeau, Delaligerie, Delinotte, Front, Frossard, Josmier, Marlot, Morisset, Roitte, Saulmuzeau, Simonnet. Trois de ces maisons appartenaient à Léonard Coëson, chapelier à Entrain, à Étienne Rousseau, cordonnier, et à *honorable homme* Moïse de Neuilly.

(2) Thomas Camuz était juge du Mineray en 1675, Michel de Lamaison en 1738.

deniers alloués au roi par les députés du clergé (1). L'acquéreur fit renouveler le terrier deux ans plus tard.

Cette vente annexa le Mineray à la baronnie de Réveillon, dont il ne fut distrait momentanément, en 1714, que pour lui être indissolublement réuni quelques années après.

L'ancienne vicomté d'Entrain y possédait diverses terres, des cens et des rentes, avec un grand verger, dit *le Bouchis*, et la famille Bureau une métairie, qu'elle vendit, vers 1780, à Barthélemi Duverne, seigneur de Réveillon; ce fut la source d'un long procès.

A l'ouest, s'élève Montsauvert ou Montsauveur, ancien fief de la châtellenie, couronné d'un bouquet d'arbres verts. Ces fiefs étaient bornés, du côté d'Entrain, par le chemin de la *Femme-Morte*.

Le Moulin-Neuf, près de la chaussée de l'ancien étang de ce nom, a été ainsi appelé d'un moulin qui en remplaça un plus ancien dit *Rapau*, lequel se trouvait un peu au-dessous, et dont nous avons parlé ailleurs (2). Ce fief simple, ressortissant de la justice du Mineray, était tenu, en 1582, par Christophe Gueuble, *alias* de Gueuble, tuteur des enfants mineurs de René Gueuble et de Marguerite Auffroy, d'Entrain (3), qu'une sentence de la Table de marbre de Paris *débouta* du droit d'usage dans les bois de Frétay. Deux membres de cette famille, Lancelot et Louis Gueuble, père et fils, sieurs de Croisy et de Boulay, furent condamnés à mort, le 13 août 1550, par sentence de Claude Janton, prévôt des maréchaux, en Berry, « pour avoir proditoirement et inhumainement
» fait tuer et occire, par trois soudards du fort d'Ambreteil, Pierre
» Riet, en son vivant lieutenant du juge et garde de la terre,
» justice et chastellenie de Druye, au pays de Donziois, avec
» amende de 2,000 livres tournois envers la veuve et les héritiers
» dudit deffunt (4). » Ils furent rompus vifs, dit Née de La

---

(1) Il fut adjugé au bailliage d'Auxerre à maître Horris, son fondé de pouvoir, comme plus offrant et dernier enchérisseur.

(2) Cette antique usine avait été changée en foulon et appartenait, en 1670, à noble Louis Maignan, sieur de Ratilly.

(3) Noble Jean Auffroy possédait le fief de Jussy, en 1553, et demeurait dans la rue des Fangeats, à Entrain

(4) L'abbé DE MAROLLES, *Titres de Nevers*, p. 295.

Rochelle (1), pour avoir assassiné Pierre Née, juge de Druye. C'est le même fait, avec erreur de personne de la part de ce dernier. Élisabeth Lasne de La Brosse, veuve de Henri Thoulet-Moulin-Neuf, vendit ce fief, au nom de ses enfants (2), le 4 avril 1812, au comte Roy. L'acquéreur y avait transféré la tuilerie de l'Auberderie ; mais elle n'y subsista pas longtemps.

Les terres situées entre le chemin de la *Femme-Morte* et la ville formaient jadis, sous le nom de *Grand-Champ*, un fief, avec justice, possédé, en 1622, par Martin Guignebert, bailli de Cosme et de Bouhy. Il fut acquis, en 1696, par Armand-François de Menou, chevalier, seigneur de Nanvigne, de Menestreau, Villers, Nérondes, Boisronneau, qui fit ériger ces seigneuries en marquisat de son nom.

III.

Le château de la Bruyère, le Chalumeau, Boismartin, les Huets, les Berthiers, la Marquise, Villotte, Chastres, Apis.

En descendant la vallée du Nohain, on rencontre le *Gué-du-Pontot*, où se voyaient, en 1670, *beaucoup de crasses et excréments de forge*. Là dut exister une usine métallurgique. Sur la rive droite de la rivière, près de l'ancien chemin de Donzy, s'élève le château de la Bruyère, bâti par un homme de bien, le docteur Nicolas-Hervé de Chégoin, l'une des célébrités médicales de Paris. Il venait, chaque année, y passer ses mois de vacances. Pendant son séjour, le château était le rendez-vous des malades de toutes les classes de la société, qui venaient prendre des consultations. Les pauvres y étaient accueillis avec bienveillance et un entier désintéressement. Le docteur de Chégoin était un chrétien pratiquant. La science et la religion sont sœurs. Il ne quittait jamais le pays sans laisser une offrande pour l'église et pour les pauvres.

---

(1) *Mémoires sur le Nivernais*, p. 242 ; nouvelle édition, tome II, p. 366 et suivantes, où il en fait un drame.

(2) Jean Jacques-Edme, Marie-Joséphine, mariée à Jean-Claude Leclerc de Montmoyen, notaire à Varzy ; François-Henri, notaire à Entrain.

Cet homme honorable était né à Entrain le 6 janvier 1791 (1). Il mourut à Paris, le 17 mars 1877, dans sa quatre-vingt-septième année, conservant, jusqu'au dernier moment, sa grande intelligence et toute sa lucidité d'esprit. Son corps, ramené dans son pays natal, fut déposé dans le cimetière paroissial, à côté de celui de son épouse, au milieu d'un grand concours d'ecclésiastiques et de fidèles, accourus de tous les environs pour rendre, dans sa personne, un suprême hommage à la science, à l'honneur et à la religion.

La Bruyère et les lieux circonvoisins s'appelaient autrefois Montlambault, nom que portent encore une forêt et quelques pièces de terre voisines. Les garennes de Montlambault, dites les *Vieilles-Vignes*, montrent que le climat fut autrefois planté de vignes. Hugues et Jean Blaudin d'Entrain firent hommage, en 1342, au comte de Nevers pour leurs terres et bois de Montlambault.

Près de la Bruyère, il existe un hameau d'aspect assez misérable : c'est le Chalumeau, dont une partie dépend de Menestreau. Ce nom vient de ses primitifs habitants, que l'on retrouve dans d'anciens titres. Les dîmes de ce lieu appartenaient au curé d'Entrain. Sulpice Bourgoing les abandonna, en 1677, au prieur de Réveillon.

Boismartin, *Boscum Martini*, à la famille Douté, était possédé, en 1639, par Philippe Rousset, *gentilhomme* de la compagnie des chevau-légers du duc d'Enghien, qui le laissa à Verain, son fils, dont la veuve, Edmée Gaucher, en fit reconnaissance au duc de Nivernais en 1674. Cette famille a donné un curé à la paroisse de Saint-Cyr-les-Entrain.

Les Huets, dits autrefois le grand village de Vauvrille, *Vallis Virillis*, en souvenir d'un officier romain, dont nous avons parlé ailleurs, ont été ainsi nommés de la famille Huet, qui les possédait au seizième siècle. Edmond Huet assista, en 1526, à une assemblée générale des habitants de la paroisse Saint-Sulpice. Louis Lemaigre,

---

(1) Voici son acte de baptême : « L'an mil sept cent quatre-vingt-onze, le six janvier, est né Nicolas-Hervé de Chégoin, fils de Nicolas-Joseph de
» Chégoin, bourgeois, et de Marie-Aubine Boulu, son épouse légitime,
» habitans de cette paroisse. Le parrain a été Nicolas Boulu, son cousin,
» représenté par Nicolas Boulu, son grand-père; la marraine Geneviève
» Goguelat, représentée par Françoise-Gabrielle Boulu, sa tante, qui ont
» signé avec nous. — BOUVIER, vicaire. »

bourgeois de Saint-Sauveur, en était détenteur en 1670. Les Huets appartenaient, dans la première moitié de ce siècle, à Claude Chaillou, qui en prenait le nom. Ils passèrent ensuite à son neveu, le baron Étienne Chaillou des Barres, ancien préfet et premier président de la *Société des sciences* de l'Yonne. Cet homme érudit est auteur de quelques notices historiques, écrites avec talent. Sa fille défunte, la baronne du Havelt, a laissé elle-même un bon livre : *la Prière du soir*. Le comte Pierre de Kergorlay est actuellement possesseur de cet ancien fief.

Les Berthiers, nommés aussi *de toute ancienneté* le Vault-de-Vauvrille, *Vallis Virillis*, en souvenir du même personnage, ont reçu également leur dénomination actuelle d'une famille qui y résidait en 1526. Jean et Nicolas Berthier, frères, parurent eux-mêmes à l'assemblée dont nous venons de parler (1). Adrien Regnard, procureur fiscal de Druye, en était possesseur, en 1670. Edme, son fils, juge et subdélégué de l'intendant d'Orléans, *au département d'Entrain*, décédé le 28 octobre 1747, à quatre-vingt-quatre ans, les laissa à sa fille, Marie-Anne Regnard, épouse de Jacques-Joseph de Lachasse, qui se disait, en 1775, seigneur des Berthiers (2). Cette ferme communiquait jadis avec les Huets, par un chemin dit *De la Procession*.

La Marquise, voisine des Berthiers, était un fief mouvant de la baronnie de la Rivière, près Couloutre. Elle a pris son nom d'une antique famille féodale d'Entrain. Guynet et Estevenin Marquis firent reprise de fief en 1228. Au seizième siècle, elle appartenait à noble Pierre Lyron, avocat du roi en l'élection et au grenier à sel d'Auxerre, à Guillaume Dorlet ou Dourlet, bourgeois de Crux-la-Ville, et à honorable homme Simon Leroy, beaux-frères. Ils en firent le partage en 1598. Pierre Lyron, fils du premier, eut pour sa part une rente de soixante-quatre bichets de froment, méteil et avoine. Jeanne, Étiennette, Marie et Madeleine Leroy la portèrent, par indivis, à Claude Pic, lieutenant de la châtellenie d'Entrain ; à autre Claude Pic, lieutenant de la justice de Couloutre ; à Edme

---

(1) Le *lieu et place* de maison dit des *Berthiers*, à Entrain, sis dans la rue allant de la porte Saint-Michel aux Salles, fut acquis, en 1598, de Guillaume Dourlet, par Pierre David.

(2) Pierre de Lachasse des Berthiers vivait en 1770.

Pic, praticien, et à Jean Arnoult, lieutenant au bailliage de Perreuse, qui eurent de grands démêlés judiciaires avec Pierre Lyron, pour la rente en grains. Les frais de ce long procès, qu'ils perdirent, amenèrent, comme d'ordinaire, l'aliénation forcée de la propriété. Ils la vendirent, le 27 avril 1647, à Madeleine Le Rebours, abbesse du monastère de Notre-Dame-des-Anges d'Entrain, pour 1,000 livres tournois en principal, l'acquit d'une rente de 5 livres envers le baron de La Rivière, seigneur féodal, et de celle de soixante-quatre bichets de grains envers Pierre Lyron. Les religieuses devaient fournir au seigneur, pour la perception de ses droits, *un homme vivant et mourant* (1). Le premier qu'elles lui donnèrent fut Loup Parmentier, praticien à Varzy. Le monastère ayant été uni, en 1687, à l'abbaye des Isles d'Auxerre, les religieuses, capitulairement assemblées au parloir de ce couvent, vendirent la Marquise, la métairie de Forges et la maison conventuelle d'Entrain, le 15 juin 1688, à Georges du Hautbois, écuyer, sieur de Roulliardière, pour 3,000 livres et moyennant l'acquit de toutes les charges. Celui-ci étant mort, quelques années après, François Langlois, écuyer, sieur du Marais, au nom de Marguerite du Hautbois, sa femme, et Edme Maignan, avocat, sieur du Colombier, en celui de Marie du Hautbois, sa pupille, les repassèrent, le 11 septembre, huit ans plus tard, à noble Michel Frémy, juge-lieutenant d'Entrain, pour 10,000 livres. Les dépendances de cette métairie consistaient en quatre-vingt-dix arpents de terre, *tout en une pièce*, un petit bois et six arpents de *méchants prés* (2).

Près de la Marquise, on remarquait jadis le *Trou-du-Diable* et un fief, avec justice, nommé Chesnoy-le-Pré, et vulgairement le *Chétif-Village*. Il appartenait, au dix-septième siècle, à la noble famille de Grandry (3). Adrien Regnard, procureur fiscal de Druye, en était possesseur en 1670.

Villotte, autrefois Villette-les-Entrain, *Villula*, rappelle un souvenir romain, une villa, qui dut être la résidence du chef préposé au commandement du camp de Châtres, dont nous allons

---

(1) Comme les communautés ne mouraient pas, elles devaient faire reposer les droits de mutation sur la tête d'un homme quelconque.

(2) Archives de l'Yonne, fonds d'Entrain.

(3) *Voir Ferrières, ci-après.* — Le juge de Chesnoy-le-Pré eut à prononcer, en 1674, une sentence contre le seigneur qui l'avait institué.

parler. Ce fief était tenu, au treizième siècle, par une famille féodale du nom d'Arcy. Marguerite, issue de cette noble maison, le porta, avec le Deffend, en partie (1), à Guillaume de Montaigu, chevalier, qui en fit hommage, en 1348, au comte de Nevers, seigneur d'Entrain. Quelques années après, Jean d'Arcy, frère de Marguerite, en faisait autant pour une portion des dîmes de la paroisse (2). Guillaume de Champlemy, chevalier, donna reconnaissance au prince pour Villotte, en partie, en 1353, au nom de Mahaut de Varigny, son épouse. Guillaume de Réveillon, écuyer, y possédait divers héritages au treizième siècle. La famille Gueuble, dont nous avons parlé, en était propriétaire à la fin du seizième. Claude Chaillou des Huets, possesseur de Villotte, au commencement de ce siècle, le laissa au baron Etienne Chaillou des Barres, qui le vendit à la famille Carré.

Chastres ou Châtres, divisé en Petit et Grand, est situé entre deux antiques voies romaines. Son nom vient évidemment du mot *Castra*. Il rappelle ces postes militaires permanents, *Castra stativa*, que les Romains manquaient rarement d'établir, pour la sûreté publique, aux abords des grandes villes. Jean Blaudin, bourgeois d'Entrain, fit foi au comte de Nevers, en 1323, pour ses terres de Chastres, des Petites-Villottes et pour Corbelin. Edme Regnard vendit, en 1764, le Petit-Châtres, autrefois les Gavards, qu'Edme, son père, avait acquis quatre-vingt-neuf ans auparavant de Louis et Pierre Chevau, à Nicolas Le Carruyer de Beauvais, écuyer, dont le fils, Charles-Henri, le repassa de même, en 1840, à Nicolas Barjot. La fille de ce dernier l'a porté à M. Auguste Carré. Claude Hugot, maire d'Entrain en 1830, possédait le Grand-Châtres. Ce fief était une dépendance de la châtellenie de Bouhy. Les religieux de Notre-Dame du Pré-lès-Donzy y possédaient divers héritages et les Cordeliers d'Auxerre quelques rentes.

Ratilly, dit autrefois le Vault, à cause de sa situation dans la vallée de Carpault, *Vallis Carpati*, puis Breau, donna sans doute, son nom à une famille féodale, qui possédait Jussy, en 1371. Léon Girard, avocat au siège présidial d'Auxerre, Claude Rigault

---

(1) Manoir seigneurial et hameau, avec chapelle, situés dans la commune de Saints-en-Puisaye, sur une hauteur, entre Thury et Fontenoy.
(2) CLAIRAMBAULT, volume 787, folio 369.

et Michel Delyé, procureurs, vendirent les métairies du Petit-Breau, autrement Ratilly, en 1639, à Madeleine Le Rebours, abbesse du monastère de Notre-Dame-des-Anges d'Entrain, pour 1,500 livres, en principal, et 60 d'épingles (1). Il est probable que l'abbesse revendit bientôt ces propriétés; car, il n'en est nullement parlé plus tard comme étant des dépendances du monastère. François Maignan en était possesseur, en 1722, et Louis, son fils, un quart de siècle après.

Les Singeons, autre partie de Breol ou Breau, ont pris leur nom moderne d'une famille de laboureurs qui les habitait. Nous voyons, en effet, François Singeons assister, en 1526, à l'assemblée générale des habitants d'Entrain. Jeanne, dame du Betay, *alias* du Beçay, veuve de Girard de Varigny, chevalier, seigneur du Deffend, fit reprise de fief, en 1335, du comte de Nevers pour les *villes de Breau*, de *Saint-Sulpice d'Entrain* et de Fontenoy (2). Jeanne de Varigny, sa fille, porta ces fiefs, en partie, les Bordes et Verrières-les-Entrain à Pierre de Veaulce, seigneur de Bagneaux, de Corvol... Catherine, issue de cette union, les fit passer, à son tour, à Guillaume de Sully, chevalier, sire de Beaulieu, qui en donna dénombrement, en 1406. Jean Blaudin en avait fait autant pour sa grange de Breol, en 1353.

François Maignan ou Maignen était possesseur des Singeons, en 1722. Louis, son petit-fils, procureur fiscal de Donzy et seigneur de Savigny, en fit faire le plan, en 1758, par Legoube, arpenteur à Nevers. Symphorien Morisset, bourgeois de Perreuse, possédait alors Ratilly, auquel il joignit, un peu plus tard, les Singeons. Il soutint, en 1784, un procès contre Pierre Verger, curé d'Entrain, pour les terres de la *Grange-aux-Lièvres*, et fut condamné (3). Ses descendants vendirent les Singeons à la famille Martin, en 1819.

Philippe du Boys, bourgeois de Corbigny, se disait seigneur de Saint-Sulpice d'Entrain, en l'an 1500 (4).

---

(1) Archives de l'Yonne, fonds d'Entrain.
(2) Marolles, *Titres de Nevers*, p. 122.
(3) Le nom de Grange-aux-Lièvres vient, sans doute, de la famille Lièvre, qui habite encore dans le pays.
Pierre-Marie Chambrun, maire d'Entrain, en 1793, et son fils, commandant de la garde civique, ajoutaient à leur nom celui de Breau.
(4) Archives de la fabrique et du château d'Entrain.

Apis ou Apies, situé dans les terres, à l'ouest d'Entrain, semble avoir été ainsi nommé d'un culte rendu en ce lieu au fils de Niobé, prince que les Egyptiens adoraient sous la forme d'un bœuf, qu'il aurait prise, avons-nous dit plus haut, de concert avec les dieux de l'Olympe, pour échapper à la fureur de Jupiter, vainqueur (1). Le culte de ce prétendu dieu était tout champêtre; le lieu s'y prêtait. On remarque à Apis des vestiges de très-anciennes constructions, qui pourraient bien être les restes d'un temple, élevé en l'honneur de cette fausse divinité, et de l'habitation des prêtres attachés à ce culte païen. On y voit un vieux chêne, au tronc plusieurs fois séculaire et dont la cavité pourrait, comme autrefois à Bazoches, servir d'auditoire pour la justice (2).

Ce fief simple appartenait, en 1255, par moitié, à Jeanne de Mollens, qui vendit sa part, vingt ans plus tard, à Guillaume de Veaulce, seigneur de Réveillon, et à la noble famille d'Arcy, dont une descendante, Philiberte, femme de Jean Druppeau, *alias* d'Auspeau, écuyer, céda au curé d'Entrain, en 1414, la moitié des tierces, indivises avec Jean Blaudin (3).

Prosper de Georges, seigneur de Romanet en'Morvand, possédait Apis du chef d'Anne de Grandry, son épouse, en 1670. C'est actuellement la propriété de la famille Mallet.

Les Brenots et non Bernots, comme l'on dit vulgairement, s'appelaient autrefois Beauregard. Ce fief appartenait, en 1255, à Jeanne de Mollens, qui le vendit, avec le précédent, à Guillaume de Veaulce, seigneur de Réveillon, dont les descendants le possédèrent longtemps. Steph de Bozini, écuyer de la petite écurie du roi, seigneur du Beauregard, en partie, du Gué, du Coudray, de la Forest-Gallon, capitaine et gouverneur de la ville, faubourg et châtellenie d'Entrain, fonda, le jeudi 13 novembre 1608, d'accord avec Edmée Desleau, son épouse, son obit dans l'église Saint-Sulpice d'Entrain (4). Cette fondation fut faite moyennant une rente perpétuelle, non rachetable et payable au jour de Saint-

---

(1) *Métamorphoses d'Ovide*, lib. IX., fab. 13.
(2) Voir *le Morvand*, tome II, p. 221.
(3) Voir ci-devant, p. 161. Bibliot. nat., CLAIRAMBAULT, tome 787.
(4) Voir la page 49. CLAIRAMBAULT, tome 787, folio 371. Steph ou *Stephanus* de Bozini, nom italien que les Français écrivaient de Bouzigny.

Martin d'hiver, de *quinze bichets de bled-méteil*, mesure d'Entrain, *quesrable et percevable... sur les bastiments et héritages, qui leur compètent et appartiennent, assis au lieu de Beauregard, par eux acquis de maistre Louis Jarreau*. L'acte fût passé au bourg de Moutiers-en-Puisaye, où le fondateur était alors retiré. Il choisit, par le même acte de dernière volonté, sa sépulture dans l'église d'Entrain, où il repose. Edmée Desleau, devenue veuve, se remaria avec Claude de Laigle, gouverneur d'Entrain, en 1624, puis à Loup d'Angully, écuyer, seigneur de Truchien, auxquels elle porta successivement Beauregard et la maison d'Entrain, dite le *Petit-Réveillon*.

Beauregard, en partie, fut vendu par décret, en 1581, et adjugé à Claude de Rochefort, baron de Réveillon, dont la fille Claude ou Claudine épousa noble Antoine du Roux, seigneur de Tachy. Celui-ci en jouissait, en 1620; il le laissa à ses descendants.

La rente de quinze bichets de grains, ayant été cédée par le curé d'Entrain, avec l'agrément de la famille du fondateur, aux religieuses Urbanistes, fut vendue par celles des Isles, le 13 mars 1698, pour 400 livres, à Michel Frémy, dont la fille, Gabrielle, épousa Nicolas Le Carruyer de Beauvais, en 1724.

IV.

Le Chesnoy ou Chênoy-les-Entrain, Ferrières, La Bretonnière.

Le hameau du Chesnoy-les-Entrain, qu'il ne faut pas confondre avec Chesnoy-le-Pré, est situé à douze cents mètres environ, au nord de la ville. Il formait, avec ses dépendances, une seigneurie, en toute justice, mouvant noblement de la châtellenie. On voyait autrefois, à l'entrée du village, du côté de la ville, une maison forte ou château, ayant dans sa mouvance le fief de Ferrières, dont nous allons parler (1).

Le Chesnoy eut, de bonne heure, des seigneurs de son nom. Guyot du Chesnoy, chevalier, sire de Noire-Épinay, en était

---

(1) CLAIRAMBAULT, Bibliothèque nationale, tome 787, folio 371.

possesseur, en 1280. Jean d'Ordon, écuyer, peut-être son gendre, et dont une rue de la ville porte le nom, fit reprise de fief pour cette seigneurie et pour la vicomté d'Entrain, onze ans plus tard. Il existait encore des membres de cette famille en 1600; car à cette époque on voit François d'Ages et Jeanne du Chesnoy, sa femme, acquérir la terre de Saint-Sauveur.

Cette seigneurie appartenait, en 1325, à Alphonse d'Espagne, chevalier, sire de Lunel. Il abandonna, la même année, à *son chier et amé cousin* Louis, comte de Flandre et de Nevers, toutes les rentes qu'il avait ou pouvait avoir dans les châtellenies d'Entrain, de Billy... Jean, l'un de ses descendants, épousa, en 1528, Marie de La Rivière. Philibert de Veaulce se disait aussi, quelques années auparavant, seigneur du Chesnoy-les-Entrain.

Honorables hommes Verain Brosquin, époux de Jeanne Née, et Urbain, son frère, firent hommage de la maison forte du lieu, en 1589. Claude Gallyot, dont l'épitaphe se voit dans l'église, se disait seigneur du *Chasnoy*, en 1594. Edme Delarue fit, en 1619, une fondation dans l'église d'Entrain, et l'assit sur son domaine et sa maison forte du Chesnoy. Marie du Roux, lors de son mariage avec Joseph-Claude du Bois, en 1696, se disait dame de cette maison forte.

Ferrières, assis dans la plaine, au nord-ouest d'Entrain, tire son nom d'anciennes usines métallurgiques. On y remarque encore les restes d'un vieux manoir seigneurial, servant actuellement de maison fermière. Il présente quelques caractères de l'architecture de la renaissance. L'ancienne chapelle, réduit peu digne de sa sainte destination, n'était pas *fondée*; aussi n'y célébrait-on pas la messe depuis longtemps (1).

Ce fief eut des seigneurs de son nom. Robert et Guillaume de Ferrières vivaient au quinzième siècle. François Petitjean, dit Lavescat, en était possesseur en 1595. Neuf ans plus tard, il prit à rente le *Pré-Dieu*, dépendant de la cure d'Entrain, moyennant 25 sols, payables, chaque année, à la Saint-André, et mourut peu de temps après.

Il n'était pas possesseur unique de ce fief; car noble Germain

---

(1) Pouillé du diocèse d'Auxerre. Procès-verbal de 1673.

de Chambenoist, écuyer, capitaine des ville et faubourg d'Entrain, se disait aussi seigneur de Ferrières, en 1594. Étiennette Gercin, épouse de ce dernier, était une personne fort recommandable (1).

Jeanne Bolacre, veuve Lavescat, se remaria avec Guillaume de Grandry (2), chevalier, seigneur de Chovance, l'un des gentilshommes *de la suite* du duc de Bellegarde, auquel elle porta Ferrières et Chesnoy-le-Pré. Comme elle ne laissait pas de postérité, elle institua *noble dame* Claude Dupin, sa nièce, sa légataire universelle. Celle-ci avait épousé Pierre de Grandry, chevalier, neveu de Guillaume, d'une famille originaire du Morvand, qui portait : *D'argent, à trois trèfles de sinople, posés 2 et 1*, et jouissait de beaucoup de considération. Charles, l'un de ses membres, fut ambassadeur, *pour Sa Majesté*, chez les Grisons (3).

Guillaume mourut en 1661. Le 24 septembre, Sulpice Bourgoing, curé d'Entrain, après lui avoir administré les sacrements, reçut son testament. Par cet acte, il demandait que son corps fût inhumé dans la chapelle Saint-Jean de l'église, auprès de la tombe de Jeanne, son épouse, et voulait qu'il fût accompagné de cinq prêtres, auxquels il serait *offert pain et vin*. Il voulait encore que chacun de ses héritiers fît célébrer trois messes pour le remède de son âme (4).

Pierre de Grandry eut de Claude Dupin, son épouse, plusieurs enfants (5), dont le puîné, Guy, fut seigneur de Ferrières et de Chovance. D'abord cornette des chevau-légers du marquis de Coulanges, il était colonel au régiment de Bourbonnais, lorsqu'il donna, en 1665, reconnaissance pour le Pré-Dieu (6).

---

(1) Archives de la mairie, *Registres de catholicité*.

(2) Il faut prononcer Grand-Ry. L'ancien fief de ce nom se trouve dans la commune de Dun, dite pour cela Dun-sur-Grandry, au canton de Châtillon-en-Bazois.

(3) Voir *le Morvand*, 2ᵉ édit., tome Iᵉʳ, p. 403, 408 et 595.

(4) Archives de la fabrique.

(5) Guillaume, né en 1622 ; Guy, Roger, Pierre, Hubert, Jeanne, mariée à Louis de Blosset, seigneur de Saint-Georges ; Anne, épouse de Prosper de Georges, sieur d'Apis, de Romanet, de Dompierre-en-Morvand... (Voir *le Morvand*, tome III, p. 315.)

(6) Archives de la fabrique.

Le troisième, André-Roger, écuyer, seigneur de Ferrières, en partie, de Chesnoy-le-Pré, épousa successivement Marie Robineau et Marie-Anne de Paris, fille d'Alexandre, sieur du Meix, près Sainpuys. Il en eut plusieurs enfants, savoir : Edme, Philippe, Alexandre, Anne et Jeanne (1)... Comme il était bâtonnier de la *confrérie du Corps-de-Dieu* et n'avait pas rendu compte des *deniers et numéraire* de l'association pieuse depuis plusieurs années (2), le procureur de la fabrique de l'église lui intenta, en 1674, un procès par-devant le juge de Chesnoy-le-Pré, qui prononça contre lui une sentence, en vertu de laquelle ses meubles furent saisis. Ainsi fut constatée, une fois de plus, la consciencieuse impartialité de la justice. Guy de Grandry, frère d'André-Roger, conclut, en son nom, un arrangement avec le représentant de la fabrique et le séquestre fut levé.

Cette partie de Ferrières passa, plus tard, à la famille Ragon, qui en conserve encore une parcelle. Jacques-Étienne, fourrier de la maison du roi, était maire d'Entrain en 1789. Cette famille vint de Clamecy, où elle exerça divers emplois publics, se fixer à Entrain (3). La grande maison, adossée aux anciennes fortifications et près des promenades, fut bâtie par elle. On a découvert, dans ses dépendances, divers objets antiques, dont nous avons parlé.

L'autre partie de Ferrières appartenait, au dernier siècle, à Nicolas Le Carruyer de Beauvais. Charles-Henri, son fils, la vendit, en ces derniers temps, du consentement de Marie-Thérèse Sapey, son épouse, à N. Doré. La famille Le Carruyer, originaire

---

(1) Jeanne fut tenue sur les fonts du baptême, le 20 novembre 1675, par Jacques-Alexandre de Paris, son aïeul maternel, et par Madeleine-Camille, fille de Jacques Fournier, baron de Quincy, vicomte d'Armes et de Clamecy, et d'Élisabeth de Grandry.

(2) Il redevait 45 livres et les arrérages, somme importante pour le temps. (Archives de la fabrique.)

(3) Jean-Baptiste Ragon, fils de Jean-Baptiste, procureur fiscal à Clamecy, entra chez les Jésuites en 1610. Ses talents le portèrent à la charge de provincial d'Aquitaine. Il mourut supérieur de la maison professe de la rue Saint-Antoine, à Paris, en 1670, laissant un livre de prônes et divers ouvrages de piété. Il avait soixante-dix-huit ans.

de la vicomté d'Arques, en Normandie, vint s'établir en Nivernais, en 1644, par suite du mariage de Guillaume, chevalier, seigneur de Launay, fils de Gabriel et de Marie de Forboys, avec Anne de Meun, dite de La Ferté, dame de Beauvais, de Lainsecq, de Bassou... et veuve de François d'Estut. Elle fut anoblie par le roi Henri IV, au mois de septembre 1594 (1), et maintenue dans sa noblesse par divers arrêts du conseil du roi, notamment le 14 décembre 1671. Elle porte : *D'azur, à 3 gerbes d'or, posées 2 et 1*, avec *deux levrettes pour supports*.

Le 10 août 1590, le roi écrivait à Guillaume Le Carruyer : « Monsieur de Launay, s'offrant l'occasion d'une bataille que je
» doibs donner à mes ennemis et m'assurant que vous serez tou-
» jours bien aise de vous signaler à mon service, comme avez fait
» en beaucoup d'autres occasions, dont le souvenir m'est si présent,
» et de vous trouver au lieu où les gens d'honneur, vos semblables,
» peuvent faire voir leur valeur, je vous ay bien voulu escrire la
» présente pour vous inviter à ladicte battaille et à la prise de ma
» ville de Paris, laquelle est réduitte à telle extrémité, qu'elle ne
» sauroit subsister que peu de jours. Retournez donc ici du lieu
» où je vous avois envoyé. Venez bien armé et taschez d'amener
» de vos meilleurs et plus assurez amis. Cependant je vous assure
» que je prie Dieu que il vous ait, Monsieur de Launay, en sa
» saincte et digne garde. Du camp de Saint-Denis, le X^{esmo} jour
» d'aoust 1590. Signé HENRY (2). »

La Bretonnière, la Bricetterie, la Gauchotterie et la Cour-Renfermée formaient, sous le premier nom, une seigneurie, avec justice, dans la mouvance de la châtellenie d'Entrain et du Château-du-Bois. Les dîmes appartenaient, par moitié, au curé de Saint-Cyr et au prieur de Bourras. La Bretonnière était possédée, en 1410, par Guillaume de Chanteloup, écuyer, qui la tenait, croyons-nous, de Jeanne Grenoille, sa femme. Jean Dabout, *licentié ès-loix*, juge ordinaire de la châtellenie d'Entrain, garde du scel aux contrats

---

(1) Voir la charte à la fin du volume.

(2) Copie certifiée conforme par Ledoys, tabellion en la ville de Dieppe, le 25 avril 1665.

de la baronnie de Donzy et de ses dépendances, seigneur de Forest, en était possesseur en 1517 (1).

Claude Millien en fit hommage, en 1608. Des gens *de mauvaise vie*, assemblés en l'hôtel-Dieu d'Entrain, se rendirent *nuictamment et en grand nombre*, à la Bretonnière, en 1633, forcèrent et pillèrent la maison. Edme et François Camelein échangèrent la Bricetterie, en 1778, à noble Michel Frémy, juge d'Entrain. Celui-ci la laissa bientôt à ses enfants: Pierre-François, Marie-Anne, épouse de Louis-Charles Guignebert, et Michel, brigadier de maréchaussée. Le premier eut des discussions avec le duc de Nivernais pour les limites du fief, en 1785.

V.

La Roussille, le Château-du-Bois, Miniers, le château de l'abîme, Saint-Cyr, le Colombier, les Cieux et les Cottets.

La Roussille, assise sur un monticule, au nord-est d'Entrain, était un fief, avec justice, mouvant de la châtellenie. On y voit encore un manoir seigneurial, fort délabré, et les ruines d'une chapelle, dédiée à saint Roch, qu'on y invoquait jadis contre l'épizootie ou maladie des bestiaux. Elle était en grand renom parmi les laboureurs du voisinage, qui y accouraient, particulièrement le jour de la fête, pour demander la guérison ou la conservation de ces animaux, si utiles à l'homme. On les y amenait, en longs troupeaux, pour les faire bénir.

Ce fief a eu des seigneurs de son nom. Michel et Edmée de La Roussille vivaient en 1550. Celle-ci épousa honorable homme Jean Jobert, dont le frère, Pierre, était procureur et

---

(1) Ce nom s'écrivait souvent d'Abont. Jean fut un homme honorable et pieux. Il possédait toute la confiance du duc de Nevers. Le 12 mai 1567, il céda, au nom de ce prince, par-devant Pierre Symeray, notaire-juré, le bois des Lannes, de 394 arpents, sauf douze qui furent réservés pour chauffer le four banal de la ville, à Simon Robedeau, praticien à Étais, et à ses consorts, pour 15 livres en argent, une rente d'un bichet d'avoine, mesure d'Entrain, et 6 deniers tournois de cens, par arpent.

receveur des *rentes communes aux trépassés* de la paroisse d'Entrain. L'épitaphe de ce dernier, rapportée à la page 14, nous le représente comme un homme de foi, comme un chrétien des premiers siècles. Il fit ce que tout homme raisonnable et sérieux devrait faire : *Affin qu'en morant il véquit, il véquit comme devant morir.* Il se conforma à ce passage des livres saints : « Rappelez-vous vos fins » dernières et vous ne pécherez pas. » Pensée salutaire, aujourd'hui trop oubliée.

La Roussille appartenait, au siècle suivant, à la famille de Meun de La Ferté, dont une fille, Jeanne, la porta en mariage à Jean de Guenan, avec Miniers et Saint-Cyr, en partie, puis à Claude-André Leclerc, conseiller en l'élection d'Auxerre, seigneur des Barres et de Minerottes. Pierre-François Frappier, juge, *magistrat civil, criminel et de police au bailliage et pairie* de Donzy, ayant épousé Anne-Camille de La Bussière, fille de Marc et de Madeleine de Meun de La Ferté, devint ainsi possesseur de ces seigneuries, en partie. Geneviève, sa fille, mariée à André Marie, baron d'Avigneau, juge au bailliage royal d'Auxerre, lui transmit ses droits dans ces fiefs. Ce gentilhomme portait : *D'azur, à la bande d'or, chargée de trois fers de lance de sable, accompagnée de deux têtes de cerf d'or.* Jean-Étienne Tenaille de La Mouraco, seigneur de la Roussille, fit, en 1781, divers échanges avec le duc de Nivernais. Françoise-Henriette, sa fille, épousa Jacques-Charles Sanglé du Montot, qui céda le bois dit la *Fouelle-de-la-Perdrix*, à Barthélemi Duverne, seigneur de Réveillon (1). La famille Tenaille vendit, quelques années plus tard, la Roussille à Claude Chaillou des Huets, seigneur des Barres, qui la transmit à son neveu, le baron Étienne Chaillou des Barres, ancien préfet et président de la *Société des sciences* de l'Yonne. La fille de ce dernier la porta en mariage au baron du Havelt, qui l'a laissée, par son testament, au comte Pierre de Kergorlay, son neveu, issu d'une famille originaire de Bretagne. La fortune et la grandeur ne mettent point à l'abri des peines et des chagrins. Le comte de Kergorlay a perdu son épouse, Anne-Marie-Caroline de Fay de La Tour-Maubourg, le 19 janvier 1875. Elle n'avait que vingt-deux ans.

---

(1) Archives du château d'Entrain.

Le Château-du-Bois, autrefois Châtel-du-Bois, et plus anciennement le Boys, *Castellum de Bosco*, est un gros hameau situé à quatre kilomètres, au nord-est d'Entrain. Sa population est d'environ 500 habitants. Il a été ainsi appelé d'une antique maison forte, dont la partie existante sert d'habitation à un fermier, et des bois, dont il est entouré. Il se divisait jadis en *Petit et Grand Château-du-Bois* (1). Pendant la Terreur, on le nomma, en haine du régime d'échu, les *Chaumières-du-Bois*; mais cette sotte dénomination tomba bientôt dans un oubli mérité, et le hameau reprit, avec orgueil, son vieux nom féodal. On y voit encore des vestiges de fossés profonds, qui rappellent le séjour des seigneurs du pays. Le champ de la *Chapelle* dit assez que là se trouvait, au temps passé, un édifice sacré, bâti pour l'utilité des nobles châtelains.

Au centre du hameau est une mare, avec un puits monumental, servant à l'usage des habitants et de leurs troupeaux. Tout auprès s'élève une espèce de campanile, renfermant une petite cloche pour donner l'éveil, en cas d'événement. Celle-ci fut bénite le dimanche 16 avril 1837, sous l'invocation de saint Cyr et de sainte Julitte, patrons de l'ancienne paroisse de leur nom. On y a bâti, en 1877, une jolie maison pour l'école mixte du pays.

Il s'y tient, chaque année, une louée de domestiques le dimanche qui précède le 16 juin.

Le Château-du-Bois était, au dix-huitième siècle, le siége d'une seigneurie, avec justice, mouvante de la châtellenie d'Entrain. Elle comprenait, dans les derniers temps, les anciens fiefs de Miniers et de Saint-Cyr, dont il va être parlé. Dès le treizième siècle, elle était possédée par une noble famille de ce nom, originaire de Corbigny. Jean et Renaud du Boys, seigneurs du lieu, de Fondelin et de Corvol-l'Orgueilleux, parurent, en 1296, à une montre générale des vassaux du comté, tenue à Nevers. Hugues, fils de Jean, vivait en 1320; il laissa, entre autres enfants, Guyot, qui fit reprise de fief, onze ans plus tard, pour sa maison forte, et céda au comte de Nevers les droits d'usage qu'il possédait dans les bois de Frétay, et Guillaume, seigneur de Bretignelles.

---

(1) Archives de la mairie, *Registres de catholicité.*

Noble *damoiselle* Jeanne du Boys, fille de Guyot, dame du Châtel-du-Bois, d'Apremont et de Lisle-sur-Allier, porta ces fiefs, en mariage, à Jean de Veaulce, dit de Réveillon, seigneur du lieu, qui fit hommage au comte de Nevers, en 1421. Guillaume, leur fils aîné, fut baron de Réveillon, sire du Chesnoy..., et le puîné, Philibert, seigneur du Châtel-du-Bois, de Villemenant..., conseiller et chambellan du duc Engilbert de Clèves. Ce dernier eut, en 1488, de longues contestations, pour une rente de 10 livres tournois, qu'il refusait de payer, ne la trouvant pas assez justifiée, avec Françoise de Veaulce, sa cousine, fille de Pierre, seigneur de Corvol et de Trucy, et veuve d'Antoine Letort. Celle-ci invoqua l'autorité du roi, dont il existe une lettre-patente adressée, à cet effet, au bailli de Saint-Pierre-le-Moûtier, en date du 4 février.

Le Château-du-Bois, en partie, appartenait, à cette époque, à Jean et Guillaume de Lanfernat, écuyers, seigneurs de Guerchy. Le premier, qui avait épousé Mahaut de Champs, testa en 1464 et choisit sa sépulture dans l'église de Dornecy. Le second s'unit à Jeanne de Saizy ou Sarzy. Digoine, leur fille, porta le Château-du-Bois à Guyot de Merry, écuyer, seigneur du lieu et de Drèves. Fernette, issue de cette union, le fit passer à Jean du Pont, venu du pays de Bretagne. Perrette, leur fille, ayant épousé Guy ou Guignot de Blanchefort, chevalier, d'une ancienne et très-noble famille du Rouergue, lui porta en dot cette seigneurie, dont il jouissait en 1512 (1).

Guy eut de Perrette de Pont, entre autres enfants, Jean, Pierre et Charles. Le premier laissa, à son tour, deux filles : Aimée de Blanchefort, mariée à Jean d'Angeliers, chevalier, seigneur du lieu et de Bèze, et Charlotte, qui s'unit à Philibert de Loron, baron d'Argoulais, dont elle eut Judith, qui épousa noble Hardy de Longueville.

Pierre de Blanchefort, second fils de Guy, chevalier, seigneur d'Asnois, du Château-du-Bois, de Fondelin..., en 1554, fut un officier de grande distinction. D'abord enseigne de cinquante hommes d'armes des ordonnances du roi, sous le commandement de Louis de Sainte-Maure, comte de Joigny et baron de Lormes-

---

(1) MAROLLES, *Titres de Nevers*, p. 698. NÉE DE LA ROCHELLE, *Mémoires*, tome III, p. 48 et suiv. Archives du château d'Entrain.

Châlon, il fut ensuite mestre de camp d'un régiment sous les ordres du maréchal de Bourdillon. Il se conduisit d'une manière brillante à la bataille de Saint-Quentin, livrée contre les Impériaux, en 1557, et servit le roi Henri III, avec un dévouement sans pareil, jusqu'à compromettre sérieusement sa fortune pour les intérêts de ce prince. La noblesse du Nivernais l'ayant député aux États de Blois, en 1575, il y trouva une nouvelle occasion de prouver son zèle pour la cause du monarque (1).

Pendant la durée des séances de l'assemblée, « il composa un
» journal exact des choses les plus importantes qui y furent traitées.
» Il estoit très-digne du sang dont il sortoit, non-seulement par sa
» haute générosité, mais aussi par la fidélité qu'il eut pour son roy,
» dans un temps où presque toute la France se faisoit gloire de lui
» estre infidèle. Il a été le seul qui ait découvert le mystère de la
» ligue naissante, qui lui a fait lever le masque et qui nous a
» appris avec quelle dextérité et par quelles pratiques on corrom-
» poit les principaux députés des États, pour les faire entrer dans
» la conjuration de ceux de la ligue, et les y faire engager par leurs
» sermens et leurs signatures (2). »

On voit par son *Journal des États*, que le digne gentilhomme méprisa les offres les plus avantageuses et ne voulut, à aucun prix, entrer dans la cabale antiroyaliste, ni souscrire le *formulaire* du moment. Il déclara, en pleine assemblée, ne vouloir, ni ne pouvoir, en qualité de loyal député et de bon Français, entrer dans aucune association préjudiciable au roi, aux princes du sang et à ses commettants.

Après la séparation des États, Pierre poussa le zèle et l'attachement pour le roi jusqu'à lever, à ses frais, un corps de troupes assez fort pour contenir la province dans le devoir et rendre inutiles toutes les tentatives et tous les projets des ligueurs. Il commandait en Nivernais pendant les nouveaux troubles de 1585. Sa belle conduite et celle d'Adrien, son fils, ont fait dire comme en proverbe : *Sires d'Asnois, fleurs du Nivernois*. Ce noble seigneur mourut le 14 juin 1591, avec la réputation bien méritée de *sujet courageux et*

---

(1) Née de La Rochelle, *Mémoires*, tome III, p. 48 et 49. Archives du château d'Entrain.
(2) *Mémoires de M. le duc de Nevers*, Paris, 1665, in-folio, p. 436 et suiv.

fidèle à son roi. Son corps fut déposé, en grande pompe, dans l'église d'Asnois (1).

Il avait épousé Léonarde de Clèves, fille d'Hermand, dame d'Asnois-le-Bourg, de Saint-Germain-des-Bois, de Saligny et de Bidon, dont il eut Adrien de Blanchefort, écuyer, marié, en 1583, à Henriette de Salazar, qui lui apporta la baronnie d'Asnois-le-Château. Celui-ci continua la belle conduite de son père et soutint dignement l'honneur de sa famille (2). Il laissa plusieurs enfants : Jacques, seigneur du Grand et du Petit-Château-du-Bois ; François, qui épousa Étiennette Olivier ; Anne... Le premier s'unit à Catherine de Longueville, dont il eut Marguerite, baptisée, en 1623, dans l'église de Saint-Cyr-les-Entrain. François de Blanchefort, qui épousa, en 1639, Françoise de Bèze de Lys, et Jacqueline, femme d'Edme de Gannillet, écuyer, secrétaire du duc de Bellegarde, avec lequel elle habitait à Entrain, en 1642, étaient peut-être aussi ses enfants. A partir de cette époque, il n'est plus parlé de cette famille dans le pays. Mais le souvenir s'en est conservé dans des vestiges, à peine apparents, de constructions, dites *château de Blanchefort*, à l'est du village. Tout auprès, dans un pli de terrain, est l'*entonnoir de Fondelin*, où vont s'engouffrer toutes les eaux pluviales d'alentour. Celui de *la Pinsonnerie*, qui est peu éloigné, absorbe également celles des environs. On croit que toutes ces eaux se rendent à l'*Abîme*, principale source du Nohain.

Le Château-du-Bois appartenait, vingt ans plus tard, à Claude-André Leclerc, écuyer, seigneur de Miniers, de la Roussille, en partie, des Barres et de Minerottes, conseiller en l'élection d'Auxerre.

Ce seigneur, peut-être parent du père Joseph Leclerc du Tremblay, capucin, ami du cardinal de Richelieu, se montra très-zélé pour la conversion des Caraïbes ou sauvages des Antilles. Il fit imprimer, à ses frais, en 1664, un *Catéchisme* et un *Dictionnaire*, traduits en l'idiome de ces peuples par le père Raymond Breton (3).

---

(1) Née de La Rochelle, *Mémoires*, tome III, p. 50. Archives du château d'Entrain.

(2) Née de La Rochelle, *Mémoires*, p. 51.

(3) Deux volumes, petit in-8°, imprimés à Auxerre, chez Gilles Bouquet, imprimeur du roi, 1664 et 1665. (Née de La Rochelle, tome II, p. 146.)

Des alliances firent passer, un peu plus tard, le Château-du-Bois, en partie, à Claude-André Marie, chevalier, baron d'Avigneau, juge au bailliage et siége présidial d'Auxerre, dont les descendants en jouirent jusqu'en ces derniers temps, et à Claude-François de Bèze, avocat en Parlement, seigneur de Pignole. Celui-ci fut investi par le duc de Nivernais de la charge de juge de la châtellenie de Clamecy, où il s'acquit beaucoup de considération par son intégrité, par la dignité de son caractère et l'ancienneté de sa noblesse. Il portait : *De gueules, à la fasce d'or, chargée de trois roses d'azur, accompagnée, en pointe, d'une clef d'argent* (1). Ce gentilhomme mourut en 1758. Claude-François de Bèze, marquis de Pignole, chevalier, seigneur de Curiot, de Lys, du Château-du-Bois, de Miniers, de Saint-Cyr, de Fondelin, de Marcy, de Talon, mourut lui-même, en 1783, dans son château de Bagneaux, à l'âge de quarante-sept ans. Son corps, transporté à Saint-Cyr-les-Entrain, fut inhumé, le 1ᵉʳ octobre, dans le chœur de l'église paroissiale, en présence de plusieurs ecclésiastiques et d'une foule de fidèles accourus de tous les environs (2). François-Benoît de Bèze, son héritier, vendit le Château-du-Bois, le 16 octobre 1809, au comte Antoine Roy (3).

Dans le bois de Miniers, à quinze cents mètres environ d'Entrain, il existe des fossés vastes et profonds, couverts d'arbres touffus,

---

(1) *Titres de Nevers*, p. 276. Ces armes et celles de Grêne se voient au château d'Entrain, sur une plaque de fonte, tirée de l'ancien manoir du Château-du-Bois. Marie de Grêne, femme de Nicolas de Bèze, seigneur du Chaillenoy, près Donzy, et bailli de Vézelay, portait : *De gueules, au chevron d'argent, accompagné de trois épis de blé d'or*. (*Titres de Nevers*, p. 285.) Ces deux époux laissèrent quatre enfants : Théodore, le fameux hérésiarque, qui déshonora par ses déportements une famille profondément chrétienne ; Jean, Marie et Jeanne. Le fougueux ministre fit foi et hommage, en 1584, tant en son nom qu'en celui de ses frère et sœurs, pour le Chaillenoy, fief de la famille. (MAROLLES, *Titres de Nevers*, p. 285.)

(2) Archives de la mairie, *Registres de catholicité*, année 1783.

(3) Cyr Sagette, fermier au Château-du-Bois depuis trente ans, mit au jour, il y a quelques années, en fouillant le sol occupé par l'ancienne chapelle seigneuriale (page 222), dix ou douze squelettes rangés symétriquement. « Ne voulant pas, dit-il, commettre de profanation, je m'empressai » de les recouvrir de terre. » Ils représentaient différents âges.

A un kilomètre du village, au nord-est, se trouve un petit bois, nommé dont l'ombrage rappelle assez bien le *frigus opacum* du poète. C'est tout ce qui reste de l'antique château de ce nom, autrefois siége d'une seigneurie, en toute justice, mouvant noblement de la châtellenie d'Entrain. Elle avait, dans sa dépendance, la Motte-du-Marois, vieille forteresse, dont nous avons parlé souvent, et le fief de Saint-Cyr, avec la seigneurie du clocher.

Miniers eut, dès les temps les plus reculés, des possesseurs de son nom, alliés aux grandes familles de l'époque. Guillaume et Jeannot de Miniers, nobles chevaliers, parurent à la montre des vassaux de la province, réunis à Nevers, en 1296. Renaud céda, en 1302, le vendredi après l'Ascension, au comte de Nevers, une rente de vingt livres tournois qu'il possédait sur les forêts de Frétay et de Montribault. Guillaume II, chevalier, lui fit hommage, en 1339, pour sa maison forte de Miniers, sa *forteresse de l'Étang-du-Marois*, son fief de Champeniers (1)... Hugues de Châteauneuf, sa veuve, renouvela ce devoir, tant en son nom qu'en celui de Jeanne, sa fille, douze ans plus tard. Celle-ci en fit autant, après la mort de sa mère, en 1367 (2).

Miniers, Saint-Cyr... appartenaient, en partie, en 1568, à Jean et René de Meun, dits de La Ferté, chevaliers de l'ordre du roi et de la milice de la Vierge, seigneurs de La Ferté-Aurain, de Boisjardin, de Bellombre... et, en partie, à Germain, *alias* Guillaume Chevalier, lieutenant-général de messire de Prie, gouverneur d'Auxerre. Germain, catholique fervent, fut, avec Jacques Creux, l'un des principaux instruments de la reprise, sur les huguenots, du château épiscopal de Régennes, qu'il assiégea à la tête de la milice du pays (3).

Jean de Meun laissa, de son union avec Jeanne de Neuchâtel, François, seigneur de Boisjardin et autres lieux ; Charles, Marie

---

vulgairement *la Maisonnée*. On y remarque une assez vaste enceinte quadrangulaire, formée par une ceinture de fossés, plus ou moins profonds. Le peuple y voit les vestiges d'un ancien château. Selon nous, c'est l'emplacement antique d'un camp, que semble attester la vieille mare contiguë. Il n'y existe aucuns débris.

(1) Bibliothèque nationale, CLAIRAMBAULT, vol. 787, folio 372.
(2) *Ibid.*, vol. 787, folio 369.
(3) LEBEUF, *Prise d'Auxerre*, p. 186 et suiv. Archives du château d'Entrain.

et une autre fille, mariée à François de Bozini. Celui-ci convola, en secondes noces, avec Marguerite de Giverlay, dont le nom se rencontre souvent dans les actes de catholicité.

Marie ayant épousé messire du Parc, écuyer, sieur du lieu, en eut une fille, Anne, qui s'unit à Gabriel du Perron, dont le fils, Antoine, capitaine de chevau-légers, se disait, en 1607, gouverneur des ville, faubourg et château d'Entrain, seigneur, en partie, de Miniers et de Saint-Cyr. L'autre partie appartenait alors à René, Jeanne et Madeleine de Meun.

Jeanne s'unit à Jean de Guenan et lui porta ses droits à Miniers, Saint-Cyr et la Roussille. Leurs noms se lisent fréquemment, de 1615 à 1650, dans les registres de la paroisse. Madeleine épousa Marc de La Bussière, chevalier, seigneur de Gay, de Long... Catherine, leur fille, baptisée à Saint-Cyr, le 5 janvier 1625, s'unit plus tard à Gilles de Girard, qui prenait aussi le titre de sieur de Miniers (1). Une autre, Anne-Camille, fut mariée à Pierre-François Frappier, dont il a été parlé.

François de Meun de La Ferté était, à cette époque, seigneur de Beauvais, de Lainsecq, de Basson, de Fontenoy et de Saints, et Louis, sieur de Villers-le-Sec et autres lieux. Ce dernier fit, le 20 mars 1641, foi et hommage aux duchesses de Nivernais, pour soixante-douze bichets d'avoine et une rente de deux sols tournois, ainsi qu'il est constaté par la pièce suivante : « Marie et Anne de
» Gonzagues de Clèves, princesses de Mantoue et de Montferrat,
» duchesses de Nivernois, Maisières, Rhételois, paires de France,
» à tous ceux qui ces présentes lettres liront et verront, salut :
» Louis de Mung, dit de La Ferté, écuyer, sieur de Villers-le-Sec,
» nous a dit tenir et porter en plein fief et hommage de nous,
» à cause de notre duché et pairie de Nivernois, en notre
» chastellenie d'Entrain, soixante et douze bichets d'avoine et deux
» sols tournois de rente foncière sur l'estang du Marois, auquel
» est attaché le quart des grands dixmes de blé d'Entrain, savoir :
» le quart du grand dixme de Saint-Louis, le dessus de la
» Foulletiere, le dixme du climat de Réveillon et ce qui en
» dépend ; le dixme du climat des Huets ; lesdictes rentes et

---

(1) Marguerite, fille de Ludovic de Chevigny et d'Anne de Meun ou Mung, se fit religieuse, en 1643, au couvent des Urbanistes d'Entrain.

» dixmes appartenant audit de Mung par la succession de feu
» François de Mung, dit de La Ferté, son père, escuyer, sieur
» dudit Villers-le-Sec, lequel avoit acquis lesdictes rentes et
» dixmes par acte de retrait lignager, le dixiesme jour de juin
» mil six cent et neuf, sur Nicolas Minart, marchand à Sancerre,
» qui les avoit acquis de Gabriel du Perron, sieur d'Esquilières,
» et d'Anne du Parc, sa femme, fille et héritiesre de defuncte
» damoiselle de Mung, dite de La Ferté, par contrat du dix-
» huitiesme novembre mil six cent et huit (1). »

Les armes de cette noble famille étaient : *Écartelé d'argent et de gueules.*

Noble François Frappier, avocat en Parlement, juge de la châtellenie de Donzy, était seigneur de Miniers, de Saint-Cyr et de la Roussille, en 1683. Il eut de Catherine Lasne, son épouse, Jean, aussi avocat en Parlement, qui épousa, la même année, dans l'église Saint-Sulpice d'Entrain, Élisabeth, fille de noble Michel Maignan, lieutenant de la châtellenie, et d'Edmée Regnard. Ces seigneuries passèrent bientôt à la maison de Bèze, qui les vendit, avec le Château-du-Bois, en 1809, au comte Antoine Roy.

La famille Lasne possédait le petit fief du Colombier, dont il a été parlé, et en prenait le nom. Ce fief, situé à l'entrée du parc, près la grille de Clamecy, consistait en deux arpents et demi de terre, sur lesquels il était dû une rente de 6 deniers au seigneur de Saint-Cyr. Le manoir du Colombier avait été construit, comme nous l'avons vu, sur les ruines d'un antique monument de grande importance, que l'on croit avoir été un temple de Mercure (2).

Il appartenait, à la fin du seizième siècle, à la famille Duchesne. Une sentence du juge d'Entrain l'adjugea, en 1663, à noble Jean Collot, praticien, dont la fille, Eugénie, le fit passer à Marcou Frémy, sieur de La Masserie. Marie-Anne, issue de cette union, le porta, à son tour, à Étienne Bureau, d'une famille bourgeoise de Saint-Amand, dont elle eut Mathieu-Denis Bureau du Colombier, avocat à Paris; Jean-Baptiste, sieur de Nérondes, prêtre, vicaire

---

(1) Ce droit de dîmes, *avec suite et féodalité*, fut vendu, le 26 juin 1713, par Jean-Michel de Mung de La Ferté.
(2) On y a découvert une statue de cette fausse divinité.

de Vermenton, puis curé de Briare, et trois filles : Marie-Madeleine, mariée à Jacques Luce de Lusson, Rose et Claire. Nous avons vu plus haut que la veuve Bureau ayant vendu sa métairie du Mineray à Barthélemi du Verne, seigneur de Réveillon, il s'ensuivit, en 1782, un ruineux procès.

En remontant vers l'est, on trouve la ferme des Cottets, ainsi nommée d'une famille de laboureurs, qui la tenait à titre de cens. Jean et Nicolas Cottet vivaient en 1610. Louis Rousset, tabellion royal, l'acquit, en 1663, de Jean Jourdan, et le comte Roy, en 1809, de Louis Marpon, receveur au canal de Loing, dont le grand-oncle, Nicolas Marpon, fut promoteur de l'officialité d'Auxerre.

Aux abords des forêts sont les Cieux, qui doivent aussi leur nom à une famille de cultivateurs. Pierre et Nicolas Cieux y habitaient en 1636. En avant de ce hameau, sur le bord de la route d'Entrain à Corvol-l'Orgueilleux, est une croix de pierre, érigée, dans la première moitié de ce siècle, par Pierre Héron, dont les descendants y possèdent encore des biens.

Dans les bois, à un kilomètre environ, on remarque quelques vestiges d'anciennes constructions, dites Courjonneries. Là fut, sans doute, le berceau d'une vieille famille bourgeoise d'Entrain, nommée Boiscourjon.

Échevins et maires d'Entrain.

Entrain étant, selon toute probabilité et pour les motifs rapportés à la page 58, un municipe romain, eut, dès les temps les plus reculés, sous le titre d'échevins, des hommes respectables, chargés du soin des intérêts et de la surveillance des affaires de la communauté. Les noms de ces citoyens, honorés de la confiance publique, ne nous sont connus que depuis le commencement du seizième siècle. Voici ceux que nous avons recueillis :

Jean de Lachasse, échevin, en	1525	Claude Jouneau	1615
		Edme Fabre	1635
Jean Coignard	1535	Jean de Larue	1645
Jean de Larue	1554	Edme Raveau	1670
Thomas Gallyot	1580	Etienne Pajot	1680
Pierre de Lachasse	1590	Edme Leclerc	1685

Jean Grignard	1690	Barthélemi Duverne, maire perpétuel	1790
Sulpice Parmentier	1698		
Etienne Larminier	1705	J.-E. Adrien de Lachasse	1791
Adrien Regnard, maire	1715	Jean - Pierre Chevau du Coudray	1793
Nicolas Boulu	1740		
Edme Maignan	1750	J.-P. Piétresson de Saint-Aubin	1794
Paul-Adrien Billacois	1760		
1er Étienne Bureau	1765	Jean-Jacques Ragon	1804
2e François de Chégoin (1)	1765	Nicolas de Chégoin des Lannes	1808
1er Claude - François Simien	1768	Général Paillard (2), 1816 à	1827
2e Symphorien Daunay	1768	Claude Hugot	1832
1er André Chevau	1770	François - Auguste de Saint-Aubin	1836
2e Pierre-Paul Leseure	1770		
1er Etienne Ragon	1774	André-Hilaire Goulard	1848
2e Arnoult de Chégoin	1774	Georges-Désiré Suryot	1870
1er Etienne Ragon	1780	André-Hilaire Goulard	1871
2e Joseph-Nicolas Boulu	1780	Georges-Désiré Suryot	1877
Etienne Ragon, maire	1788		

(1) Voir la pièce 3e, page 236. Jusqu'à 1765, les affaires de la ville étaient administrées par un seul échevin.

(2) Le général Hoche lui écrivit en ces termes :

« Quartier général de Sarguemines, le 20 brumaire, l'an II
» de la République, une et indivisible.

» *Le général en chef Hoche au général de brigade Paillard :*

» Je te préviens, citoyen, que, comptant sur ton attachement à la cause des
» sans-culottes, les représentants du peuple, près cette armée, viennent de te
» nommer général de division. Songe que tu dois ta place à ton civisme et à
» ton activité, et non à l'intrigue. Continue donc à servir ton pays, comme tu
» l'as fait jusqu'à ce jour. Ne souffre pas qu'on le trahisse par malveillance,
» insouciance ou tiédeur. Vois souvent les soldats, dont la conduite t'est confiée
» maintenant, et augmente la discipline ; ne sois reconnaissant qu'envers la
» patrie.

» *Le citoyen commandant l'armée de la Moselle,*

» L. Hoche. »

» *P. S.* Tu te rendras sur-le-champ à Sarguemines, où tu recevras ta desti-
» nation. » (Archives de M. Amédée Jullien.)

APPENDICE.

CHARTES ET PIÈCES JUSTIFICATIVES.

Page 11 (1).

ASSEMBLÉE DES HABITANTS D'ENTRAIN POUR CONSTITUER LA MUNICIPALITÉ. DIVISION DE LA VILLE EN TROIS QUARTIERS.

Cejourd'huy deuxiesme jour du mois d'octobre mil sept cent soixante-cinq, heure de deux de relevée, nous, Alexis Pautrat, avocat en Parlement, juge ordinaire, civil, criminel et de police de la ville et chastellenie d'Entrain, nous sommes transporté, assisté de Denis-Augustin Frémy, nostre greffier ordinaire, en l'auditoire et chambre d'audience servant de chambre d'hostel de ville, où estant le procureur fiscal s'est levé et a dict qu'il estoit commis de travailler à ce qui concerne, pour cette ville, l'exécution des édits du mois d'aoust 1764, et de may 1765 ; qu'à son égard, pour y parvenir, il a esté, dimanche dernier, à sa diligence, annoncé à son de tambour qu'assemblée générale des habitans seroit tenue cejourd'huy, lieu et heure présente, par-devant nous, en cette salle ; le procureur fiscal a requis qu'il nous plaise ordonner que lecture soit présentement faicte auxdits habitans assemblés desdits édits, pour iceux estre joints et annexés [à ces présentes, porter leur plein et entier effect et servir de règle à l'administration.

Sur quoy faisant droit, lesdits édits ont esté, de notre ordonnance, lus et publiés dans la présente assemblée, pour iceux estre joints et annexés à ces présentes. Et de suite le procureur fiscal a ajouté que l'état de la ville d'Entrain se trouvant notoirement contenir moins de deux mille habitans, son état et son administration se réfèrent à l'art. 54 et suivant du susdit édit de may dernier ; que, en conséquence, le corps municipal, qui est à composer, se réduit à la place de deux eschevins, de trois conseillers de

---

(1) Ce chiffre indique la page à laquelle se rapporte la pièce.

ville, d'un sindic-receveur et d'un secrétaire-greffier; pour estre élus dans les formes prescriptes par le susdit dernier édit et conformément à iceluy; que l'article 56 du mesme édit indique le premier pas qu'il convient de faire et que, dès à présent, il requiert qu'il soit pris les suffrages de l'assemblée pour que division soit faicte de lad. ville en trois quartiers, et que jour et heure soient indiqués pour que chaque quartier s'assemble séparément, par-devant nous, et qu'estant assemblés, chascun desd. quartiers nomme quatre députés, sauf, après cette nomination de douze députés, à requérir nouvelle assemblée pour, par messieurs les députés, élire, par voie de scrutin et billets, les six notables qu'il conviendra choisir et ainsy parvenir à l'élection du corps municipal qui, comme dit est, sera composé de deux eschevins, de trois conseillers de ville, d'un sindic-receveur et d'un secrétaire-greffier. Et après que il a esté donné au procureur fiscal acte de sa diligence, et que la matière a esté mise en délibération, nous avons donné acte au sieur Paul-Adrien Billacois, eschevin de cette ville, de sa présence, et aussy de celle de M⁽ʳᵉ⁾ Jean-Pierre Chevau, curé de cette ville, des sieurs Denis Frémy, chirurgien, Symphorien Daunay, Sulpice Parmentier, Blaise Loyson, André Chevau du Coudray, chirurgien-juré, Estienne Bureau, bourgeois, Pierre-Paul Leseure, François Symien, Blaise Loyson, le jeune, François de Chégoin, Estienne Dugué, fils, marchand, Jean Choin, charron, Claude Dinot... Anthoine Darne, cordonnier, Edme Bougué, cordonnier, Pierre Tartarin, maréchal, Jean-Baptiste Saillant, François Bureau, drapier, Denis Commeau, drapier, Jean Gillet, tonnelier, Jean Gillet, tixerand, Estienne Ruban, tixerand, Adam Fron, menuisier, Hugues Violette, cordonnier, Jean Pouillon, tourneur, Hugues Majeux, tixerand, François Moreau, cardeur, Edme Joulet, Pierre Grimard, Louis Gonard, tixerand, Hugues Besland, tixerand, Joseph Belhomme, bourrelier, Charles Bougué, tixerand, Estienne Dugué, père, marchand, Jean Prêtre, Léonard Rousseau, maçon, Claude Danjean, boucher, Pierre Pinon, tanneur, Mathieu Thomas, cordier.

Et du consentement de tous lesd. habitans comparants, a esté arresté que lad. ville sera et demeurera divisée en trois quartiers, ainsy qu'il suit:

Le premier sera composé de la Grande-Rue, de la porte d'Auxerre, à commencer par la droite de lad. rue, en entrant, pour finir au bourg des Salles;

Le second quartier sera composé de la mesme rue, à commencer de lad. porte, en prenant sur la gauche, jusqu'à l'esglise;

Et le troisiesme composé du surplus de lad. ville, y compris les fauxbourgs.

Ordonnons, du consentement général de tous les susnommés comparants, qu'assemblée sera tenue, par-devant nous, demain, neuf heures du matin, à laquelle assemblée comparoitront tous les habitans du premier quartier pour élire quatre députés; qu'à l'heure de deux de relevée, s'assemblera le second quartier pour procéder aux mesmes fins, et que le mesme jour, heure de cinq de relevée, le troisiesme quartier s'assemblera pareillement aux mesmes fins, et ont tous les susnommés signé, ceux le sachant.

Page 11.

ÉLECTION DE SIX NOTABLES.

Cejourd'hui, sixiesme jour du mois d'octobre mil sept cent soixante-cinq, heure de quatre après midy, en la chambre d'audiance, servant d'hostel de ville, nous juge susdit, assisté de Paul-Adrien Billacois, échevin, nous sommes rendu, avec le procureur fiscal, en lad. chambre, où estant led. sieur échevin nous a observé que, suivant nostre procès-verbal d'assemblée, portant nomination de douze députés choisis dans la division de cette ville en trois quartiers, indication a esté faite à ce jour, lieu et heure prises par-devant nous, pour par lesd. députés élire, par voie de scrutin et billets, six notables, à prendre dans les différens ordres et états de cette ville. Et qu'en exécution dud. procès-verbal, il a convoqué, par-devant nous, au son du tambour, lesdits sieurs députés, requérant qu'il nous plaise donner acte de sa présence et faire ouverture des billets, présentement déposés sur le bureau, par led. sieurs députés :

Sur quoy faisant droit, nous avons donné acte aud. échevin de ses diligences, et auxdits sieurs députés de leur comparution, à l'exception des Srs Blaise Loyson et Edme Le Dard, absens pour leurs affaires particulières, et du dépost présentement fait, par chascun d'eux, d'un billet, qu'ils nous ont dit contenir chascun, à leur égard, la nomination de six notables. Et de suite, compte fait desdits billets, ils sont trouvés au nombre de douze, lesquels ouverts, et vérification faite des nominations y contenues, il s'est trouvé que, dans l'ordre ecclésiastique, Mre Jean-Pierre Chevau, curé de cette ville, a eu les voix des douze députés ; dans l'ordre des bourgeois, MM. Estienne Bureau et Pierre-Paul Leseure, bourgeois, ont eu chascun cinq voix, au moyen de quoy ils se trouvent l'un et l'autre notables de cette ville, dans laquelle n'y ayant que quatre ordres et états, il est nécessaire d'élire et nommer deux notables, dans celuy des bourgeois. Dans l'ordre des marchands, MM. Estienne Dugué, père, et Symphorien Daunay ont eu chascun cinq voix, au moyen de quoi lesd. Dugué et Daunay se trouvent notables dans l'ordre des marchands, — attendu qu'il n'y a que quatre ordres ou classes dans cette ville ; et dans l'ordre des artisans, le sieur Alexis Delarue a eu quatre voix, ainsy que Edme Bougué,... la pluralité des suffrages des députés s'est déterminée en faveur dud. Delarue, qui se trouve notable dans l'ordre des artisans. Et pour résumer led. tableau des six notables des différents ordres de cette ville, led. échevin et les députés nous ont prié et requis de l'arrêter ainsi : (Suivent les noms des notables, chacun dans son ordre.)

Ce fait led. sieur Billacois et MM. les députés notables ayant représenté qu'il convenait procéder, sur serment, à l'élection des officiers municipaux, qui seront composés de deux échevins et de trois conseillers de ville, comme aussy de prendre, à l'élection, la nomination d'un syndic-receveur et d'un secrétaire-greffier, nous disons et requérons toutes lesd. parties que mercredy prochain, sept heures du matin, il sera par nous dressé procès-verbal relatif auxd. élections, et ont tous les susnommés déclaré ne sçavoir signer, sauf les soussignés : Billacois, Chevau du Coudray, de Chégoin, Daunay, Dugué, Asselineau, Fron, Frémy, proc. fisc. D'Amy.

Page 11.

ÉLECTION DE DEUX ÉCHEVINS PAR LES NOTABLES.

Cejourd'huy neuf octobre mil sept cent soixante-cinq, heures de huit du matin, nous, Alexis Pautrat, juge ordinaire, civil, criminel et de police de la chastellenie d'Entrain, assisté de Symphorien Daunay, bourgeois, demeurant à ladite ville, que nous avons commis, pour greffier, pendant l'absence du greffier ordinaire, et duquel nous avons présentement pris et reçu le serment, au cas requis, nous sommes rendu, avec le procureur fiscal, en l'auditoire et chambre d'audiance, servant d'hostel de ville, sur l'invitation qui nous en a esté faite par ledit sieur Paul-Adrien Billacois, où estant, il nous a observé que, par procès-verbal d'assemblée, tenue par-devant nous, dimanche dernier, six du présent mois, il a été procédé à l'élection de six notables dans les différens ordres de cette ville, et que, au surplus, il a esté arresté, en la mesme assemblée, que convocation seroit faite à ce jour, lieu et heures, par-devant nous, desdits six notables, ensemble dudit sieur échevin, à l'effet que lesdits six notables, après avoir prêté le serment, au cas requis, procéderont, conjointement avec led. sieur échevin, à l'élection, par voie de scrutin et billets, de nouveaux échevins, qu'à l'occasion de ladite délibération dudit jour six du présent mois, il a fait inviter lesdits six notables, scavoir : ledit sieur curé de cette ville, les sieurs Étienne Bureau, Pierre-Paul Leseure, Symphorien Daunay, père, Étienne Dugué, père, Alexis Delarue, il ne s'agit plus, pour parvenir à l'élection des nouveaux échevins, que de recueillir les suffrages dud. sieur échevin et desd. notables, par voie de scrutin et billets, pourquoy ils nous requièrent qu'il y soit présentement procédé ; sur quoy faisant droit, nous juge susdit, avons donné acte auxd. sieurs échevin et notables de leur présence, à l'exception du sieur Pierre-Paul Leseure, absent pour ses affaires particulières, et de la déclaration, par eux faite, qu'ils offrent procéder auxd. élections et à cet effet déposeront chacun, à leur égard, leurs billets ; en conséquence, nous avons fait acte à MM. les cinq notables présens, du serment par eux séparément presté et que nous avons reçu, par lequel chacun, à son égard, a promis s'acquitter, en son âme et conscience, des fonctions attachées à lad. place de notable, et de suite nous avons recueilly les suffrages de tous les comparans par le dépôt qui a esté fait par chacun d'eux de leurs billets, lesquels comptés se sont trouvés au nombre de six, et ouverture faite desd. billets, il s'est trouvé que M. Étienne Bureau a eu quatre voix, M. François Chégoin pareil nombre de voix..., par conséquent, lesd. sieurs Bureau et Chégoin ont esté nommés, le premier, 1er échevin, et le second, 2e échevin, et de tout ce que dessus avons donné acte, pour estre exécuté selon la forme et teneur. Vu l'acceptation desd. sieurs Bureau et Chégoin, nous avons d'eux pris le serment, par lequel ils ont juré de fidèlement et en leurs âmes et consciences, remplir les fonctions attachées à leur place d'échevins, et attendu que le sieur Bureau, 1er échevin, a esté tiré du nombre des notables pour remplir cette place et que le nombre desd. notables doit estre complet, disons qu'assemblée sera faite, à la réquisition desd. échevins, des députés et notables, cejourd'huy, heure d'une de relevée, pour procéder à l'élection et nomination d'un nouveau notable..., et ont tous les susnommés signé avec nous.

Page 24.

14 JUIN 1847. LETTRE DE L'ABBÉ DEVOUCOUX, VICAIRE GÉNÉRAL D'AUTUN, SAVANT ARCHÉOLOGUE, MORT ÉVÊQUE D'ÉVREUX.

Voici les faits qui sont à ma connaissance relativement à l'étymologie d'Entrains... L'abbaye de Saint-Jean-le-Grand, d'Autun, suivant une tradition, que plusieurs observations justifient, avait été construite sur l'emplacement d'un temple de Cybèle, nommée, dans les actes de Saint-Symphorien, Bérécinthe. Mes études particulières m'ont convaincu que ce lieu était comme le centre des superstitions païennes de la Gaule celtique, se rattachant au grand système de la centralisation des dieux lares, établie par Auguste.

C'est dans ce lieu même qu'on trouva, il y a quelques années, un marbre, dont voici l'inscription, que vous pouvez, du reste, vérifier à la page 378 des *Mémoires* de la XIII° session du Congrès archéologique, en 1846 : (Suit l'inscription que nous avons rapportée, p. 24, aux notes.)

Cet itinéraire mentionne évidemment les distances, en lieues gauloises et en milles romains, d'Auxerre à trois localités voisines.

Les lieues gauloises avaient un peu moins de la moitié de nos lieues françaises ; du reste, voici les données les plus reçues : Le mille romain égalait 756 de nos toises. La lieue gauloise égalait 1,134 de nos toises. La lieue française égalait 2,500 toises.

Notre itinéraire dit : *Intaranum ab Autessioduro*, d'Auxerre à Entrain, il y a onze lieues ou XX mille pas répétés deux fois, *sic*, comme il suit, d'Auxerre à *Odouna*, d'*Odouna* à *Intaranum*. Aussi voyons-nous, à côté du mot *Intaran*, répété, le chiffre de XX lieues. On comptait donc vingt lieues gauloises d'Auxerre à *Intaranum*, distance partagée, par portions à peu près égales, par *Odouna*, placé entre les deux points. Vingt lieues gauloises donnent environ dix lieues françaises. Le monument suppose les lieues gauloises plus fortes qu'on ne le fait généralement ; car quarante mille pas, de 756 toises au mille, donnent vingt-six lieues de 1,134 toises. Ces vingt-six lieues gauloises ne donnent que douze lieues françaises. Or, si je place mon compas, ouvert de douze lieues, à l'échelle de l'atlas de Sanson, imprimé en 1648, cette ouverture mesure exactement la distance de la ville d'Auxerre à celle

. d'Entrain. La désignation de Ouane par *Odouna* et d'Entrains par *Intaranum* est donc incontestable...

D'après D. Martin, *De la Religion des Gaulois* (tome Ier, p. 281), le Dieu gaulois *Taranis*, indiqué par le poète Lucain, est Jupiter Tonnant; car le mot *Taran* signifie tonner en breton et en gallois. Vossius et d'autres ont fait remarquer l'analogie de ce nom avec le *Torn* et le *Dorn* des peuples germains...

Vous possédez à Entrains un monument précieux pour le sujet... On y voit les serres d'un aigle, et au-dessous : AVG. SACRV, probablement JOVI AVG. SACRVM. Ce monument, rapproché de la légende de saint Pélerin d'Auxerre, prouve de plus en plus le rapport du nom antique d'Entrains, *Intaranum*, avec celui du dieu *Taran*, le Jupiter des Gaulois...

Il me parait assez probable que l'existence des étangs, qui environnaient Entrains, au moyen-âge, amena le mot latin *Interamnis*. On trouve, en effet, ce nom, dans un acte de 1145, puis dans un autre de 1147. Ne pourrait-on pas dire encore qu'on affecta de voiler l'ancien nom, afin de déraciner quelques superstitions ?...

Page 24.

SESSION DU CONGRÈS ARCHÉOLOGIQUE DE FRANCE, TENUE A NEVERS EN 1851.

On y posa cette question :

Pourquoi la *Gergovia Boïorum*, *Intaranum* et la ville gallo-romaine, découverte près de Saint-Révérien, ne sont-elles pas mentionnées dans l'Itinéraire d'Antonin, ni dans la carte de Peutinger ?

« M. Victor Petit répond que la carte et l'itinéraire ne faisaient mention
» que des lieux traversés par les voies qui servaient aux légions romaines
» et formaient des stations militaires ; qu'il ne serait donc pas étonnant que
» les localités, même importantes, situées à quelque distance de ces grandes
» voies, aient été omises. »

M. Laureau de Thory, dans une note présentée à l'assemblée par M. Devoucoux, appuyait cette proposition en ces termes : « Si ces villes sont omises,
» cela me parait tenir à ce que ces points ne se trouvaient pas situés sur les
» lignes principales de communication, les seules qui aient pu trouver place
» dans ces recueils géographiques. Nous devons rappeler qu'au sujet d'*Intaranum*, cette omission est réparée par le marbre d'Autun dans la description de la voie d'Auxerre à la Loire, ce point étant généralement
» reconnu pour la petite ville d'Entrains. »

Page 34, *note* 1re.

1878. LETTRE DU VICOMTE D'AMÉCOURT CONCERNANT LES MONNAIES FRAPPÉES A ENTRAIN.

Il est certain que des monnaies mérovingiennes ont été frappées à Entrain, comme dans toutes les localités importantes de la France..... Nous connaissons les monnaies mérovingiennes des ateliers d'Autun, d'Auxerre, de Nevers, de Château-Chinon, de Saulieu... Mais les ateliers des rois carlovingiens sont beaucoup moins nombreux, surtout ceux qui ont émis des monnaies de Pépin-le-Bref, et l'un de ces ateliers paraît être Entrain... Aussi les monnaies de ce prince sont excessivement rares. Deux fois seulement on en a trouvé des petits trésors. L'un contenait une vingtaine de pièces, l'autre environ soixante.

D'après la composition de ces petits trésors, on a pu constater que généralement ces monnaies n'avaient pas fait de grands voyages ; qu'elles avaient été enfouies, à peu près, dans la région où elles avaient été fabriquées. Or, le petit trésor de vingt pièces, découvert dans le nord de la Gaule, contenait surtout des monnaies frappées dans les ateliers des bords du Rhin, tandis que celui de soixante pièces environ, trouvé dans la Nièvre, se composait presque exclusivement de monnaies frappées dans le centre de la Gaule, dont un tiers au moins portaient la fameuse légende : *Antarano* ou *Antramno*.

Il résulte de là que cette inscription, qui est très-probablement un nom de ville, ne peut être qu'Entrain. En effet, toutes les monnaies de Pépin, à deux ou trois exceptions près, exceptions très-contestables, portent certainement des noms de villes.

Si donc, comme je le crois, cette monnaie a été frappée à Entrain, il faut conclure que, pour une cause encore inexpliquée, l'émission faite en cette ville, sous Pépin-le-Bref, a été plus considérable que toutes les autres, car ces monnaies sont les moins rares de toutes celles du chef de la seconde dynastie. On ne les paye que 200 fr., tandis que celles des autres ateliers atteignent, en vente publique, les prix de 500, de 1,000 et de 2,000 fr. Le cabinet des médailles de Paris ne possédait qu'une monnaie de Pépin-le-Bref il y a vingt-cinq ans ; il en renferme aujourd'hui cinq.

Je joins à cette lettre le calque de huit monnaies variées, dont sept me paraissent d'Entrain et la huitième d'Autun. Si mon opinion, l'avenir le dira, est fondée, les sept premiers coins auraient été gravés par des ouvriers barbares et illettrés sur un prototype qui n'a pas encore été retrouvé, et qui portait, en trois lignes, la légende des huit pièces de ma collection, savoir : AIT-TRA-NO : AN-TRA-NO : AT-TRA-NO : AI-TRA-NO : A̸-TOA-NO. Beaucoup de monnayeurs, ne sachant pas même lire, imitaient les prototypes corrects en défigurant les légendes.

Voilà le mince bagage que ma numismatique peut apporter au zélé historien d'Entrain. Je voudrais lui communiquer plus de matériaux ; mais ils ne sont pas encore sortis de terre.

J'espère toujours qu'on trouvera la monnaie mérovingienne qui donnera la forme du nom d'Entrain dans la basse latinité. L'inscription milliaire donne la forme latine. J'ai une monnaie mérovingienne dont la légende est INTERAMNIS. Elle n'a évidemment rien de commun avec Entrain, nommé INTARANUM.

M. le vicomte d'Amécourt est dans l'erreur. *Interamnis* est parfaitement le nom d'Entrain en basse latinité. Notre histoire et spécialement les deux chartes latines, rapportées un peu plus bas, le démontrent d'une manière incontestable.

Pages 49 et 215.

FONDATION DE NOBLE STEPH DE BOZINI DANS L'ÉGLISE D'ENTRAIN.

Du jeudi treiziesme jour de novembre, l'an mil six cens et huict, comparurent en leurs personnes noble Steph de Bozini, écuyer de la petite écurie du roy, seigneur du Gué, du Coudray, la Forest-Galon, en partie, de Beauregard, en la paroisse d'Entrain, capitaine et gouverneur de la ville et chastellenie d'Entrain, et damoiselle Edmée Desleau, son espouse, de luy enthièrement autorisée, en temps que besoin est ou seroit, demourans à présent au bourg de Moutiers, lesquels volontairement et désirant pourvoir au salut et remède de leurs âmes, craignant d'estre prévenus de mort, ont faict, statué et ordonné ce qui s'ensuit, asscavoir que ledict sieur de Bozini et la damoiselle son espouse, ont voulu, entendu, veulent et entendent, quand il plaira à Dieu les appeler spécialement, le corps dudict sieur estre inhumé au dedans de l'esglise de Notre-Dame d'Entrain, au lieu eslu et choisy par ledict sieur, et pour ce faire, après lequel décez, sera dict et célébré, par chascun jour de dimanche, en ladicte esglise et perpétuellement, par le curé où vicaire dudit lieu, une messe basse couptée, et au jour de l'Exaltation sainte Croix, quatorziesme septembre, une grande messe, et au mesme jour du decedz dudict sieur, par chascun an, un *Libera* et une grande messe avec motet, et, au jour de dimanche, un autre *Libera* annuel sur sa sépulture, ensemble sur celle de ladicte damoiselle. Et sy elle n'est inhumée audit lieu, sera chanté ledict *Libera*, avec les prières accoutumées de dire et célébrer sur la tombe et lieu accoustumé à poser les trépassez en ladicte esglise, comme aussi à tel et semblable jour du décedz d'icelle damoiselle, et perpétuellement, sera fait et célébré ung service de deux grandes messes, avec vigiles et les prières accoutumées. Pour la fondation et entretennement de quoy faire, à l'advenir, donner moyen aud. sieur curé de satisfaire de point en point, selon le désir et volonté dudict fondateur, iceulx ont constitué, créé, establi et ordonné, et, par ces présentes, fondent, constituent, establissent et ordonnent estre pris, cueilly, perceu, par chascun an, au jour de Saint-Martin, onziesme jour de novembre, la quantité de quinze bichets de bled méteil, mesure dudict Entrain, quesrable et perceuvable perpétuellement aud. jour, sur les bastimens et héritages qui leur compètent et appartiennent, assis au lieu de Beauregard, par eulx acquis de maistre Louis Jarreau, cens, rentes, redevances et droits seigneuriaulx, à eulx appartenans audit lieu de Beauregard, qu'ils ont de présent, comme pour lors, et dès-lors, comme à présent, asservis, hypottecqués et affectés chacune pièce solidairement et ypotesquement, sans division, ni discution, au payement, prestation et continuation de lad. rente de quinze bichets de bled méteil... et tel que recueilli sera sur led. lieu de Beauregard, sans fraude. Et si ledit sieur curé estoit défaillant à satisfaire à ce que dessus par une année, icelle expirée, il sera forcloz de la perception de ladicte rente, qui sera distribuée à l'hospital des *Quinze-Vingts* de Paris, auquel lieu sera faict et accomply ce que dessus. Car ainsy l'ont entendu, veulent et consenty, passé et accordé. Et sera fait le premier payement de lad. rente aud. jour, unziesme novembre prochain, et d'illec à continuer... Ce faict aud. Moutiers, en la présence de noble seigneur François de Bozini, escuyer, sieur du Parc, neveu...

Pages 58 et 61.

FONDATION D'UNE CHAPELLE AU CHATEAU D'ENTRAIN, 1226.

Ego Guido, comes Nivernensis et Forensis, et Mathildis, comitissa Nivernensis et Forensis, uxor mea, omnibus notum facimus quod cum bone memorie Herveus, quondam comes Nivernensis, in extrema voluntate ante voluisset et precepisset capellam apud Interamnem construi, et redditum annuum competentem assignari capellano qui in ea divinum officium, in perpetuum, celebraret, nos volum ejus exequi cupientes, cum effectu capellam istam construimus et quindecim libras annui redditus in dicta capella assignavimus. Unde volumus quod si (quod absit), heredes defuncti Guidonis Sancti Pauli, aut illi ad quos terra de Interamnis devenerit contra dicti redditus assignationem ire vellent, nos aut heredes, aut successores nostri, in eadem capella quindecim libras annui redditus competentes loco redditus supradicti, pro remedio animarum nostrarum et antecessorum, de proprio redditu nostro comitatus Nivernensis, propter Interamnem, bona fide, assignabimus.

In cujus rei testimonium presentes litteras fecimus sigillorum nostrorum munimine roborari. Actum anno Domini M.CC.XXVI, mense octobri.

Page 61.

COLLATION DE LA CHAPELLE DONNÉE A L'ÉVÊQUE D'AUXERRE, 1227.

Ego Mathildis, comitissa Nivernensis, omnibus notum facimus quod nos volumus et approbamus ut venerabilis Pater et Dominus Henricus, Dei gratia, episcopus Autissiodorensis, post decessum nostrum, vel episcopus Autissiodorensis qui pro tempore erit, habeat donationem vel collationem capelle que est in domo nostra de Interamne, cujus capelle donationem et collationem Dominus H., episcopus Autissiodorensis, nobis ad vitam nostram concessit, salvo in omnibus jure ecclesie parochialis de Interamne. Quod ut ratum sit et firmum presentes litteras fecimus sigilli nostri munimine roborari. Actum anno Dominici M.CC.XXVII, mense februario.

Nota. — Nous devons ces deux chartes au zèle de M. Georges Pasquet, élève en pharmacie, dont la famille est originaire d'Entrain. Il nous a fourni divers autres documents utiles.

Page 69.

PIÈCES CONCERNANT L'HÔTEL-DIEU D'ENTRAIN.

C'est le compte que rend Jehan Quarré, prestre, maistre et administrateur perpétuel de l'hostel-Dieu d'Entrain, des receptes et mises par luy faictes, tant de deniers que aultres fruicts d'icelluy hostel-Dieu, depuis le unziesme jours d'aoust, l'an mil cinq cens douze, jusques à 1519.

Et premièrement receptes de deniers faictes par led. administrateur des cens et rentes deues aud. hostel-Dieu pour les années du présent compte.

Premièrement led. administrateur a reçeu des deniers dud. hostel-Dieu la somme de cent treize livres treize sols six deniers tournois, pour les cens et rentes de treize années deues à icelluy hostel-Dieu, par plusieurs particuliers, de places contenues et dénommées en la déclaration et papier terrier faict par led. administrateur desd. cens et rentes, comme il appert par icelluy papier cy-rendu.

Item pour la valleur et estimation de l'herbe du pré dud. hostel-Dieu scitué et assis sur la queue de l'estang du Treslong, en la paroisse dud. Entrain, contenant l'œuvre de troys ou quatre faulcheurs, tenant, d'un bot, à la haye de l'assert de Jehan Bernard ; d'aultre bot, au chemin allant de Beauregard es champs de Verrières, d'un cousté es terres de Ferrières, la haye entre deux ; d'aultre au boys dud. Verrières, la haye entre deux, que led. administrateur a prinse et levée par treyse années, estimée en ce présent compte la somme de...

Page 69.

RECEPTE DE BLEDZ FAICTE PAR LED. ADMINISTRATEUR, A CAUSE DES PROUFFITZ ET ESMOLUMENS DES TERRES ARABLES DUD. HOSTEL-DIEU.

Premièrement pour la moisson et prouffict de quatre pièces de terres labourables appartenant aud. hostel-Dieu, dont l'une est assise sur l'estang du Marois, toute ainsy qu'elle se comporte, la semence de seize bichets ou environ, et bournées de quatre bournes, ès quatre carres, tenant, par-dessus, au chemin allant dud. Entrain à Estais; par dessoubz, à l'eaue dud. estang du Marois; d'un costé, à la terre des vefve et hoirs feu marquis de Laval, et de toutes aultres parts, ès terres du curé dud. Entrain.

Item, l'autre pièce assise au finaige dud. Entrain, sur l'estang du Treslong, contenant, ainsy qu'elle se comporte, la semence de huit bichets ou environ; tenant, d'une part, au chemin allant de Beauregard à l'esglise Saint-Sulpice dud. Entrain; par dessoubs, à la terre des hoirs feu Jehan Petit, qu'ils tiennent du seigneur de Réveillon; d'aultre cousté, ès vefve et hoirs feu marquis de Laval, et d'aultre cousté, aud. seigneur de Réveillon.

L'aultre pièce de terre, assise au finaige d'Entrain, sur led. estang du Treslong, contenant la semence de huit bichets ou environ, tenant, par dessus, à lad. pièce de terre dernièrement déclarée; par dessoubs, à l'eaue dud. estang du Treslong; d'un cousté, à la terre des hoirs feu Jehan Petit, et d'aultre cousté, à la terre des vefve et hoirs feu Galloys, de Varzy, que tiennent et occupent, à présent, les Guillon dud. Entrain.

Et l'aultre et derniesre pièce de terre, assise et située aud. finaige d'Entrain, sur led. estang du Treslong, contenant, ainsy qu'elle se comporte, la semence de douze bichets ou environ, tenant, par dessus, au chemin allant de Beauregard à l'esglise Saint-Sulpice dud. Entrain; d'un cousté, à la terre du curé dud. Entrain, et, de toutes aultres parts, ès terres du seigneur de Réveillon.

Lesquelles pièces de terres led. administrateur auroit tenues en ses mains, icelles avoir labourées, cultivées et ensemencées à ses frais, et d'icelles perçu les prouffits et esmolumens, les années du présent compte.

Page 69.

AUTRE RECEPTE DE DENIERS FAICTE PAR LED. ADMINISTRATEUR A CAUSE DES LAIZ TESTAMENTAIRES, DONNATIONS, ET AULMOSNES FAICTES POUR CAUSES PITÉABLES DUD. HOSTEL-DIEU, LES ANNÉES DU PRÉSENT COMPTE.

Premièrement ledit administrateur a receu, par les mains de maistre Jehan d'Abont, la somme de cinquante livres tournois, laquelle somme feu messire Claude Duchesne, par son testament et ordonnance de dernière volonté, avoit délaissé aud. hostel-Dieu, pour employer aux réparations, emparemens et négoces d'icelluy, comme apperra par rectifffcation dudit d'Abont, cy-rendue.

Item, plus ledit administrateur se seroit retiré par-devant feu hault et puissant prince, monseigneur d'Orval, en son vivant gouverneur de Champaigne, luy estant audict lieu d'Entrain, luy auroit présenté requeste, affin de faire aulmosne aud. hostel-Dieu, à sa dévotion; lequel considérant que les bastimens, ensemble tous les meubles d'icelluy hostel-Dieu auroyent est périlz et bruslez par l'inconvénient et fortune de feu, advenue aud. Entrain, auroit baillé et faict donner, par son aulmosnier, aud. administrateur la somme de cent solz tournois.

Item ledict administrateur auroit présenté semblable requeste à feue madame la duchesse de Brabant, dhouairière de Nevers, laquelle fict expédier, pour elle, au prouffit dud. hostel-Dieu, la somme de cent solz tournois, reçeus par les mains de Jehan Offroy, son chastellain de Druyes, comme appert par rectiffication dud. Offroy.

Item, faict entendre que led. administrateur se seroit justement, après lad. fortune de feu, retiré par-devant révérend père en Dieu, monseigneur l'évesque d'Auxerre, auquel il auroit exposé led. inconvénient, advenu aud. hostel-Dieu, et estant meu de charité, auroit faict délivrer aud. administrateur lettres de placet, en forme ordinaire, pour publier par le diocèse led. piteable inconvénient et les indulgences contenues en icelluy placet, et pour ce que led. administrateur estoit empesché à réédiffier led. hostel-Dieu, auroit affermé et admodié le prouffict et esmolument qui pourroit provenir dud. placet à ung quidam la somme de dix livres tournois.

Item de plusieurs particuliers la somme de vingt-cinq solz tournois, qui, à diverses fois, a esté baillée et délivrée aud. administrateur, à cause de laiz testamentaires faictz, dix livres tournois et aultres menues et petites sommes par plusieurs personnes de diverses paroisses, les années dud. présent compte.

Page 69.

RECONSTRUCTION DE L'HÔTEL-DIEU APRÈS UN VASTE INCENDIE. — MISE ET DÉPENSE DE DENIERS FAICTE PAR LE PRESTRE, MAISTE ET ADMINISTRATEUR DE L'HOSTEL-DIEU.

Premiesrement, ledict administrateur auroit payé aux perriers de Sainpuis la somme de quatre livres tournois, pour trente-huit quartiers, troys couvertures d'huys, deux grands cartiers de bassin, une table d'autel et aultres pierres de taille et cartiers nécessaires à la réparation et réédification dudict hostel-Dieu.

Item, aux charretiers qui ont charroyé lesdictes pierres, table, bassin et quartiers de taille, la somme de cent sols tournois.

Item, deux cens tombereaulx de menues pierres, qu'il a convenu faire charroyer pour reffaire et emparer les pignons, cloustures et murailles tant de la maison dud. hostel-Dieu que de la chapelle, unie et joignant à icelle, la somme de huit livres tournois, le charroy desd. pierres compris.

Item, pour quatre-vingts tombereaulx de sable rouge et blanc de Montlambault, qu'il a convenu pour refaire les murailles desdites maison-Dieu et chapelle, enduire et blanchir, compris charroys d'iceulx, la somme de dix livres tournois.

Item, pour seize queues de chaulx, qu'il a convenu avoir pour mettre avec ledict sable et faire le mortier nécessaire à construire, enduire et blanchir lesd. murailles, la somme de cent sols tournois.

Item, pour le charroy desd. seize queues de chaulx, la somme de cinquante sols tournois.

Item, à François Bailly, maçon, demeurant à Menestreau, la somme de dix livres tournois et deux septiers de bled, mousture, pour ses sallaires d'avoir faict la massonnerye des murailles, huys et fenestranges de la maison dud. hostel-Dieu.

Item, pour les sallaires de l'ouvrier qui a enduit et blanchi lad. chapelle, la somme de vingt sols tournois.

Item, pour vingt-cinq pieds de boys qu'il a fallu et ligamens nécessaires à establir les eschaffaux, qu'il a convenu à faire les murailles, blanchissemens et ouvraiges dessus dicts, et pour le charroy, dix livres cinq sols tournois.

Item, pour le coust et charroy de trois cens de carreaulx, employez à carreller la place du contour de l'autel de lad. chapelle, ensemble pour les sallaires du carrelleur et les estoupes à ce nécessaires, la somme de vingt sols tournois.

Item, aux charpentiers qui ont escarris et taillé le boys de la charpente tant de lad. maison-Dieu que de la chapelle, unie et joignant à icelle, le clocher d'icelle chapelle, pour la somme de trante livres tournois.

Item, aux charretiers qui ont charroyé ledit boys carri et pour les dépens desd. charretiers charroyant icelluy boys, la somme de douze livres tournois.

Item, pour aultres dépens, faicts et payés par led. administrateur, à plusieurs personnes, qui ont vacqué à charger et aider lever la charpente desd. maison-Dieu et chapelle, par diverses fois, la somme de huit livres tournois.

Item, aux baulchetons qui ont faict l'aissy et couverture desd. maison-Dieu et chapelle, la somme de vingt-cinq livres tournois.

Item, aux charretiers qui ont charroyé led. aissy, planches, lattes, chanlotz et aultres chouses nécessaires à lad. couverture, ensemble pour les dépens desd. charretiers, la somme de dix livres tournois.

Item, pour vingt-deux milliers de clous à lattes, employez à la couverture desd. maison-Dieu et chapelle, la somme de six livres tournois.

Item, à Jehan Symonnet, serrurier, la somme de trante sols tournois pour le coust de la croix du cloucher de lad. chapelle.

Item, pour le fer-blanc qui a esté nécessaire à asseoir lad. croix sur le cloucher, la somme de quinze sols tournois.

Item, pour la façon et métal de la clouche dud. hostel-Dieu, aultre que le métal qui estoit de la clouche précédante, led. administrateur a payé au fondeur la somme de cent sols tournois.

Item, pour les aiz, membrures et façon de sept huys qu'il a convenu faire esd. maison-Dieu et chapelle, la somme de soixante sols tournois.

Item, pour les ferrures, barrotz, bandes et aultres ferailles nécessaires esd. huys, la somme de quarante sols tournois.

Item, pour la façon des greniers dud. hostel-Dieu, terres, carreaulx et aultres estoupes, à ce nécessaires, la somme de cent sols tournois.

Item, pour les zais, membrures et façon de menuiserie de six chalitz nécessaires aud. hostel-Dieu, la somme de cinquante sols tournois.

Item, pour deux tables, quatre tertaulx et quatre bancs nécessaires aud. hostel-Dieu, la somme de vingt sols tournois.

Item, pour la clousture des court, courtils et jardins dud. hostel-Dieu, pailley, barres, portes et huys, charroy et aultres chouses à ce nécessaires, la somme de cent sols tournois.

Item, pour les sallaires et dépens des ouvriers qui auroient décombré et nettoyé les pierres desd. maison-Dieu et chapelle, après l'inconvénient de feu, la somme de dix sols tournois.

Item, pour les vitres à fermer lad. chapelle, ensemble pour les dépens faictz à icelle, mettre et asseoir, la somme de huit livres tournois.

Item, pour trois nappes d'autel, deux de toille de lyn, et l'aultre garnie, achetées par ledit administrateur pour servir et employer en lad. chapelle, la somme de vingt sols tournois.

Item, pour une aulbe, amict en toille, une chasuble d'estamine doublée de futaine, une estolle et manipulon, ensemble la somme de cent solz tournois.

Item, pour deux chopinettes d'étain, la somme de six sols.

Item, pour le coust de six chandeliers d'estain, du poix de huit livres environ, qui sont pour l'usage des pauvres dud. hostel-Dieu, la somme de trante solz.

Item, pour le coust et façon d'un grand couffre pour mettre les linges et drappeaulx dud. hostel-Dieu, ensemble pour ferrures et serrure, la somme de quatre livres tournois.

1512. AULTRE MISE ET DÉPENS DE DENIERS FAICTS PAR LED. ADMINISTRATEUR, LES ANNÉES DUD. PRÉSENT COMPTE.

Audict administrateur, pour ses salaires d'avoir dit et célébré, ou faict dire et célébrer, par chacune septmaine, les années durant du présent compte, en lad. chapelle pour messes fondées et accoustumées de dire, la somme de six livres tournois, par chaque année, qui faict, en somme toute, soixante et dix-huit livres tournois.

Item, pour la nourriture et vestement de la personne dud. administrateur, et pour sa portion canonique des fruictz dud. hostel-Dieu, peines, travaulx et barrations d'avoir exercé led. administrateur les années dud. présent compte...

Item, plus led. administrateur, par chascun an, a baillé et distribué aux pauvres dud. hostel-Dieu la somme de soixante solz tournois proceddans des fruitz dud. hostel-Dieu, qui seroit en somme toute, dix-neuf livres dix solz tournois.

Page 69.

C'est le compte que rend maistre Jacques Poillot, prestre, maistre-administrateur perpétuel de l'hostel-Dieu d'Entrain, des receptes et mises par luy faictes, tant des deniers que aultres fruictz et aulmosnes d'icelluy hostel-Dieu, depuis le vingtiesme jour de may, l'an mil cinq cens trente-sept jusques à.....

Et premierement, receptes de deniers faictes par led. administrateur des cens et rentes deubues aud. hostel-Dieu pour lesd. troys anneez du présent compte. En chascune d'icelles annez, seroit que led. administrateur a reçu la somme de vingt solz tournois de rente et deux deniers tournois de cens de bon. homme messire Guillaume Roche, à cause de sa maison, scituée et assise en lad. ville d'Entrain, en la rue des Fangeatz, tenant, d'un bout, à lad. rue et, de toutes aultres parts, à noble homme Jehan Auffroy, seigneur de Jussy, et aussy, en outre, de deux courtilz, l'un estant en lad. ville, près et joignant le four bannal d'icelle ville, tenant, par-devant, à ladite rue des Fangeatz, d'un cousté, à l'allée commune allant de la rue aud. four bannal, et, d'aultre cousté, es vefve et hoirs feu Jehan Thomas. Et l'aultre courtil, estant au dehors lad. ville, près les Salles, tenant, de deux parts, à deux chemins communs, d'aultre part, à Jehan Sergent.

Item, reçu des hoirs de feu Jehan Compte trois deniers de cens et dix solz tournois de rente, chascun an, au jour Sainct-Remy, à cause d'un verger et courtil séant près lad. maison-Dieu, tenant, par-devant, à la rue par laquelle on va de lad. maison-Dieu au Petit-Estang; d'aultre cousté, es hoirs feu maistre Pierre Boilleaul.

Item, reçeu des hoirs de feu Marc Pique deux deniers de cens et cinq solz tornois de rente, chascun an, au jour Sainct-Remy, à cause d'un verger et courtil, scitués près lad. maison-Dieu, tenant, par-devant, à la grande rue, par laquelle on va de la porte Saint-Cyr à la chaussée du Petit-Estang.

Page 69.

MÉMOIRE DE CE QUE J'AY RECEU DES CENS, RENTES QUI SONT DEUES A L'HOSTEL-DIEU D'ENTRAIN, L'AN MIL SIX CENTZ DIX-NEUF.

Premièrement, de Blaise Pinard, tixier, pô sa maison où il demeure, en la rue descendant de l'esglise Notre-Dame aux Salles, X sols tornois.

D'Estienne Fromageot, cloustier, pour la rente de sa maison, sise proche led. hostel-Dieu, dix sols 3 deniers.

De Charles Bailly, à cause de sa maison, sise rue Bourderousse, deux sols six deniers tournois.

De Simon Frémy, à cause de sa maison, sise proche la porte d'Auxerre, vingt deniers.

De Jehan Guillebert, à cause de sa maison sise en la rue de Bourderousse, deux sols six deniers.

De Léonard Dupont, à cause de son courtil, sis rue de Salles, douze sols six deniers.

D'Isaac Poillot, à l'acquit de dame Jeanne Darreau, pour la maison, dite la Baronnerye, sise proche et au-devant dud. hostel-Dieu, dix sols tournois.

De la vefve d'Estienne Guyon, à cause de son jardin proche les Salles, douze deniers.

De Jehan Joumier, à cause d'un pré qu'il tient à la queue de l'estang du Treslong, vingt solz tournois.

De Louis Giollot et autres, à cause de soixante arpens de terre proche le village de Verrière.

D'Estienne Lenfant, de Jacques, Jehan, Jacques Boullin, d'Estienne Billault et autres, tant du bourg que de la paroisse de Bohy, pour deux pièces de terre aud. lieu, le Bois-Dieu, quarante sols de rente, deux deniers de cens.

D'Edme Toullin, dud. Bohy, pour sa maison, aisances, une pièce de terre.., dix sols six deniers.

De Jehan Bernard, Alexandre Fourreau et aultres, du village de Vauvrille, paroisse de Bohy, pour une pièce de pré et une pièce de bois, dix sols et dix deniers tournois.

De François Ducrot, pour son jardin, rue Bourderosse, la somme de deux sols six deniers.

De Jehan Boiscourjon, pour sa maison proche l'esglise, acquise derniesrement de Pierre Gallyot, cinq sols tournois.

Pages 69 et 71.

CONTRAT DE BAIL A RENTE POUR L'HÔTEL-DIEU.

A tous ceulx qui ces présentes verront Jehan Dabont, licencié es loix, juge au duché de Nyvernois et garde-scel estably aux contracts des châtellenies de Donzy et Entrain pour très-haut et puissant prince Mgr le duc de Nyvernois et pair de France, salut: Scavoir faisons que par-devant Nicolas Graillot, notaire-juré sous ledict scel, fut présent, en sa personne, Jehan Symonnet, manœuvre, demeurant en la paroisse d'Entrain, lequel recognoit et confesse tenir à titre de rente annuelle et perpétuelle, de honorable et discrète personne maistre Pierre Gallyot, prestre, au nom et comme administrateur de l'hostel-Dieu dud. Entrain, à ce présent, stipulant et acceptant pour luy, ses successeurs administrateurs dud. hostel-Dieu : C'est assavoir une pièce de terre, sise et scituée au faulbourg dud. Entrain, en la rue de Bourderousse, en laquelle pièce de terre, *auparavant la fortune de feu casuellement advenue audict Entrain*, y avoit une maison appartenant audit recognoissant, icelle pièce de terre contenant une boisselée de semance ou environ, tenant, d'un long, à la maison de la vefve et hoirs feu Didier Ollivier; d'autre long, à la place de feu Charles Saulay; par dessus à la rue dud. Bourderousse et par dessous au jardin des héritiers feu Guy Chaignon, ladicte pièce de terre aud. recongnoissant appartenant tant de succession à luy advenue de ses feus père et mère, que d'acquisition par lui faicte de Armand Thollon, ainsy qu'il est apparu par les lettres de ce faictes et passées par-devant ledit juré drès le vingt-ungnesme jour d'apvril, après Pasques dernier passé, soubs la charge de six sols tornois de rente, annuelle et perpétuelle, que led. recongnoissant a promis payer aud. honorable et ses successeurs, administrateurs dudit hostel-Dieu, par chascun an, le jour de Saint-Remy, dont le premier terme et payement sera et commencera aud. jour prochainement venant, et d'illec continuer tant et si longuement qu'il sera détenteur de lad. pièce de terre, et se sont obligez ledictz vénérable et recongnoissant respectivement, par leur foi et serment, soubz l'obligation de tous leurs biens, meubles et immeubles, présens et à venir, tenir et avoir pour agréables, ferme et stable, à toujours, tout le contenu en ces présentes lettres, sans jamais y contrevenir ou autre maniesre que ce soit, le temps à venir, sur peine de payer tous despens, dommages et intérests... En témoing de quoy... nous avons scellées ces présentes lettres dud. scel, qui furent faites et passées présens honorables hommes Pierre de La Chasse et Denys Bateaul, demeurans à Entrain, temoings à ce requis, le troisiesme jour d'aoust, l'an mil cinq cens cinquante-sept. — GRAILLOT.

Page 70.

LETTRES-PATENTES DE LOUIS XII, ROI DE FRANCE, DU 13 OCTOBRE 1514, CONCERNANT LE DROIT D'APPÉTISSEMENT OU OCTROI.

Loys, par la grâce de Dieu, roy de France, au bailly de Sens ou à son lieutenant, salut: humble supplication de nos bien-amés les manans et habitans de la ville d'Entrain, en la baronnie de Donzy, avons repçue, contenant que pour subvenir aux réparations, emparemens et fortifications de ladicte ville, ponts, foussés et chemins d'icelle, leur avons, par ci-devant, octroyé, consenty percepvoir et lever le droit d'appétissement ou le droit de la dixiesme pinte du vin qui se vendroit, en détail, en ladicte ville, faulxbourg et paroisse d'Entrain, et ce pour le temps et terme de quatre ans, qui, de bref, expireront, comme plus au long est contenu en nos lettres sur ce à eulx octroyées, auxquelles ces présentes sont attachées, sous notre contre-scel. Et soit ainsy que depuis l'octroy d'icelles lettres, ladite ville d'Entrain a esté brulée et grandement endommagée par *fortune de feu*, et sont les ponts d'icelle timbés, et en façon qu'il ne seroit possible auxdits supplians iceulx refaire, ne aussy réparer ladicte ville, ne icelle fortifier, ne remettre en bon estat, se ils ne avoient encore, par cy-après, ledict aide, ainsy que ils ont faict par cy-devant, ce que ils ne scauroient, ne oseroient faire, se ils n'avoient de nous lettres d'octroy et continuation pour ce faire. Humblement requesrent que, attendu la fortune de feu, advenue à ladicte ville, et les grans frais et misère que il leur convient faire à la réparer et lesdits ponts et murailles d'icelle, il nous plaise leur continuer et prolonger ledict aide jusque à aultres quatre ans, prochainement venans, et sur ce leur octroyer nos lettres.

C'est pour quoy, ces choses considérées, inclinant libéralement à la supplication et requeste desdicts supplians, à iceulx, pour les causes cy-dessus dictes et aultres à ce nous mouvant, avons permis et octroyé, permettons et octroyons, de grâce spéciale, par ces présentes, voulons et nous plaist qu'ils puissent, se leur convient, prendre, cueillir, lever, percepvoir, ou par leurs gens et amis faire lever, prendre et percepvoir ledict droit et aide de la dixiesme pinte de vin qui se vendra, en détail, en ladicte ville, faulxbourgs et paroisse d'Antrain, jusque audict terme de quatre ans.....

Donné à Abbeville, le 13e jour d'octobre, l'an de grâce M. six cens et quatorze, et de notre resgne le 17e.

Signé: Loys.

Page 70.

LETTRES-PATENTES DU ROI FRANÇOIS 1ᵉʳ DU 13 FÉVRIER 1532.

François, par la grâce de Dieu, roy de France, au bailly de Sens ou à son lieutenant, salut: Scavoir vous faisons que nous, inclinant à la supplication et requeste de nos biens-amés les manans et habitans d'Antrain, qui est *ville close et fermée d'ancienneté*, scituée en païs gras, sujette à entretenement de ponts et chaussées, la permission et octroy par nous et nos prédécesseurs à eulx faicte d'avoir, prendre, cuillir et lever la dixiesme partie du vin vendu, en détail, en la ville, paroisse, faulxbourg dudit Antrain, ainsi qu'il est contenu et déclaré es lettres de nous et de nos prédécesseurs, cy-attachées, soubz le contre-scel de notre chancellerie. Leur avons prolongé et continué et par ces présentes prolongeons et continuons ledict octroy jusques au temps et terme de six années, à compter du jour et date que nos lettres-patentes à eulx octroyées seront expirées, pour les deniers qui en viendront estre convertis et employés aux réparations des fortifications, du pavé de ladite ville, des ponts et chaussées et chemins d'alentour d'icelle et non ailleurs, pourveu que la plus grant et saine partie desdits habitans se soient consentiz ou consentent; que nos deniers n'en soient retardés, ne diminués; aussy que celluy ou ceulx qui recepvront et distribueront lesdits deniers, seront tenus d'en rendre bon compte et *relicquia* par-devant vous, appellé leur procureur, et du temps passé, si faict ne sont, avant que vous aider de ces dites présentes. Vous mandons, commandons et enjoignons que de nos présentes grâces, congés, permissions et octroy vous faictes, fassiez et laissiez lesdits supplians jouir et user plainement et paisiblement, sans leur mettre ou donner, ne souffrir estre faict, mis ou donné aucun destourbier, ne empeschement; au contraire, lequel se faict, mis et donné leur estoit, les mettez ou faites mettre incontinant et sans delay à pleine jouissance, et à ce faire, souffrir et païer lesdits aides, contraignez et faictes contraindre tous ceulx qu'il appartiendra, et qui pour ce seront à contraindre, par procès, vente et exploictation de leurs biens et aultres coups et maniesres deues et raisonnables ; car ainsy nous plaist leur estre faict. Donné à Paris, le 13 février, l'an de grâce mil cinq cent trente-deux, et de notre regne le dix-huitiesme.

Page 70.

LETTRES-PATENTES DE LOUIS XIII CONCERNANT L'OCTROI.

Louis, par la grâce de Dieu, roy de France et de Navarre, à nos amés et feaulx conseillers en la Cour de nos comptes et Cour des aides à Paris, président et eslus en l'élection de Clamecy, salut : Nos bien-amés les manans et habitans de la ville et chastellenie d'Antrain nous ont faict remonstrer que ladite ville est environnée de quatre grands étangs et marais, ce qui rend les chemins d'alentour d'icelle fort incommodes ; que, à cette occasion, ils sont contraincts de faire de grandes réparations aux chaussées desdits étangs, ponts et pavés, tant de ladite ville que ès avenues, pour rendre lesdits chemins aysés, en tout temps, comme aussi aux tours et murailles d'icelle ville. Pour fournir à la dépense desquelles réparations nous les aurions, par nos lettres-patentes du quinziesme juillet mil six cens dix, duement octroyées, confirmés, continués pour six ans, de lever le droit de petite pinte sur le vin vendu, en détail, en ladite ville, faulxbourgs d'icelle à eulx cy-devant concédés par les roys, nos prédécesseurs, dont ils ont jusque à présent bien et duement jouy, nous suppliant, affin de leur donner moïen de fournir aux frais des susdites dépenses, leur continuer encore ledict octroy pour tel temps qu'il nous plaira, et leur accorder nos lettres nécessaires. A ces causes, désirant, en tout ce qui nous sera possible, bien et favorablement traiter lesdits habitans d'Antrain et les faire jouir des mesmes gratifications que celles qu'ils ont cy-devant reçues de nos prédécesseurs ; après avoir faict lire en notre dict conseil les précédentes lettres dudit octroy, ensemble les arrests de ratification d'icelles, cy-attachés, sous le contre-scel de notre chancellerie, avons à iceulx exposans confirmé et continué, confirmons et continuons, par ces présentes, de prendre et lever ledit droit de petite pinte sur le vin qui sera vendu en ladite ville, fauxbourgs d'Antrain, ainsy qu'ils l'ont cy-devant perçu, et pour le temps de six années consécutives, à commencer du jour et date des présentes, en la mesme forme et manière qu'ils en ont bien et duement jouy et usé ; à la charge que les deniers qui en proviendront seront convertis et employés à l'entretenement des chaussées, chemins, ponts et pavés tant de ladite ville que des environs, tours et murailles d'ycelle, et non ailleurs, ny à aultre effet, sur peyne d'estre deschus de la grâce de notre présent octroy. . . . . . baillant et approuvant la levée faicte par lesdits habitans du susdit droit despuis l'expiration de nos précédentes lettres jusqu'à présent, à la charge qu'ils en compteront par-devant vous, gens de nos comptes, du passé, sy faict ne l'ont, et pour l'avenir enfin de ces six ans. Sy voulons, vous mandons, à chascun de vous enjoignons, que du contenu de ces présentes vous faictes jouir lesdits exposans plainement et paisiblement; cessant, faisant cesser tous troubles et empeschemens au contraire; contraignant, durant ledit temps, au payement dudit octroy tous ceulx qu'il appartiendra et qui pour ce seront à contraindre par toutes voies dues et raisonnables, nonobstant opposition et appellations quelconques, pour lesquelles et sans préjudice d'ycelles, ne voulons estre différés; car tel est notre plaisir. Donné au camp devant Montauban, le trentiesme jour d'aoust mil six cens vingt-ung, et de notre resgne le douziesme.

Par le roy en son conseil :

LELONG.

Page 70.

28 DÉCEMBRE 1526. ASSEMBLÉE GÉNÉRALE DES HABITANTS D'ENTRAIN APPROUVANT LA PERCEPTION DE L'OCTROI.

A tous ceulx qui ces présentes lettres verront Pierre Courtin, prévost d'Entrain pour haut et puissant seigneur le comte de Foix, de Comminges, seigneur de Lautrect, baron de Donziois, de Saint-Verain-des-Bois et dudit Entrain, salut: Scavoir faisons que en assemblée générale, cejourd'hui faicte de notre autorité et permission, en laquelle se sont trouvés et comparus audit lieu d'Entrain honorables hommes Jehan Bonotte, Symon Pautrat, Pasquet Rousseau, Guillaume Mariller, Jehan Myregalle, Guillaume du Crot, Guillaume Dupré, Guillaume Legrant, Anthoine Cessy, Jehan Beneux, Jehan Symon, Michel Lenfant, Eugène Soyet, Sylvain Roux, Guillaume Bourgeois, Jehanot-Guy Huguet, Loys-Noël Urtin, Edmond Droyn, Romain Perron, Charles Rousset, Henry Perruchot, Symon Liger, Symon Pique, Marsault Marcheault, Guillemain Chevau, Jehan Lhospital, Pierre Perreaul, Pierre Georges, Jehan Charreton, Amand Prieur, Jehan Jobert, Huguenin Godineau, Regnault Lambert, Laurent Bonnyn, Mathurin Chantreau, Symon Jobert, Jehan Lenfant, Mathieu Guérigny, Symon Chevau, Jehan Guillon, Guillaume Pique, Jehan Gallon, Pierre Narmenault, Pierre Robedeau, Symon Semelang, Pierre Guichard, Guyot Boileau, Jehan Boileau, Jehan Regnault, Pierre Rameau, Jehan Caillault, Guillaume Pique, Guillaume Mercier, Pierre Billault, Florian Billault, Pierre du Boys, Guillaume Gallyot, Pierre David, Innocent Symonnet, Jehan Boileau, Jehan Berthier, Nycolas Berthier, Claude Jobert, Edmon Huet, Jehan Dumez, Huguenin Boileau, Pélerin Brosquin, Sulpice Gonard, Symon Beillet, Edmond Soyer, Symon Boulier, Lyénard Symon, Claude Lenoir, Sulpice Bernard, François Saingeon..., appelés par Jehan Conte, sergent, tous demourans en la ville, faulxbourg et paroisse dudit Entrein, lesquels forment la plus grande et saine partie des habitans d'icelle ville, faulxbourg et paroisse, pour l'utilité et prouffict de la chose publique, ainsy que ils disoient tous d'une voix, ont consenty et accordé, et, par ces présentes, consentent et accordent que les lettres-patentes du roy, notre sire, derniesrement données à Saint-Germain-en-Laye, le vingt-deux de novembre, l'an mil cinq cent vingt-six, signées des Landes et scellées *de lacs à simple queue*, soient du tout accomplyes et entérinées par M. le bailly de séant ou son lieutenant, selon leur forme et teneur, et en ce faisant que pour les fortifications, emparemens et réparations desdits ville, faulxbourg et paroisse, les procureur, recepveur et eschevins d'icelle ville puissent desormais prendre, lever et recepvoir sur tous ceulx qu'il appartiendra, le droit de appétissement, qui est la dixiesme pinte du vin qui sera vendu, en détail, en ladite ville, faulxbourgs et paroisse, tout ainsy et par la forme et maniesre que le roy, notre sire, le veult et mande par sesdites lettres-patentes (1). Tout et desquelles choses et chascune d'icelles, honorable homme maistre Pierre Boileau, au nom et comme procureur du faict commun desdites ville et paroisse d'Entrain, nous a requis acte judiciaire, que luy avons octroyé en ceste forme. Fait es jours tenus audit Entrain par nous prévost dessus nommé, et donné sous notre scel, en tesmoing de ce, le vingt-huitiesme jour de décembre, l'an mil cinq cens vingt-six. — GERVAIS, *greffier*.

Page 72.

1544. RATIFICATION DE LA VENTE DE NOIRE-ÉPINAY, PAR LA COMTESSE DE FOIX, DAME D'ENTRAIN.

Claude de Foix, comtesse de Laval, nous, après avoir veu, faict veoir par les gens de nostre conseil le bail à cens fait par nostre très-chier et très-amé époux, monsieur le comte dudict Laval, à Jean Gallyot, marchand, demeurant à Entrain, de huit-vingt-dix arpens de terres au bois de Noire-Espinoy, ainsy que plus à plain est convenu et déclaré ès lettres dud. bail y attachées, avons, de l'autrorité de nostre dit très-chier et très-amé espoux, loué et ratifié, confirmé et apprové, louons, ratifions et approvons iceluy par ces présentes; volons et consentons qu'il sorte son plain effect, aux charges y contenues; promettons de bonne foy non jamais venir contre. Au témoing de ce, nous avons signé ces présentes de nostre main. A Laval, le 26ᵉ jour de février, l'an mil cinq cens quarante-quatre. — Cl. DE FOIX.

Page 85.

1608. CONSTRUCTION DE LA HALLE D'ENTRAIN.

Es gens à venir, salut : Le huitiesme jour du mois d'octobre, mil six cens et six, Monseigneur auroit projeté et résolu de faire édifier et construire une halle dans sa ville d'Entrain, au lieu et endroit le plus profitable à l'augmentation de son revenu et plus commode pour l'utilité publique, et

---

(1) Il s'agit des lettres-patentes de François Iᵉʳ, de l'an 1526, non rapportées.

pour à ce parvenir, il auroit esté nécessaire de trouver deniers. A cette occasion, s'estant présenté maistre Mathurin Lemaire, juge ordinaire dudit Antrain, qui auroit proposé et fait entendre à mondit seigneur que, s'il plaisait à Son Altesse lui faire bail et délaissement de quatre-vingts arpens de terres au lieu et canton de Noire-Espinoy, en sa justice et chastellenie dud. Antrain, de celles qui sont en chaulme et de longtemps quittées et délaissées par ceulx qui en auront esté détenteurs, en comprenant dans l'excédent desd. quatre-vingts arpens, neuf arpens du lieu de la Bas... que feu Claude Gallyot auroit cy-devant cédées aud. Lemaire, et lesquels iceluy Lemaire auroit, depuis lad. acquisition, déguerpiz et revenu ès mains de mond. seigneur..., lesquels quatre-vingts arpens revenant à la somme de quatre cens quatre-vingts livres, et, pour la redevance annuelle, à la somme de six livres tournois et quatre sols, seroit meu pour faire bastir lad. halle; laquelle proposition mond. seigneur ayant eue et reçue pour agréable, auroit faict et accordé aud. Lemaire vente et bail desd. quatre-vingts arpens au lieu cy-dessus désigné et aux conditions et offres aussy cy-dessus mentionnées.

Ce marché fut définitivement conclu le 8 novembre 1608.

Signé à la minute: Marion, Rapine, Bardin, Dufour, Lemaire.

Page 87.

1658. TESTAMENT DE JEHAN DUCHAIGNE.

In nomine Domini. Amen.

Cejourd'huy dimanche, troisiesme d'octobre, mil six cent cinquante-huit, à l'heur de midy, par-devant moy, nottaire-juré, soussigné, au lieu d'Entrain, ayant esté mandé par vénérable et scientifique personne, maistre Jehan Duchaigne, prestre, chanoine de l'église Sainct-Estienne d'Auxerre, au logis de M. Claude Cauchois, recteur des écoles dudict Entrain, y demeurant, où de présent ledict sieur Duchaigne est destenu de maladie, néansmoins sain et entier d'esprit, là, où estant par moy présent, ledict sieur Duchaigne, en présence de mes tesmoins, cy-après nommés, m'a déclaré que ny ayant rien de plus certain que de ceste vie il convient aller au trespas, désirant qu'auparavant il plaise à Dieu luy donner la grâce de pourvoir au testament qu'il veut et entend faire, à quoy il m'a prié et requis de le vouloir recevoir, ce que j'ay faict ainsy en la forme et maniesre qu'il l'a dicté et prononcé de sa propre bouche.

Et premiesrement, arrivant son décès, il recommande son âme à Dieu, à la très-saincte et heureuse vierge Marie, mère du Sauveur et Rédempteur, Jésus-Christ, son cher enfant, à M. sainct Michel, ange archange, à M. sainct Sulpice, son patron, à tous les saincts anges, archanges du paradis, à tous les saincts, qu'il leur plaise de prier Dieu pour luy.

Il veut et entend que lorsqu'il aura rendu son esprit à Dieu, il soit inhumé et enterré en l'esglise Notre-Dame d'Entrain, en la chapelle de Notre-Dame, et son corps y soit mené et conduit par M. le curé dudict Entrain et les autres prestres qu'il luy plaira prendre pour l'assister à son convoy; que ledict jour de son convoy et sépulture, ou le lendemain, sy faire se peut, il luy soit dict, chanté et célébré un service à messes haultes, jusqu'à la quantité des prestres par luy appelés.

Veult et entend qu'au bout des quarante jours et au bout de l'an de son décès, il luy soit aussi dit, chanté et célébré un aultre service en ladite esglise Notre-Dame d'Entrain, par pareille quantité de prestres et de messes haultes.

Qu'il a prié M⁰ Denis Duchaigne, contrôleur au grenier à sel de Clamecy, son frère, et le prie, par ces présentes, vouloir estre exécuteur du présent testament, de donner pour luy à M. le curé dudict Entrain, et aux fabriciens dudit lieu, jusqu'à la somme de deux cents livres tournois, payables aux bons points dudict M⁰ Denis Duchaigne, son frère; et jusqu'à l'actuel payement qui en sera fait par ledit sieur, qu'il en payera l'intérest tant audict sieur curé d'Entrain qu'auxdits fabriciens, savoir: au sieur curé, cent livres tournois par augmentation, afin que la fondation soit plus stable pour les saluts cy-devant fondés par feu M. Jean Duchaigne, chanoine à Beauvais; les aultres cent livres tournois pour estre employées pour avoir des ornements à l'esglise dudict Entrain, lesquels seront achetés et choisis par maistre Denis Duchaigne, son frère.

Veut et entend qu'il soit donné aux révérends pères et religieux, dits Jacobins d'Angers, la somme de cent livres tournois par sondict frère et exécuteur, et qu'il les paye aussy aux bons points, jusqu'à ce d'en payer l'intérest au tau de l'ordonnance; moyennant quoy lesdits sieurs Jacobins sont priés de dire pour ledict testateur un service et trois grandes messes, avec les vigiles entières et les laudes, pour une foys seule, avec telles aultres prières qu'ils verront, et ne pourront contraindre ledict exécuteur qu'à ses bonspoints, en payant par luy l'intérest, un an après la mort dudict testateur.

Donne et lègue à Edmée Pouillot, dudict Entrain, la somme de dix livres, qui luy sera payée par ledit exécuteur incontinent après son décès.

Supplie sondit exécuteur de donner à Marie Briat, sa servante, la somme de six-vingts livres, qu'il luy doit pour les années de services qu'elle luy a rendu.

Remet à messieurs de l'église Saint-Étienne d'Auxerre la maison, aisances et dépendances d'icelle, à luy appartenant et où il fait sa demeure, pour en faire et disposer comme bon leur semblera, sans qu'ils puissent rien prétendre aux meubles qui y sont, qu'il délaisse audit M⁰ Denis Duchaigne, son frère et exécuteur, pour faire amortir ses dettes, ensemble tout ce qui peut estre deub par ledit maistre Denis Duchaigne pour la jouissance du revenu de ses immeubles et autres maniemens de ses meubles et pour quelque cause que ce soit, dont il le tient quitte et décharge, moyennant, comme dit est, qu'il payera et acquittera les legs cy-dessus par luy ordonnés...

Veult et entend qu'il soit baillé des aulmosnes aux pauvres qui assisteront à ses convoy et services par sondit exécuteur, qui seront payées par ses héritiers...

Lequel présent testament ayant esté dit et dicté par ledit sieur Duchaigne, chanoine, et iceluy leu et releu, de mot à autres, par Jean Gallyot, notaire-juré au duché de Nivernois et Donziois, demeurant audit Entrain, audit sieur Duchaigne, testateur, lequel a dict et déclaré qu'il veut et entend qu'il sorte son plein et entier effet, de tout point, et n'y veut augmenter, ni diminuer... Le tout fait en présence dudit Denis Duchaigne, contrôleur..., de vénérable et discrète personne Edme Guignebert, prestre, curé de Saint-Cyr-les-Entrain, d'honorable homme Francisque de Grandpierre, maistre chirurgien, de Denys Jullien, apothicaire, demeurant audit Entrain, et encore de Gilbert Loret, marchand, demeurant en la paroisse de Ciez.

(*Suivent les signatures.*)

Page 87.

RECONNAISSANCE DE LA FAMILLE DUCHESNE ENVERS LE CURÉ D'ENTRAIN.

Par-devant François Cannuz, notaire au duché de Nivernois et Donziois, résidant à Antrain, soussigné :

L'an mil six cent quatre-vingt-douze, le deux aoust, environ midy, à Antrain..., comparurent en personne hon. hom. François Duchaigne, sieur du Colombier, demeurant à Clamecy, et maître Adrian Maignan, avoc. en Parlem¹, sieur de Montconsole, demeurant audit Antrain, et damoiselle Catherine Duchaigne, son épouse..., lesdits sieur et dame Duchaigne enfans héritiers de deffunt noble Denis Duchaigne, vivant contrôleur au grenier à sel de Clamecy, leur père ; ledict sieur Denis Duchaigne héritier de deffunt messire Jean Duchaigne, vivant prestre, chanoine de l'esglise cathédrale de Saint-Estienne d'Auxerre, son frère, lesquels ensemblement et solidairement, audit nom, ont recogneu et confessé devoir à vénérable et discrète personne messire Edme Graillot, docteur en théologie, prestre, curé dudit Antrain, présent et acceptant, à chacun jour treiziesme octobre, la somme de cent sols de rente, rachetable aux bons points et commodités desdits sieur et damoiselle recognoissant de la somme de cent livres, en un seul payement, léguée à ladite cure d'Autrain par le testament et ordonnance de dernière volonté dudict deffunct sieur Jean Duchaigne, reçu Gallyot, nottaire, le 13ᵉ octobre mil six cent cinquante-huit, exhibé et retiré par ledit sieur Graillot, de laquelle somme de cent livres ledit sieur Denys Duchaigne est demeuré chargé d'en faire le payement à ladicte cure d'Antrin et jusque à iceluy, d'en payer l'intérest... aux charges que ledit sieur Graillot et ses successeurs curés d'Antrin seront tenus de dire, par chacun an, les messes et saluts ordonnés par ledit testament... Fait et passé audit Antrin, en présence de Mᵉ Louis Maignan, avoc. en Parl., et d'hon. hom. Jean Grignard, chirurgien audit Antrin, tesmoings soussignés.

Page 90.

CONSENTEMENT DES HABITANTS D'ENTRAIN A L'ÉTABLISSEMENT DU COUVENT DES SOEURS URBANISTES.

Cejourd'huy treiziesme jour d'apvril mil six cent trente-huit, par-devant nous Louis Raffin, avocat en Parlement, juge en la chastellenie d'Entrain, membres et dépendances, pour leurs altesses de Manthoue, mesdames les duchesses de Nivernoys, s'est présenté en personne maistre Jehan Raveau, eschevin et procureur du faict commun de ceste ville, qui nous a remonstré que proposition luy avoyt esté faicte d'establir en cette ville ung couvent de religieuses de Sainte-Claire, dites Urbanistes, reformées et rentées, en leur délaissant l'hospital de cette ville et ce qui en dépend, sans réserve. Quoy faisant, elles se soubmettoient à l'accomplissement des mesmes charges, dont les administrateurs dudict hospital ont esté tenus et qui ont esté exécutées par eux; et d'aultant que ce faict implique et touche l'intérest des habitans, il les a convoqués et faict assembler, heure présente, pour en aviser et résoudre, réquerant qu'eussions à les ouyr. Lesquels, en la principale et plus saine partye, en corps de cette communauté, ont unanimement et concordamment déclaré, sur l'ouverture à eulx faicte par ledict eschevin, tenir à honneur et faveur l'establissement dudict couvent où mesdites dames l'auront agréable, et estre prestz, soubs leur bon plaisir, de délaisser auxdictes religieuses ledict hospital, appartenances et dépendances, en quelques choses qu'elles se concistent, pourveu quelles indempnisent maistre Sulpice Bourgoing, constitué administrateur dudict hospital et qu'elles fassent satisfaire ponctuellement aux charges accoustumées, qui sont de dire une messe chascun vendredy, dans la chapelle dudict hospital, et une aultre, chaque dimanche, dans l'esglise Nostre-Dame, à sept heures, qui sont la commodité des paroissiens, à raison de laquelle messe et du *Libera* qui se doit chanter sur la fosse du sieur Steph de Bouzigny, elles percepvront la rente pour ce faicte, soubz condition que faulte de faire faire l'exécution desdictes charges, l'omettant par ung moys ou six septmaines entieresres, ou la discontinuant par diverses foys, ledict hospital et choses dépendantes retournent aux habitans de ce lieu dict sans aultre forme, ny figure de procès, et sans qu'ils soit besoin suivre aulcune sommation, ny jugement pour cet effect, ainsy qu'ils ont accoustumé et qu'ils ont faict au passé. Desquelles déclarations et résolutions nous avons dressé le présent acte pour servir et valoir, en temps et lieu, ce que de raison. — Signé J.-B. Bardolat, prestre, curé d'Entrain; Sulpice Bourgoing, administrateur dudict hospital; Raffin, juge; Louis Pic, lieutenant; Gallyot, procureur fiscal; J. Raveau, Delarue, C. Jouneau, E. Jouneau, Raveau, Collot, Pic, C. Berger, J. Berger, Thoulet, Grandjean, de Grandpierre, Née, Pourcher, fabricien; Collins, Parmentier, Grasset, Fabre, Regnard, Meusard, Reuillard, Gallyot, Liger, C. Rousset, Pourcher, Contant, Symonnet, Faulquier, Brosquin, Sadier, greffier.

(*Archives de l'Yonne.*)

Page 90.

LETTRES-PATENTES DES DUCHESSES DE NIVERNAIS APPROUVANT LE MÊME ÉTABLISSEMENT.

Marie et Anne de Gonzagues de Clèves, princesses de Mantoue et de Montferrat, duchesses de Nivernoys et Rhételois, paires de France, à tous ceux qui ces présentes lettres verront, salut : Scavoir faisons que sur ce qui nous a esté représenté par sœur Magdeleine Rebours, abbesse du monastère des religieuses Urbanistes de Sainte-Claire, de l'ordre de Sainct-François, aux faulxbourgs de Saint-Marcel-lès-Paris, qu'elle désire establir ung monastère de religieuses dudict ordre en nostre ville d'Entrain, pays de Donziois, et que, pour cet effect, les habitans de nostre dicte ville ont accordé, sous nostre bon plaisir, de quictter et délaisser l'hospital... avec ses appartenances et dépendances, sans aulcune réserve, moyennant qu'il soit satisfaict par lesdites religieuses aux charges d'iceluy, selon qu'il nous a apparu par l'acte d'assemblée desdits habitans... Ayant considéré que cette proposition est à l'honneur et gloire de Dieu, pour l'édification et salut des habitans de nostre dite ville d'Entrain et lieux circonvoisins, que nostre dicte ville en recevroit ornement et décoration et les avantages qui peuvent provenir d'un tel accroissement en icelle, que lesd. religieuses sont des plus recommandables en la profession de la vie régulière et sont de la qualité de celles dud. ordre qui peuvent estre fondées et dotées, et ne sont point mandiantes, et que en lad. ville d'Entrain, ny en huit ou dix lieues des environs il n'y a point de monastère de religieuses : A ces causes et aultres à ce nous mouvant, avons permis et consenty, permettons et consentons, par ces présentes, l'establissement dud. monastère en nostre ville d'Entrain et audit hospital d'icelle, aux charges et conditions portées par l'acte de l'assemblée desd. habitans et que les religieuses dud. ordre, qui seront aud. monastère, jouissent des mesmes droits, priviléges et exemptions que tous les aultres habitans... acceptent et reçoivent fondations et dotations, dons et legs, le tout moïennant que la juridiction et connoissance des différends, concernant leur temporel, demeurera et appartiendra à nos officiers des lieux, ainsy que à l'esgard des aultres habitans d'iceux...

(*Archives de l'Yonne.*)

Page 94.

1641. VISITE DU PRIEURÉ DE SAINT-NICOLAS ET DE L'ANCIENNE ÉGLISE SAINT-SULPICE PAR EDME AMYOT, VICAIRE GÉNÉRAL D'AUXERRE.

Le troisiesme avril mil six cent quarante-un, à Entrain, par-devant nous Edme Amyot, prestre, docteur en théologie, de la faculté de Paris et société de Sorbonne, doyen et chanoine de l'esglise cathédrale de Saint-Estienne d'Auxerre, official et juge ordinaire de l'officialité et diocèse dudit Auxerre, grand vicaire spirituel et temporel de Mgr illustrissime et révérendissime Pierre de Brocq, évesque d'Auxerre, sont comparus les religieuses, abbesse et couvent de Nostre-Dame-des-Anges dudit Entrain par R. P. F. Anthoine Bondis, directeur de leur maison, qui nous a dit que Mgr l'illustrissime évesque d'Auxerre, pour les causes contenues en la requeste qu'elles luy ont présentée, a ordonné qu'il seroit cognu et dressé procès-verbal de l'esglise du prieuré de Saint-Nicolas de Réveillon et de l'ancienne esglise Saint-Sulpice, située proche et dans la paroisse dudit Entrain, et informé du revenu, commodités et incommodités de l'hospital dudit lieu, qui leur a esté baillé et délaissé par les habitans dès auparavant l'establissement de leur monastère, à quoy nous aurions esté commis, ainsy qu'il nous est apparu par le mandement de mondit seigneur, en date du quatriesme avril mil six cent quarante, pour l'exécution duquel elles nous requièrent prendre des prud'hommes pour rapporter au vrai l'estat desdites esglises et prieuré; qu'elles osent faire comparoir et nous ont présenté MM. Louis Thoulet, proc., et Samuel Liger, marchant, pour tesmoings. Sur l'autre partie du mandement, afin qu'il nous plaise prendre leur serment et déclaration et en faire acte : Enthérinant laquelle requeste, nous avons nommé d'office pour prud'hommes les personnes de Léonard Gaudon et de Jehan Delavergne, tailleurs de pierre, d'Estienne Boileau et de Guillaume Pinon, charpentiers, lesquels aïant esté présentés, à l'instant avons d'eux et desditz tesmoings reçu leur affirmation au cas requis et ordonné qu'ils seront ouys en leurs rapports et tesmoignages, demain, dix heures du matin, pendant lequel temps seront lesditz esglises et prieuré visitez par lesditz expers.

Auxquels jour et heure, s'estant tous représentés, nous les avons ouys, ce requérant lesdites religieuses et abbesse comparantes, comme dessus, et avons fait rédiger, par escrit, leurs dires et assertions, par Edme Olier, secrétaire de Monseigneur, comme suit. (*Voir page* 94.)

(*Archives de l'Yonne.*)

Page 97.

APPROBATION DU MONASTÈRE DES URBANISTES PAR PIERRE DE BROC, ÉVÊQUE D'AUXERRE.

Edme Amyot, prestre, docteur en la faculté de Paris et société de Sorbonne, doyen et chanoine de l'esglise cathédrale de Saint-Estienne d'Auxerre, official général et juge ordinaire du diocèse et officialité dud. Auxerre, grand vicaire au spirituel et au temporel de Mgr l'illustrissime et révérendissime Pierre de Broc, evesque d'Auxerre, à tous ceux qui ces présentes lettres verront, salut : Veu par nous la requeste présentée à mond. seigneur par sœur Magdeleine Rebours, religieuse professe de Sainte-Claire, dite Urbaniste, et naguère abbesse du monastère de Saint-Marcel-les-Paris, à ce qu'il luy plust ratifier et confirmer l'establissement d'un monastère de religieuses de Sainte-Claire, dites Urbanistes, au lieu d'Entrain, faict cy-devant par nous, le siége épiscopal vacant, octroyer l'hospital, ensemble les rentes affectées à cette maison et dépendances d'iceluy, en satisfaisant aux charges, les démolitions et ruines de l'ancienne esglise de Saint-Sulpice et celles de Saint-Nicolas de Réveillon, transférer la fondation d'une messe, *Libera* et autres services fondez en l'esglise parochiale dud. Entrain, par le sieur Steph de Bousigny et damoiselle Edmée Desleau, au bas de laquelle requeste est la commission de mond. seigneur evesque, à nous adressée pour informer sur la commodité et incommodité dud. establissement et dépendances, pour sur iceluy estre par nous ordonné ce que de raison ; acte d'assemblée portant consentement des habitans dud. Entrain et délaissement dud. hospital au proffict dud. monastère, en acquittant les charges, en date du troisiesme avril mil six cens trente-huit ; autre acte d'abandonnement des démolitions de l'ancienne esglise Saint-Sulpice, hors lad. ville, à condition d'y faire bastir une chapelle par lesd. religieuses du dix-neufviesme juillet suivant ; la permission de mesdames les princesses Marie et Anne de Gonzagues de Clèves, dames dud. Entrain, du douziesme juin, aud. an ; acte d'assemblée provinciale de la grande province de France des Pères-Mineurs, par laquelle lad. dame Magdeleine Rebours, religieuse professe et abbesse du monastère Saint-Marcel-les-Paris, auroit esté nommée pour faire led. establissement par les provincial, deffiniteur et pères de lad. province, du vingt-troisiesme juin mil six cens trente-huit ; obédience de lad. dame abbesse, en la date du dixiesme octobre, au mesme an ; la permission pour led. establissement, le siége épiscopal vacant, par laquelle aurions donné à lad. dame abbesse pouvoir de recevoir des filles, leur donner l'habit et voile de novices, sans pouvoir faire faire la profession à aucune d'ycelles, jusques à ce que elles eussent confirmation de mond. seigneur, après possession par luy prise de sondit evesché, en date du treiziesme juillet mil six cens trente-neuf ; notre procès-verbal de descente audit lieu d'Entrain, où nous aurions donné lad. permission à lad. dame Magdeleine Rebours de recevoir des novices, auxd. charges, et planter la croix solennellement au lieu dict la *Grande-Maison*, pour y estre basty et construit un monastère, en date du dix-septiesme juillet mil six cens trente-neuf ; information faite par nous du peu de revenu de l'hospital, de l'incommodité d'iceluy, des aumosnes journalières que font lesd. religieuses, qui excèdent de beaucoup les revenus dud. hospital ; autre information, par laquelle nous est apparu des ruines de l'ancienne esglise Saint-Sulpice, démolie depuis cent ans ou environ, ensemble celles de Saint-Nicolas de Réveillon ; acte du consentement du sieur Loup d'Andully et de damoiselle Edmée Desleau, son espouse, et femme cy-devant du sieur Steph de Bousigny, fondateur de la messe couptée, *Libera* et autres services, pour la translation d'ycelle messe dans la chapelle desd. religieuses, du second novembre mil six cens trente-huit, comme aussi le consentement du sieur curé, en date du septiesme juin mil six cens trente-neuf. Tout veu et considéré, ayant la gloire de Dieu devant les yeux, l'édification de son Esglise, nous avons approuvé et approuvons l'establissement faict par la permission du chapitre d'Auxerre, le siége épiscopal vacant, dud. monastère de religieuses de Sainte-Claire, dites Urbanistes, aud. lieu d'Entrain, soubz le nom de *Nostre-Dame-des-Anges*, à l'endroit et place de lad. Grande-Maison, et où elles font à présent leur résidence et demeure ; permettons aux novices qui en ont cy-devant pris le voile et l'habit et ont atteint l'aage et le temps convenables à faire profession, icelle profession faire solennellement, suivant la règle des religieuses de Sainte-Claire, donnée par nostre Saint-Père Urbain quatriesme, en date du quinziesme de devant les calendes de novembre, l'an troisiesme de son pontificat, et suivant les bulles et concessions de nos Saints-Pères Eugène quatriesme et Jules second, et d'autant que nous sommes bien informé de la capacité, suffisance, vertu, piété et zèle de lad. dame Magd. Rebours, cy-devant abbesse du monastère de Sainte-Claire de Saint-Marcel, à Paris. A ces causes, nous avons icelle establi et establissons abbesse et supérieure dud. monastère de Nostre-Dame-des-Anges aud. Entrain, ordre de Sainte-Claire, pour iceluy régir et gouverner suivant lad. règle d'Urbain quatriesme et autres papes, et suivant les constitutions que nous entendons leur donner cy-après, à laquelle dame abbesse avons donné pouvoir et puissance et à celles qui lui succéderont en cette charge, de recevoir à l'habit et voile de novices et à profession, suivant lad. règle, des filles qui soient de bonnes naissance, mœurs et de piété propres à cet institut ; à la charge néanmoins que lesd. dame abbesse, religieuses et couvent demeureront à toujours soubs la juridiction de mond. seigneur évesque et ses successeurs ou de leurs grands vicaires, et seront tenues lesd. novices que lad. dame abbesse recevra à profession et vœu de pauvreté, chasteté, obéissance, sous cloture, d'ajouter cette clause expresse : Soubz l'autorité néanmoins, juridiction, obéissance de Mgr l'évesque d'Auxerre, ou de son grand vicaire, et ne pourra lad. dame abbesse les recevoir à profession autrement, et sera tenue, avec les autres religieuses professes, se pourvoir en cour de Rome pour estre dispensées de la supériorité et juridiction des ministres généraux et provinciaux de l'ordre desd. Mineurs par bulles expresses de Sa Sainteté, qu'elles seront obligez mettre ez mains de Mgr l'esvesque d'Auxerre ou de son grand vicaire, dans deux ans, et moïennant ce, nous unissons, par ces présentes, l'hospital de lad. ville d'Entrain, revenu et dépendances d'iceluy aud. monastère, à la charge de l'aumosne aux pauvres, en sorte qu'ils n'en recevront aucun détriment, et soubz l'espérance qu'ilz en seront soulagez ; octroyons pareillement les pierres provenantes des démolitions et ruines des esglises Saint-Sulpice et Saint-Nicolas de Réveillon pour bastir et construire iceluy monastère ; avons transféré et transférons, par ces mesmes présentes, la fondation de la messe, *Libera* et autres services faictes par lesd. de Bouzigny et damoiselle Edmée Desleau, son espouse, en l'esglise parochiale dud. Entrain, aud. monastère de Nostre-Dame-des-Anges, à condition de satisfaire aux charges. Donné à Entrain, soubz nostre seing et celui du secrétaire de l'esveché, le scel épiscopal, le quatriesme jour d'octobre, l'an de grâce mil six cens quarante-un. — Signé à la minute : Edme Amyot, vic. génér., et Delié, secrét.

(*Archives de l'Yonne.*)

Page 97.

AVRIL 1641. LETTRES-PATENTES DU ROI LOUIS XIII APPROUVANT LE MONASTÈRE DES URBANISTES.

Louis, par la grâce de Dieu, roi de France et de Navarre, à tous présens et avenir, salut : Scavoir faisons attendu que de tout temps, et notamment depuis la guerre, nous aurions eu une particulière dévotion à la sainte Vierge, mère de nostre Sauveur, dont ayant ressenty les effets dans nos plus pressantes et importantes affaires contre les ennemis de cet Estat, ce qui nous avoit meu, depuis quelques années, à mettre cestuy nostre royaume et nos personnes en sa particulière protection et sauvegarde ; et pour cet effet, désirant, tant qu'il nous est possible, que dévôtes prières se facent par toutes les provinces de cestuy nostre royaume par personnes religieuses, retirées en des maisons particulières, à Dieu, sous le titre de la sainte Vierge et de saint Michel, protecteur de la France, nous, à ces causes, ayant esté averty par notables et dévôtes personnes que dans tout le diocèse d'Auxerre il ny a aucun monastère de religieuses de Sainte-Claire, dites Urbanistes réformées, et que nos cousines les princesses de Gonzagues, dames d'Antrain, et nos sujets audit lieu, désiroient, pour leur consolation et l'instruction des filles du pays, y establir un monastère dudit ordre d'Urbanistes, et, à ce subject avoient fait don de la *chapelle de Saint-Antoine, maisons communes* appartenant à ladite ville, prés, terres, rentes et héritages en dépendant, à sœur Madeleine Le Rebours, cy-devant abbesse du monastère de Saint-Marcellès-Paris, et à ses compagnes, qu'ils auroient fait prier le provincial dudit ordre les vouloir envoyer, par sainte obédiance, pour voir sy lesdits lieux estoient commodes pour la fondation et establissement dudit monastère, lesquelz ayant esté trouvez propres, ils auroient encore acquis plusieurs rentes, fonds et métairies suffisantes pour la nourriture et entretenement des douze premières religieuses et des personnes ecclésiastiques nécessaires pour la conduite et service de lad. maison ; qu'ils auroient fait clore et mettre en estat de monastère, pourveu qu'il nous pleust leur octroyer nos lettres sur ce nécessaires, dont ils nous auroient humblement requis. Pour ce est-il que nous désirant favoriser ce pieux dessein et augmenter les prières qui se font à la sainte Vierge pour la conservation de cet Estat et de nos personnes, avons permis et octroyé, de nostre grâce spéciale, pleyne puissance et authorité royale, permettons et octroyons, par ces présentes, signées de nostre main, l'érection, fondation et establissement dud. monastère, en lad. ville d'Entrain, soubz le titre de *Notre-Dame-des-Anges*, voulons et nous plaist que lesd. vénérables sœurs ou supérieure... puissent, et leur soit loisible de bastir et esdifier, à leurs dépans, sur lesdits lieux, acheptés ou tels autres qu'elles verront bons estre, dans l'encloz et fauxbourgs de nostre dite ville d'Entrain, les bastiments qui seront nécessaires pour la perfection dud. monastère, direction et officiers, avecq puissance et authorité d'acquérir, recepvoir et posséder les maisons, places, terres, fermes et héritages commodes, tant pour la nécessité de l'esglise, desd. bastiments dud. couvent, que pour leur vie, nourriture et entretien, iceux lieux, rentes et revenus, tant présens que advenir, avoir, tenir, user et poséder, ores et pour l'advenir, plainement et paisiblement, sans troubles et empeschement quelconques ; et pour y contribuer, avons, de nostre grâce spéciale, pouvoir et authorité royales, lesd. lieux et monastère acquis et à acquérir suffisans pour la nourriture, entretien dud. couvent, amortis et amortissons, en tant qu'à nous touche et apartient, sans qu'ores et à l'advenir, ils soient tenus envers nous, ny nos successeurs, à aucuns droits de mutations, franchises et nouveaux acquetz, ains en seront et demeureront pour toujours quittes et déchargés, ainsy que les en aquittons et deschargeons par ces présentes. Et afin que lesdites religieuses ayent plus sujet de prier Dieu pour la conservation de nos personnes et prospérité de nostre Estat, nous les avons pries et mettons, par ces présentes, en notre protection et sauvegarde, et tout ce qui en dépendra. Et nous leur avons octroié, et, par ces présentes, nous leur octroïons tous titres semblables, priviléges que ceux cy-devant accordés par nous et nos prédécesseurs aux autres couvents de l'ordre de Saint-François et Sainte-Claire. Voulons qu'elles en jouissent, ainsy que lesdits couvents en ont bien et dhument jouy et jouissent à présent... Sy donnons en mandement à nos amés et féaux conseillers, sergens tenant nos cour de Parlement, Chambre des comptes et Cour des aides, à Paris, et à tous autres nos officiers et justiciers qu'il appartiendra, que ces présentes ils fassent lire, publier et registrer, et du contenu en icelles souffrent et laissent jouir et user lesdites impétrantes plainement et paisiblement, sans souffrir leur estre faict aucun trouble ; car tel est nostre plaisir : et afin que ce soit chose ferme et stable, à tousjours, nous avons faict mettre nostre scel à cesd. présentes, sauf entre autres choses, notre droit... Donné à Narbonne, au mois d'avril, l'an de grâce mil six cent quarante-deux et de nostre règne le trente-deuxiesme. — LOUIS.

(*Archives de l'Yonne.*)

Page 97.

BULLE DU PAPE INNOCENT X APPROUVANT LE MONASTÈRE DES URBANISTES.

INNOCENTIUS, PAPA X,

Ad futuram rei memoriam. Nuper pro parte dilectarum in Christo filiarum Magdalenæ *de Rebours* abbatissæ et monalium monasterii monalium Beatæ Mariæ Angelorum nuncupati, ordinis Sanctæ Claræ Urbanistarum etiam nuncupati oppidi *d'Antrain*, Autissiodorensis diœcesis, nobis expositum fuit quod in limine fundationis dicti monasterii nuper canonice factæ, venerabilis frater modernus episcopus Autissiodorensis, ex una parte ; necnon ipsæ abbatissæ et moniales, parte ex altera, convenerunt quod dictum monasterium perpetuis futuris temporibus juridictioni et regimini dicti, et pro tempore existentis Episcopi Autissiodorensis subjectum foret, cum hoc tamen, ut ipsa Magdalena, et pro tempore existentes dicti monasterii abbatissæ quolibet triennio, aut alia exigente necessitate dicti monasterii, visitatorem ætate gravem, et pietate ac eruditione insignem secularem, sive cujusvis ordinis regularem, eligere et deputare possent absque eo tamen quod dictus visitator munus visitationis hujusmodi exercere posset, nisi prius a tunc existente Episcopo Autissiodorensi capax et idoneus repertus et approbatus fuisset. Cum autem, sicut eadem expositio subjungebat, exponentes prædictæ conventionem hujusmodi, quo firmius subsistat, apostolicæ nostræ confirmationis patrocinio communiri summopere desiderent; idcirco nos easdem exponentes specialibus favoribus et gratiis prosequi volentes et earum singulares personas a quibusvis excommunicationis, suspensionis et interdicti, aliisque ecclesiasticis sententiis, censuris et pœnis a jure vel ab homine, quavis occasione vel causa latis, si quibus quomodolibet innodatæ existunt, ad effectum præsentium duntaxat consequendum absolventes et absolutas fore censentes, supplicationibus illarum nomine nobis nuper hoc humiliter porrectis inclinati, de venerabilium fratrum nostrorum sanctæ Romanæ Ecclesiæ cardinalium negotiis et consultationibus episcoporum et regularium præpositorum concilio, et attento consensu dicti episcopi in limine fondationis hujusmodi apposito, ut præfertur, facultatem nominandi visitatorem monasterii singulo quoque triennio, et intradictum terminum quoties necessitas exegerit, modo tamen omnia et singula jura ordinarii præservata intelligantur et existant, atque visitator, etiam regularis, ab eodem ordinario prius in scriptis approbandis in omnibus visitationem prædictam concernentibus, episcoporum Autissiodorensium pro tempore existentium omnimodæ juridictioni subordinetur, nec propterea facultas eisdem episcopis visitantibus per se, vel per alios ipsas exponentes, earumque monasteria quovismodo adempta vel limitata censeatur apostolica auctoritate, tenore præsentium, confirmamus et approbamus, illique inviolabilis apostolicæ firmitatis robur adjicimus, ac omnes et singulos tam juris quam facti defectus, si qui desuper quomolibet intervenerint, supplemus, salva tamen semper auctoritate congregationis eorumdem cardinalium. Decernentes præsentes litteras validas, firmas et efficaces existere et fore, suosque plenarios et integros effectus sortiri et obtinere et ab omnibus et singulis quos illæ concernunt et concernent, in futurum inviolabiliter observari, sicque per quoscumque judices ordinarios et delegatos et causarum palatii apostolici auditores judicari et definiri debere irritumque et inane quidquid secus super his a quoquam, quavis auctoritate scienter vel ignoranter, contigerit attentari, nonobstantibus constitutionibus et ordinationibus apostolicis ac ordinis et monasterii hujusmodi, etiam juramento confirmatione apostolica vel quavis firmitate alia roboratis, statutis et consuetudinibus, privilegiis quoque indultis ac litteris apostolicis, in contrarium præmissorum quomolibet concessis, confirmatis et innovatis, quibus omnibus et singulis illorum, tenore præsentium, pro plene et sufficienter expressis habentes, illis aliàs in suo robore permansuris ad effectum præmissorum specialiter et expresse derogamus, cœterisque contrariis quibuscumque. Datum Romæ apud Sanctam Mariam Majorem, sub annulo piscatoris, die sexta februarii, M.D.C.XLVII, pontificatus nostri anno tertio. — J. M. A. MARALDUS signatum et sigillatum.

Page 99.

Au commencement du dix-septième siècle, le zèle pour la confrérie du Saint-Rosaire enflammait pourtout les fidèles. Aussi voit-on aux archives des Frères-Prêcheurs d'Auxerre un grand nombre de requêtes, adressées à ces pères par les habitants des paroisses des diocèses d'Auxerre, d'Autun, de Langres..., sollicitant l'établissement de cette dévotion dans leurs églises.

Celle des « principaux habitans de la ville et paroisse d'Entrain » porte que « la confrérie avoit esté, par cy-devant, establie en l'esglise de Saint-
» Cyr-les-Entrain, qui est ung lieu assez proche, mais qui est incommode,
» ne pouvant les confrères s'acquitter des devoirs à quoy ils sont tenus,
» estant tous ou la plupart de la ville d'Entrain; joint aussy que les exercices
» accoustumez ont cessé à cause de quelque changement, qui est arrivé audit
» lieu depuis l'establissement d'icelle. C'est pourquoy ils prient lesd. prieur
» et religieux de leur accorder le retour de la confrérie à Entrain. »

63 personnes, dont 9 femmes, souscrivirent cette supplique, savoir: S. Pourcher, prestre, Raffin, juge, de Neuilly, Boiscourjon, Mercier, Jos. Mathias, J. Regnard, Bardot, Collin, Poulet, Guignebert, Duchesne, Lemaire, Raveau, Rimbault, Faulquier, Gallyot, Bogne, Sadier, Grandjean, Rameau, Dupont, Jolloyreau, J. Mercier, Marmagne, Foubard, Bonneau, Guignebert, Gauthier, Naullin, Grassot, Girardot, E. Mercier, Edme Rousseau, Damienne Parmentier, Jouneau, Suzanne Poillot, Luce Lemaire, Jeanne Personne, Marie Gueuble, Marie Née, Edmée Brosquin, Marie Chabert... Les autres signatures sont illisibles.

Communiqué par M. Quantin, archiviste de l'Yonne.

Ces noms représentent les principales familles de l'époque.

Pages 110 et 166.

FONDATION DE GRANDRY DANS L'ÉGLISE D'ENTRAIN.

Cejourd'hui quatorziesme octobre mil six cens cinquante-cinq, par-devant nous Louis Raffin, licencié ès lois, avocat en Parlement, juge ordinaire en la chastellenie d'Entrain pour sa sérénissime altesse de Manthoue, duc de Nivernois et Donziois. Pourquoy nous a esté remontré par messire Guillaume de Grandry, chevalier, seigneur de Ferrieres, et par dame Claude Dupin, relicte de feu messire Pierre de Grandry, aussi chevalier, seigneur de Chovance, que dame Jeanne Bolacre, espouse dudit sieur de Grandry et niesce de ladite dame Dupin, seroit descédée ledit jour d'hier, laquelle a eu intention d'estre enterrée en l'esglise de Notre-Dame de ce lieu, dans la chapelle de Saint-Jean, où elle avoit accoutumé de prendre séance, en laquelle feu noble François Lavescat, son premier mary, avoit esté inhumé, et qu'elle a verballement légué la somme de cent cinquante livres, pour estre convertie en fonds d'héritages ou rente au profit de la fabrique de ladicte esglise, et ordonné que ladite chapelle soit pavée, ornée, close et entretenue en tel estat, à perpétuité, par ses successeurs, à la charge que le procureur-fabricien de ladite esglise soit tenu de faire dire, à son intention, par le sieur curé et ses successeurs, chacun an, perpétuellement, cinq messes basses; assavoir trois d'icelles, avec un *Libera*, environ le temps de son décès; les deux aultres aux jours de Sainct-Jean-Porte-Latine et Sainct-Guillaume; pourquoy ledict fabricien délivrera, chacun an, audit sieur curé, sur ledict legs, trois livres, moyennant qu'il sera libre auxdits successeurs de ladite dame Bolacre, et audit sieur de Grandry de tenir ladite chapelle fermée et d'avoir la clé par devers eux, dont ils en mettront une autre entre les mains dudit sieur curé, pour y avoir son entrée et officier dans ladite chapelle, lorsqu'il luy plaira; lequel legs ledit sieur de Grandry et ladite dame Dupin ont déclaré vouloir et estre prests d'exécuter et de faire l'achat d'un fond de rente pour ladite somme de cent cinquante livres et de satisfaire au surplus de ladite fondation, suivant l'intention de ladite défunte, aux clauses cy-dessus exprimées, pourveu qu'il soit consenti par lesdits habitans dudit lieu ou la plupart d'eux. Ce qu'ayant esté proposé à l'eschevin de cette ville et aux soussignés, ils ont tous unanimement et concordamment consenti lesdites clauses, eu égard que ledit legs et fondation tournera au profit évident de ladite esglise et fabrique; quoy faisant accord particulierement que ledit sieur de Grandry, ladite dame de Chovance et tous autres descendans d'eux et leurs successeurs prennent leurs siége, place et sépulture dans ladite chapelle et non d'autres, et qu'ils la tiendront fermée pour y entrer et s'y placer quand il leur plaira; dont nous avons faict et dressé le présent acte pour servir ce que de raison; sur ce ouy vénérable et discrète personne messire Sulpice Bourgoing, prestre, curé et procureur-fabricien de cette paroisse, et de son consentement faict par nous, Louis Raffin, juge susdit, les an et jour que dessus. — Signé: Raffin, Bourgoing, Delarue, Rousset, Raffin, S. Ligier, de Grandpierre, Parmentier, Rigault, Collot, Paul Lable, Lescorchois, Pic, Leroy, Collot, Raveau, Reuillard, Cornu, Guibert, Symonnet, Rousset, de Grandry, Dupin, Sadier.

(*Archives de la fabrique d'Entrain.*)

Page 111.

JUGEMENT EN FAVEUR DE LA BOÎTE DES TRÉPASSÉS.

Cejourd'huy lundy dix-huitiesme jour d'aoust mil six cens et quatorze, nous Mathurin Lemaire, juge ordinaire de la ville et chastellenie d'Entrain, membres et dépendances, pour très-haut et très-puissant prince Mgr le duc de Nivernois et Donziois, marquis d'Isles, pair de France, gouverneur et lieutenant-général pour le roy, nostre sire...... Sur la requeste à nous judiciairement faicte par Symon Bardolat, procureur et receveur du revenu des bienfaicts et des aulmosnes de la bouette des trépassez, disant que à jours de dimanches et festes annuelles, les offertes de pain qui se font en l'esglise Notre-Dame dudit Entrain par plusieurs particuliers, se font pour ladite bouette des trépassez; néanmoins Symon Jaillard prend ledit pain et l'applique où bon luy semble, sans le distribuer audit Bardolat, auquel il appartient pour l'employ et aux vues suivant ce qui est de sa charge ; requérant qu'il soit dict que led. pain qui sera offert, luy sera délivré pour le faire vendre et l'employer à l'effet que dessus. Sur ce ouy vénérable et discrette personne messire Nicaise Degaige, prestre, curé dud. Entrain, qui a dict que il avoit esté accordé que led. pain qui sera offert par les particuliers à l'intention et pour le revenu de lad. bouette, seroit..... Disons que lesdits pains et ce qui sera offert par les particuliers aux offertes qui se font à l'esglise, à l'intention des trépassez, pour estre par led. Bardolat employé, luy sera délivré pour estre ledit pain vendu et les deniers qui en proviendront employez à l'effect que dessus, dont ledit Bardolat fera estat et compte..... Signé sur la minute des présentes lettres : Degaige, curé ; F. Brosquin, greffier, et Mathurin Lemaire, juge ordinaire dudict lieu, les an et jour que dessus.

(Archives de la fabrique.)

Page 112.

juin 1674. reconnaissance des droits de chatellenie.

Aujourd'hui huitiesme juin 1674, heure de deux après midy, nous Joseph de Lisle, avocat à la cour, commissaire et conseiller en la Chambre du conseil et des comptes, à Nevers, pour très-hault et puissant seigneur Philippe-Julien Mazarini-Mancini, duc de Nivernois et Donziois, pair de France, commandeur des ordres du roy, gouverneur et lieutenant-général du ressort et enclave de Saint-Pierre-le-Moutier, conseiller de Sa Majesté en tous ses conseils d'Etat, nous estant transporté en la ville et chastellenie d'Entrain, appartenant à Monseigneur à cause de son duché de Nivernois et Donziois, pour la direction et stipulation du terrier de ladite chastellenie, par vertu du pouvoir à nous donné par Monseigneur, par ses lettres-patentes du dernier octobre 1672, registrées en la Chambre du conseil et des comptes de Nevers, le treize janvier 1673, étant au lieu, siége et auditoire de ladite chastellenie, assisté de M. Louis Raffin, avocat en Parlement, juge ordinaire en ladite chastellenie et lieutenant particulier de la maitrise et grurie dudit Entrain, et de Pierre Grosjean, sieur de Villaines, avocat en Parlement, lieutenant en ladite grurie, est comparu Louis Rousset, procureur fiscal de Monseigneur en ladite chastellenie, lequel nous a dit avoir faict assigner par exploit de Jolivet, sergent au duché, du jour d'hier..., par-devant nous, honorable homme Edme Raveau, eschevin de la ville et chastellenie d'Entrain, tant pour luy que pour les autres habitans dudit Entrain et des hameaux en dépendant, pour dire et déclarer les droits généraux appartenant à Monseigneur à cause de sa chastellenie..., ont comparu ledit Edme Raveau en personne, assisté de Mᵉ Thomas Camuz, procureur en ce siége, Mᵉ Jérôme Collot, Pierre Rigault, Louis de La Rue, Jean Lecomte, Louis de Grandpierre, Léon Talère, Nicolas Robin, Jean Grandjean, Jean Rauchan, François Berger, Jean Letraux, Nicolas Guiller, Jean Naulin, François Cornu, Jean Gaboury, Jean des Ruées, Jean Guibert, Jean Moulyot, Louis Jaillard, Louis Sifflard, Jean Maignan, Denis Bureau, Edme Naulin, Pierre Mousseau, Edme Pelaut, Jean Muteau, Jean Léger, Louis Lemaire, Jacques Plouquet, tous habitans principaux de la ville d'Entrain, lesquels, d'une commune voix, ont déclaré mondit seigneur estre seigneur haut, moyen et bas justicier de la terre et seigneurie d'Entrain, avoir signe patibulaire, maison forte, appelée le Petit-Fort, où sont à présent l'auditoire et les prisons; droit de chastellenie et de bailliage, ressortissant en la pairie de Donzy pour ce qui est de la juridiction ordinaire, et pour ce qui est de la maîtrise et grurie, des Eaux-et-Forêts dudit Donzy, droit de tabellionage, greffier, deux forestiers et autres officiers pour l'exercice de la justice; droit d'apposer son sceau authentique aux contrats qui se passent par les notaires du duché, et lequel sceau emporte garnison de main, suivant la coutume; droit de scel aux sentences et autres actes du greffe, mesme le droit de consignation domaniale; droit de péage par terre, qui se prend et perçoit suivant la pancarte qui a este tirée de la Chambre et est affichée au poteau dressé au-devant de la porte dudit Entrain, lequel péage se prend, à toutes les portes de la ville, sur tous les bestiaux passant par le lieu et sur les chaussées des étangs dépendant de la chastellenie, autres que des habitans dudit lieu; droit de prendre, par chacun an, le lendemain de la Saint-André, sur tous les demeurans en la ville et faubourg, qui doivent à Monseigneur, à cause de leurs maisons et place d'échelle, qu'ils tiennent audit lieu, par chascun an, un denier de cens, et un bichet d'avoine, mesure du lieu, à cause de l'usage accordé aux habitans par nosseigneurs les ducs de Nevers, seigneurs d'Entrain, dans les bois appelés anciennement les bois de Frétay, qui tiennent à la forest appartenant en propre à Monseigneur, de la contenance de quatre cent vingt arpens, en ce compris les chaumes et bruyères assises en la justice et seigneurie dudit Entrain; lequel cens porte deffaut, retenue et autres droits seigneriaux, suivant la coutume ordinaire où les maisons sont scituées; droit de four banal en la ville et faubourg, dans lequel les habitans, y demeurans, sont tenus de cuire leurs gasteaux et aultres espèces du mestier de boulanger, pour raison de quoy ils doivent à Monseigneur, ou à son fermier, de vingt pains l'un, sous laquelle quotité ils ont jouy du four banal depuis cent ans et plus et par possession immémoriale; que Monseigneur, dans toute l'estendue de sa justice et chastellenie d'Entrain, suivant les limites d'icelle, a tous droits de censives au territoire d'icelle circonscription, conformément à la coutume d'Auxerre; droit de bourdelage, de quint et requint, avec saisie des choses tenues à foy et hommage de mondit seigneur, à cause de sa chastellenie, par faute de faire la foy et hommage et luy prester serment de fidélité en la Chambre des comptes de Nevers, et y bailler les dénombremens des fiefs mouvans de la chastellenie; droit de poids et balances, d'aulnage et alouage.

Plus est dû à mondit sgr sur le moulin de Saint-Sulpice la somme de vingt-cinq livres six sols, par chacun an, payable, par demie année, ès jours de Noël et Saint-Jean-Baptiste.....

Premièrement la ville et fauxbourgs d'Entrain sont sujets à la justice, commençant à la porte Saint-Cyr; deuxièmement l'étang du Marais, la chaussée d'iceluy, et les héritages scis sous la chaussée dépendent de la justice. Au bout d'ycelle chaussée, et à l'endroit où il y a deux chaumiesres, est une borne, assise près du logis des Quatre-Vens, laquelle sépare la justice d'Entrain de celle de Saint-Cyr et de Miniers; de là... suivant le chemin qui conduit à Clamecy, continuant à costé du village des Cieux..., la limite va aux *Dangers de Corvol-l'Orgueilleux*..., au bois de *Tanelle*, suit le chemin du gué de Luau, aux *Bois-l'Évesque*, au bois des *Coques-aux-Moines*, au ruisseau Sourdin, à une levée la séparant de la justice de Nanvigne, jusqu'au chemin de Saint-Marc à Menestreau, au chemin des Grands-Bois, autrement le *lac des Rucz*, aux usages et chaumes de Menestreau, aux terres du Mineray, au chemin des Moulins-Neufs; à la perrière du lieu, à Montsauveur, au gué du Pontot, où se trouve quantité de *crasses et excrémens de forge*, au domaine du Bois-Martin, à la garenne de Jussy, au bois des Clercs, au buisson des Taillis, au bois des Roches-Monlambault, au buisson des Revenus-Bougnes, aux bruyères de Chastre, au cormier de Léchelle, près du chasteau de Ferrière, au Pré-Dieu, au gué des Pierres, au chemin de Sainpuis, à l'extrémité des terres des Hôpitaux, aux ruines d'une *ancienne chapelle* dépendant desdits Hôpitaux, à l'étang du Marais, revenant à la porte Saint-Cyr...

(*Archives du château d'Entrain.*)

Page 114.

EXTRAIT DES REGISTRES DE LA CHAMBRE ROYALE.

JUGEMENT POUR LES RELIGIEUX DE MONTCARMEL CONTRE LES URBANISTES D'ENTRAIN.

Entre les sieurs grand vicaire, commandeur et chevaliers de l'ordre de Nostre-Dame de Montcarmel et de Saint-Lazare de Jérusalem, demandeurs aux fins de leur requeste, insérée en l'arrest du 4 mai 1673, et exploit d'assignation donné, en conséquence, le 28 juillet, audit an, contrôlé le 29, d'une part;

Et les religieuses de Sainte-Claire possédant l'hospital de la ville d'Entrain, diocèse d'Auxerre, défenderesses, d'autre part;

Et entre lesd. religieuses, demandresses en requeste par elle présentée à la chambre le 26 juillet 1675, signifiée le 27, desd. mois et an, d'une part;

Et lesd. sieurs de l'ordre de Nostre-Dame de Montcarmel et de Saint-Lazare, demandeurs en requeste par eux présentée à ladite chambre, le 28 may 1675, signifié lesd. jour et an, d'une part; et lesd. religieuses deffendresses, d'autre part:

La chambre, faisant droit sur l'instance, a condamné et condamne lesd. religieuses de Sainte-Claire de se désister et départir au proffit dud. ordre de la possession et jouissance de l'hospital de ladite ville d'Entrain, biens et revenus en dépendans ; et néanmoins, en conséquence de ce que led. hospital et biens d'iceluy ont esté délaissez auxd. religieuses de Sainte-Claire, lors de leur fondation, dotation et premier establissement aud. Entrain, par les habitans dud. lieu, par acte d'assemblée du 3 avril 1638, ratifié par très-hautes dames princesses de Clèves et de Mantouë, du 12 juin, autorisée par la permission du grand vicaire dud. évesque d'Auxerre, le siége vacant, le 4 octobre 1641, et confirmée par lettres-patentes du roy Louis XIII, du mois de juillet 1642, ordonne, du consentement desd. sieurs de l'ordre, inséré en lad. requeste du 28 may dernier, et sans tirer à conséquence, que conformément à l'esdit du mois d'avril 1675, registré en la chambre le 22 dud. mois, que lesd. religieuses de Sainte-Claire continueront de jouir, ainsy que par le passé, des bastimens, esglise, chapelle, lieux réguliers et autres leurs logemens, jardin, clostures, soit que les bastimens et clostures fassent partye des bastimens anciens dud. hospital, soit qu'ils ayent esté faicts sur le fond d'iceluy, ensemble de tous les murs, fonds et revenus que lesd. religieuses ont acquis depuis leur establissement aud. Entrain ; comme aussy que sur tous les biens, droits et revenus dépendans dud. hospital, il sera faict distraction, au proffit desd. religieuses, de la moitié desd. fonds et revenus d'iceux, les charges ordinaires préalablement déduites, pourveu toutes fois que lesd. revenus n'excèdent la somme de deux mille livres, et lesd. charges déduites ; si lesd. revenus exèdent la somme de deux mille livres, que détachement sera seulement fait du tiers desd. revenus au proffit desd. religieuses, qui leur sera délaissé pour leur subsistance et entretennement tant qu'elles subsisteront aud. Entrain, à la charge par elles d'acquitter et faire acquitter toutes les charges concernant le service divin dont led. hospital est tenu, soit devant ou depuis leur establissement aud. Entrain. Et à l'esgard de l'hospitalité pour laquelle led. hospital a esté spécialement fondé, ordonne qu'elle sera exercée par l'ordre, conformément à la déclaration de Sa Majesté du 21 ..... 1674, et lesd. religieuses dégagées d'icelle. Moyennant quoy led. ordre demeurera pleinement, entiesrement deschargé de toutes les demandes et actions que lesd. religieuses pourroient avoir et prétendre, faire et intenter à l'encontre dudit ordre pour toutes les réparations et améliorations utiles et nécessaires, de quelque valeur et estimation qu'elles soient, sur les fonds et héritages dud. hospital et au sein d'iceux. Et demeureront pareillement lesd. religieuses quittes et déchargées de la restitution prétendue par led. ordre, pour la jouissance des fruictz des terres par elles perçus jusqu'au trentiesme avril dernier, jour de la publication dud. esdit, depuis lequel temps lesd. religieuses seront tenues de rendre, aud. ordre, la part et portion qui luy doit appartenir dans les fruictz et revenus dud. hospital. Condamnons pareillement lesd. religieuses d'envoyer et mettre incessamment au gresfe de la chambre, pour estre ensuite posez aux archives dudit ordre, tous les titres, papiers et enseignemens, si aucuns elles ont, concernant la part qui reviendra aud. ordre dud. hospital, biens et revenus d'iceluy, et se purger par serment que par dol, fraude, ny autrement, elles n'en retiennent aucuns, despens compensés. Faict en la chambre royale, tenant à l'Arsenal, à Paris, le 14 septembre 1675.

(*Archives de l'Yonne.*)

Page 118.

LETTRES-PATENTES DU ROI LOUIS XIV, AUTORISANT LA TRANSLATION DU COUVENT DE NOTRE-DAME-DES-ANGES D'ENTRAIN DANS CELUI DES ISLES D'AUXERRE.

Louis, par la grâce de Dieu, roi de France et de Navarre, à tous présens et avenir, salut: Nos chères et bien-amées Françoise de Serre, Claude Taboué, Anne Griveau et Charlotte Foultier, religieuses du couvent d'Entrain, de l'ordre de Saint-François, dites Urbanistes, du diocèse d'Auxerre, nous ont très-humblement fait remontrer que leur couvent est depuis longtemps dans une totale ruine, que les bastimens sont, par caducité, dans un évident péril; qu'il n'y a aucuns lieux réguliers subsistans; que des deux petits domaines qu'elles ont, l'un est chargé d'une rente foncière qui en égale le revenu, si bien qu'il est impossible de rétablir dans leur maison la discipline régulière, suivant les saints canons, nos édits et déclarations, et particulièrement celle du mois de may mil six cent quatre-vingts, ny ayant aucun moyen d'y rétablir la coventualité et y mettre une communauté de dix à douze religieuses; que d'ailleurs led. couvent est scitué dans une campagne très-déserte, ce qui est aussy contraire aux ordonnances qui ont authorisé les saints décrets, lesquels veulent que les couvens seront restablis dans les villes pour éviter tous les périls et dangers où sont exposés les monastères de filles qui sont à la campagne, si bien que lesd. religieuses ne pouvant subsister dans lad. maison, elles se devoient pourvoir par-devant le s' évesque d'Auxerre, leur supérieur, lequel ayant pris connaissance de leur estat et de celuy de leur couvent et des ruines d'iceluy, et voyant qu'elles estoient comme abandonnées et que les faits cy-dessus estoient véritables, que mesme elles ne pouvoient entretenir un chapelain pour leur dire la messe, les confesser et leur administrer les sacremens, il leur auroit assigné pour retraite l'abbaye de Nostre-Dame des Isles d'Auxerre et leur auroit donné obédience pour s'y rendre, comme elles ont fait, et y vivre comme pensionnaires et sans y estre aggrégées; et afin qu'elles n'y fussent point à charge et pour suvenir à leur nourriture, entretien et à tous leurs besoins et nécessitez, led. s' évesque a uni et incorporé leurs biens aud. monastère de Nostre-Dame des Isles, n'y ayant aucun couvent de leur ordre et congrégation dans son diocèse, suivant qu'il est porté par le décret dud. s' évesque du treiziesme may dernier; et comme elles ont besoin d'avoir lettres-patentes pour confirmer led. décret, elles nous ont très-humblement supplié de les leur vouloir accorder. A ces causes et autres bonnes considérations à ce nous mouvant, de l'avis de nostre conseil, qui a vu ledit décret et les procédures qui ont esté faites, nous, de nostre grâce spéciale, pleine puissance et authorité royales, avons approuvé et confirmé, approuvons et confirmons par ces présentes, signées de nostre main, led. décret d'union dud. jour treiziesme may dernier, cy attaché, sous le contre-scel de nostre chancellerie; voulons qu'il soit exécuté selon sa forme et teneur, sans que pour raison de lad. réunion lad. abbaye des Isles soit tenue de nous payer, ni à nos successeurs roys, aucun droit d'amortissement, dont, à quelque somme qu'il se puisse monter, nous luy en avons fait et faisons don par ces présentes, pourveu toutefois que dans led. décret il n'y ayt rien de contraire auxd. décrets, aux libertés de l'Esglise gallicane et à nos édits et déclarations, et à la charge de payer les droits d'indemnité et d'amortissement et autres devoirs, dont lesd. biens peuvent estre tenus envers autres que nous. Si donnons en mandement à nos amez et feaulx conseillers les gens tenant nostre cour de Parlement de Paris et Chambre des comptes aud. lieu, au bailly d'Auxerre ou à son lieutenant et aux gens tenant le siége aud. lieu, et à tous autres nos justiciers et officiers qu'il appartiendra, que ces présentes ils fassent lire, enregistrer, garder, observer et entretenir selon leur forme et teneur, et du contenu en icelles faire jouir et user lesd. abbesse, religieuses et couvent de Nostre-Dame des Isles pleinement et paisiblement, cessant et faisant cesser tout trouble et empêchement; car tel est nostre plaisir. Et afin que ce soit chose ferme et stable à toujours, nous avons fait mettre nostre scel à ces présentes. Donné à Versailles, au mois de février de l'an de grâce M.D.C.LXXXVIII, de nostre règne le 45ᵉ.

(*Archives de l'Yonne.*)

Page 118.

13 AVRIL 1687. DÉLIBÉRATION DES HABITANTS D'ENTRAIN, CONSENTANT LE DÉPART DES RELIGIEUSES ET PORTANT DEMANDE DE L'ÉRECTION D'UN VICARIAT.

Cejourd'hui dimanche treiziesme d'avril mil six cent quatre-vingt-sept, par-devant nous Thomas Camuz, antien praticien en la justice et chastellenie d'Entrain, pour l'absence de monsieur le juge et le despart de monsieur le lieutenant, est comparu en personne maistre Estienne Pajot, eschevin de cette ville et communauté, lequel nous a dit qu'en exécution de nostre acte du lundi sixiesme de janvier dernier, il s'est transporté en la ville d'Auxerre pour faire opposition à la translation et union que Mgr l'illustrissime et révérendissime évesque d'Auxerre désire faire des religieuses et monastère de cette ville et de leurs biens; que, pour cet effet, il a chargé des présentes le sieur Germain, procureur; mais qu'ayant bien cognu cette affaire, il a trouvé son opposition douteuse, ce qui fait qu'il a fait assembler lesd. habitans à cejourd'huy, issue de la messe paroissiale, pour en délibérer, et aussy pour donner leurs advis sur la requeste qu'il doibt donner aud. seigneur évesque pour l'establissement d'un vicaire en cette paroisse, qui est de qualité de celles qui en demandent, suivant l'arrest du conseil, estant composée de plus de cinq cens communians et de hameaux fort escartés les uns des autres, en sorte qu'un curé ne la peut desservir seul, et que souvent les habitans n'entendent pas la sainte messe les jours de dimanches et festes légales, et qu'en tout temps il y a eu ou deub avoir deux prestres dans lad. paroisse, requérant la présence desd. habitans qu'ils ayent à donner leursd. advis. Lesd. habitans présens, qui sont noble Louis Magnan, avocat en Parlement, noble Adrien Regnard, aussi avocat en Parlem., maistre Estienne Pajot, eschevin, maistre Louis Bousset, le jeune, maistre François Camus, Pierre Rigault, Denis Jullien, Verain Rousset, Denis Pougny, Guillaume Huicque, Edme Terrier, Denis Tartarin, Jean Bardollat, Jacques Liger, Sulpice Nollin, Michel Mathias, l'esné, Claude Jaillard, Philippe Nollin, tous habitans de cette dite communauté, ont dit estre d'advis que le sieur Pajot, pour eux se déporte de lad. opposition et, en conséquence, consentent ladite translation et union des religieuses, et sur la requeste tendante afin d'avoir un vicaire establi dans lad. paroisse, luy donnent pouvoir de bailler ladite requeste et de poursuivre l'entérinement et exécution de ce, rapporter le tout à l'ordre de mond. seigneur, dont et duquel advis et résolution ainsi faite, nous avons fait et dressé le présent acte pour servir aud. eschevin ce que de raison. Et ont lesdits habitans cy-dessus signé, ceux le sachant.

(*Archives de l'Yonne.*)

Pages 119 et 120.

VENTE DU MONASTÈRE D'ENTRAIN ET DE SES DÉPENDANCES.

Par-devant les notaires royaux, à Auxerre, soussignés, le quinziesme jour de juin mil six cent quatre-vingt-huit, avant midy, au parloir du couvent de Notre-Dame des Isles d'Auxerre, est comparue révérende dame madame Hélenne Colbert, abbesse de ladite abbaye, assistée des sœurs..., toutes religieuses professes de la communauté, et de dame Françoise Andras de Serre, sœurs..., aussy religieuses du couvent Notre-Dame des Anges de la ville d'Entrain, nouvellement transférées dans ladite abbaye des Isles, et leurs biens unis et incorporez à icelle abbaye en conséquence des lettres-patentes du roy du mois de février dernier, capitulairement assemblées au son de la cloche, à la manière accoutumée, pour leurs affaires de communauté, lesquelles ont vendu, cédé, quitté et transporté, avec garantie de tous troubles, ypothesques et empeschemens quelconques... à Georges du Hautbois, escuyer, sieur de la Roulliardière, demeurant à Entrain, présent, acquereur et acceptant, la maison conventuelle desd. religieuses d'Entrain, avec toutes ses appartenances et dépendances, dans l'enclos des murs d'icelle, à la réserve toutefois de la petite maison, aisances et appartenances d'icelle, avec la chapelle, le chœur des religieuses et l'appartement du parloir, où est logé le vicaire, avec le jardin derrière, à prendre jusqu'au coin du cimetière et tirer, à droite ligne, du même coin jusqu'à l'allée d'arbres et deux pieds au-dessous, et de là jusqu'à la première chaisne de quartier de murailles du couvent, que lesd. dames se sont réservées, dont elles ont disposé aujourd'hier au proffit des habitans dud. Entrain, et sans aucune autre chose excepter, ny réserver;

Plus la quantité de sept arpens de terre ou environ, faisant moityé de quatorze arpens indivisés avec l'hospital dud. Entrain ou messieurs de l'ordre du Montcarmel, estant en plusieurs pièces, admodiées à Michel Mathias, laboureur aud. Entrain, à tierce déblure, scituez es environs dud. Entrain;

Plus la métairie de Forge, consistant en un corps de logis..., soixante et quinze arpens de terre..., deux arpens de pré..., quatre petites pièces de bois; les bestiaux...;

Plus une autre métairie, appelée la Marquise, consistant en un grand corps de logis..., granges, estables..., une terre à chenevière..., quatre-vingt-dix arpens de terres..., le bois proche la métairie..., six arpens de méchans prés..., les bestiaux..., sans aucunes choses réserver... Ladite métairie chargée, outre les droits et rentes seigneuriaux, envers les sieur et damoiselle Liron, de soixante et quatre bichets de grains, de rente annuelle, perpétuelle et non rachetable, savoir: vingt-deux bichets de froment, huit de métau, dix de seigle et vingt-quatre d'avoine, mesure dud. Entrain, payables et livrables au jour et lieux spécifiez...

Cette vente faite moyennant que ledit sieur acquéreur promet et s'oblige d'acquitter lesd. dames desd. cens, droits et rentes seigneuriales, même de ladite rente de soixante et quatre bichets de grains... et outre ce, moyennant la somme de trois mille livres, que led. acquéreur s'oblige de payer auxd. dames abbesse et religieuses, en cette ville d'Auxerre, dans six mois prochains, en payant l'intérest au sol la livre, à commencer de ce jour à courir, dans lequel temps icelles dames s'obligent de trouver remploi ou fond d'héritages pour jusques à la valeur de deux mille trois cens neuf livres...

Fait à Auxerre, audit parloir, les jour, mois et an...

(*Archives de l'Yonne.*)   *Signé:* CHARDON.

Page 126.

1770. DÉCRET DE TRANSLATION DU PRIEURÉ DE SAINT-NICOLAS DE RÉVEILLON DANS L'ÉGLISE PAROISSIALE DE SAINT-SULPICE D'ENTRAIN.

Jean-Bapt.-Marie Champion de Cicé..., à tous présens et avenir: Savoir faisons que vu la requeste à nous présentée par le sieur Jean-Pierre Chevau, prêtre, curé de la paroisse de Saint-Sulpice d'Entrain, de nostre diocèse, et prieur commandataire du prieuré simple et non conventuel de Saint-Nicolas de Réveillon, de l'ordre du Val-des-Choux, situé et fondé dans l'étendue des limites de la paroisse de Saint-Cyr-les-Entrain, tendante à ce que, pour les causes y contenues, il nous plut transférer le titre dud. prieuré en ladite esglise paroissiale dud. Entrain, permettre au suppliant de faire reconstruire la chapelle dud., à présent desmolie, dans lad. esglise paroissiale et lui permettre pareillement de posséder conjointement tant led. prieuré que lad. cure *sub eodem tecto*; notre ordonnance estant au bas de lad. requeste, portant qu'elle sera communiquée à nostre promoteur; les conclusions de nostre dit promoteur, par lesquelles il auroit requis, qu'avant faire droit sur ladite requête, le révérend abbé de Septfonts, grand prieur de l'ordre du Val-des-Choux, et, en cette qualité, chef d'ordre dudit prieuré de Saint-Nicolas, le sieur duc de Nivernois, seigneur d'Entrain, les sindic, habitans et communauté dudit lieu, les fabriciens de l'église paroissiale d'Entrain, les curé, sindic, habitans et communauté de la paroisse de Saint-Cyr-les-Entrain, en l'étendue de laquelle est situé ledit prieuré, et autres parties intéressées à ladite translation, si aucuns sont, seroient appelés pardevant tel commissaire qui seroit par nous député à cet effet, pour prendre communication de ladite requête, consentir à ladite translation et reconstruction, ou y dire autrement ce qu'ils aviseront; que par-devant ledit commissaire et à la requête de notre promoteur, il seroit informé de la vérité des faits énoncés en ladite requête, et de la commodité ou incommodité qui peuvent résulter desdites translation et reconstruction; qu'en présence desdites parties ou elles dûment appelées, il seroit fait visite et dressé procès-verbal par ledit commissaire tant de l'Etat actuel dudit prieuré, de la chapelle et autres dépendances d'icelui, des biens et revenus y appartenans, que de l'église paroissiale dudit lieu d'Entrain, pour le tout fait, rapporté et communiqué à notre dit promoteur, être par lui requis et par nous ordonné ce qu'il appartiendra; notre ordonnance du 13 novembre 1769, par laquelle nous aurions commis le sieur Joseph-Jean Deshayes, prêtre, trésorier de l'église collégiale de Donzy, pour procéder aux fins de ladite requête conformément auxdites conclusions, le procès-verbal dudit sieur Deshayes, commissaire-député, commencé le 11 décembre dudit an et fini le 13 en suivant, contenant les consentemens des parties intéressées, savoir: le consentement pur et simple des curé, sindic, habitans et communauté de Saint-Cyr-les-Entrain, comparant par M. Estienne-Julien Touyon, prêtre, curé de ladite paroisse, le consentement des échevins, notables et habitans de ladite ville d'Entrain, comparant par les sieurs Symphorien Daulnay et Pierre-Paul Leseurre, échevins de ladite ville, et des fabriciens de l'œuvre et fabrique de l'église paroissiale dudit lieu, comparant par le sieur François de Chégoin, l'un d'eux, donné aux charges, clauses et conditions mentionnées en l'acte d'assemblée de ladite ville, du 10 mars 1769, qu'ils entendent être exécuté selon la forme et teneur, fors et excepté l'art. IV d'icelui, auquel ils dérogent unanimement, consentant que la cloche de ladite chapelle de Saint-Nicolas, au lieu d'être suspendue au-dessus de ladite chapelle, soit placée dans la tour de ladite église paroissiale, aux frais dudit sieur prieur, pour y demeurer, à perpétuité, à l'usage de ladite paroisse, et dudit prieuré, sans pouvoir en être déplacéé et être, le cas échéant, refondue, réparée et mise en état de sonner aux frais de ladite paroisse, auxquelles clauses, charges et conditions ledit prieur et curé auroit consenti; la visite faite, parties présentes ou duement appelées, des lieux où existait anciennement lesdit prieuré et chapelle, lesquels étoient au milieu des bois, à un quart de lieue ou environ de deux ou trois masures isolées, et desquels prieuré et chapelle il ne reste plus de vestiges; le devis estimatif de la construction de ladite chapelle, en ladite église paroissiale d'Entrain dressé par François Petit, expert, nommé d'office par ledit commissaire, après le serment par lui prêté en présence des parties: la déclaration fournie et signée par le suppliant des revenus et charges dudit prieuré, suivant laquelle lesdits revenus consistent en une dîmerie de blé, évaluée soixante livres, deux arpens et un quart de bois-taillis, évalués cent cinquante livres le tout, et quelques parties de rentes montantes à trente-deux livres, ce qui fait, au total, deux cents quarante-deux livres de revenu annuel, et les charges consistant en une somme de dix-huit livres, payables annuellement au curé d'Entrain, pour raison de la portion congrue à lui due à cause des dîmes et par proportion en ce que ledit prieur amande dans lesdits dîmes d'Entrain, gages des gardes-bois montant à vingt livres par an, réparations et entretien de ladite chapelle et prieuré ; l'information de *commodo et incommodo* du 27 août 1770, composée de cinq témoins, de laquelle résulte la preuve des faits mentionnés en ladite requête, et de la nécessité de ladite translation et utilité de ladite construction en l'église d'Entrain ; le consentement du R. P. Dorothée Jalloutz, abbé de Septfonts, grand prieur de l'ordre du Val-des-Choux, et, en cette qualité, chef d'ordre dudit prieuré de Saint-Nicolas de Réveillon, donné sous signature privée et sous le scel des armes de ladite abbaye, le 28 juin dernier, aux charges et suivant la teneur de la délibération du bureau d'administration de la ville d'Entrain, du 10 mars 1769, et à la charge, en outre, que ladite translation se fera sans suppression, union, ni confusion du titre dudit prieuré avec autres bénéfices, et qu'il ne sera porté préjudice en rien aux droits dudit révérend abbé sur ledit prieuré, chapelle et dépendances : le consentement du sieur duc de Nivernois passé devant Cordier et son confrère, notaires à Paris, le 2 septembre 1770, sous la réserve de la bâtisse de ladite chapelle, service à y faire, fourniture de vases sacrés, livres, linges, ornemens, et réparations de ladite chapelle, dont les prieurs dudit prieuré seront seuls chargés, sans que le sieur duc de Nivernois ni ses successeurs puissent en être tenus, et sous toutes les autres réserves, conditions contenues en l'acte des officiers municipaux de la ville d'Entrain dudit jour 10 mars 1769: ladite délibération des officiers municipaux... portant consentement, de leur part, à la reconstruction et incorporation de ladite chapelle du prieuré de Saint-Nicolas de Réveillon à l'église paroissiale d'Entrain, aux conditions: 1° que toutes les démolitions, reconstructions et décorations convenables et nécessaires seront, pour cette fois, aux frais dudit sieur prieur ; 2° que, à l'avenir, toutes les réparations, entretien, décorations, reconstructions de ladite chapelle, ses appartenances et dépendances, depuis et non compris l'arc-doubleau, sous lequel sera reconstruit l'autel paroissial, seront, à perpétuité, à la charge dudit prieur et de ses successeurs, ainsi que la fourniture des vases sacrés, livres, linges, ornemens et luminaire nécessaires à l'usage de ladite chapelle, lesquels pourront être conservés dans la sacristie de ladite église, sans pouvoir servir à l'usage de ladite paroisse, et sans que les habitans dudit Entrain ni les fabriciens en soient garants et responsables; 3° que sous ces conditions, ledit prieur et ses successeurs pourront entrer dans ladite chapelle par l'un des côtés dudit autel paroissial pour y célébrer la messe, quand bon leur semblera, à autres heures néanmoins que celles de l'office de la paroisse, suivant les ordonnances du diocèse, et que lesdits prieurs pourront, pour annoncer ladite messe, sonner la cloche qui sera suspendue dans ladite chapelle, sans que nul autre puisse la sonner, sinon de l'ordre exprès dudit prieur et de ses successeurs : l'extrait du procès-verbal du 11 décembre dernier, par lequel il appert que les habitans dudit entrain, comparans par les sieurs échevins de ladite ville, comme dit est, ont dérogé au 4ᵉ art. de ladite délibération, en consentant que la cloche dudit prieuré, au lieu d'être suspendue au-dessus de ladite chapelle, fût placée dans la tour de ladite église paroissiale, aux frais dudit prieur pour y demeurer, à perpétuité, à l'usage de la paroisse sans pouvoir en être déplacée, laquelle, le cas échéant, sera refondue, réparée et remise en état de sonner aux frais de ladite paroisse; la requête dudit sieur Chevau, curé d'Entrain et prieur de Saint-Nicolas de Réveillon, à ce qu'attendu la preuve par lui faite des faits énoncés en sa requête, de la nécessité de la translation de la chapelle dudit prieuré et de l'utilité de la reconstruction d'icelle en l'église d'Entrain, ensemble le consentement des parties intéressées, il nous plust transférer le titre dudit prieuré en ladite église paroissiale et lui adjuger les autres fins de la requeste : notre ordonnance portant que le tout sera communiqué à notre promoteur ; les conclusions dudit promoteur. Tout considéré... (comme à la page 127).

(*Archives de la fabrique.*)

Pages 133.

22 DÉCEMBRE 1779. BAIL DE LA CHATELLENIE D'ENTRAIN.

Par-devant les conseillers du roy, notaires au Châtelet de Paris, fut présent très-haut et très-puissant seigneur monseigneur Louis-Jules-Barbon Mazarini-Mancini, duc de Nivernais et Donziais, pair de France, grand d'Espagne de 1ʳᵉ classe, chevalier des ordres du roy, prince du Saint-Empire, noble vénitien, baron romain, gouverneur pour le roy et lieutenant-général desdites provinces de Nivernais et Donziais, ville, bailliage, ancien ressort et enclave de Saint-Pierre-le-Moutier, lieutenant-général des duchés de Lorraine et de Bar, cy-devant ambassadeur extraordinaire auprès du Saint-Siége, et des cours de Prusse et d'Angleterre, brigadier de ses camps et armées, l'un des quarante de l'Académie française et celle des Belles-Lettres, demeurant à Paris, rue de Tournon, faubourg Saint-Germain, lequel a, par ces présentes, fait et donné, à titre de bail à ferme et prix d'argent, pour dix-huit années entières et consécutives, qui commenceront le premier octobre mil sept cent quatre-vingt-un ; a promis faire jouir audit titre, pendant ledit temps, à M. Gabriel-Pierre Sallé, docteur en médecine à Donzy, et à Catherine Chambrun, son épouse, les revenus de la châtellenie et vicomté d'Entrain.

ARTICLE PREMIER. — Les objets présentement affermés consistent : 1° l'étang du Marais, d'environ vingt-neuf arpents, dont une partie en pâture ; 2° l'étang de Saint-Cyr, d'environ cent douze ; 3° l'étang du Trélong, d'environ quatre-vingt-trois ; 4° l'étang du Moulin-Neuf, d'environ cent arpents ; 5° deux moulins à eau et farine, l'un appelé le moulin de l'Etang-Neuf, et l'autre le moulin de la Forge, avec leurs dépendances en terres et prés ; 6° cinq huitièmes de quatre grandes dîmes d'Entrain, appelées la dîme de Réveillon, la dîme de la Grande et de la Petite-Foulletière, et la dîme des Huets ;

7° Les fours bannaux, le droit de pêche dans les rivières de la châtellenie, le droit de hallage, des huiles, des langues, d'aulnage, de poids et mesures, de glandées, de paisson, de langueage et de banvin ;

8° Le greffe, le droit de scel des sentences, les amendes par défaut de paiement de cens, la moitié de celles de police, criminelles et des confiscations, la moitié des écholtes de main-morte et reversions bordelières, sy aucune il y a ;

9° Les droits d'usage, à raison d'un bichet d'avoine et d'un denier de cens, par chacun feu ; la maison et le magasin de la pêcherie, les bâtiments de la halle et ceux qui seront construits dans la cour du château, pour l'usage du fermier, tels qu'ils sont cy-après expliqués par l'article neuf ;

10° Enfin les directes bordelières, les rentes et redevances comprises au terrier de la châtellenie ou dans les baulx à cens faits jusqu'à ce jour, même celles dues aux fiefs du Chesnoy, de la Maison-Fort et de la vicomté d'Entrain, appartenant actuellement audit seigneur duc de Nivernais, pour du tout jouir par lesdits preneurs, ainsi que mondit seigneur en a le droit et comme ses prédécesseurs ont joui ou dû jouir ; à l'effet de quoi lesdits sieur et dame preneurs seront aidés de la liève et du papier-terrier de ladite châtellenie d'Entrain, de celle du Chesnoy et Maison-Fort, et de celle de la vicomté...

ART. 2. — Sont expressément réservés, au profit de mondit seigneur duc de Nivernais, la partie du vieux château où sont logés les gardes de la châtellenie...; la totalité des bois de ladite châtellenie, la totalité des amendes prononcées pour délits commis dans lesdits bois et les délits de chasse et pêche ; la moitié des amendes criminelles et de police, la moitié des confiscations, écholtes, main-morte et reversions, si aucunes y a ; la totalité des profits de fiefs, reliefs et autres droits féodaux ; la totalité des lods et ventes en roture, ainsi que le droit de retenue...

ART. 3. — Le présent bail n'a été consenti pour le cours desd. dix-huit années qu'à la charge par lesdits preneurs de dessécher les étangs du Marais, de Saint-Cyr et du Treslong, de manière qu'à l'expiration dudit bail la moitié desdits étangs soit en nature de prairie et le surplus en terres labourables, à l'effet de quoi seront tenus lesdits preneurs de niveler le terrain et de combler les gours et bas-fonds..., à l'exception de ceux qui se trouveront dans l'étang de Saint-Cyr...

ART. 4. — Lesdits sieur et dame preneurs seront encore tenus de faire ouvrir et d'entretenir dans chacun desdits étangs un lit de rivière, assez large et profond, pour procurer l'écoulement des eaux, même de faire les fossés et saignées nécessaires pour faciliter ledit desséchement...

Art. 6. — Pourront lesdits sieur et dame preneurs, pour opérer le desséchement desdits étangs, ouvrir les chaussées d'iceux de la largeur et profondeur convenables; mais comme cette ouverture intercepterait le grand chemin d'Entrain à Cosne, lequel passe sur la chaussée de l'étang du Treslong, et le grand chemin d'Entrain à Clamecy, qui passe sur la chaussée de l'étang du Marais, lesdits preneurs seront tenus d'établir, à leurs frais, sur les ouvertures desdites chaussées, des ponts suffisants pour le service public, de manière que mondit seigneur ne puisse être recherché, ni inquiété à cet égard; et sera le pont sur la chaussée du Treslong construit en bois, en laissant néanmoins subsister le pont de pierre qui est au déchargeoir dudit étang; et celui de l'étang du Marais sera construit en pierres, de la forme et largeur qui seront jugées convenables...

Art. 7. — L'étang du Moulin-Neuf restera en nature d'étang, tel qu'il est, et lesdits fermiers pourront l'empoissonner et pêcher de la manière qui leur sera convenable...

Art. 8. — Sera permis aux sieur et dame preneurs de transporter les rouages et bâtiments du moulin de la Forge... à côté du moulin de l'Etang-Neuf, dans l'endroit le plus commode..., pourront élever la chaussée dudit étang, si faire se peut sans préjudicier au desséchement de l'étang du Treslong, et faire aller l'eau par-dessus les rouës...

Art. 9. — Mondit seigneur s'oblige de faire construire incessamment et à ses frais, dans la cour de son château d'Entrain, un bâtiment qui aura cent pieds de longueur sur trente-un de largeur, destiné à faire des écuries à l'usage de sadite ferme...

Art. 12. — Convenu que si, dans le courant du présent bail, monseigneur le duc vient à acquérir les trois huitièmes des dîmes d'Entrain, qui ne lui appartiennent pas, et s'il rachète la redevance de soixante-douze bichets d'avoine et les cinq livres de rente, en argent, due au sieur Langlais du Bouchet, sur les cinq huitièmes des dîmes appartenans au duché de Nivernais, dans ce cas... les preneurs payeront quatre pour cent du prix desdites acquisitions...

Art. 14. — Payeront annuellement lesdits preneurs, sans diminution du prix principal de leur bail, la somme de cinquante livres par an, pour le mariage d'une pauvre fille aumônée; cinq livres, en argent, et neuf septiers d'avoine au seigneur de Villers-le-Sec; neuf septiers aussi d'avoine à mad[e] l'abbesse de Reconfort...

Art. 22. — Outre les charges, clauses et conditions cy-devant détaillées, le présent bail est fait moyennant la somme de cinq mille cent livres de fermage, par chacun an, que ledit sieur preneur promet et s'oblige... payer à mondit seigneur duc de Nevers... en deux termes, 1er avril et 1er octobre...

(*Archives du château d'Entrain.*) *Signé*: Cordier, not[re].

Nota. — Nous ne rapportons de ce bail que les clauses propres à élucider l'histoire d'Entrain.

Page 135.

SEPTEMBRE 1781. LETTRES-PATENTES DU ROI LOUIS XVI CONFIRMATIVES DES DEUX ANCIENNES FOIRES D'ENTRAIN ET EN ÉTABLISSANT QUATRE NOUVELLES ET UN MARCHÉ DE BESTIAUX.

Louis, par la grâce de Dieu, roi de France et de Navarre, à tous présens et avenir salut :

Nos chers et bien-amés les officiers municipaux, bourgeois, marchands et habitans de la ville d'Entrain, en Nivernais, nous ont représenté que, de temps immémorial, il se tient deux foires dans ladite ville, le dix-sept janvier et le premier lundi de Carême, et que leur établissement est si ancien, que l'on ne peut en fixer l'époque. Mais que ces deux foires ne sont pas suffisantes pour cette ville, dont la position est très-heureuse relativement au commerce ; qu'elle est le point de réunion des deux routes d'Orléans à Clamecy et de La Charité à Auxerre; que l'on y a la commodité d'une messagerie qui y passe toutes les semaines ; que elle est même un lieu de passage pour la majeure partie des bestiaux venant du Charrolais, du Morvan, du Berry et du Bourbonnais; que ces considérations leur font désirer que, en leur accordant la confirmation des deux foires anciennement établies dans ladite ville, nous voulions bien leur permettre d'en établir de nouvelles.

Pourquoi ils nous ont très-humblement supplié de vouloir bien leur accorder nos lettres-patentes sur ce nécessaires. A ces causes, de l'avis de notre conseil, nous avons approuvé et confirmé, et, par ces présentes, signées de notre main, approuvons et confirmons les deux foires anciennement établies dans ladicte ville d'Entrain, lesquelles continueront de tenir le dix-sept janvier et le premier lundi de Carême, de chaque année. Etablissons, en outre, en ladite ville d'Entrain quatre autres foires et un marché pour les bestiaux, lesquels nous voulons être tenus, savoir : lesdites quatre foires le vingt-sept avril, le treize juin, vingt-huit août et vingt-quatre septembre, de chaque année, et ledit marché tous les mercredis de chaque semaine. Faisons deffense de percevoir, à l'occasion desdites foires et marché, aucun droit, de quelque nature et sous quelque prétexte que ce soit, autre que ceux qui seront justifiés par titres ou autrement. Dérogeons, à cet effet et pour ce regard seulement, à tous édits, déclarations, arrêts et règlements à ce contraires.

Si donnons en mandement à nos amés et féaux conseillers, les gens tenant notre cour de Parlement, à Paris, que ces présentes ils ayent à enregistrer, et du contenu en icelles faire jouir et user les exposans et leurs successeurs pleinement, paisiblement et perpétuellement. Car tel est notre plaisir; et afin que ce soit chose ferme et stable à toujours, nous avons fait mettre notre sceel à ces présentes.

Donné au château de la Muette, au mois de septembre, l'an de grâce mil sept cent quatre-vingt-un, et de notre règne le huitième.

(*Archives nationales.*) *Signé* : LOUIS.

LETTRE DE SURANNATION SUR LES LETTRES-PATENTES PORTANT
ÉTABLISSEMENT DE FOIRES DANS LA VILLE D'ENTRAIN.

Louis, par la grâce de Dieu, roi de France et de Navarre, à nos amés et féaux conseillers les gens tenant notre cour de Parlement, à Paris, salut. Nos chers et bien-amés les officiers municipaux, bourgeois, marchands et habitans de la ville d'Entrain, en Nivernais, nous ont représenté que par nos lettres-patentes du mois de septembre 1781, nous avons approuvé et confirmé deux foires anciennement établies dans lad. ville, lesquelles continueraient d'avoir lieu le 17 janvier et le 1er lundi de Carême, de chaque année; que par les mêmes lettres-patentes, nous avons établi dans lad. ville d'Entrain quatre autres foires et un marché pour les bestiaux; lesquels foires et marché nous avons voulu être tenus, savoir : lesdites quatre foires les 27 avril, 13 juin, 28 août et 24 septembre de chaque année, et ledit marché tous les mercredis de chaque semaine, avec deffense de percevoir, à l'occasion desd. foires et marché, aucun droit de quelque nature et sous quelque prétexte que ce soit, autre que ceux qui seraient justifiés par titre ou autrement. Mais des circonstances particulières ayant empêché les exposans de vous présenter nosdites lettres-patentes dans l'année de leur date, et craignant que vous ne fissiez difficulté de procéder à leur enregistrement à cause de la surannation d'icelles, ils nous ont très-humblement supplié de vouloir bien sur ce leur pourvoir. A ces causes, nous vous mandons et enjoignons, par ces présentes, signées de notre main, que sans vous arrêter à la surannation de la date de nosd. lettres-patentes, vous ayez à procéder à leur enregistrement et à faire jouir lesd. exposans du contenu en icelles; car tel est notre plaisir.

Donné à Versailles le 26e jour du mois de janvier l'an de grâce 1783, et de notre règne le 9e.

Signé: Louis.

(*Archives nationales.*)

Pages 151 *et* 153.

LETTRE DU DUC DE NEVERS AU PRÉSIDENT DE LA COMMISSION DU CONSEIL D'ÉTAT, CHARGÉE DU CONTRÔLE DES ÉLECTIONS, CONCERNANT PARMENTIER.

« Du 22 mars 1789.

» Le sieur Parmentier, procureur général de la Chambre des comptes, est
» un homme de mérite, fort estimé pour sa vertu et son érudition; car c'est
» peut-être l'homme de France le plus savant dans nos antiquités; mais
» n'ayant jamais vécu qu'avec ses livres, il a contracté un peu de dureté et
» d'opiniâtreté dans ses principes, qui sont un peu plus féodaux que je ne
» voudrais. Il résulte de tout cela, qu'il n'est pas aimé dans la province;

» mais il n'en est pas moins vrai que c'est un parfaitement honnête homme;
» dont on ne doit aucunement se défier.

» Voilà, Monsieur, ce que peut dire un gouverneur de province fort mal
» instruit... »

Quelques jours auparavant, Parmentier avait écrit au duc la lettre suivante :

« Nevers, 18 mars 1789.

» Monseigneur... je crains qu'en attendant, le censitaire ne refuse le cens,
» le fermier ses fermages, et tout débiteur ce qu'il doit, vu que les forcenés
» clubistes (de Nevers) persuadent que tous les biens doivent être communs
» et qu'on ne doit rien les uns aux autres. On a même plaidé dans ce triput
» que les femmes et les filles, les plus belles, étaient le patrimoine du
» public. »

Le duc de Nivernais, ancien ambassadeur, ministre d'État, membre de l'Académie française, et, par-dessus tout, honnête homme et homme d'esprit, appartenait, dit M. Labot (1), à la minorité libérale de la noblesse française, qui consentait aux réformes et les provoquait même pour éviter une révolution.

Quelques années plus tard, ce prince voyait périr son gendre, le duc de Brissac, gouverneur de Paris, massacré dans la rue. Lui-même, alors âgé de près de quatre-vingts ans, était arrêté, le 13 septembre 1793, et renfermé dans la prison des Carmes, d'où il sortait miraculeusement le 9 thermidor. En rentrant dans son hôtel, il le trouvait dévasté et n'avait plus ni un meuble, ni un habit. Il n'était plus Mgr le duc de Nivernais, mais simplement *le citoyen Mancini*, comme l'appelaient ses anciens sujets, même ceux d'Entrain. Il avait perdu trois cent mille livres de rente, son superbe château de Nevers, ses forêts d'Entrain et de Donzy, heureux d'avoir conservé sa tête. Il lui restait de l'esprit pour se consoler de sa grandeur passée en faisant des chansons, entre autres celle-ci :

J'ai vu de près la guillotine ;
Mon sort avait méchante mine,
Et j'en avais quelque souci.
Ahi! povero Mancini!

J'ai perdu ma fortune entière,
Ou, s'il m'en reste, ce n'est guère ;

Je suis mal mis et mal nourri,
Ahi! povero Mancini!

Je touche à la décrépitude ;
C'est une triste certitude,
Qu'il faut bientôt partir d'ici.
Ahi! povero Mancini!

Dans tous les écrits de ce gentilhomme, prose et vers, ajoute l'auteur cité, il ne se rencontre ni une ligne, ni un mot qui puisse donner à penser que les excès de 1793 avaient ébranlé la foi de M. le duc de Nivernais dans les *bons et solides principes* de 1789 !

---

(1) *Convocation des États-Généraux*, Nevers, 1866, pag. 309 et suiv.

Page 164.

1604. JUGEMENT POUR NICAISE DEGAIGE, CURÉ D'ENTRAIN.

A tous ceulx qui ces présentes lettres verront, Mathurin Lemaire, juge ordinaire en la chastellenie d'Entrain, membres et dépendances, pour noble seigneur messire Anthoine de Thiboutot, chevalier, seigneur de Ligny-Godart, Saint-Maurice-sur-Lauron et dudit Entrain, Cosme et Bohy, et baron de Saint-Verain-des-Bois, salut : Scavoir faisons que en la cause naguère meue et pendant par-devant nous en ladicte chastellenie d'Entrain, entre discrette personne messire Nicaise Degaige, curé de ce lieu, et, eu cette qualité, demandeur, d'une part ; et Salomon de La Chasse, Edmée Cayot, vefve de deffunct Jehan de La Chasse, tant en son nom que comme mère et tutrice légitime des enffans mineurs dudict deffunct et d'elle, aïant pris la cause pour Denis Poillot, et encore ledict Poillot, deffendeur, d'autre part : Veu la demande et les conclusions du demandeur, insérées en l'exploit libellé de Denisot, sergent, en date du 18e septembre mil six cent et quatre, les contracts de bail..., avons condamnés et condamnons lesdits deffendeurs à faire payement audit demandeur des vingt-neuf années par luy demandées en quittances ou aultrement, du moings de celles qui se trouveront deues et échues depuis qu'il est pourveu de ladicte cure et bénéfice, et aux dépens de cette instance et poursuite ; la taxe des présentes à nous réservée, et sauf à faire plaintes par cy-après, ou mesme poursuites à l'encontre dudict demandeur pour la célébration des dévotions qu'il est tenu faire en conséquence de ladicte rente de vingt sols, en cas de deffault, par notre sentence, jugement et a droict... Prononcé par nous, juge susdit...

(*Archives de la fabrique.*)   Mathurin LEMAIRE.

Page 186.

BAIL A FERME DU PRIEURÉ DE RÉVEILLON.

Par-devant le notaire, soubzsigné, ce quatriesme jour de septembre mil six cens trente-cinq, au lieu d'Entrain, avant midy, en l'estude du juré, fut présent en sa personne honorable et discrète personne dom Pierre Choutard, prieur du prieuré de Saint-Nicolas de Réveillon, demeurant à Lespau, près Donzy, lequel amodie et accense pour le temps, terme et espace de dix années et dix desbleures, prochaines et consécutives et suivantes l'une l'autre, à commencer au jour Saint-Martin d'hiver prochain, et à finir à tel et semblable jour, à Simon Bouzeau, laboureur, demeurant au village de Saint-Nicolas, paroisse de Saint-Cyr-les-Entrain, présent, stipulant et acceptant ; c'est assavoir tout le revenu dépendant dudit prieuré de Saint-Nicolas, en quelques choses qu'il se puisse consister, tant en disme, cens, rentes, que autre chose générallement quelconque, sans en rien retenir, ny réserver par ledit sieur bailleur, à la charge de nourrir ledit prieur les jour et festes de saint Nicolas de may, saint Fiacre et le dimanche d'après la feste saint Nicolas de décembre, chascun an, pendant ledit temps, et, en outre, moïennant les prix et somme de *trente* livres tournois, par chascune desdites années, et le païement des décimes dudit prieuré, que ledit preneur sera tenu païer, chascung an, au recepveur desdits décimes, en la ville dudit Entrain, au jour qu'ilz ont accoutumez d'estre faicts, quy est de quartier en quartier, et lesdites trente livres païables en deux termes esgaux, scavoir au jour et feste de Nativité de Notre-Seigneur et saint Jean-Baptiste, dont le premier païement commencera audit jour de la Nativité de Notre-Seigneur, que iceluy Bouzeau a promis et s'est obligé... païer audit sieur prieur, outre lesdits décimes, montant à seize livres tournois; et a esté accordé entre les parties que sy lesdits décimes augmentent de prix, ledit Bouzeau sera tenu esdits frais, lequel luy sera desduit sur lesdites trente livres tournois, en présentant ledit acquit; dont et car ainsy se promestent et obligent... Ce faict en présence d'honorable homme Jehan Simoneau et Philippe Comte, marchand, demeurant à Entrain, tesmoins, lesquels Bouzeau et Comte ont déclaré ne scavoir signer de ce requis et interpellés.

Signé : CHOUTARD, SIMONEAU et TOULLET, juré.

(*Archives de la fabrique.*)

Je soubzsigné, confesse avoir continué le bail de la ferme de Saint-Nicolas de Réveillon à Jehan Boiscourjon, le jeune, pour le temps et espace de cinq années et cinq desbleures, après l'expiration du bail passé par-devant maître Louis Toullet, aux mesmes charges et conditions portez audict contrat, à la réserve que ledit Boiscourjon sera tenu de païer les décimes, ceux mesmes qui sont et seront par sy après, sans diminution du principal porté audict contract, en témoignage de quoy j'ai signé la présente. Fait ce septiesme septembre mil six cens quarante-trois.

CHOUTARD.

Page 187.

TRAITÉ DE CONCILIATION ENTRE LE PRIEUR DE SAINT-NICOLAS ET LE CURÉ D'ENTRAIN.

Par-devant le notaire, garde-notes au Chastelet de Paris, soussigné, fut présent messire Pierre de Morel, prestre, prieur et seigneur spirituel et temporel de Notre-Dame de Lespau, demeurant de présent en cette ville de Paris, rue Saint-Jacques, paroisse Saint-Benoist, d'une part;

Et maître Fr. Née, praticicien, demeurant à Entrain, estant de présent en cette ville de Paris, logé rue Perdue, près la place Maubert et l'esglise de l'image Saint-Martin, comme procureur de messire Jean-Baptiste Bardolat, prestre, curé dudit Entrain, et de luy fondé de procuration spéciale à l'effet qui s'ensuit, passée par-devant Delarue, commis, demeurant audit Entrain, le cinquiesme jour du présent mois, annexée à la minute du présent, et que ledit sieur Bardolat ledit Née promet faire ratiffier le présent contrat, toutefois que besoin sera; lesquelles parties, pour assoupir et terminer le procès pendant par-devant nos seigneurs du grand Conseil entre lesdits sieurs de Morel et Bardolat, vu l'estat de la pention congrue que ledit Bardolat demandait à messire de Morel, comme décimateur dans l'estendue de la paroisse dudit Entrain, tant pour éviter aux frais qui s'en fussent ensuivis, que pour nourrir paix et amitié..., ont sur ledit procès transigé en la forme qui s'ensuit : C'est à savoir que ledit de Morel, audit nom de prieur, a accordé et, en tant que besoin est ou seroit, quitte et délaisse, dès maintenant et à toujours, par ces présentes, audit Bardolat et à ses successeurs dans ladite cure, la part et portion que luy, sieur de Morel, en sa qualité de prieur, avoit et prenoit, chascun an, sur les agneaux et chanvre dans ladite paroisse d'Entrain ; comme aussi luy quitte, dès maintenant et à toujours, les suites des dixmes de Chastre et du Chalumeau, que ledit sieur prieur avoit accoutumé de partager avec le sieur Bardolat, audit nom. Et quant à la restitution que ledit sieur de Morel pouvoit estre tenu faire audit sieur Bardolat de fruits et valeurs par luy perçus, à cause desdits dixmes, du passé et pour la présente année, ensemble pour les frais des deux procès dus par les parties, en ont composé à la somme de soixante livres, laquelle somme ledit de Morel promet bailler et payer aud. sieur Bardolat ou au porteur, lors de la ratification du présent contrat... Et au moyen de ce, ledit prieur se désiste et desmet dudit procès et le renvoie hors de cause, sans aulcuns autres dépens, dommages et intérêts prétendus de part et d'autre. Car ainsy le tout est accordé, promettant et s'obligeant chacun en droit soy. A esté faict et passé à Paris, en l'étude du notaire, le vingttroisiesme jour de juillet mil six cent quarante-neuf, avant midy.

(*Archives de la fabrique.*)   LESVÊQUE, notaire.

Page 188.

ABANDON DE DÎMES PAR LE PRIEUR DE LESPAU AU CURÉ D'ENTRAIN.

Cejourd'huy quatriesme juillet mil six cent soixante-quinze, après midy, je me suis, Jehan Chevau, sergent royal, soussigné, immatriculé au bailliage et siége présidial de Saint-Pierre-le-Moûtier, résidant à Entrain, transporté avec mes tesmoins, cy-après nommés, à la requeste de Mre Nicolas Desprez, prestre, prieur commandataire du prieuré de Notre-Dame de Lespau, présent, en l'hostel et domicile de Mre Sulpice Bourgoin, prestre, curé dudit Entrain, où estant ledit s. prieur de Lespau a déclaré et signifié, en ma présence et desdits tesmoins, audit sieur Bourgoin, curé d'Entrain, en parlant à sa personne, que pour n'estre tenu de la portion congrue, adjugée audit sieur curé par arrest de nosseigneurs du grand Conseil du vingt-huit may dernier, à lui signifié en son prieuré de Lespau, le troisiesme du présent mois, il abandonne et délaisse audit sieur curé les dixmes qu'il avoit droit de prendre et de lever dans le destroit de la paroisse dud. Entrain, par protestation de se pourvoir, pour son indemnité, contre ceux desquels procèdent lesdits dixmes par fondation, dotation, augmentation, eschanges ou autrement, ce qu'il ne peut, pour le présent, bien justifier, ny l'inféodation desdits dixmes, attendu les incendies des bastiments, titres et papiers dud. prieuré, arrivés durant les guerres civiles, incursions et pillages des gens de la religion prétendue réformée; soubz laquelle déclaration d'abandonnement desdits dixmes ledit sieur prieur de Lespau ne peut estre sujet au payement de ladite pension, ny pour l'année derniesre et la présente, ni pour l'avenir, et n'a d'intérest à la ventilation ordonnée par ledit arrest, au moyen de quoy n'entend comparoir à l'assignation qui luy a esté donnée aux fins de ladite ventilation par-dev. M. le lieut.-général d'Auxerre à ce commis par led. arrest, protestant pour le cas où ledit sieur Bourgoin feroit poursuites et contraintes contre luy pour ladite portion congrue, soit pour l'année derniesre, la présente, que pour l'avenir, et qu'il fasse expédier contre luy ladite assignation, de faire déclarer le tout nul, répéter contre ledit sieur curé toutes pertes, dépens, dommages et intérests, et se pourvoir, à cette fin, par-devant tous juges qu'il verra et devra; lequel sieur curé fait response que ledit prieur est à présent non recepvable et mal fondé à faire abandonnement, parce qu'il s'agit, à présent, de s'exempter d'un arrest dudit Conseil, rendu sur son consentement et sans protestation de faire ledit abandonnement, ce qu'il peut faire à la personne dudit sergent de ce lieu, si bon luy semble, comme décimateur desd. dixmes inféodés, au cas qu'il expose de la cure d'Entrain, dont ledit sieur curé portera que son abandonnement..., avec les dixmes, ne sont suffisants pour parfaire ladite portion congrue de luy déclarant qu'il s'*exécutera* (?) de son assignation... Laquelle réponse ouye, ledit sieur prieur de Lespau a persisté en sa déclaration et protestation cy-dessus, desquels signification, dires, response et protestations dudit sieur prieur, j'ay dressé le présent acte pour servir auxdits sieurs ce que de raison. Le tout fait en présence de Jacques Leduc, sergent audit Donzy, et d'honneste fils Nicot Ganneron, bourgeois...

(*Archives de la fabrique.*)

Page 188.

SENTENCE POUR SULPICE BOURGOING, CURÉ D'ENTRAIN, CONTRE LE PRIEUR DE SAINT-NICOLAS DE RÉVEILLON ET DE LESPAU.

Cejourd'huy vandredy dix-neufviesme jour de juillet mil six cens soixante et quinze, par-devant nous Thomas Marie, baron d'Avigneau, conseiller du roy, lieutenant-général au bailliage et siége présidial d'Auxerre, en nostre hostel, à l'heure de dix du matin, est comparu en personne vénérable et discrète personne messire Sulpice Bourgoing, bachelier en droit-canon, prestre, curé de la paroisse d'Antrin, assisté de M⁰ Jean Caillot, son procureur, qui nous a dit que par arresté de nos seigneurs du grand Conseil du roy du vingt-huit may dernier, signé par le roy à la relation des gens de son grand Conseil: Herbin, Exibé, Rendu, entre luy demandeur et Nicolas Desprez, prieur de Lespau, et dom Claude de Morel, prieur de Saint-Nicolas de Réveillon, paroisse de Saint-Cyr-les-Entrain, par lequel lesdits sieurs prieurs sont condamnez de payer audit sieur Bourgoing sa portion congrue, à raison de deux cens livres, par chascun an, de quartier en quartier et par avance, exempte de toutes charges, mesme des deniers ordinaires et extraordinaires, et les arrérages d'icelle du jour de l'abandonnement actuel dudit Bourgoing des fonds et revenus de la cure, excepté le creux de l'esglise, obitz et fondations, maison presbytérale et préclosture d'icelle, et à proportion de ce que chascun d'eux possède de disme en ladite paroisse d'Antrin, dont vantilation seroit faicte par-devant nous dans un mois, pour l'exécution duquel arresté ledit sieur Bourgoing a faict assigner à cedit jour et heure par-devant nous, comme commissaire délégué par ledit arrest, lesdits sieurs Desprez et Morel pour procéder en l'exécution et entre eulx à la vantilation du revenu des dixmes qu'ils perçoivent dans lad. paroisse d'Antrin, et le faire par ce moyen régler sur le payement de ladite portion congrue, tant pour ce qui est d'heu que pour l'avenir, prorata eu égard aux charges dont lesd. revenus peuvent estre tenous, le tout sous les offres de déduction portée par l'exploit de l'assignation du troisiesme du présent mois, signé Chevau, sergent; contrôlé le mesme jour, duquel, ensemble dudit arresté, lesdits sieurs assignez ont eu copie, et d'autant que depuis lad. assignation, et le lendemain quatorziesme, led. sieur Nicolas Desprez auroit faict signifier aud. sieur Bourgoing qu'il abandonnoit et délaissoit aud. sieur curé le dixme qu'il avoit droit de prétendre et lever dans le destroit de lad. paroisse d'Antrin, lequel abandonnement est signé dud. sieur Desprez, dud. sieur Bourgoing, Chevau, Ganneron et Leduc, et cedit avec protestations, par le moyen dud. abandonnement, de ne point comparoir à la présente assignation, lesquelles protestations n'ont point esté acceptées par led. sieur Bourgoing, attendu qu'il est nécessaire de faire prononcer par nous sur la demande en exécution dud. arresté; c'est pourquoy, comme led. sieur ne comparoit, ny procureur pour luy, non plus que led. sieur Morel, il demande acte de la déclaration faicte par led. sieur Desprez dud. abandonnement des dixmes à luy signifié, que led. abandonnement n'est point suffisant pour la portion congrue à luy adjugée par led. arresté et ne peut s'y contenter, ny en estre satisfait, et que autant qu'il lui est et que besoing seroit, il faict led. abandonnement et délaissement du mesme dixme audit sieur de Morel, prieur de Saint-Nicolas de Réveillon, pour par luy satisfaire entiesrement à lad. portion congrue, au désir dud. arresté, et au cas où ledit sieur de Morel refuserait l'acceptation et qu'il fist l'abandonnement de ses dixmes, proteste led. sieur curé de se pourvoir pour son supplément contre les seigneurs de ladite paroisse, pour par eulx fournir le payement de lad. portion congrue, décimes et charges de lad. cure; en outre, requiers dépens contre led. sieur deffendeur, tant de la présente assignation que de la précédante, que des actes intervenus sur icelle.

Sur quoy nous avons audit sieur Bourgoing, curé dud. Antrin, baillé et octroyé deffaut contre led. sieur de Morel, prieur de Saint-Nicolas de Réveillon, après l'heure et l'assignation à luy données et plus d'une heure au-delà, et pour le proffict avons faict acte aud. sieur Bourgoing du délaissement et abandonnement par luy faict aud. sieur de Morel des dixmes cy-devant appartenantes au sieur prieur de Lespau dans l'étendue de la paroisse dud. Antrin, ordonné que tant sur lesdites dixmes délaissées et abandonnées par ledit sieur de Lespau, que celles dud. prieur de Saint-Nicolas de Réveillon, led. sieur Bourgoing sera payé de sa portion congrue de la somme de deux cens livres, suivant et conformément aud. arrest du vingt-huit may dernier, et jusqu'à convenance de leur prix et valeur, qui sera au regard de celles délaisséez et abandonnéez par led. prieur de Lespau, le prix et amodiation ou évalution d'icelles. Et au regard de celles appartenant aud. sieur prieur de Saint-Nicolas, à raison de dix livres par an, eu égard au peu de revenu dont led. prieuré de Saint-Nicolas est composé, aux charges des décimes ordinaires et extraordinaires qu'il supporte annuellement, à l'effect du payement et acquist desquels décimes ordinaires et extraordinaires, et lesdites dix livres cy-dessus en déduction de lad. portion congrue, tous les revenus dud. prieuré de Saint-Nicolas de Réveillon demeureront ès-mains des fermiers d'iceulx ou des débiteurs, pour estre délivrez aux receveurs desdits décimes, jusqu'à convenance des taxes, et aud. sieur Bourgoing jusqu'à convenance desdites dix livres. Et se pourvoira led. sieur Bourgoing, pour le surplus et par fournissement de lad. portion congrue, contre les propriétaires des dixmes inféodeez, qui se perçoivent en l'étendue de lad. paroisse d'Antrin, ainsy qu'il avisera. Condamnons ledit sieur de Morel aux dépens, deffaut et poursuites faictes par-devant nous, la taxe réservée. Faict par nous, juge et commissaire susdict, les an et jour que dessus.

Signé : Marie, lieut.-génér., Collot et Caillat.

(*Archives de la fabrique.*)

Page 196.

ACCORD ENTRE GUILLAUME DE VÉAULCE, BARON DE RÉVEILLON, ET JEAN D'ARMES, SEIGNEUR DU LIEU ET DU VERGER.

A tous ceulx qui ces présentes lettres verront, Jehan Buxière, chastelain de Donzy, garde du scel de la prévosté dudit lieu pour hault et puissant prince et mon très-redouté seigneur le duc de Brabant, comte de Nevers et de Rhetel, baron de Donzy, pair de France, salut. Comme procès fust meu ou près de mouvoir entre noble homme Guillaume de Veaulce, écuyer, seigneur de Réveillon, demandeur en matière de saysine..., et noble et scientifique personne maistre Jehan d'Armes, licencié en décret, seigneur du Vergier, pour raison et à cause d'une pièce de terre assise et située à la queue du Grand-Estang d'Antrain, entre les deux chemins allant l'un dud. Antrain à Saint-Amant, et l'autre à Cosne-sur-Loire, et tenant, par-dessus, à mond. seigneur le duc, et, par dessoubs, au prieur de Saint-Nicolas de Réveillon, une haye entre deux, laquelle pièce de terre chascune desd. parties disoit et prétendoit à luy compéter et appartenir pour plusieurs causes et raisons que elles alléguaient et dont icelles parties estoient en voie de choir en grande évolution de procès. Pour à quoy éviter et norrir paix et amor entre elles, scavoir faisons que aujourd'huy, jour et date des présentes lettres, en la présence de André Crochet, clerc, notaire-juré de mond. seigneur le duc, soubs led. scel, auquel quant à ce nous avons commis nostre povoir, pour ce personnellement establi, ledit Guillaume de Veaulce et led. Jehan d'Armes, de leur bonne volonté, publiquement et en droit de leur dit débat, procès et différant, ont recognu et confessé avoir transigé et pacifié entre eux en la manière que s'ensuit. C'est à scavoir que led. Guillaume de Veaulce s'est désisté, desparty et despart, pour et à toujours, perpétuellement, de tout le droit prétendu par luy en icelle pièce de terre au profit et jouissance dud. maistre Jehan d'Armes, ensemble de trois journaulx de terre estant de lad. pièce de terre... par le bout dessus, devers led. Entrain, que led. Guillaume de Veaulce avait bailliez à titre de rente et cens à Jehan Chevault, demeurant aud. Entrain, led. de Veaulce s'en est semblablement desparty... au proffit dud. maistre Jehan d'Armes... et en a quitté led. Jehan Chevault, et led. Jehan d'Armes a volu et consenty que led. Chevault tiengne et possède, dores en avant, lad. pièce de terre de luy et en son nom, en lui païant..., chascun an, la charge que iceluy Chevault avoit accoustumé payer aud. de Veaulce à cause d'iceulx trois journaulx de terre, sans aultres charges quelconques. Et moïennant ce..., led. maistre Jehan d'Armes a baillé manuellement et content audit de Veaulce la somme de huit livres tournois, de laquelle... il s'est tenu pour content et bien païé...

En tesmoing de ce, nous, à la relation dud. juré, avons scellé ces présentes lettres du scel de la prévosté. Donné le quatorziesme jour de juillet l'an mil quatre cent quatre-vingt-dix, présens honorables hommes Jehan Bondy, lieutenant de mons. le bailly de Donziois, et Marquet de Laval, hostellier demeurant aud. Entrain, témoings ad ce requis et appelés.

CROCHET.

(*Archives du château d'Entrain.*)

Page 197.

VENTE DE RÉVEILLON ET DU MINERAY.

A tous ceulx qui ces présentes lettres verront, François Coquard, garde pour le roy, nostre sire, du scel aux contracts des bailliage et prévosté d'Auxerre, salut : Sçavoir faisons que par-devant Hélie Momerot, notaire, tabellion royal juré sous ledict scel, le vingt-deuxiesme jour de septembre mil cinq cens soixante et dix-neuf, comparut en sa personne noble homme messire Nicolas Bolacre, receveur pour le roy en l'élection de Clamecy, lequel a vendu, cédé, quitté et transporté, dès maintenant et à toujours, avec promesse de garantie, à noble et puissant seigneur messire Claude de Rochefort, chevalier, baron de Nanvigne, seigneur de Sigy, la Chastre, Menestreau... gentilhomme ordinaire de la chambre du roy, et à noble dame Claude de La Rivière, sa femme, absents, stipulant par honorable homme André Rousset, leur receveur, procureur et fondé de procuration spéciale à cet effet, en date du 20° jour du présent mois... les terres et seigneuries de Réveillon et Mineret... consistant ladicte seigneurie de Réveillon en justice moyenne et basse, bastimens, métairies, estang, moulin, prés, vignes, garennes, bois, buissons, déserts... et tous aultres droits en dépendant, et tels que audict sieur Bolacre ils appartiennent..., et ladicte seigneurie du Mineret, consistant en tous droits de justice haulte, moyenne et basse, droits d'usage ès bois d'Entrain, tant à raison de ladicte seigneurie de Réveillon que le Mineret..., sans auculne chose retenir... Cette vente faicte pour et moyennant le prix et somme de quatre mille trois cens trente-trois écus... revenant à treize mille livres tournois..., moyennant quoy lesdits sieurs acheteurs en demourent les vrais seigneurs et possesseurs...

Et néanmoins est accordé que pour ladicte terre de Mineret, ainsy vendue, au cas que lesdicts sieurs acheteurs seroient évincés, en tout ou en partie..., s'oblige ledit sieur Bolacre, pour toute garantie, au remboursement de deux cents écus sol, pour cas dudit trouble, remboursement dont se contenteront lesdicts sieurs acheteurs pour tous dommages et intérests. Et a esté encore accordé que en la présente vente de la terre de Réveillon et Mineret ne sera compris ce qui est procédé du prioré de Saint-Nicolas, dont ledict sieur Bolacre n'a pas jouy par cy-devant, cédant néanmoins ledict droit auxdicts sieurs acheteurs, mais sans aucune garantie.

Les présentes lettres, faites et passées audict Auxerre... par Momerot...

(*Archives du château d'Entrain.*)

Page 198.

MAINTENUE DE NOBLESSE EN FAVEUR D'ANTOINE DU ROUX, SEIGNEUR DE RÉVEILLON.

Aujourd'hui deux avril mil six cent soixante-sept, en la ville d'Orléans, est comparu, en personne, au greffe de la commission pour la recherche des usurpateurs du titre et qualité de noblesse, Antoine du Roux, chevalier, seigneur de Réveillon, suivant l'assignation à lui donnée par exploit du 5 mars mil six cent soixante-sept, lequel, pour satisfaire à l'arrêt du conseil du 22 mars 1666, et aux ordonnances rendues en exécution d'iceluy par Mgr de Machault, chevalier, conseiller du roy en tous ses conseils et direction de ses finances, maistre de requêtes ordinaires de son hôtel, commissaire député par Sa Majesté en ladite généralité, a dict, déclaré et affirmé estre âgé de cinquante-quatre ans ou environ, qu'il fait sa demeure actuelle et ordinaire audit Réveillon, paroisse d'Antrin, du ressort du bailliage d'Auxerre et de l'élection de Clamecy, qu'il est issu d'Antoine du Roux, chevalier, seigneur de Tachy, et de dame Claude de Rochefort, ses père et mère, qu'il a épousé Catherine de Veélu, de laquelle il a trois enfants, un fils, nommé Jehan du Roux, mousquetaire du roy, et deux filles ; qu'il est en droit et possession, de mesme que ses ancêtres, de porter la qualité de chevalier, en laquelle il requiert être maintenu, ayant toujours vécu noblement, sans déroger en façon quelconque, mesme a eu l'honneur de servir Sa Majesté, en qualité de capitaine, pendant plusieurs années ; que sa maison est originaire de Brie et porte pour armes : *D'azur, à trois léopards d'or* ; qu'il se reconnoît pour estre issu de la mesme famille et porte les mesmes nom et armes que Gabriel et Jehan du Roux, chevaliers, ses cousins germains, et encore Gabriel du Roux, chevalier, son frère, demeurant en la province de Paris ; et pour justifier de tout ce que dessus, ledit sieur du Roux a présentement mis et déposé aud. greffe sa généalogie et filiation, par luy signée et certifiée, avec le blason de sesd. armes, divers titres et pièces en un gros volume, et encore six pièces contenant la filiation, paraphée par première et dernière, par nous signée, greffier de ladite commission, y compris l'inventaire sommaire d'icelles, de luy signée, sauf à en produire et rapporter d'autres, s'il y échait ; desquelles comparution, affirmation et déclaration, ensemble de la représentation et dépôt desdites pièces et de l'élection de domicile par lui faicte en la maison de maistre Nicolas Lame, led. sieur du Roux a requis acte, qui luy a esté baillé pour luy servir, ce que de raison. Fait ledit jour et an susdits, et ont signé les sieurs du Roux et Lame.

CHEMEDEAU.

(*Archives du château d'Entrain.*)

Page 199.

FONDATION D'ANTOINE DU ROUX EN FAVEUR DE L'ÉGLISE D'ENTRAIN.

Par-devant Thomas Camus, notaire au duché de Nivernois et Donziois, soussigné, a été passé ce qui suit :

L'an mil six cent soixante-seize, le vingt-deuxième jour de novembre, après midi, ayant été requis, de la part de messire Antoine du Roux, chevalier, seigneur de Réveillon, y demeurant, de me transporter en son chasteau, ce que je lui ai octroyé à l'instant par état, et ayant trouvé ledit sieur gisant dans son lit, toutesfois sain d'esprit et entendement, ledit sieur de Réveillon, sans contrainte, a donné, délaissé, comme par ces présentes il donne, cède, quitte et délaisse, dès maintenant et à toujours, avec promesse de garantie, fournir et faire valoir de tout trouble, débats, hypothèque et empêchement quelconque, au profit de la fabrique d'Entrain, la somme de six livres tournois de rente foncière, annuelle et perpétuelle, payable par chacun an, au jour de Saint-Martin d'hiver..., moyennant qu'il lui sera permis et à ses héritiers d'avoir une place dans ladite église, en laquelle il sera posé un banc... au lieu et devant l'autel Saint-Hubert, nouvellement édifié en lad. église, et autour du pillier, qui est au dedans de lad. église ou chapelle, au côté droit de l'entrée d'icelle chapelle. Dans lequel endroit ledit sieur donateur pourra estre inhumé, sa femme et ses héritiers. Encore moyennant que ladite fabrique sera tenue de faire chanter, par chascun an, à son intention et pour le repos de son âme, deux messes de *Requiem*, une le lendemain de l'Annonciation de la Vierge et l'autre le lendemain de l'Assomption... A l'effet de quoi led. sieur a obligé, affecté et hypothéqué... son lieu et domaine du Chesnoy-la-Maison-Fort, a promis que ses hoirs et ayant cause, au temps à venir, seront tenus d'entretenir et maintenir, en sorte que ladite rente se puisse plus commodément prendre et percevoir, par chacun desd. an et jour. Laquelle donation a été présentement stipulée et acceptée par honorable homme Sulpice Parmentier, au nom et comme procureur fabricien de lad. église, ainsi que du sieur curé, des officiers et d'une partie des habitans dud. lieu d'Entrain... — La minute est signée du Roux, Parmentier, S. Bourgoing... Et au-dessous sont écrits de la main du sieur Bourgoing ces mots : Et sans préjudice de la fondation qui a été cy-devant faite par Mre Edme Guignebert Saint-Cyr, ni au passage de lad. chapelle, qui doit estre libre à moi et à mes successeurs pour célébrer la sainte messe et pour toutes autres fonctions requises.

Du vingt-deux novembre 1676, donation de six livres de rente affectée sur le domaine dit la Maison-Fort, à présent les Murailles, par Mre Antoine du Roux, seigneur de Réveillon, à la fabrique d'Entrain, à la charge qu'il lui sera permis de faire construire dans la chapelle Saint-Hubert, nouvellement édifiée, un banc de la longueur de six pieds sur quatre de largeur, et d'estre inhumé, ainsi que sa famille, dans lad. chapelle, et, en outre, de faire chanter deux messes de *Requiem*, l'une le lendemain de l'Annonciation et l'autre le lendemain de l'Assomption, par son procureur-fabricien, à son intention ; lad. rente payable le jour de la Saint-Martin d'hiver, ainsy qu'il paraît par lad. donation, reçue Camus, notaire, le 22 novembre 1676.

(*Archives du château d'Entrain.*)

Page 199.

DÉNOMBREMENT DE RÉVEILLON ET DU MINERAY PAR JEAN DU ROUX.

L'an mil six cent soixante-dix-sept, le vingt-quatriesme jour d'avril, par-devant messieurs les gens tenant la Chambre des comptes, à Nevers, fut présent, en sa personne, messire Jean du Roux, chevalier, seigneur de Réveillon, le Mineray, la Maison-Fort du Chesnoy, Beauregard et autres lieux;

majeur d'ans, fils de feu Anthoine du Roux et de dame Catherine de Véelu, lequel, de sa volonté, sans aucune induction, ni contrainte, a reconnu et confessé, reconnaist, confesse et advoüe tenir et porter, à titre de fief et hommage, de très-haut et puissant seigneur, Mre Philippes-Julien Mazarini-Manciny, duc de Nivernois et Donziois, pair de France, gouverneur et lieutenant-général desdites provinces..., et à cause de sa chastellenie d'Entrain, les terres, fiefs et seigneurie qui suivent :

Premiesrement, ledit seigneur tient et possède le lieu de Réveillon, scis en la paroisse d'Entrain, consistant en une maison segneuriale, en laquelle il y a un pavillon, corps de logis, grange, estable et cour, le tout enclos de murailles. A l'un des coings desdites murailles, proche de ladite grange, il y a une place de colombier, tombé depuis trente ans, le tout entouré de fossés et pont-levis; au-devant duquel est la basse-cour, en laquelle il y a une petite maison basse, grange, vinée, pressoir, jardin, verger...

Deuxiesmement, le fief, terre, justice et seigneurie du Mineray... consistant en tous droits de justice, haute, moyenne et basse, scis dans le ressort de la coutume et bailliage d'Auxerre, mouvant en plein fief de mondit seigneur, à cause de sa chastellenie d'Entrain...

En ce qui est du fief, terre, justice et seigneurie du Mineray, déclarent aussi lesdits sieurs du Roux qu'ils ont, dans toute son étendue, tous droits de haute, moyenne et basse justice, avec le droit et le pouvoir d'instituer un juge, un lieutenant, un procureur fiscal, un greffier, un sergent, un concierge pour la garde des prisons et des prisonniers, un prévôt qui rapporte par-devant leurs officiers les prises de bestiaux, afin de poursuivre et faire payer les dommages et dégats, suivant l'exigence des cas; de faire planter et édifier fourches et signes patibulaires, à quatre piliers, pour faire mettre et exécuter au dernier supplice par l'exécution de la haute justice;

Que leurs dits officiers ont et doivent avoir connaissance généralement de toutes causes civiles, personnelles, mixtes et réelles, entre leurs justiciables, pour quelques causes et quelques sommes que ce soit..., de tous les délits commis au dedans de ladite justice du Mineret;

Que les appellations des sentences, rendues par leurs dits officiers, en matière civile, se portaient, depuis peu de temps, au siége de Donzy, mais actuellement au bailliage royal d'Auxerre, mais qu'elles ne s'y porteront que jusqu'au temps où Mgr le Duc sera parvenu à rétablir son bailliage de Donzy dans le droit du ressort, dont il jouissait en mil cinq cent quarante-cinq;

Que les appellations des sentences rendues, en matière criminelle, par leurs dits juges, se portent directement par-devant nos seigneurs de la cour du Parlement, à Paris;

Que au dedans de leur dite justice du Mineret, ils ont droit d'étalons, poids et mesures, lesquels sont semblables à ceux de la ville et chastellenie d'Entrain;

Que les aubaines et épaves leur appartiennent, en suivant les formalités de la coutume du bailliage et comté d'Auxerre, dans le ressort de laquelle ladite terre, justice et seigneurie du Mineret est située...; droits de confiscation, retenue, lods et vente, de chasse, prisons, cachots...

(Archives du château d'Entrain.)

Page 200.

POUVOIR POUR LA VENTE DE RÉVEILLON.

A tous ceux qui ces présentes lettres verront, Anne-Gabriel-Henri Bernard, chevalier, marquis de Boulainviller, prévôt de Paris, salut: Scavoir faisons que l'an mil sept cent soixante-dix-sept, le quinze février, par-devant nous, Denis-François Angran d'Alleray, chevalier, comte des Maillis, lieutenant civil au Châtelet de Paris, sont comparus les parens et amis de Mre Benoist-Pierre du Roux, chevalier, majeur, mais interdit de la gestion et administration de ses personne et biens, pour cause de démence, par notre sentence du vingt-trois février mil sept cent soixante-seize, insinuée le 27 par Caqué, étant au greffe de Me Vincent, l'un des greffiers de la chambre civile, scavoir: outre la dame comtesse du Roux, mère dudit sieur interdit, Mre Jean-Baptiste de Vieuville, chevalier de l'ordre royal et militaire de Saint-Louis, brigadier des armées du roy, oncle à cause de la dame son épouse; Mre Jacques Garnier de Sainville, capitaine d'infanterie, oncle maternel; Mre Pierre-Antoine Pinselin, chevalier, marquis de Moraches, Miennes et autres lieux, oncle à la mode de Bretagne; Mre Antoine Tarbouher de Brézé, chevalier, conseiller du roy en ses conseils, président honoraire en la cour des monnoies, cousin à cause de dame Françoise de Montigne, son épouse; Mre de Bignon, comte d'Arquian, ancien mousquetaire, cousin à cause de la dame son épouse; Mre Pierre Garnier de Farville, seigneur de Lierville, capitaine de cavalerie, lieutenant du roy en la ville de Chartres, oncle maternel; Mre Jean de Loynes, chevalier, seigneur d'Antroche et chevalier d'honneur au bailliage et siége présidial d'Orléans; Mre Pierre-Louis Berthereau, chevalier, seigneur de la Giraudière, et Alexandre Dholman, chevalier, seigneur de Fontenoy, ancien capitaine au régiment de Chartres, infanterie, chevalier de l'ordre royal et militaire de Saint-Louis, parent dudit sieur interdit, tous comparant par Me Gillard, procureur au Châtelet, fondé de leurs procurations, au nombre de deux, demeurées annexées à la minute des présentes, lequel, après serment pour ses constituants, sur ce que dame Marie-Anne Garnier, comtesse du Roux, veuve de Mre Pierre du Roux, chevalier, baron, seigneur de Réveillon, curatrice à l'interdiction dudit sieur chevalier du Roux, a représenté qu'il dépend de la succession dudit sieur du Roux, son mari, une petite terre scituée dans le Nivernois, appelée Réveillon, éloignée de trente lieues de la ville d'Orléans, où demeure lad. dame, et de huit lieues du grand chemin; que depuis la mort dudit sieur son mary, elle n'a occasionné que beaucoup de dépenses, qui ont non-seulement absorbé les revenus, mais encore plus de douze mille livres au-delà; qu'elle ne rapporte encore, malgré la dépense qui y a esté faite, que treize cents livres de revenus, et qu'elle exige annuellement beaucoup d'entretien et de réparations, et qu'il y en a actuellement de considérables à faire; que cette petite terre appartient à Mre Antoine-Pierre-Joseph du Roux, comte du Roux, chevalier, seigneur des Guais, lieutenant au régiment de Chartres, cavalerie, et audit sieur chevalier du Roux, interdit, son frère cadet, sauf le partage à faire entre eux, suivant la coutume du Nivernais, dans laquelle l'aîné a des avantages; qu'il est également utile aux deux frères de vendre cette terre, dont on retirera un prix bien supérieur au revenu du produit et qui les déchargera l'un et l'autre d'un entretien qui diminue tous les ans le revenu, attendu les réparations continuelles de la maison bâtie sur cette terre, qui ne produit rien, étant en très-mauvais état; que cette terre peut être vendue avantageusement à des personnes qui en ont d'autres dans la province et à la proximité, et que ledit sieur du Roux, qui y a le plus d'intérêt, en trouve l'occasion et a proposé à ladite dame, sa mère, de consentir à la vente; mais qu'en sa qualité de curatrice elle ne peut donner ce consentement sans y être autorisée. Nous a ledit Mre Gillard déclaré par ses constituants, qu'ils sont d'avis que ladite dame comtesse du Roux, en sa qualité de curatrice à l'interdiction dudit sieur son fils cadet, soit autorisée à vendre, aux meilleurs prix, charges, clauses et conditions que faire se pourra, conjointement avec led. sieur son fils, ladite terre de Réveillon, après estimation d'icelle par un expert, qui sera nommé d'office par le plus prochain juge royal de la situation de ladite terre, et après les affiches et publications accoutumées, suivant les réglements, pourvu que ladite vente ne soit pas au-dessous de l'estimation ou de la surenchère qui pourra survenir par l'événement des publications, recevoir le prix de ladite vente pour la moitié dudit sieur interdit, à la charge d'employ de l'avis desd. sieurs parents, de nous homologué, requérant led. Mre Gillard, audit nom, l'homologation dudit avis. Sur quoy nous disons que ladite dame comtesse du Roux, en sa qualité de curatrice à l'interdiction dudit sieur chevalier du Roux, son fils cadet, est et demeurera autorisée à l'effet de vendre, conjointement avec ledit sieur comte du Roux, frère aîné dudit sieur interdit, qui désire lad. vente, la terre et seigneurie de Réveillon, scituée dans le Nivernois, appartenante auxd. sieurs comte et chevalier du Roux, sauf les portions avantageuses à l'aîné, suivant la coutume de Nivernois, et ce au plus haut prix et aux meilleures conditions que faire se pourra, après toutefois que lad. terre et dépendances auront été vues, prisées et estimées par un expert, qui sera pris et nommé d'office par le juge royal de la situation de lad. terre, auquel notre présente sentence vaudra commission rogatoire, et après aussi les affiches, publications et remises accoutumées, sans que le prix de lad. vente puisse être au-dessous de l'estimation ou de la surenchère qui pourra survenir par l'événement des publications, recevoir le prix de ladite vente pour la portion dud. sieur interdit et en donner quittance, à la charge d'employ au profit dud. sieur interdit, de l'avis de ses parents, de nous homologué; le tout suivant leur avis cy-dessus, que nous homologons. En témoin de quoy nous avons fait sceller ces présentes. Donné par nous, juge susdit, les jour et an que dessus.

FRIMONT.

(*Archives du château d'Entrain.*)

Page 200.

ACQUISITION, FOI ET HOMMAGE DE LA TERRE DE RÉVEILLON.

A tous ceux qui ces présentes lettres verront, les président, conseillers-maîtres et officiers de la Cour des comptes de Nevers, pour très-haut et très-puissant seigneur monseigneur Louis-Philippe-Jules-Barbon Mazarini-Mancini, duc de Nivernais et Donziais, pair de France..., salut : Savoir faisons que cejourd'hui trente may mil sept cent soixante-dix-huit, au bureau de la Chambre des comptes de Nevers, est comparu messire Barthélemi Duverne, lieutenant-colonel au régiment de Beaujolais, chevalier de l'ordre royal de Saint-Louis, seigneur de Villers-Lafaye, de Chaumont et autres lieux, demeurant en la ville de Clamecy, lequel nous a donné requête, signée de lui et de Claude-Louis Archambault du Pavillon, son procureur, expositive que, par contrat reçu Voile de Villarnoult et son confrère, notaires, résidants à Donzy, le 7 février dernier, il a acquis de dame Marie-Anne Garnier de Farville, veuve et non commune de messire Pierre du Roux, tant en son propre et privé nom et comme tutrice à l'interdiction de messire Benoist-Pierre du Roux, chevalier, son fils, qu'au nom et comme fondée de la procuration générale et spéciale de messire Antoine-Pierre-Joseph du Roux, son fils aîné, héritiers, pour chacun une moitié, de défunt sieur Pierre du Roux, leur père, les fiefs, terres, justices et seigneuries de Réveillon et le Mineray, moyennant le prix et somme de 40,215 livres 15 sols 7 deniers, pour ce qui est porté du duché et relevant en plein fief de Monseigneur à cause de son duché de Nivernais et Donziais et chastellenie d'Entrain, requérant mondit sieur qu'il nous plaise le recevoir à foy et hommage desdits fiefs et lui donner acte du serment de fidélité qu'il est prêt de rendre à Monseigneur, entre nos mains, aux offres qu'il fait de payer à Monseigneur les proffits de ladite acquisition, suivant qu'ils seront réglés en cette chambre, ensemble les seize deniers pour livre desdits proffits revenant à cette chambre, et lui donner acte de la remise qu'il a présentement faite d'une copie collationnée de sondit contrat d'acquisition; sur quoy, vu ladite requête, notre ordonnance de communication au procureur général de cette chambre, ensemble ses conclusions, et y faisant droit, nous président, conseillers-maîtres et officiers de cette chambre pour Monseigneur, avons reçu et recevons, par ces présentes, mondit sieur à foy et hommage desdits fiefs et lui avons donné acte de son serment de fidélité, dû à Monseigneur en tel cas requis, qu'il a présentement presté en nos mains, et avons réglé les proffits de ladite acquisition, remise faite du quart, à la somme de 6,032 livres 7 sols 4 deniers, laquelle somme a esté présentement payée au receveur général du duché, comme aussi a esté présentement payée la somme de 302 livres 3 sous 3 deniers, pour les seize deniers par livre desdits proffits revenant à cette chambre, à cause du dénombrement desdits fiefs, ce qui a esté fait par acte de cejourd'hui. Comme aussi lui avons donné acte de ce qu'il a présentement remis une copie collationnée de sondit contrat d'acquisition, et à la charge par mondit sieur de payer au fermier de la chastellenie d'Entrain la somme de trente livres, suivant son bail, toutes lesquelles sommes ledit sieur Duverne a déclaré provenir des deniers dotaux de son épouse, le tout sans préjudice d'autres droits et devoirs seigneuriaux, si aucuns sont dus à Monseigneur, et du droit d'autruy, et avons signé avec mondit sieur Duverne et son procureur. — Signé : Dubois, Gueneau de Vauzelle, Prisye, Ruby, Duverne, Archambault du Pavillon, de La Planche, secrétaire en chef de la chambre.

(*Archives du château d'Entrain.*)

Page 201.

JUIN 1856. LETTRE DU COMTE DE LARIBOISIÈRE AU CURÉ D'ENTRAIN.

Monsieur le Curé, par son testament, en date du 15 mai 1849, Mme la comtesse de Lariboisière, née Roy, avait disposé, en faveur de la paroisse de son domicile, à Paris, d'une somme de huit mille francs pour faire dire, tous les jours, à perpétuité, une messe pour le repos de son âme.

Mme de Lariboisière est décédée le 27 décembre 1851, et après une instruction retardée par divers incidents, la fabrique instituée vient d'être autorisée, par un décret récent (de mai), à ne pas accepter la libéralité qui lui était réservée.

La cause de cette non-acceptation réside dans la difficulté d'assurer, à Paris, la célébration d'un service quotidien avec un capital de 8,000 fr. et d'acquitter, en outre, les droits de mutation, qui ne s'élèvent pas à moins de 10 fr. 80 c. p. 0/0, et que le testament laissait à la charge du légataire.

J'ai supposé que cette insuffisance s'effacerait dans votre diocèse, où l'honoraire des messes est vraisemblablement inférieur à celui usité à Paris, et guidé par le désir d'accomplir les intentions pieuses de ma femme, j'ai eu la pensée de reporter sur votre paroisse le bénéfice de la disposition testamentaire.

Je viens donc vous offrir, Monsieur le Curé, de faire donation à la fabrique de votre église, pour la fondation, à perpétuité, d'une messe quotidienne à l'intention de Mme de Lariboisière, non plus seulement de la somme de 8,000 fr. indiquée au testament, mais d'une inscription de rente de quatre cents francs, 3 p. 0/0, sur l'Etat, et affranchie des droits de mutation, que je prendrai à ma charge.

En ajoutant ainsi de mes propres deniers à la libéralité de ma femme, j'ai principalement en vue de perpétuer sa mémoire dans un pays où elle s'était plu à répandre des bienfaits, et, dans ce but, je demanderai l'autorisation de faire placer dans votre église un petit monument commémoratif.

Je vous prie donc, Monsieur le Curé, de vouloir bien me faire savoir vos intentions et celles du conseil de fabrique relativement à mon offre, que je suis prêt à réaliser dans les formes légales.

Cte DE LARIBOISIÈRE.

(*Archives de la fabrique.*)

Page 212.

1537. VILLAGE DE CHASTRES.

A tous ceulx qui ces présentes verront, Noël Besmer, licentié ès-loix, bailli de Saint-Verain-des-Bois, Cosme et Bohy, et garde du scel estably aux contrats de ladite chastellenie, salut. Scavoir faisons que par-devant Martin Thibault, notaire-juré soubz ledit scel, auquel quant à ce nous avons commis nos pouvoirs, furent présentz, en leurs personnes, nobles hommes Loys Blosset, seigneur de Villiers; Jehan Buxière, seigneur de Montbenoist, et Arthur de Veaulce, seigneur de Révillon, commissaires ordonnés et desputés par messeigneurs les tuteurs et curateurs de monseigneur le comte de Rethel et de Beaufort, en Champagne, baron de Donziois, seigneur de Lautrech, pour conduire le faict du terrier d'iceluy seigneur en son pays de Donziois, d'une part ;

Jacques Beullot, tant en son nom que pour et au nom de Simon Beullot, Léonard Beullot et Sulpice Beullot, ses consors et personniers, absentz, et desquelz il s'est fait fort, laboureurs, demeurantz au lieu de Chastres, en la justice de Bohy; Simon Gavard, aussi prenant en main pour Jehan, André et Perrin Gavard, ses communs et personniers, auxquels il a promis de faire ratiffier et avoir pour agréable le contenu de ces présentes, d'autre part. Disant icelles parties, mesmement lesditz commissaires cy-dessus nommés, que par la teneur des lettres de bail, exibées par lesditz Beullot et Gavard, apparoît que drès le vingtiesme décembre mil quatre centz quatre vingt et dix, feux Charles de Laporte, seigneur de Pesselières, maistre Jacques Perrault, bailly de Saint-Verain, et Jehan Buxière, chastelain de Donzy et dudict Saint-Verain, susnommé, et comme procureur de feu bonne mémoire monseigneur Jehan, duc de Brabant, comte de Nevers et baron de Donziois, auroient baillé et délaissé perpétuellement à feux André Gavard et Guillaume Beullot, prédécesseurs des susnommés, les héritaiges cy-après déclarés : Et, premièrement, le lieu, meix et tenement de Chastres, assis en la justice et seigneurie dudict Bohy, avecq les maisons, granges, courtz, courtilz, préaulx, aisances et appartenances desdicts, le tout ainsy qu'il se comporte et estend, de long en long et de large en large, tenant, de toutes parts, aux terres desdits reconnoissantz. Item, une pièce de terre, assise audict lieu de Chastres, vulgairement appelée Verdot, avecq le champ des Cloux, contenant le tout deux boisselées et cinq journaulx de terre, en nature de labouraige, tenant, d'une part, au grand chemin par lequel on va de la ville d'Entrain à Cosne-sur-Loyre; d'autre aux terres d'André Soyer et Simonet, au chemin appellé la rue Ferrendin, qui sert pour l'aisance desdicts lieux; d'aultre aux héritaiges appellés Bozot, que lesdicts reconnoissants tiennent des prieur et couvent de Nostre-Dame du Prey-les-Donzy, et d'aultre aux boys et terre appellé la Soille-des-Jons. Item, une osche, appellée l'Osche-Devant, estant partie en labouraige, comme courtils et vergers, en laquelle il y a plusieurs bastiments... Item... Desquels ils auroient faict faire, par autorité de justice, réduction à arpent, et iceulx héritaiges fait arpenter et mesurer par Nicolas Petit, arpenteur-juré du roy, nostre sire, au bailliage d'Auxerre, par le rapport duquel il estoit tesnu que lesdits preneurs, oultre et par-dessus le contenu des lettres dudict bail cy-devant récité, ils avoient quinze ou seize arpents de terre plus qu'ils ne debvoient, lesquels quinze arpents ainsy trouvés de nous, lesdicts commissaires, voulons bailler au cher offrant et dernier enchérisseur, au proffit et augmentation du domaine et revenu de mondict seigneur, ce que lesdicts Beullot et consorts empeschent; parce qu'ils disent avoir joy et usé desdits héritaiges, ensemble de l'oultre plus par l'espace de trante ans et plus, qui estoit temps suffisant pour prescripre contre tous; aussi avoient deffrichez lesdits héritaiges et iceulx mis en bonne nature de labouraige, à leurs frais et despens, pourquoy n'en debvoient estre privés, tellement que icelles parties estoient en voye d'entrer en procès et en iceulx fournir et faire gros et somptueux despens; pour auxquels obvier, cejourd'hui, datte des présentes, lesdictes parties ont amiablement transigé et pacifié en la maniesre qui s'ensuit : C'est ascavoir que lesdicts commissaires, subsnommez, cognoissants le clair et evidant proffit de mondit seigneur, par l'advis des gens de son conseil, ont baillé et délaissé auxdicts Beullot, Gavard et consorts, devant nommez, à ce présentz et acceptants pour eulx, leurs hoirs et ayant cause, tous les héritaiges déclarés ès-lettres dudict bail; ensemble lesdicts quinze arpents... sous la charge, en maintenant la somme de quatre livres dix sous tournois, une épaule de lard, une poule de rente et dix deniers tournois de cens, portant deffauts, lods et vente, retenue, remuement et amendes réelles, selon la coutume reçeue en ladite chastellenie de Bohy... au jour Saint-Remy, prochain venant, et d'illec en continuant d'an en an et de terme en terme, à tousiours et perpétuellement,... oultre l'antienne charge que ils dobvent par ci-devant payer à mond. seigneur, pour lesd. héritaiges, de quarante sous tournois, à la charge que lesd. preneurs, et chascun d'eulx seul pour le tout, ont promis et seront tenuz continuer tenir et soubstenir lesd. héritaiges, ensemble les maisons, granges et aultres bastimens, descrits eu iceulx, en tel et si bon estat que lesd. cens et rentes y soient commodablement prins, serviz et perceus, chascun an, aud. jour, saus deschez. Ce fut faict au lieu d'Entrain, le 9ᵉ jour d'apvril, l'an mil cinq centz trante et sept.

(Archives du château de Beauvais.)

Page 215.

ÉTAT ET VENTE DE LA SEIGNEURIE DU CHESNOY.

Par-devant les notaires royaux au duché de Nivernois, résidants à Corvol-l'Orgueilleux et à Brinon-les-Allemands, soussignés, après midy, le onze avril mil sept cent trente-six, au village de Beaulieu, généralité d'Orléans, sont comparus, en leur personne, messire Claude-Joseph du Bois, chevalier, seigneur de Marcilly et autres lieux, et dame Marie du Roux, son épouse, qu'il autorise à l'effet des présentes; messire François de Bony, chevalier de l'ordre militaire de Saint-Louis, ancien capitaine de grenadiers du régiment de Beaujolois, seigneur, en partie, de Neufontaines, et dame Anne-Léonarde du Bois, son épouse, qu'il autorise à l'effet des présentes, tous demeurant ensemble audit Beaulieu, lesquels ensemblement, solidairement... ont reconnu et confessé avoir vendu, et, par ces présentes, vendent, cèdent, quittent, délaissent et transportent, dès maintenant et à toujours, avec promesse de garantie de tous troubles, dettes, hypothèques, douaires et empêchemens quelconques, à peine de tous dépens, dommages et intérêts, à Mre Nicolas Bernard, procureur fiscal de Trucy-l'Orgueilleux, y demeurant, présent et acceptant, acquéreur pour luy, sa femme, ses hoirs et ayant cause, c'est à savoir le domaine auxdits sieurs et dames vendeurs appartenant, appelé le domaine des Joussillots, autrement le domaine d'En-Bas, situé dans la justice du Château-du-Bois, paroisse de Saint-Cyr, ce consistant en bâtiment de maison, grange, cour, étables, écuries, vergers, chenevières, aisances et appartenances, prez tels qu'ils sont, terres labourables... sans aucune chose en réserver, excepter, ny retenir...

Plus la terre et seigneurie du Chesnoy, relevant en plein fief de monseigneur le duc de Nevers, consistant en haute, moyenne et basse justice, avec permission d'y établir officiers, comme juge, procureur fiscal, duquel fief relève le fief de Ferrières et le Petit-Réveillon, où demeure Mad^e Billacois, cens, rentes dépendants de lad. terre du Chesnoy.

Plus le domaine dépendant de lad. terre et seigneurie du Chesnoy, appelé le Chesnoy, autrement les Murailles ou Maison-Fort, paroisse dud. Saint-Cyr, ce consistant en bâtiment de maison, grange, écuries, étables, vergers, chenevières et autres bâtimens, aisances et appartenances, prez, terres labourables et non labourables, et généralement ce qui dépend dud. domaine et seigneurie du Chesnoy, même les bois et accrues, sans aucune chose réserver, excepter, ny retenir, et ainsi qu'il se comporte et qu'en ont joui, ou dû jouir lesd. sieurs et dames vendeurs...

Plus une maison, située en la ville d'Entrain, dans la Grande-Rue, ce consistant en chambres basses, chambres hautes, greniers dessus, caves dessous, grange, cour, aisances et appartenances, tenant le tout du levant à la Grande-Rue d'Entrain, du couchant aux damoiselles Cornillat; du midy au sieur Bernard, et du septentrion à la rue descendant à l'étang du Trélong.

Plus un petit jardin, en dépendant, tenant, du levant, au sieur Alfroy, du couchant à Mad^e Frémy de La Masserie, du septentrion au sieur Parmentier, du midy aux murailles de la ville d'Entrain.

Plus 55 sols et deux chapons de rente, cinq sols de cens dus à la seigneurie du Chesnoy par Edme Pougny, une rente de cent douze sols par an, dûe par les Couleaux, des Bordes... Et comme lesdits sieurs et dames vendeurs doivent, par chacun an, à la fabrique de l'église d'Entrain, une rente de six livres, elle sera acquittée par ledit sieur acquéreur, à l'avenir, à la Sainte-Catherine.

Cette vente faite... moyennant le prix et somme de neuf mille neuf cens livres,.., les vins payez au sol la livre... pour autre pot de vin, la somme de 90 livres... — Signé : Marie du Roux, de Bony, Anne du Bois de Bony, Bernard et Cassard, notaire, Leclerc.

(*Archives de la famille Rabion.*)

Page 218.

FAMILLE LE CARRUYER DE BEAUVAIS ; ANOBLISSEMENT.

Henry, par la grâce de Dieu, roy de France et de Navarre, à tous présens et avenir, salut : Comme l'origine ou commencement de la noblesse soit issue de la vertu, accompagnée de grandeur, magnanimité et générosité de cœur, et qu'il est très-décent que ceulx qui en sont ornez, et qui continuellement emploient leur vie et propres personnes ès guerres, battailles, assaulx de villes et autres endroits pour le bien, sécurité, conservation et deffense de nostre royaulme, repos et tranquillité de nos subjects, soient, ensemble leur postérité, élevés en tel degré d'honneur et de noblesse, que leurs vertus et services le méritent, affin que se voyant décorez du tiltre d'icelles et des prérogatives et honneurs qui les accompagnent, ils soient plus prompts et enclins à continuer et maintenir leur vertu et faire debvoir de l'accroistre et augmenter, en sorte que les aultres, à leur imitation et exemple, fassent le semblable, et que laissant à la postérité une marque si claire et notable, elle leur puisse, comme un signal, servir d'adresse pour les conduire par le chemin de vertu, déjà frayé par eulx, sans se fourvoyer ou détraquer auculnement : Scavoir faisons que nous ayant en singulière recommandation les louables vertus qui sont en la personne de nostre bien-amé Gabriel Le Carruyer, sieur de Launay, en la vicomté d'Arques, et les bons et recommandables services que il nous a faicts pendant ces présens troubles, dont il est digne de très-grande louange et estre honoré de tel tiltre, grâce et honneur, que il puisse, à l'avenir, faire foy desdictes vertus et mérites, et luy demeurer, et à sa postérité, pour perpétuer l'honneur et l'ornement de sa maison ; pour ces causes et aultres bonnes considérations à ce nous mouvant, mesme des honnestes moïens que il a pour maintenir l'estat de noblesse, avons, par cestuy nostre présent edict perpétuel et irrévocable, et de nostre certaine science, pleine puissance et auctorité royales, annobly et annoblissons ledit Le Carruyer, sieur de Launay, tenu et réputé issu de noble race, ensemble sa femme et ses enfans, postérité et lignée, tant masles que femelles, nés et à naistre et procréez en loyal mariage, et du tiltre de noblesse avons décoré et décorons, voulons et nous plaist que, en tous leurs faicts, actes et négoces, ils soient doresnavant congneus, censez et respectez pour nobles, et que il puisse et sadicte postérité porter le nom et tiltre d'escuyer, parvenir à toute dignité de chevalerie et de nostre gendarmerie, posséder tous fiefs et terres nobles, que il a ou qui pourront luy eschoir et acquérir, sans estre tenus d'en départir ou païer finance, et faire apposer ou blasonner au dedans l'escusson de ses armoiries, telles que elles sont cy-presentes ; voulons et nous plaist que ledict sieur de Launay, sa femme et ses enfans, postérité, jouissent doresnavant de tous droicts, privilèges, immunitez, prérogatives, prééminences de noblesse, franchises et exemptions, dont jouissent les aultres anciens nobles de race et vertu de nostre royaulme, tout ainsy que s'il estoit extraict de noble et ancienne race, sans que il soit, pour cest effet, tenu nous païer, ne à nos successeurs, aulcune finance, de laquelle nous luy avons, pour les considérations cy-dessus, faict et faisons don et remise, à la charge toutefois de vivre par eulx noblement, sans dégénérer de ladicte qualité, et de païer la somme à laquelle se pourroit monter l'indempnité du peuple du lieu où il est demorant, selon l'estimation qui sera faicte par nos officiers de ses biens et facultez, affin que nostre peuple ne soit surchargé, au cas toutefois que il soit contribuable à nos tailles. Sy donnons en mandement à nos amez et féaulx conseillers, les gens de nos comptes, cours des aydes, en Normandye, présidens et trésoriers-généraulx de France, establis à Rouën, et à tous aultres nos officiers que il appartiendra, que ces présentes ils ayent à vérifier et enregistrer, et du contenu faire jouir et user ledict Le Carruyer, sieur de Launay, pleinement et paisiblement; cessant et faisant cesser tous troubles et empeschements à ce contraires; car tel est nostre plaisir. Et affin que ce soit chose ferme et stable à tousjours, nous avons faict mettre nostre scel à ces dictes présentes, sauf en aultres choses nostre droict, et l'autruy en toutes.

Donné à Paris, au mois de septembre de l'an de grâce mil cinq cent quatre-vingt et quatorze, et de nostre règne le sixiesme.

HENRY.

(*Archives du château de Beauvais.*)

Les pièces suivantes, tirées des archives Mancini-Nivernais, nous ont été communiquées par M. le vicomte d'Hunolstein :

Page 62.

1276. LETTRES QUE LI CUENS ROBERZ ACHATA DE BRUN DE MANNAY 8 SEXTIERS ET DEUX BICHETS D'AVOYNE QUE IL PRENOIT, CHASCUN AN, ES GRENIERS LE COMTE A ENTRAIN.

Omnibus presentes litteras inspecturis officialis Varziacensis salutem in Domino. Noveritis quod constitutus in jure coram Stephano Joveneti, clerico nostro jurato, cui quantum ad hoc commisimus vices nostras, dictus Brunus de Mannayo vendidit, concessit et quittavit, inperpetuum, nobili viro domino comiti Nivernensi et ejus heredibus, pro quindecim libris parisiensium, suis quittis et sibi a dicto domino comite vel mandato suo, ut dicebat, integre solutis in pecunia numerata, octo sextarios et duos bichetos avene, ad mensuram de Interamnis, quos habebat annui redditus, et percipere ac habere consueverat annuatim, infra festum sanctorum Remigii et Germani, in orreis dicti emptoris de Interamnis, et quos bone memorie Herveus, quondam comes Nivernensis, olim dederat, ut dicitur, deffuncto Yterio *Marquis*, advunculo deffuncte Ysabellis, olim uxoris venditoris prefati ; de quo blado vendito dessaisiens se dictus Brunus venditor, coram dicto jurato, dictum emptorem, per traditionem presentium, saisiens et investiens corporaliter de eodem et in possessionem posuit corporalem, promittens, fide data in manu dicti jurati, quod contra venditionem et quittationem istas, per se vel per alium, non veniret in futurum. Immo dictum bladum venditum dicto domino comiti et ejus heredibus, secundum usus et consuetudines patrie, garentizabit erga omnes, inperpetuum, et deffendet, obligans, quo ad hoc dictus Brunus venditor, se et heredes suos et omnia bona sua, mobilia et immobilia, presentia pariter et futura, ubicumque posita sint sive fuerint sita, nostre juridictioni successorumque nostrorum in quocumque loco se transferet, penitus supponens, renuncians, per fidem suam, quo ad hoc, exceptioni non numerate et non habite pecunie, et exceptioni deceptionis ultra dimidium justi pretii, et exceptioni fori, mali, fraudis, omni privilegio crucis et omnibus exceptionibus et actionibus, rationibus et allegationibus juris et facti, que contra premissa vel premissorum aliquod proponi possent; objici, sive dici. Preterea, Agnes et Ermengardis, sorores, filie dicti Bruni venditoris et dicte Ysabellis, deffuncte, in jure coram dicto jurato comparantes, venditionem istam et premissa omnia alia voluerunt, approbaverunt, concesserunt, et pariter laudaverunt; et promiserunt ipse sorores, et precipue dicta Agnes, cum auctoritate et assensu Garnerii Cleri, ejus mariti, presentis propter hoc coram dicto jurato, et eidem prestantis auctoritatem quo ad hoc et assensum, quod contra dictam venditionem, seu contra premissa vel premissorum aliquod, per se vel per alium, non venirent in futurum, et quod in dicto blado vendito nihil juris per se de cetero reclamabunt, nec per alium facient reclamare, fide in manu dicti jurati ab ipsis super hoc prestita corporaliter.

In cujus rei testimonium, ad relationem dicti jurati, cujus relationi adhibemus super hoc plenam fidem, presentibus litteris apposuimus sigillum curie supradicte. Datum anno Domini millesimo ducentesimo septuagesimo sexto, die veneris in crastino festi beati Barnabe, apostoli.

(*Archives Mancini-Nivernais.*)

Pages 65 *et* 227.

1284. LETTRE D'UN PRÉ DOV RESTINAL D'ENTRAIN ACHETÉ PAR GUIDE, DONT IL DOIT DONNER ACTION A NOSTRE SIRE, ET COUSTA... 44 LIVRES.

A touz ceulx qui verront ces présentes lettres, Pierre Forestiers, garde dou scel de Donzy, salut en Nostre Seigneur. Saichent que par-devant Joffroy Bunot, nostre clerc juré doudit scel, en leus de nous, pour ce espéciaument establi, Estienne diz li Restinat de Entrain et Agnes, sa fame, de l'auctorité doudit Estienne, son mari, hont recognehu en droit, par-devant ledit clerc juré, que il hont vendu, en nom de pure et de loiaul vençon, livré, baillé, quittie, à perpétuité, à sire Guide Estolt, féable monseigneur le comte de Neverz, tous les prez, lesquex prez li devant dits vendeurs havoient, assis li que ils disoient, darrière la maison desdiz vendeurs, en la chaslellenie d'Entrain, en laquelle maison cil vendeurs demoroient, joignant, de une part, lesdiz prez, es terres gaignables; d'autre part à l'estanc dou marcys d'Entrain; d'autre et à la terre Pierre le Déperde, et d'autre part, à la grange desdiz vendeurs; nulle chôse reservent de droit es diz prez, vendus pour le pris de quarente et sept livres et dix solz tournois, et de telle courtoisie que il leur hauroit fait par raison de cest achat, et lesquelles quarente et sept livres et dix sols tournois lidit vendeurs havoient heues et receliues doudit sire en pécune nombrée, et en quittèrent ledit sire Guide et ses hoirs, renunçant à l'exception de pécune non nombrée et à l'espérance dou nombrer, promettant par leur foy que contre ceste vençon et quittance il ne viendront ne par eux, ne par aultres, encoys promirent garentir et deffendre et en eux recevoir la charge dou plait envers tous audit ascheteur et à ses hoirs et à ces qui hauront cause d'eux. Les prez dessusdiz vendus frans, quittes et délivrés de toutes charges, obligations, costume, servitude et reddevance, mes que de six deniers de droit, cens, sur une des parties desdiz prez, et l'autre partie desdiz prez est dou fié monseigneur Guillaume de Miniers, chevalier, si comme lidit vendeurs disoient; promettent rendre et restaurer audit escheteur et à ses hoirs et à ces qui hauront cause dans toutes perdes, despens et touz domaiges que il ferient ou soutindrient par deffaut de garentie ou de deffense à leur serment, senz autre prove; et quant à ces choses dessusdictes garder et tenir fermement; lidit vendeurs obligent eux, leurs hoirs et touz leurs biens meubles et non meubles, présenz et à venir, et se soumettent à la juridition de la prévosté de Donzi, renonçant à ce fait expressément et par leurs devant dictes foiz, à touz privilèges donnez et à donner, ou soit en faveur de croix prise et à prendre, ou en faveur de fames, et à touz autres privilèges, exceptions et deffenses de fait et de droit, qui pourroient estre dictes ou proposées contre ce fait à ces lettres, si comme ces li clerz jurez nous raporte. En tesmoing de laquelle chose nous havons scellées les lettres dudit, à la requeste desdiz Etienne Le Retinat d'Entrain et Agnes, sa femme, vendeurs à la raportence doudit clerc juré. Donné en l'an de grace 1284, le vendredi après la feste de la Magdaleine.

(*Archives Mancini-Nivernais.*)

Page 63.

1292. LETTRES DE HUIT SEXTIERS DEUX BICHEZ D'AVOYNE, QUE PERRINS MARQUIS ET GILÈTE, SA FAME, HAVOIENT ES GRENIERS D'ENTRAIN, LES QUIEX IL VENDIRENT AU COMTE ROBERT DE NEVERZ 30 LIVRES DE FORZ DE NEVERZ, LEUR QUITTES.

Universis presentes litteras inspecturis officialis Varziacensis salutem in Domino. Noveritis quod coram mandato nostro magistro Guillermo *Cherubin*, clerico, curie nostre jurato, ad subscripta audienda et recipienda, loco nostri, specialiter destinato, cui quantum ad hoc commisimus vices nostras, constituti Perrinetus, dictus *Marquis* de *Interramnis*, clericus, fllius Stephani dicti *Marquis*, et Ginete dicte Perrineti, uxor, recognoverunt, coram dicto mandato nostro, publice et in jure se vendidisse, et nomine venditionis, in perpetuum quittavisse viro nobili domino comiti Nivernensi et ejus heredibus, octo sextarios, cum duobus bichetis avene redditus, quos se percipere et habere dicebant, annuatim, in orreis seu grenariis dicti domini comitis Nivernensis, in villa de *Interramnis*, moventes de feodo dicti domini comitis, ut dicebant, pro triginta libris fortibus Nivernensium, sibi quittis et sibi jam solutis a dicto emptore, in pecunia numerata, de qua pecunia dicti venditores dictum emptorem et ejus heredes, coram dicto mandato nostro, in perpetuum, quittaverunt, exceptioni dicte pecunie sibi non tradite, non liberate... ac etiam spei numerande, per fidem suam, renunciantes, promittentes dicti venditores, per fidem suam, in manu dicti mandati nostri corporaliter prestitam, sub obligatione omnium bonorum suorum mobilium et immobilium, presentium et futurorum, et heredum suorum, quod contra venditionem istam per se vel per alium non venient in futurum, nec pro indictis octo sextariis cum duobus bichetis avene venditis aliquid juris de cetero reclamabunt, nec facient ab alio reclamare. Imo dictos octo sextarios, cum duobus bichetis, dicto domino comiti et ejus heredibus aut ipsius causam habentibus erga omnes, ad usus et consuetudines patrie, garentizabunt et deffendent ab omni honere, pensione, costuma, servitio, servitute et qualibet alia exactione, præterquam a feodo supradicto, se devestientes de predictis rebus venditis, dictum dominum comitem Nivernensem investientes de eisdem per traditionem presentium, in ipsum omne jus, proprietatem, possessionem et dominium totaliter transferendum promiserunt. Insuper dicti venditores, etiam per fidem, se soluturos et reddituros dicto domino comiti, ejus heredibus aut ipsius causam habentibus, omnia dampna deperdita, missiones, costumenta et expensas, que et quas ipsum contigerit incurrere, vel habere, occasione garontizationis minus late...; renunciantes dicti venditores, per jam dictam fidem in hoc facto, specialiter et expresse omni exceptioni doli, mali, privilegii, fori, conditioni sine causa uon ita geste, deceptioni sive lesioni ultra dimidium justi pretii, omni privilegio crucis indulte et indulgende, restitutioni in integrum, nec non omnibus aliis exceptionibus, deffensionibus et allegationibus facti et juris, canonici et civilis, que contra presentes litteras possent objici sive dici, per que seu per quas dicta venditio posset impediri in aliquo, aut modo quolibet retardari, et specialiter juri dicenti generalem renunciationem non valere. Predicta vero Gileta dicta Perrineti, uxor, recognovit se dictam venditionem fecisse una cum viro suo, non cohacta, non decepta, non vi, non metu ducta, nec in aliquo circumventa, renuncians..., per jam dictam fidem, omni juri ac privilegio super rebus dotalibus et super quibusdam aliis in favorem mulieris introducto; pro omnibus autem et singulis supradictis tenendis, complendis, firmiter observandis, et nullatenus in posterum infringendis, supposuerunt se dicti venditores juridictioni nostre curie, ubicumque maneant vel existent.

In cujus rei testimonium, ad relationem dicti mandati nostri, cui in hac parte fidem plenariam adhibemus, presentibus litteris sigillum nostrum duximus apponendum. Datum anno Domini millesimo ducentesimo nonagesimo secundo, die sabbati post Ascensionem Domini.

Page 63.

1293. LETTRES D'ACHAT DE PIERRE BELIN ET DE ERMENGARDE, SA FAME, DE QUATRE SEXTIERS D'AVOYNE ET UN BICHEZ, QUE ILS AVOIENT AU GRENIER DE MONSEIGNEUR A ENTRAIN, QUI COUSTÈRENT 15 LIVRES TOURNOIS; CES LETTRES RANDIT JOHANS MARTINS A SON COMPTE DE L'ASCENSION, L'AN 1293.

Universis presentes litteras inspecturis officialis Varziacensis salutem in Domino. Noveritis quod coram mandato nostro, videlicet Odone Tapini, presbytero, curie nostre jurato, ad subscripta audienda, recipienda loco nostri specialiter destinato, cui quantum ad hoc commisimus vices nostras, constituti Petrus Belini generaliter dicti d'Ambrun, et Ermengardis, ejus uxor, recognoverunt, coram dicto mandato nostro, publice et in jure se vendidisse et, nomine venditionis, inperpetuum quittavisse viro illustri domino comiti Nivernensi quatuor sextarios avene, cum bicheto, quos se habere dicebant, sitos in orreis predicti domini comitis apud Interamnes, quos in predictis orreis percipere et habere, annis singulis, consueverunt, et quicquid juris in dictis orreis habebant aut habere poterant et debebant, pro quindecim libris turonensium, suis quittis et sibi jam solutis a dicto emptore, in pecunia munerata, de qua pecunia dicti venditores dictum emptorem et heredes ejus, coram dicto mandato nostro, inperpetuum, quittaverunt, promittentes, per fidem suam, in manu dicti mandati nostri corporaliter prestitam, et sub obligatione omnium bonorum suorum et heredum suorum, quod contra istam venditionem, per se vel per alium, non venient in futurum, nec quod in dicta re vendita aliquid juris de cetero reclamabunt, nec facient ab aliquo reclamari. Imo dictos quatuor sextarios avene, cum bicheto, erga omnes, ad usus et consuetudines patrie, garentizare et deffendere ab omni onere, penssione, preterquam a feodo, quod quidem feodum est dicti domini comitis, ut dicebant; se devestientes de dictis quatuor sextariis et bicheto dicti venditores, dictum emptorem investientes de ipsis, in ipsum emptorem omne jus, proprietatem, possessionem et dominium transferentes; renunciantes dicti venditores, in hoc facto, exceptioni non numerate pecunie, sibi non tradite, non liberate, omni exceptioni doli, mali, privilegii, fori, conditioni sine causa rei non ita geste, deceptioni sive lesioni ultra dimidium justi pretii, et omnibus aliis exceptionibus facti et juris, canonici et civilis, que contra presentes litteras possent objici sive dici; etiam specialiter dicta mulier, de cujus capite et hereditate dicte res movere dicuntur, recognovit hanc venditionem se fecisse una cum viro suo, non cohacta, non decepta, non vi, non metu ducta, nec in aliquo circumventa; renuncians, per eamdem fidem, omni juri ac privilegio super rebus dotalibus et super quibusdam aliis in favorem mulierum introducto. Pro omnibus autem et singulis supradictis tenendis, complendis et firmiter observandis, supposuerunt se dicti venditores juridictioni nostre curie, ubicumque maneant vel existent. In cujus rei testimonium, ad relationem dicti mandati nostri, cui in hac parte fidem plenariam adhibemus, presentibus litteris sigillum nostrum duximus apponendum. Datum anno Domini millesimo ducentesimo nonagesimo tertio, die lune ante Ascensionem Domini.

(*Archives Mancini-Nivernais.*)

Page 63.

1294. JEHANS DE BOISSEAUS, ESCUIERS, VENDIT AU COMTE ROBERT DE NEVERZ CINQ SEXTIERS D'AVOYNE QUE IL HAVOIT ES GRÉNIERS D'ENTRAIN.

Universis presentes litteras inspecturis officialis Varziacensis curie archidiaconi Autissiodorensis, sede vacante, salutem in Domino. Noveritis quod, in nostra presentia propter hoc specialiter constitutus, Johannes dictus *de Boisseaus*, domicellus, recognovit publice et in jure se vendidisse et, venditionis nomine, nunc et in perpetuum quittavisse, sine spe revocandi, nobili baroni domino Roberto, comiti Nivernensi, et suis heredibus, quinque sextarios avene, ad mensuram de Interamnis, quos, anno quolibet, jure hereditario, percipiebat et habebat dictus Johannes in orreis dicti comitis Nivernensis, apud Interamnes, ratione escasure seu echouete Rigardis, quondam uxoris Guillelmi dicti Bon-Matin, armigeri, filie quondam deffuncti Johannis *de Boisseaus*, armigeri, ac sororis quondam dicti Johannis *de Boisseaus*, domicelli, pro viginti libris turonensium, suis quittis sibi a dicto domino comite Nivernensi jam solutis, in pecunia numerata, de qua quidem pecunie summa dictus Johannes *de Boisseaus*, domicellus, dictum dominum comitem et ejus heredes, coram nobis, sine spe revocandi, nunc et in perpetuum, quittavit. Recognovit insuper dictus Johannes *de Boisseaus*, domicellus, se quittavisse dicto domino comiti Nivernensi et ejus heredibus, nunc et inperpetuum, omne jus et omnimodam actionem, quod et quam in dictis quinque sextariis avene venditis, ex quocumque jure, et quacumque de causa habere poterat et debebat, se de dictis quinque sextariis avene in manu nostra devestiens, dictosque dominum comitem Nivernensem ac ejus heredes investiens per traditionem presentium litterarum; promittens, per fidem suam, in manu nostra prestitam, dictus Johannes, domicellus, nec non sub obligatione omnium bonorum suorum, mobilium et immobilium, tam presentium quam etiam futurorum, quod contra venditionem, quittationem predictas, per se vel per alium non veniet de cetero, nullatenus attemptabit, etiam pro indictis quinque sextariis avene sic venditis, nichil juris de cetero reclamabit, nec faciet ab aliquo reclamari. Imo dictam rem venditam, videlicet dictos quinque sextarios avene, dicto domino comiti Nivernensi et ejus heredibus, ad usus et consuetudines patrie, garentizare et deffendere ; se quo ad hoc heredesque suos omnia bona sua, mobilia et immobilia, presentia et futura, specialiter obligando, etiam juricditioni curie nostre et successorum nostrorum, ubicumque maneat, supponens. Renuncians insuper dictus Johannes *de Boisseaus*, domicellus, in hoc facto specialiter et per fidem suam, actioni in factum de dolo, conditioni sine causa rei non ita geste, deceptioni seu lesioni ultra medietatem justi pretii, omni juris auxilio, tam canonici quam civilis, omni consuetudini et statuto loci et patrie, et specialiter juri dicenti generaliter renunciationem non valere, exceptioni non numerate pecunie, non tradite, non liberate, ac spei etiam numerandi et tradendi, et etiam liberandi et generaliter omnibus actionibus, exceptionibus, rationibus et allegationibus facti et juris, que contra premissas seu aliquid premissarum possent infringi in aliquo, aut modo quolibet infirmari. In cujus rei testimonium, ad requisitionem dicti Johannis *de Boisseaus*, domicelli, sigillum curie nostre presentibus litteris duximus apponendum.

Datum apud Varziacum, anno Domini millesimo ducentesimo nonagesimo quarto, die lune post exaltationem sancte Crucis.

(*Archives Mancini-Nivernais.*)

Pages 65 et 227.

1302. LETTRE QUE REGNAUZ DE MINIERS, ESCUIERS, HA VENDU A MONSEIGNEUR LE CONTE LOYS TEL DROIT QUE IL HAVOIT ES BOYS DE MONT-RIBAUT, DE FRETOY ET LE BOIS METEIZ.

Universis presentes litteras inspecturis officialis Autissiodorensis salutem in Domino. Noveritis quod presens in jure coram Guillelmo Clarelli presbytero, curie nostre jurato, vice et auctoritate nostra, Regnaudus de Mineriis, domicellus, filius quondam deffuncti Guillelmi de Mineriis, militis, providus et consultus, ut dicebat, recognovit se vendidisse et, nomine pure et simplicis venditionis, tradidisse, concessisse et inperpetuum quittavisse nobili viro domino Ludovico, comiti Nivernensi, et suis heredibus, pro viginti libris turonensium, suis quittis et sibi a predicto comite vel ejus mandato jam solutis in pecunia numerata, ut dicebat dictus venditor, de qua summa pecunie predictus venditor, coram dicto jurato nostro, se tenuit pro contento, et dictum comitem emptorem et heredes suos de eadem quittavit penitus et expresse, omne jus omnemque actionem utilem et directam, quod et quam ipse venditor habebat, habere poterat et debebat in nemoribus inferius annotatis, videlicet in nemore *de Fretay*, in nemore *de Mont-Ribaut*, et in nemore *de Bois Meteiz*, que quidem nemora sita sunt in castellania de Curva Valle Superba, ut dicebat; videlicet tricesimam secundam partem nemoris *dou Fretay*, sexdecimam partem nemoris *dou Boys Meteiz*, et sexdecimam partem nemoris *de Mont-Ribaut*, et quicquid juris seu actionis, ultra premissum, sibi competebat in eisdem; se predictus venditor de dictis rebus venditis et earum qualibet, et de omni jure quod sibi competit in eisdem, coram dicto jurato, dessaisiens, predictum emptorem et heredes suos saisiens et investiens corporaliter de eisdem, per traditionem et concessionem presentium litterarum, animo et intentione fideli in ipsum emptorem et per ipsum in heredes suos, jus, proprietatem, possessionem et verum dominium totaliter transferens, ipsum que emptorem et heredes suos, procuratores constitutos quo ad hoc in rem suam, promittens dictus venditor, coram dicto jurato nostro, per stipulationem sollempnem et ex pacto quod contra venditionem et quittationem hujusmodi et contra premissa vel premissorum aliqua, per se, vel per alium non veniet in futurum, nec contravenientibus seu contravenire volentibus consentiet ullomodo. Imo res predictas venditas et earum quamlibet dicto emptori et suis heredibus perpetuo garentizare et deffendere in judicio et extra judicium, erga omnes gentes, liberas et immunes ab omni onere, costuma, servitio, servitute, ab omni dono, elemosina et legato, ab onere debitorum et obligatione, salvo feodo Agnetis, filie Aloisis de Corvolio, relicte Stephani *dou Verne*. Promisit insuper dictus venditor omne impedimentum, perturbationem, vim et calumpniam in rebus predictis venditis vel earum aliqua appositum seu appositas a quocumque, suis impensis propriis, removere seu facere removeri; suscipiens in se totaliter omnes lites, perdas vero, missiones, expensas pro defectu garentizationis seu observantie premissorum legitime factorum; promisit, ex pacto, plenarie et integre restaurare ad simplex juramentum procuratoris dicti emptoris vel heredum suorum, absque probatione alia super hoc exigenda, et voluit tam per prepositos et servientes Villenove Regie, quam Bitur... ad observantiam premissorum compelli per captionem bonorum suorum et bonorum heredum suorum, per venditionem et explectationem eorumdem, obligans, coram dicto jurato, dictus venditor quo ad hoc se et heredes suos, cum omnibus bonis suis, mobilibus et immobilibus, presentibus et futuris, et bonorum suorum omnium quoslibet possessores, quantum ab hoc, juridictioni dicte curie Autissiodorensis totaliter supponens ubicumque maneant vel existent, per stipulationem predictam renunciantes in hoc facto omni exceptioni, actioni doli, mali, fori, lesionis et deceptionis quarumlibet in premissis ultra dimidium justi pretii, et pecunie non recepte, ac spei acceptionis future; omni juri, scripto ac non scripto, auxilio, consuetudini, usui et statuto patrie sive loci, privilegio crucis sumpte et sumende, nec non omnibus exceptionibus et deffensionibus et allegationibus aliis quibuscumque facti et juris, canonici et civilis, que contra premissa vel premissorum aliqua possent proponi, objici, sive dici, et de quibus in presenti littera plenam et expressam oporteret fieri mentionem, prout dictus juratus noster nobis retulit. Ad cujus relationem sigillum dicte curie Autissiodorensis presentibus litteris duximus apponendum. — Actum anno Domini millesimo trecentesimo secundo, die veneris post Ascensionem Domini.

(*Archives Mancini-Nivernais.*)

Page 223.

1307. LETTRES QUE MONSEIGNEUR GUILLAUME DE TALAYE, CHEVALIERS, HA CESSÉ ET QUITTÉ A MONSEIGNEUR LE COMTE DE NEVERZ ET DE RETHELZ TOUT LE DROIT QUE IL ET SES HOMES DE FONDELAIN HAVOIENT ET POENT HAVOIR ES BOYS DE FONDELAIN, POUR DIX ARPENZ QUE LI COMTES LIEU HA DONNÉ EN HÉRITAIGE.

A tous ces qui verront ces présentes lettres, je Guillaumes de Talaye, chevaliers de très-noble prince, mon cher seigneur, monseigneur le comte de Neverz et de Rethelz, fais assavoir à touz que tout le droit que je hay et mi homes de Fondelain, poons havoir ou devons es boys de Fondelain, soit par usaige ou par autre cause, je hay cessé et quittié, et cesse et quitte audit monseigneur le comte pour dix arpens de boys que il m'a baillé à héritaige, et promet que je ne mi homes ne viendrons jamays, au temps à venir, ne ne ferons venir en contre la dicte quittance ou cessance ; et quant à ce, je hay obligé moy et mes hoirs et mes biens et les leurs, quelle part que il soient, à la juridiction de monseigneur le comte dessusdit, par le tesmoing de ces lettres scellées de mon scel, qui hont esté faites à Melum lendemain de l'Annonciation Notre-Dame, l'an de grace 1307.

(*Archives Mancini-Nivernais.*)

Pages 62 *et* 112.

REVENUS ET CHARGES DE LA CHATELLENIE D'ENTRAIN.

1771.

1° REVENUS :

1° Greffe et droit de scel.	30 livres.
2° Fermage de prés.	130
3° Moulin-Neuf : 1° en argent.	24
2° 52 boisseaux de méteil, à 2 liv.	104
3° 286 boisseaux de mouture, à 30 s.	429
4° Domaine du Moulin-Neuf.	90
5° Moulin de la Forge : 1° en argent.	150
2° 156 boisseaux de froment, à 2 l. 1 s.	390
3° 260 boisseaux de mouture.	390
6° Un huilier, payant.	5

7° Four banal, environ. . . . . 200 livres.
8° Hallage, jaugeage, aunage, poids et mesures, langues . . . 150
9° Droit de pacage, 132 feux, à un bichet d'avoine et 1 denier
    par chacun, le bichet valant 2 boisseaux.. . . . . . . 264 l. 10 s.
10° Directes : 1° en argent. 126
             2° 121 boisseaux d'avoine. 121
11° Lods et ventes, roture, main-morte. . . . .
12° Produits des forêts.. . . . .

2° CHARGES :

1° Traitement du juge de la châtellenie. . . . . 100 livres.
2°   —   du procureur fiscal. 60
3°   —   du chef-garde. 300
4°   —   de deux gardes, chacun 100 liv.. 200
5° Fille aumônée. 50
6° 72 bichets d'avoine à l'abbesse du Reconfort. 72
7° 18 boisseaux au sieur de Villers.. 18
8° En argent, au même.. 5

Les fermiers, outre ces charges et non compris le produit des forêts, rendaient de 1,500 à 5,000 livres.

                        (*Archives du château d'Entrain.*)

ANTIQUITÉS D'ENTRAIN

[NIÈVRE] (1).

Grâce à la générosité de M. le comte d'Hunolstein, le musée de Saint-Germain s'est enrichi d'une statue colossale d'Apollon, découverte en 1875 dans un marais situé à l'extrémité du cimetière d'Entrain (Nièvre). Elle est exposée dans une des niches de l'enceinte du château et semble avoir été placée là comme la divinité protectrice du lieu, comme le dieu lare du musée gallo-romain. C'est le premier monument qu'on aperçoit en arrivant, avant même d'avoir franchi le seuil du vieux manoir où les dieux de notre Gaule reçoivent, après quinze siècles d'oubli, une hospitalité royale bien précieuse pour eux et fort utile pour nous.

Le culte d'Apollon était très répandu en Gaule, et récemment, à propos de la figure de bronze découverte dans les fouilles du vieil Évreux, M. F. Lenormant (2) a fait remarquer que les images de ce dieu paraissaient avoir tenu un rang important parmi les sujets favoris des artistes de l'école gallo-grecque. Sans placer l'Apollon d'Entrain au nombre des œuvres produites par cette école, il faut le signaler comme une des représentations les plus intéressantes de ce dieu sorties jusqu'ici du sol de la Gaule. Les dimensions colossales et la pose de cette statue la recommandent particulièrement à l'attention; le lieu lui-même de la trouvaille est situé au nord-est de la Loire, dans une région où il est rare

---

(1) Voir deux articles insérés, le premier dans la *Rev. archéol.*, nouvelle série, XXXI (1876), p. 37, et le second dans la *Gazette archéol.*, 1876, p. 5, pl. 2, qui sont, pour ainsi dire, la 1re édition de ce travail.

(2) *Gazette archéol.*, 1875, p. 37.

de rencontrer des morceaux de sculpture antique de cette importance (1).

La planche ci-jointe reproduit le monument d'une façon fort exacte : Apollon est assis sur un trône à dossier élevé, la poitrine nue ; son manteau, placé sur ses genoux, ne recouvre que la partie inférieure de son corps, laissant toutefois la jambe droite à découvert. Une lyre à neuf cordes est posée sur sa cuisse gauche et vient s'appuyer de côté sur un des bras de son trône, tandis que la main gauche du dieu, passée négligemment au milieu de l'instrument, recouvre, en retombant, le haut des cordes ; un griffon est sculpté sur le pied de la lyre. Le bras droit repose sur l'autre montant du trône ; la main brisée tenait probablement une *patère*. Derrière l'épaule droite on aperçoit le carquois, retenu par une large bandoulière qui traverse la poitrine ; l'arc est attaché au carquois. L'abondante chevelure d'Apollon est relevée en arrière et vient retomber en longues mèches sur les épaules ; c'est bien le *deus intonsus*. La tête, comme toujours à cette époque, est imberbe et d'un caractère efféminé ; la poitrine est plus virile. Les pieds devaient reposer sur un scabellum ; celui de gauche, chaussé de sa sandale, a seul été retrouvé.

Le trône mérite aussi d'être signalé : il est amorti à sa partie supérieure par un bord cintré garni de volutes à chaque extrémité ; le sculpteur a figuré sur le dossier une bande d'étoffe à larges plis, servant de fond, et soutenue par deux agrafes en

---

(1) Le Musée du Louvre a acquis, en 1852, une grande figure de la Fortune, en bronze, découverte à Sain-Puits (Yonne), village très voisin d'Entrain. Cette figure, d'un assez bon style, a été entièrement recouverte dans l'antiquité de plaques d'argent fixées sans doute au marteau de bois ; c'est un curieux spécimen de l'industrie des anciens (A. de Longpérier, *Notice des bronzes du Louvre*, n° 478). M. de Longpérier, dans une note insérée au Bulletin de la Société des Antiquaires (1859, p. 98, *Statues de divinités avec ornements ajoutés après coup*), a cité plusieurs exemples de faits analogues. La plus petite des deux statuettes en bronze de Jupiter gaulois, découvertes à Vienne, il y a quelques années, présente des traces évidentes d'un semblable revêtement, mais cette opération n'a altéré en aucune manière la beauté des formes et a laissé toute leur finesse aux traits et aux draperies (cf. A. de Barthélemy, *le Dieu Taranis*, extr. du *Musée archéolog.*, t. II, p. 5).

forme de rosaces; les bras du siège sont simplement indiqués dans la pierre sur les côtés, mais les montants, qui se présentent de face, comme deux piliers, sont décorés de petits boucliers échancrés (*peltae*) (1) dont la partie ronde est tournée en dedans vers la statue; ils sont surmontés de deux petits hommes nus et barbus, accroupis, qui forment en même temps les extrémités des bras. Ces deux atlantes, qui paraissent faire de grands efforts pour maintenir le siège en équilibre, rappellent les figures grimaçantes placées sous les retombées des voûtes dans nos églises gothiques. L'artiste a peut-être voulu, par ces sculptures, faire une allusion au mythe d'Atlas, allusion que justifie le caractère de dieu solaire donné souvent à Apollon. On peut y voir aussi un souvenir de la victoire du dieu sur le satyre Marsyas.

La statue est en pierre blanche, paraissant provenir de Chevigny près d'Entrain. Elle se compose de deux grands morceaux et de douze ou quinze petits fragments dont on retrouve aisément la place; elle était, dit-on, complète quand elle fut découverte au fond du marais. C'est en la déblayant et en la retirant qu'elle a été brisée : ce travail long et pénible, puisque la masse se trouvait à environ cinq mètres de profondeur, a été exécuté par les soins de M. Delimoges, régisseur du domaine d'Entrain. La face était tournée contre terre; pendant une journée entière il fallut faire enlever, à l'aide d'une pompe, l'eau qui submergeait la statue. On redoutait les éboulements, plusieurs s'étant déjà produits. On comprendra mieux toutes les difficultés qu'il a fallu surmonter pour l'extraire en connaissant les dimensions de la pierre. La statue *assise*, telle qu'elle est actuellement, mesure $2^m,50$ de hauteur; la largeur prise à la hauteur des bras du trône est de $1^m,34$; l'épaisseur est de $0^m,95$; la tête mesure $0^m,60$ de hauteur.

Le visage du dieu a été martelé; on a commencé aussi à lui scier le cou, les traces de cette opération sont très visibles; mais ceux qui l'avaient entreprise ne l'ont pas menée à bonne fin, et,

---

(1) Ces petits boucliers se retrouvent souvent dans les sculptures romaines de la Gaule (voir *Musée gallo-romain de Sens*, pl. II, n° 3; pl. III, n° 3; ces deux fragments appartiennent au même monument; pl. III, n° 5; pl. XI, n° 3; pl. XXIII, n° 2; pl. XXVI, n° 6.

fatigués sans doute de leurs efforts inutiles, ils auront trouvé plus commode de précipiter le dieu dans l'humide séjour où il gisait depuis plusieurs siècles.

Le pied droit manque, ainsi que la main droite. La base est également perdue ; ce qui est le plus regrettable c'est l'inscription qui devait y être tracée. Faut-il voir un morceau de cette base dans quelques lettres gravées sur une pierre de même nature, retrouvée avec les petits fragments de la statue? Voici la transcription de cette pierre brisée à droite et à gauche :

GNI
INE
ALE·ET

Haut., 0ᵐ,145; larg., 0ᵐ,175.

Les monuments antiques découverts à Entrain offrent un très médiocre intérêt au point de vue de l'art (1). Celui que je signale leur est supérieur, sans être pourtant d'un bon style. Il y a quelque chose de lourd dans la façon dont certains détails sont traités et l'ensemble offre bien des parties choquantes ; on sent cependant que la pierre a été taillée par une main exercée. C'est l'art romain tel que le comprenaient nos ancêtres du Nord et du Centre.

Les représentations d'Apollon assis et tenant la lyre ne sont pas très rares. Parmi les plus connues on peut citer : l'Apollon de la villa Ludovisi (Clarac, pl. 482); l'Apollon Musagète provenant de la collection Farnèse, aujourd'hui au musée de Naples (*Ibid.*, pl. 494)(2). D'autres moins connues, mais non moins belles,

---

(1) A l'exception pourtant d'un beau bronze qui fait partie de la collection de M. Regnault. C'est un *Mercure assis* de 0ᵐ,30 à 0ᵐ,35 de hauteur. Le dieu est nu ; il porte dans la main gauche le caducée et tient la bourse de la main droite négligemment posée sur son genou. Un autre Mercure *assis*, tenant le caducée, avec un coq et une tortue à ses pieds, a été également trouvé dans le département de la Nièvre, à Alluy (Morellet et Barat, *le Nivernois*, pl. 85, n° 4).

(2) Cette statue a été entièrement restaurée par le sculpteur italien Albaccini (*Real Museo Borbonico*, III, pl. VIII) : on ne peut donc pas prendre en considération les attributs qui lui ont été donnés.

sont conservées dans des musées français ; j'en signalerai surtout deux : l'une à Arles et la seconde à Marseille. Celle d'Arles n'est pas une œuvre de ronde bosse comme les précédentes, mais elle a sur la statue d'Entrain l'incontestable avantage d'apparaître au public avec une véritable valeur artistique. On la voit sur une frise, dont je dois une excellente photographie à mon ami J. de Laurière, et qui a été découverte en 1823 dans les fouilles du théâtre antique : sur la face principale est représenté Apollon assis, les jambes couvertes de sa draperie, le bras gauche appuyé sur la lyre et le bras droit élevé au-dessus de la tête ; les faces latérales nous montrent le Scythe aiguisant son couteau dans la pose dite *du rémouleur*, et Marsyas suspendu à un chêne (1). La statuette du musée de Marseille est d'une exécution très fine et d'un style agréable ; c'est la même pose qu'à Arles ; malheureusement la tête et le bras droit manquent (2). Un monument signalé par le jésuite Wilthem dans ses *Luciliburgensia Romana* (3) portait sur un de ses côtés un Apollon assis qui, au point de vue de l'exécution matérielle, devait présenter avec le monument d'Entrain une grande analogie. C'est un de ces autels à plusieurs faces, fréquents dans le nord-est de la Gaule ; le dieu y est figuré assis, la poitrine nue, une draperie sur les jambes et tenant sa lyre de la main gauche ; l'instrument est posé sur son genou comme dans la statue qui nous occupe.

Apollon assis se retrouve également sur les revers de quelques pièces des rois de Syrie, successeurs d'Alexandre ; mais sur ces monnaies c'est l'*omphalos* qui sert de trône au dieu tenant d'une main une flèche et de l'autre un arc.

---

(1) *Mémoires de la Soc. des Antiq. de France*, VII, 227 et suiv. ; XIII, 97. Il est gravé dans l'atlas de la *Statistique des Bouches-du-Rhône*, pl. XIV, 2, et décrit, t. II, 432. Cf. Estrangin, *Description de la ville d'Arles*, p. 20 et 203.

(2) Cette figure est en basalte vert et provient probablement d'Égypte ; elle mesure 0,25 de hauteur. Par une inconcevable erreur, elle a été décrite comme un *Jupiter assis*. (*Catal. de la collection d'antiq. égyptiennes du docteur Clot-bey*, 1861, n° 3) ; M. Penon (*Catalogue du musée d'archéologie de Marseille*, n° 47) y a cependant reconnu un Apollon, mais il prend le rocher sur lequel il est assis pour une *nuée* ?

(3) Edit. Néyen, p. 320 ; pl. 96, 467.

Sur les vases peints, les images les plus fréquentes d'Apollon assis représentent ce dieu tenant la lyre et la *patère*, surtout quand il est accompagné d'Artémis. La déesse offre alors à boire à son frère et remplit le même rôle que Nicé près de Jupiter (1). On le trouve également seul avec le même attribut : c'est ainsi qu'on peut le voir au fond d'une cylix de l'ancienne collection du comte de Laborde. Il est assis devant l'autel de Delphes, tenant la lyre de la main gauche et une *patère* dans la main droite avancée (2). Dans le bas-relief découvert à Golgos, Apollon est représenté de la même façon (3). Ces derniers exemples, empruntés à des monuments grecs, pourraient ne pas sembler concluants pour arriver à déterminer l'attribut que tenait l'Apollon d'Entrain dans sa main droite, puisqu'il s'agit d'une statue exécutée certainement en Gaule à l'époque de la domination romaine ; mais les types adoptés chez les Grecs se conservèrent chez les Latins, de même que l'exportation ne fit point perdre aux différentes divinités les vertus qui leur étaient attribuées dans leur patrie. Les peintures de Pompei représentent souvent Apollon assis (4) ; on le voit également avec cette pose sur des lampes romaines en terre cuite (5). Un passage de Philostrate le Jeune (6) sur lequel je compte revenir un jour en le rapprochant d'un bon nombre de monuments, prouve que les artistes anciens avaient l'habitude quand ils voulaient représenter un *Apollon vainqueur*, de le faire, assis sur un rocher ou sur un siège, avec la lyre à ses côtés. Je crois qu'ici la main absente ne tenait pas le *plectrum*, mais présentait plutôt une *patère* pour indiquer

---

(1) Apollon assis, et Diane assise, ont été aussi représentés dans l'antiquité grecque avec les caractères de deux amants, notamment sur un miroir du musée Campana. Sur ces rapports amoureux, voir Ém. Braun, *Apolline e Diana*, dans *Monumenti ed Annali dell' Ist. arch.*, 1855, p. 20, pl. III.

(2) Lenormant et J. de Witte, *Élite des monuments céramographiques*, t. II, p. 17.

(3) A. Dumont, *Rev. archéol.*, nouv. série, 1873, XXV, 159.

(4) W. Helbig, *Wandgemaelde der vom Vesuv verschütteten Stædte Campaniens*, n°s 187, 188, 212, 214 à 217.

(5) *Lucernae fictiles musei Passerii*, pl. LXXIII, LXXIV, LXXV.

(6) Philostrati junioris *imagines*, III (édition Didot).

que le dieu acceptait les offrandes faites dans son temple. La façon négligée dont la main gauche est passée au-dessus des cordes de la lyre me semble confirmer cette hypothèse et prouve, à mon sens, que la lyre ne figure pas ici comme un instrument dont le dieu s'est servi ou pense à se servir, mais uniquement comme un attribut qui le caractérise.

Les dimensions du monument le rendent surtout remarquable et intéressant : il faut y voir, à n'en pas douter, la principale divinité vénérée à Entrain, et peut-être le dieu protecteur de toute la contrée (1). Un jour viendra où on retrouvera les traces du sanctuaire qui le renfermait; en attendant, on ne peut se défendre de rapprocher cette statue d'une plaque de bronze votive, découverte dans la même localité, il y a quelques années, et qui est aujourd'hui précieusement conservée par M. Goulard, maire d'Entrain.

Cette petite plaque a fait l'objet d'une savante communication de M. Léon Renier à l'Académie des inscriptions (2). On y retrouve le nom du dieu *Borvo*, divinité des eaux thermales, sur le caractère duquel sept inscriptions découvertes à Bourbonne-les-Bains, Bourbon-Lancy et Aix-les-Bains ne paraissent laisser aucun doute. Son culte était assez étendu, et dans un texte de Bourbonne-les-Bains son nom est associé à celui d'Apollon : *Deo Apollini Borvoni* (3). Le dieu Borvo est donc une des incarnations d'Apollon dans les Gaules. Le rôle de dieu des eaux bienfaisantes, de dieu guérisseur, qu'il remplit, convient très bien à Apollon, dont une des principales attributions était la science médicale :

> Huc ades et tenerae morbos expelle puellae
> Huc ades, intonsa, Phœbe, superbe coma.

C'est la première fois que l'on rencontre le nom de *Candidus*, dans lequel on croit reconnaître une divinité locale, comme la *Clutonda* de Mesves.

---

(1) Entrain (*Intaranum*) était une localité fort importante à l'époque romaine. Son nom se retrouve trois fois dans l'inscription géographique du musée d'Autun (général Creuly, *Rev. archéol.*, 1860, p. 181).

(2) *Comptes rendus*, 3ᵉ série, I, p. 408.

(3) Berger de Xivrey, *Lettre à M. Hase*, pl. I.

AVG·SACR·DEO
BORVONI·E·CANDI
DO·AERARI·SVBCV
RA·LEONIS·EM·AR
CIANI·EX·VOTO·P
AERARI·DONA

Plaque de bronze trouvée à Entrain en 1871.

Ce nom de *Candidus* ne s'applique-t-il pas admirablement aussi à Apollon, au dieu brillant et resplendissant de lumière, tandis qu'on y cherche en vain ce qui distingue ordinairement les noms des divinités topiques, une forme barbare ou une racine rappelant le nom de la localité.

Virgile voulant peindre d'un mot la beauté de l'amante d'Énée l'appelle *candida Dido;* et Tibulle (1) désigne par le même mot le jeune Bacchus :

> Candide Liber, ades. . . . . .

Au surplus, je n'insiste pas sur ce rapprochement dont je sens toute l'incertitude, mais qui me séduit à cause du rapport que j'établis entre le texte et la statue.

On sait, par un important passage de César, que, parmi les divinités de la Gaule, Apollon occupait la seconde place après Mercure et qu'il était spécialement invoqué contre les maladies, *Apollinem morbos depellere* (2). Une phrase du *Panégyrique de Constantin Auguste* par Eumène, mise en lumière par M. Alfred Maury (3), prouve qu'il existait sur le territoire des Éduens un temple célèbre consacré à Apollon, dans une localité qui possédait des eaux thermales : on pense généralement qu'il s'agit de Bourbon-Lancy, où ont été trouvées plusieurs inscriptions en l'honneur du dieu Borvo (4). Eumène nous apprend aussi qu'il y avait à Autun un temple d'Apollon situé en regard de celui de Minerve (5). Enfin la découverte à Auxerre des fameuses patères d'argent dédiées à Apollon (6) nous fournit une nouvelle preuve des hommages rendus à ce dieu dans toute la région qui avoisine Entrain (7). Il existe, du reste, un texte encore plus

---

(1) III, 6.
(2) *De bello Gallico*, VI, 17.
(3) Alfred Maury, *De l'Apollon gaulois* (dans *Rev. archéol.*, nouv. série, I, 58).
(4) Desjardins, *la Table de Peutinger*, in-fol., p. 33.
(5) Edme Thomas, *Hist. de l'ant. cité d'Autun*, p. 45 et 125.
(6) Bourquelot, *Inscript. antiques d'Auxerre*, n° 1.
(7) *Intaranum* était, à l'époque romaine, en communication directe avec *Augustodunum* et *Autessiodurum*.

précis pour nous renseigner sur le culte d'Apollon à *Intaranum;* c'est un passage de la vie de saint Pèlerin, évêque d'Auxerre, dont on s'accorde à placer le martyre vers le milieu du IIIe siècle. Le biographe du saint pontife nous dit : « Cumque inibi [*à* « *Auxerre*] restincta fuisset omnis cultura deorum, in territo- « rio ipsius civitatis, ad locum qui Interamnus dicitur, quondam « Eolercus Jovis, *Apollinis,* vel multorum nefariorum por- « tenta consecraverat (1)... » Il y avait donc un temple d'Apollon à Entrain vers l'an 250 de notre ère, et je ne suis pas éloigné de croire que notre statue colossale décorait l'intérieur du sanctuaire. Un peintre distingué, M. Jullien, amateur zélé d'antiquités, qui a vu la statue au moment de la découverte, a constaté qu'il existait des traces très apparentes de constructions dans l'endroit où elle se trouvait. C'était le temple d'*Apollon-Borvon,* dont le caractère médical, comme divinité des eaux, a été établi par plusieurs inscriptions. La déesse *Damona,* qui accompagne ce dieu dans quelques textes, paraît avoir été assimilée à Diane par les Gallo-Romains, comme *Sirona* dans son association avec Apollon Grannus. Borvon a laissé son nom à plusieurs stations thermales, Bourbon-l'Archambault, Bourbon-Lancy, Bourbonne-les-Bains, la Bourboule, etc.

Plusieurs autres inscriptions ont été découvertes à Entrain, à différentes époques. M. Buhot de Kersers les a réunies (2) et publiées ; je crois pouvoir compléter et rectifier ce petit *corpus.*

1.

Fragment d'une borne milliaire, découvert en 1879, dans un jardin situé à environ cent mètres des anciens murs de la ville, sur l'emplacement des étangs Saint-Cyr, autrefois grands étangs du marais.

Estampage communiqué par M. Delimoges, régisseur du domaine d'Entrain.

---

(1) Bolland., *Acta Sanctorum,* 16 Mai : De sancto Peregrino martyre, episcopo Autissiodorensi.

(2) Congrès archéologique de France, XLe session (Châteauroux, 1874), p. 252.

imp · caes ·
M · CAS s ·
LATINIVs
POSTVΛus
P·F·AVG *·p·m·*
TRIB *· pot ·*
. . . .

La pierre est brisée en haut, à droite et en bas. L'inscription se lit sur un fragment de colonne mesurant 0,54 de hauteur sur 0,49 de largeur. Il est difficile d'indiquer au juste le diamètre, mais approximativement on peut l'évaluer de 0,40 à 0,42.

[*Imp*(*erator*) *Caes*(*ar*)] M(arcus) Cas[s(*ianius*)] Latiniu[s] Postum[*us*] P(ius) F(elix) Aug(ustus), [*p*(*ontifex*) *m*(*aximus*)]; trib(uniciae) [*pot*(*estatis*)]…….

La colonne milliaire qui portait ce texte avait été élevée sous le règne de Postume, entre les années 258 et 268. C'est la 10ᵉ borne connue avec le nom de cet empereur. Elle était placée sur la voie d'Entrain à Autun par Ouanne (Odouna), voie que le marbre géographique d'Autun nous a fait connaître et dont on retrouve les traces sur le terrain.

2.

Plaque de bronze découverte en 1871, dans un jardin d'Entrain. Dans la même fouille on a mis au jour une statuette d'Hercule, en pierre, appartenant aujourd'hui à M. Ragon, professeur à la faculté de droit de Poitiers.

Les lettres sont gravées au burin; la plaque est percée de quatre trous, trois à la partie supérieure et un quatrième qui traverse l'I du mot **LEONIS**. Elle était donc fixée sur le mur d'un temple ou sur la base d'une statue en souvenir d'un vœu accompli (voir la vignette, p. VIII).

AVG · SACR · DEO
BORVONI·ET·CANDI
DO·AERARI·SVBCV
RA.LEONIS ETMAR
CIANI EX VOTO R
AERARI·DONA

« Aug(usto) sacr(um), Deo Borvoni et Candido, aerari(i) sub cura Leonis et Marciani, ex voto r(elato). Aerari(i) dona(verunt).

Lettre de M. Chavanton, curé d'Entrain (8 mars 1871), avec un fac-simile de l'inscription dans le *Bull. de la Soc. niv.*, 2ᵉ série, t. V, p. 244. — *Journal officiel* du 8 octobre 1872. — L. Renier, *Comptes rendus de l'Acad. des Inscr.*, 3ᵉ série, I, p. 408. — Buhot de Kersers, *Inscr. de la Nièvre*, n° 7. — Ern. Desjardins, *Géographie de la Gaule romaine*, I, 420.

Comme on le voit, ce sont les *aerarii*, ou ouvriers en cuivre, qui ont fait cette dédicace. Il est très intéressant de retrouver dans la Nièvre, le pays par excellence des fonderies et des hauts-fourneaux, la preuve qu'on travaillait déjà le cuivre dans cette région à l'époque romaine (1).

Une autre inscription mentionnant un *aerarius* a été trouvée à Langres, dans les travaux des fortifications (2).

CASSIOCA*n*
DIDOAERA*rlo*
*s*ABINA*v*XOR

N'est-il pas curieux de voir cet *aerarius* d'Andematunum porter le nom de *Candidus* qui est précisément le nom de la divinité en l'honneur de laquelle les aerarii d'Intaranum ont fait graver cette plaque dont le bronze avait dû passer par leurs mains ? La Nièvre et la Haute-Marne, pays boisés, où le combustible se trouve à bon compte, conservent aujourd'hui les mêmes industries.

3.

Inscription en l'honneur de Jupiter, trouvée en 1840. Elle était surmontée d'un aigle dont il reste encore les serres sur la pierre. C'est sans doute la pierre portant AVG · SACRVM, signalée à

---

(1) M. Ernest Desjardins (*Géographie de la Gaule romaine*, I, 418) a exposé d'une façon très intéressante tout ce qu'on sait sur l'exploitation du cuivre en Gaule, à l'époque romaine.

(2) *Catalogue du Musée de Langres*, n° 53.

M. L. Renier par M. Ragon, d'après lequel elle aurait été découverte dans le voisinage d'Entrain, sur l'emplacement de l'étang Saint-Cyr, aujourd'hui desséché. — Actuellement au musée de Nevers.

```
        AVG SAC
     I·O·M·IVLALEXA
     NDER·V·S·L·M
```

Dans *Alexander* les lettres **LE** sont liées.

« Aug(usto) sac(rum), J(ovi) O(ptimo) M(aximo), Jul(ius) Alexander v(otum) s(olvit) l(ibens) m(erito). »

Morellet et Barat, *le Nivernois*, pl. n° 85. — De Laugardière, *Bulletin de la Société nivernaise*, 2ᵉ série, IV, p. 3. — *Catalogue du Musée lapidaire de la porte du Croux*, n° 29. — Buhot de Kersers, *Inscr. de la Nièvre*, n° 10.

4.

Chez M. Regnault, à Entrain. Pierre entourée d'une bordure ; brisée à droite et en bas.

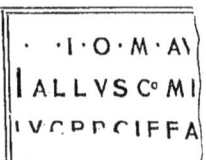

Une feuille de lierre précède la première ligne.

« J(ovi) O(ptimo) M(aximo) A[ug(usto) sac(rum)].
« Iallus Com[icus]..... »,

Buhot de Kersers, *Inscr. de la Nièvre*, n° 8.

5.

Stèle funéraire découverte en 1846 ; placée au-dessus de la porte de l'écurie dans la maison de M. Goulard, maire d'Entrain.

```
         D        M
      (Tête d'homme barbu.)
       CACILIONVS
       CATIANIFILI
       V/////////////S
       ///////////////////
```

« D(iis) M(anibus). Cacilionus(?) (1) Catiani fili(us). V[ix(it) an-
ni]s... »

Dans *Cacilionus* (?) le second I est placé dans l'O ; les lettres NV forment un monogramme.

Morellet et Barat, *le Nivernois*, pl. n° 85. — A. de Longpérier, *Rev. de philologie*, II, p. 194. — Buhot de Kersers, *Inscr. de la Nièvre*, n° 12.

6.

Sur une stèle en pierre, conservée dans la basse-cour du château d'Entrain, chez M. le comte d'Hunolstein.

```
        MONVMENTVM
     D GNATAALBIFILIa M
(Femme drapée debout, tenant un enfant entre ses bras.)
```

« D(iis) M(anibus) monumentum.
« Gnata, Albi filia. »

Dans *mon(um)entum* les lettres VM (premier groupe) sont conjuguées ; le premier trait du premier V est plus petit que les autres lettres.

Morellet et Barat, *le Nivernois*, Introd., p. xxv. — Buhot de Kersers, *Inscr. de la Nièvre*, n° 15.

7.

Sur une stèle à fronton encastrée au-dessus du four, à la tuilerie d'Entrain.

---

(1) M. de Longpérier lit *Caglionus*. Je propose la leçon suivante : *C(aii) Acili(i) Onus(ti)?*

```
   D M S A BI N A
   ATTIANIFILIA
```

« D(iis) M(anibus). Sabina Attiani filia. »

Buhot de Kersers, *Inscr. de la Nièvre*, n° 13.

8.

Copie d'une inscription aujourd'hui perdue. Cette copie est conservée dans les archives de la fabrique et m'a été communiquée par M. le curé d'Entrain. Brisure à gauche.

```
    I O R I A L A L I B I L L
         S · N · S ·
```

J'ignore si cette inscription était sur pierre, marbre ou terre cuite, gravée, peinte, ou tracée à la pointe.

9.

Chez M. Regnault, sur une stèle brisée à droite et en bas.

	AAA R I /	
D	CO (bouteille)	CO \

« D(iis) [*M(anibus)*]. Januari[a]..... »

Dans *Januaria* les cinq premières lettres sont liées.

Morellet et Barat, *le Nivernois,* pl. n° 85. — Buhot de Kersers, *Inscr. de la Nièvre,* n° 14.

Si mes souvenirs ne me trompent pas, ce monument m'a paru d'une antiquité contestable.

10.

Stèle funéraire, provenant du cabinet de M. Paultre-Desormes, de Saint-Sauveur. — Musée d'Auxerre.

Estampage envoyé par M. Quantin, archiviste de l'Yonne.

D (buste d'homme M
 imberbe)
....ORIA
....TYCHI
....ERVS

La pierre est brisée à droite et en bas.

D(iis) M(anibus). [Mem]oria....[Eu]tychi.....erus.

Le dernier nom peut être : Philotaerus, Deuterus, Quammerus, Sincerus, Trypherus, Severus, etc?

Morellet et Barat, *le Nivernois,* Introd., p. xxv; le monument est dessiné.—*Bulletin de la Soc. des sciences hist. de l'Yonne,* 1848, p. 421. — A. Chérest, *Catalogue du Musée d'Auxerre,* 1re sect., n° XXXI.—Buhot de Kersers, *Inscr. de la Nièvre,* n° 17.

11.

Stèle funéraire :

D (buste d'homme M
 imberbe)
AMORI
...TIVS

Morellet et Barat, *le Nivernois,* Introd., p. xxv; le monument est dessiné.

12.

Stèle funéraire, même provenance que le n° 9. — Musée d'Auxerre.

Estampage envoyé par M. Quantin, archiviste de l'Yonne.

D AMORI//// M
(Homme debout
drapé tenant un
objet dans
chaque main.)

« Diis Manibus Amori[s].

Morellet et Barat, *le Nivernois,* Introd., p. xxv ; le monument est dessiné. — *Bulletin de la Soc. des sciences hist. de l'Yonne,* 1848, p. 421. — A. Chérest, *Catalogue du Musée d'Auxerre,* 1re sect., n° xxix.— Buhot de Kersers, *Inscr. de la Nièvre,* n° 18.

13.

Cippe funéraire portant sur le fronton les lettres :

D M

Au dessous, bas-relief représentant un homme debout, de face, à l'ombre d'un arbre ; un chien est à ses côtés. — Musée de Varzy.

Renseignement communiqué par M. Grasset, conservateur du musée de Varzy.

14.

Stèle funéraire :

D M
(buste d'homme)
APRONIANVS
SASERVS

Morellet et Barat, *le Nivernois,* Introd., p. xxv ; le monument est dessiné. — Buhot de Kersers, *Inscr. de la Nièvre,* n° 16.

15 et 15 *bis*.

Deux inscriptions funéraires publiées par Morellet et Barat, *le Nivernois,* Introd., p. xxv, où elles sont dessinées. Il est impossible d'en tirer un texte présentable.

15.

Sur une pierre en forme de pyramide tronquée, conservée dans la basse-cour du château d'Entrain, chez M. le comte d'Hunolstein.

```
     B O R
     V I A S
     C A R V
     GENI·F
```

« Borvias Carugeni f(ilius). »

Borvias rentre dans la catégorie des noms d'hommes en *as* qui ont le génitif en *atis*, comme *Escencolas, Asprenas,* etc. Il est formé avec le même radical que *Borvo :* cela est intéressant à noter à Entrain, où le culte du dieu Borvo est constaté par une inscription (n° 2). Il existe un grand nombre de noms gaulois romanisés formés de la même façon que *Carugenus ;* par exemple : Cintugenus, Litugenus, Matugenus, Medugenus, Rectugenus, etc.

17.

Sur une pierre semblable, mais dont la partie supérieure est brisée. Collection de M. Regnault.

```
     //// A S
     C A R V
     GENI·F
```

« [*Borvi*]as Carugeni f(ilius). »

Buhot de Kersers, *Inscr. de la Nièvre,* n° 9.

18.

Cachet de l'oculiste *L. Terentius Paternus,* trouvé à Entrain dans un puits, à la maison Dubois, rue des Salles. Collection de M. Regnault. — Petite tablette, en stéatite, portant sur ses quatre tranches les inscriptions suivantes :

```
   1.   LTERENTI·PATERNI
        DIATESSER·IVM
   2.   LTERENT·PATERNI
        MELINVM
```

ANTIQUITÉS D'ENTRAIN. XIX

3. LTERENTPATERNI
   DIALLEPIDVM
4. LTERENTPATERNI
   DIASMYRNEN

Dans **DIATESSERIVM**, la lettre V est formée par les jambages médiaux de M.

1. « L(ucii) Terenti(i) Paterni diatesserium. »
2. « L(ucii) Terent(ii) Paterni melinum. »
3. « L(ucii) Terent(ii) Paterni diallepidum. »
4. « L(ucii) Terent(ii) Paterni diasmyrnen. »

Long., 0^m,04 ; larg., 0^m,038.

Chacune des faces de ce cachet porte le nom du praticien suivi du nom du médicament inventé ou préparé par lui. *Diatesserium* est pour *diatessaron*, qui, d'après Galien, désignait un remède composé de quatre ingrédients : c'était donc un nom générique. Le mot *melinum* s'applique à un collyre de couleur jaunâtre, semblable à celle du coing. *Diallepidum* pour *dialepidos* est un collyre ayant pour base des paillettes de cuivre oxydées ; sa formule est donnée par Marcellus Empiricus. Enfin le *diasmyrnen*, pour *diasmyrnes*, est un médicament connu de Galien, qui avait pour principal ingrédient la myrrhe.

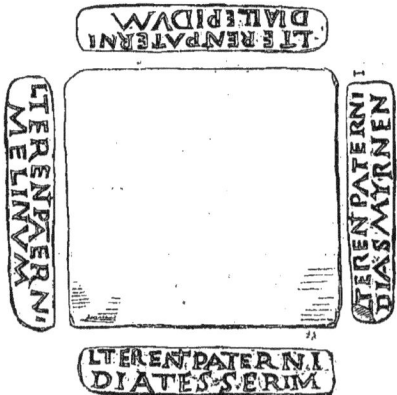

Les plats ne portent aucun dessin, ni grafitto. Je n'ai pas besoin d'ajouter que sur l'original l'inscription est à rebours puisque cette pierre servait de cachet. Elle est reproduite ici à l'endroit parce que le dessin a été fait d'après une empreinte.

Sichel, *Cinq cachets inédits de médecins et oculistes romains*. Paris, 1845, p. 17 (d'après un dessin de M. A. de Longpérier). — Duchalais, *Observations sur les cachets des médecins oculistes anciens*, Appendice (dans les *Mémoires de la Société des Antiq.*, XVIII, p. 233). — *Congrès archéologique de France*, XVIIIᵉ session tenue à Nevers en 1851, p. 174 ; XXIᵉ session tenue à Moulins en 1854, p. 47. — Crosnier, *Bulletin de la Société nivernaise*, 1855, I, p. 364, reproduit un article du docteur Sichel, inséré dans la *Gazette médicale de Paris*, 1845. — C.-L. Grotefend, *Die Stempel der roemischen Augenaerzte*, nº 92. — Buhot de Kersers, *Inscriptions de la Nièvre*, nº 19.

Un autre cachet d'oculiste, portant le nom de *L. Pomponius Nigrinus*, a été également trouvé dans le département de la Nièvre, près d'Alluy, commune de Châtillon-en-Bazois (1).

19.

Inscription tracée en barbotine blanche sur un vase recouvert d'un vernis noir, semblable à ceux qu'on rencontre fréquemment sur les bords du Rhin. Trouvé à Entrain ; collection de M. Regnault.

B·I·B·E·

« Bibe. »

20.

Lampes en terre cuite, trouvées à Entrain ; collection de M. Regnault.

a) Au-dessous d'une lampe sans ornements : **MVNTREPT.** « Mun(atii) Trept(i). » (En creux.)

b) Au-dessous d'une grande lampe à sept becs, ornée au centre d'une tête d'enfant en relief, on lit : **FORTIS.** (En relief.)

---

(1) *Bulletin de la Société Nivernaise* (1855), I, 360.

21.

Petites figurines en terre cuite blanche, trouvées à Entrain; collection de M. Regnault.

Les lettres sont tracées à la pointe.

a) Au-dessous d'une chouette, on lit sur la base ronde : AΘHNA W. Cette dernière lettre est une M retournée, initiale du nom de Minerve.

b) Sur la base d'une figurine représentant une déesse qui tient deux enfants : SVLPICINI (*Sulpiciani*).

c) Sur les bases de trois figurines représentant une déesse portant un enfant : PISTILLVS.

22.

Anses d'amphores trouvées à Entrain; collection de M. Regnault.

a) C · ANQ. « C(aii) Ant(onii) » Q(uieti). Les lettres ANT forment un monogramme.

b) CALPVRNIO. « Calpurnii o(fficina) » (1). Les lettres ALP, VR, NI forment des monogrammes.

c) /////OBOBRES.

23.

Sur le rebord d'une jatte trouvée à Entrain, collection de M. Regnault, on lit : MATVRV. (Lettres en relief.)

24.

Fonds de vases, en terre rouge vernissée, portant des marques de potiers, trouvés à Entrain; collection de M. Regnault.

---

(1) Ces deux empreintes sont exactement semblables à celles publiées par M. H. de Fontenay, *Inscriptions céramiques d'Autun*, pl. XVII, n°s 498 et 499.

LICIN	Licin(ius)
DIVICATVS	Divicatus
MHRCVIoA	Mercu....?
PATRICIVS F	Patricius f(ecit)
PoTITVS	Potitus
CORNVTVS	Cornutus
VXOPILLI·M	Uxopilli m(anu)
DECMANI	Dec(u)mani
COBNERTm	Cobnerti m(anu)

Ces noms se retrouvent dans le recueil de Schuermans, à l'exception du troisième. M. de Fontenay signale aussi à Autun, c'est-à-dire dans un pays voisin d'Entrain, d'autres exemplaires de la plupart de ces marques de potiers.

Une note sur le *cabinet de M. Paultre-Désormes* (de Saint-Sauveur), insérée dans le *Bulletin de la Soc. des sciences hist. de l'Yonne* (1848), indique quelques poteries rouges trouvées dans le parc d'Entrain, sur lesquelles on lit : *Sulpiciani, Curminus* (1), *A tiliano* (Atilian [i] o[fficina]).

Plusieurs autres poteries à reliefs ou unies, provenant d'Entrain, sont dessinées dans l'album du *Nivernois,* pl. 109, n° 1.

25.

M. Jullien m'a communiqué plusieurs objets trouvés à Entrain, parmi lesquels j'ai remarqué deux poids antiques en bronze, tous deux de forme arrondie, à deux faces planes, jadis garnies d'inscriptions incrustées en argent.

a) Le premier porte en creux, sur la face supérieure, le chiffre II ; la face inférieure, qui portait des caractères, a été entièrement grattée ; il pèse 645 grammes.

b) Le second porte le chiffre I ; de l'autre côté on distingue la lettre M : il pèse 317 grammes.

---

(1) Cf. de Fontenay, n° 149, *Curmilli. m.*

Le poids du second est donc inférieur de 5 grammes 50 au poids de la moitié du premier.

APPENDICE

M. le comte d'Hunolstein a eu la bonté de me communiquer l'extrait d'un manuscrit conservé à la Bibliothèque nationale (Baluze, mss. vol. 208, fol. 140) qui est intitulé : *Traité chronologique de la ville d'Auxerre*. On y lit, f° 149 v° :

« On y a trouvé [à Entrain] de nos jours une ancienne écri-
« ture gravée sur une pierre d'un ancien caractère romain, qui
« porte ces mots :

**VIBIVS HIC VIVVS EFFOSSVS EST QVIA
PRAEDICAVIT**

Cette inscription est *fausse*.

Elle a été déjà publiée par l'abbé Lebeuf, avec cette variante :
... **INFOSSVS EST QVIA PREDAVIT** (*Hist. de l'Acad. des Inscr.*, t. XXV, 1750, p. 138).

Je profite de cette occasion pour rappeler les doutes que j'ai émis plus haut au sujet du n° 9, et pour déclarer que je n'ai pas vu les originaux des n°s 10 à 15 *bis*. J'ignore même où se trouvent aujourd'hui les n°s 11, 14, 15 et 15 *bis* qui ne me sont connus que par les dessins peu exacts de l'album du Nivernois.

ANT. HÉRON DE VILLEFOSSE.

TABLE DES MATIÈRES.

Avant-propos, page 1ʳᵉ.

PREMIÈRE PARTIE.

ENTRAIN A VOL D'OISEAU.

I. Situation, importance, 7; ressorts, établissements publics, 9; foires, commerce, 10; quartiers, places, rues, 11; fortifications, portes, 12.

II. Eglise paroissiale, 12; presbytères, hôtel-Dieu, 15; château des ducs de Nevers, halle, vicomté, 16; puits des Carmes, de Jean-d'Armes, prêche des huguenots, four banal, 17; maison de l'Amiral, 18.

III. Cimetière, 18; polyandres, croix, 19; moulins, étangs, château de l'Abîme, 20; tanneries, voies romaines, routes, 21.

DEUXIÈME PARTIE.

I. Nom d'Entrain, 23; son antiquité, 25; émigrations des Intaranes, 27.

II. Mœurs des Gaulois et des Intaranes, 29; importance d'*Intaranum*, 30; citadelle de la ville, 31; inscriptions antiques, 33; colombarium, statue colossale d'Apollon, 34; plaque du dieu Borvon, 36; opinions des auteurs sur *Intaranum*, 37; voies romaines, 38; leur confection, 39.

III. Entrain évangélisé; le prêtre Vibius; saint Pélerin, 40; son martyre, 42; paroisse Saint-Sulpice, Entrain ruiné, 44.

IV. Entrain est fortifié, 46; impôt de la courte-pinte; lettres-patentes des rois, 48; capitaines-gouverneurs, 49; bataille de Fontenoy, 50.

V. Entrain sous la féodalité, 52; il perd sa prépondérance, 53; barons de Donzy, seigneurs d'Entrain, 54; Hervé de Donzy, sa valeur, sa mort, 55; Entrain annexé au Nivernais, 59; château des comtes, 60; Mahaut de Courtenay y bâtit une chapelle, 61; érection de la châtellenie, ses droits, fiefs de sa mouvance, 61.

VI. Prieuré de Réveillon érigé, 63; fondations seigneuriales, 64; le comte Louis Iᵉʳ de Flandre prisonnier, 66; guerre de Charles VII, 67;

Entrain est ruiné, 68 ; totalement incendié, 69 ; il devient la possession du comte de Foix, 71.

VII. Entrain pris par les huguenots, 73 ; repris par les catholiques, puis de nouveau par les huguenots, 75 ; le prêtre Blondel, 76 ; Louis de Gonzagues attaqué par les huguenots d'Entrain ; Charles VII passe par la ville, 77 ; le comte de Montigny s'en empare, 78 ; filles aumônées, 79 ; droits d'usage, 81 ; construction de la halle, 85.

VIII. Famille Duchesne, 87 ; le duc de Bellegarde à Entrain, 88 ; couvent d'Urbanistes, 90.

IX. Le curé Sulpice Bourgoing, 98 ; garnisons, leurs vexations, 100 ; bataille de Bléneau, 106 ; Bussy-Rabutin exploite la ville, 107 ; le capitaine des Valours, ses excès, 108.

X. Fondations pieuses, 109 ; la boîte des trépassés ; vente du Nivernais, 111 ; habitants d'Entrain, 112 ; le couvent des Urbanistes tombe, il est réuni à celui des Isles d'Auxerre, 113 ; vicariat érigé, 118 ; la maison du *vicariat* donnée à la paroisse, 119 ; l'abbesse des Isles vend les biens d'Entrain, 120.

XI. Péage supprimé, 120 ; épizootie, loup enragé ; Cécile Parmentier meurt en odeur de sainteté, 122 ; les officiers de la châtellenie et les stalles, 123 ; translation du prieuré de Saint-Nicolas dans l'église, 125 ; le curé Jean-Pierre Cheveau bâtit la tour et l'abside, 126 ; le curé Pierre Verger ; vicomtes d'Entrain, 129 ; le droit de pêche, 130 ; étangs desséchés, 132 ; officiers de justice d'Entrain, 134 ; nouvelles foires, 135.

XII. Révolution de 1789, 136 ; Tolleron élu juge de paix, 139 ; pétition pour le desséchement de l'Etang-Neuf, 141 ; suppression de la paroisse de Saint-Cyr ; le curé Touyon livre ses lettres de prêtrise, 143 ; l'église Saint-Sulpice profanée et dépouillée de ses vases sacrés ; les femmes d'Entrain réclament la messe, 144 ; les hommes la réclament à leur tour, 145 ; émeute dans le même but, 146 ; lettre de l'abbé Touyon, 148 ; il est décapité, avec l'instituteur Ronat, 149 ; la municipalité fait remblayer l'église, 151 ; elle pétitionne pour conserver le canton, 153 ; le comte Roy acquiert les débris de la châtellenie, 154 ; Entrain érigé en cure de deuxième classe, 155 et 162 ; établissement des sœurs de la Providence, de celles de Nevers, 156.

TROISIÈME PARTIE.

I. Paroisse et curés de Saint-Sulpice d'Entrain, 159 ; l'évêque André Colbert vérifie les reliques de Saint-Sulpice, il prohibe les sépultures autour de l'église, 167 ; le cimetière est clos de murs, 168 ; le curé Graillot, affaire des dîmes, 169 ; requête du curé Jean-Pierre Chevau pour la construction de la chapelle du prieuré de Saint-Nicolas, 173 ; le curé Pierre Verger, 174 ; le curé Jean-Jacques Vée, 176 ; vicaires d'Entrain, 179.

II. Paroisse et curés de Saint-Cyr-les-Entrain, 180 ; Etienne-Julien Touyon, 182 ; maires de Saint-Cyr, 183.

III. Prieuré et prieurs de Saint-Nicolas de Réveillon, 184; procès avec les curés d'Entrain, 186; avec le seigneur de Réveillon, 188; affaire du chanoine Frottier et du curé Verger, 190.

QUATRIÈME PARTIE.

Fiefs et seigneuries, leurs antiques possesseurs, 193.

I. Parc et château d'Entrain, 193; seigneurie de Réveillon, 194; seigneurs, 195; Jean d'Armes et la famille de Lamoignon, 196; famille de Rochefort, 197; famille du Roux, 198; Barthélemi du Verne, 200; le comte Roy, 201; fondation Lariboisière, 202; maisons de Crussol-d'Uzès, d'Hunolstein, 203.

II. Le Mineray, 206; la vicomté, Montsauveur, le Moulin-Neuf, famille Gueuble, 207.

III. Château de la Bruyère, le docteur de Chégoin, 208; le Chalumeau, Bois-Martin, les Huets, 209; les Bertiers, la Marquise, 210; Chênoy-le-Pré, Villotte, 211; Châtres, Ratilly, 212; les Singeons, 213; Apis, les Brenots ou Beauregard, 214.

IV. Chênoy-les-Entrain, 215; Ferrières, 216; familles de Grandry et Dupin, 217; — Le Carruyer de Beauvais, 218; la Bretonnière, la Bricetterie, la Cour-Renfermée, la Gauchotterie, 219.

V. La Roussille, 220; familles de La Roussille, Jobert, 220; — de Meun, — de Guenan, — Leclerc, — Frappier, — Marie d'Avigneau, — Tenaille de La Mouraco, — Chaillou des Barres, — de Kergorlay, 221; le Château-du-Bois, 222; familles du Boys, 222; — de Veaulce, — de Laufernat, — de Merry, — du Pont, — de Blanchefort, 223; — Leclerc, 225; — d'Avigneau, — de Bèze, 226; Miniers, 226; — familles de Miniers, — de Meun de La Ferté, 226; — Frappier, — Lasne; le Colombier, 229; les Cottets, les Cieux, 230.

Echevins et maires d'Entrain, 230.

TABLE ALPHABÉTIQUE

DES LIEUX HABITÉS.

	Pages.
Apis	214
Berthiers (les)	210
Bois-Martin (le)	209
Brenots (les) ou Beauregard	214
Bretonnière (la)	219
Bricetterie (la)	219
Bruyère (la)	208
Chalumeau (le)	209
Château-du-Bois (le)	222
Châtres	212
Chénoy-les-Entrain (le)	215
Cieux (les)	230
Cottets (les)	230
Cour-Renfermée (la)	219
Entrain	7
Ferrières	216
Gauchotterie	219
Huets (les)	209
Marquise (la)	210
Mineray (le)	216
Moulin-à-Vent	32
Moulin-Neuf (le)	207
Murailles (les)	300
Quatre-Vents	19

	Pages.
Ratilly	212
Réveillon	194
Roussille (la)	220
Saint-Cyr-les-Entrain	181
Singeons (les)	213
Villotte	211

Cornilles (les).
Courtillats (les).
Crots (les).
Gaudinerie (la) ou les Carrés.
Guinauderie (la).

Nota. — Ces derniers lieux ont été ainsi nommés des familles Cornillat, Gaudin et Guinault.

LIEUX DÉTRUITS.

	Pages.
Auberderie (l')	194
Chénoy-le-Pré ou Chetif-Village	211
Colombier (le)	87, 229
Miniers	226
Réveillon (le Grand et le Petit)	194

APPENDICE.

CHARTES ET PIÈCES JUSTIFICATIVES.

	Pages.
1. Assemblée pour constituer la nouvelle municipalité et division de la ville en trois quartiers.	234
2. Élection de six notables.	235
3. Élection de deux échevins (archives de la mairie).	236
4. Lettre de Mgr Devoucoux au curé d'Entrain.	237
5. Lettre de M. le vicomte d'Amécourt.	239
6. Testament et fondation de Steph de Bozini.	240
7. Fondation d'une chapelle au château, 1226.	241
8. Collation de cette chapelle.	241
9. Compte de Jean Quarré, administrateur de l'hôtel-Dieu.	242
10. Recette par le même.	242
11. Autre recette de deniers par le même.	243
12. Reconstruction de l'hôtel-Dieu, 1512.	244
13. Mise et dépenses par le même.	246
14. Mémoire des cens, rentes dus à l'hôtel-Dieu.	247
15. Bail à rente pour l'hôtel-Dieu.	248
16. Lettres-patentes de Louis XII, pour l'appétissement.	249
17. — de François Ier.	250
18. — de Louis XIII.	251
19. Assemblée générale des habitants d'Entrain.	252
20. Ratification de la comtesse de Foix pour Noire-Épinay.	253
21. Construction de la halle.	253
22. Testament de Jean Duchaigne ou Duchesne.	254
23. Reconnaissance de la famille Duchesne pour le curé d'Entrain.	256
24. Consentement des habitants pour le couvent des Urbanistes.	257
25. Lettres-patentes des duchesses de Nivernais.	258
26. Visite des ruines des églises de Saint-Sulpice et de Saint-Nicolas.	258
27. Approbation de l'évêque Pierre de Broc.	259
28. Lettres-patentes de Louis XIII.	262
29. Bulle du pape Innocent X.	263
30. Confrérie du Saint-Rosaire.	265
31. Fondation de la famille de Grandry dans l'église.	265
32. Jugement pour la caisse des trépassés.	266
33. Reconnaissance des droits de la châtellenie.	267
34. Jugement pour les religieux du Mont-Carmel contre les Urbanistes.	269

		Pages.
35.	Lettres-patentes de Louis XIV approuvant la translation des Urbanistes.	271
36.	Consentement des habitants d'Entrain à cette translation et requête pour la création d'un vicariat.	272
37.	Vente du monastère des Urbanistes.	273
38.	Translation du prieuré de Saint-Nicolas dans l'église d'Entrain.	274
39.	Bail de la châtellenie.	277
40.	Lettres-patentes de Louis XVI établissant quatre nouvelles foires et un marché de bestiaux à Entrain.	280
41.	Lettres de surannation à ce sujet.	281
42.	Lettre du duc de Nevers concernant Parmentier, procureur général.	281
43.	Jugement pour le curé Nicaise de Gaige.	283
44.	Bail à ferme du prieuré de Saint-Nicolas.	283
45.	Traité entre le prieur et le curé d'Entrain.	284
46.	Abandon de dîmes par le prieur de Lespeau au curé d'Entrain.	285
47.	Sentence pour le curé contre le prieur de Saint-Nicolas.	286
48.	Accord entre le baron de Réveillon et Jean d'Armes.	288
49.	Vente de Réveillon et du Mineray.	289
50.	Maintenue de noblesse en faveur d'Antoine du Roux, seigneur de Réveillon.	290
51.	Fondation d'Antoine du Roux dans l'église d'Entrain.	291
52.	Dénombrement de Réveillon et du Mineray.	292
53.	Pouvoir pour la vente de Réveillon.	294
54.	Acquisition, foi et hommage de la terre de Réveillon.	296
55.	Lettre du comte de Lariboisière au curé d'Entrain.	297
56.	Village de Chastres.	298
57.	État et vente de la seigneurie du Chesnoy.	299
58.	Famille Le Carruyer de Beauvais.	301
59.	Lettre d'achat de huit sextiers et deux bichets d'avoine de Brun de Mannay par le comte de Nevers.	302
60.	Vente d'un pré par Étienne Le Restinat d'Entrain.	303
61.	Achat de huit sextiers d'avoine de rente de Perrin Marquis par le comte de Nevers.	304
62.	Vente d'une rente de quatre sextiers d'avoine par Pierre Belin, dit d'Ambrun, au comte de Nevers.	306
63.	Vente d'une rente de cinq sextiers d'avoine par Jean de Boisseaus au comte de Nevers.	307
64.	Vente par Renaud de Miniers de ses droits dans les forêts de Frétay, de Montribaud..., au comte de Nevers.	308
65.	Vente par Guillaume de Talaye de ses droits dans les bois de Fondelain au comte de Nevers.	310
66.	Revenus et charges de la châtellenie d'Entrain.	310

ERRATA.

Page   6, ligne   7 : un appendice *lisez* une appendice.
—   17,   — 18 : Françoise de Chabannes *lisez* François.
—   23, notes, ligne 2 : *Iateramis* lisez *Interamis*.
—   34, note 3, ligne 2 : une statuette en pierre *lisez* une statue en pierre.
—   36, ligne 13 : Montfort *lisez* Montfoy.
— 139,   — 29 : leur maire *lisez* leurs maires.
— 162, note 2, curé de céans *lisez* curé de haÿ.
— 257, ligne 15 : saine partie, en corps *lisez* saine partie du corps.
— 265,   —   5 : pourtout *lisez* partout.

Nevers, Imp. Fay. G. Vallière, Succ^r.

www.ingramcontent.com/pod-product-compliance
Lightning Source LLC
Chambersburg PA
CBHW070444170426
43201CB00010B/1207